CHESS

WORLD CHAMPION

冠军的荣耀

中国首位男子世界冠军丁立人对局赏析

[克罗地亚]达沃林·库尔亚舍维奇 / 编著

棋爸联盟编译社 / 译

青岛出版集团 | 青岛出版社

图书在版编目（CIP）数据

冠军的荣耀 ：中国首位男子世界冠军丁立人对局赏析 /（克罗）达沃林·库尔亚舍维奇编著 ；棋爸联盟编译社译. -- 青岛 ：青岛出版社，2024. -- ISBN 978-7-5736-2740-7

Ⅰ. K825.47

中国国家版本馆CIP数据核字第20241T8C36号

GUANJUN DE RONGYAO ZHONGGUO SHOUWEI NANZI SHIJIE GUANJUN DING LIREN DUIJU SHANGXI

书　　名　**冠军的荣耀　中国首位男子世界冠军丁立人对局赏析**
编　　著　[克罗地亚]达沃林·库尔亚舍维奇
译　　者　棋爸联盟编译社
出版发行　青岛出版社
社　　址　青岛市海尔路182号（266061）
本社网址　http://www.qdpub.com
邮购电话　0532-68068091
策划编辑　周鸿媛
责任编辑　杜少龙　聂　昕
装帧设计　曹雨晨
照　　排　青岛乐喜力科技发展有限公司
印　　刷　青岛海蓝印刷有限责任公司
出版日期　2024年11月第1版　2024年11月第1次印刷
开　　本　16开（787mm × 1092mm）
印　　张　24.25
字　　数　520千字
书　　号　ISBN 978-7-5736-2740-7
定　　价　88.00元

编校印装质量、盗版监督服务电话：**4006532017　0532-68068050**

前言 Preface

我第一次听说丁立人这个名字是在 2008 年。那时，我经常执黑下法兰西防御，并在重新调整执白时的 1.d4 开局体系。不知何故，当我在数据库中研究开局体系时，常能看见这位当时还不太出名且等级分在 2400 分左右的中国棋手的对局。我发现了一个不寻常的情况：这位棋手的棋力远超过他的等级分，他能击败“普通”的特级大师，还能战平 2600 分甚至 2700 分的对手。他的开局构思很有趣，我赶在这些开局成为主流之前偷学了一些。

过了大约一年，从中国传来消息：2009 年，未满 17 岁的丁立人成了中国的国际象棋全国冠军！ChessBase 网站的一篇报道刊登了一张照片，照片上一个瘦瘦的小男孩正坐在棋盘前等待最后一轮的对手。在研究丁立人之前的棋局时，我就已经发现了这个男孩的过人之处，但没料到他这么快就在竞争激烈且高水平的中国国际象棋个人锦标赛中夺冠了！然而，当我看了他的比赛对局，以及同年晚些时候在“中俄”对抗赛中的对局后，我意识到我当时的等级分比他高是个笑话。我认为以这个年轻人的棋力，他的等级分至少能达到 2700 分。

14 年过去了，如今没有几个国际象棋棋手没听说过丁立人。他下过很多精彩的对局，打破了很多国际象棋纪录，同时也成为世界上最好的棋手之一。当他在 2023 年与伊恩 · 涅波姆尼亚奇的比赛中赢得世界冠军时，我的心情非常激动，部分原因是出于私心——因为我比大多数人更早“发现”了他的潜力。看到这样一位谦逊、受人尊敬、才华横溢的棋手崛起时，我由衷地感到高兴。

2023 年 5 月，当我在与国际象棋出版社（New In Chess）磋商写一本关于丁立人的书时，我还没有任何具体想法，或许只是在脑海中简单勾勒了一下书稿的样子。当然，这只是一种直觉上的冲动——就像当你看到一步棋时，马上就知道这步棋是好棋。我知道值得写一本关于丁立人的书，而且我可以“顺理成章”地写这本书，因为我很容易就能从他非常丰富的精彩对局和他独特的职业生涯中汲取灵感。

在研究和分析丁立人的棋谱时，我发现了更多关于这位杰出棋手的信息。

我知道丁立人的计算能力很强，棋风犀利，常用古典型战法，善于进攻。然而，当我更深入地研究他的对局时，我才见识到他那世界一流的残局技术，以及令人惊叹的无所畏惧的运王技术。在 2023 年世界冠军赛结束之前，人们对这位中国棋手的普遍看法是：他的心理素质不太好，无法承受压力。然而，我所看到和了解的丁立人给了我完全不同的印象。在他看似瘦弱的外表下，隐藏着一位意志坚定的斗士，即使在最无望的情况下，他也能化险为夷。

当你拿起这本书时，很可能早已对丁立人有所耳闻。你可能听说过他在 2017 年至 2018 年的 100 盘慢棋不败，或者听说过他从 2022 年初被人遗忘到几个月后成为世界冠军挑战者的不可思议之路。你也许注意到了丁立人用英语与媒体交谈时不同寻常的真诚。但在本书中，你将了解到这位无可争议的第 17 位国际象棋世界冠军更多的一面。

在前两章中，我勾勒出一个大的轮廓。第一章是丁立人的简短传记，重点介绍了他的国际象棋生涯，你可以在这里了解到他最重要的成就，详细内容将在第三章至第九章中揭示。在第二章中，我将通过棋局片段、叙述以及他人的评论来介绍丁立人，以说明他的棋风和个人特质。这一章将帮助你更好地了解丁立人与其他棋手的不同之处以及他的特点。

第三章至第九章按时间顺序讲述了丁立人从 20 世纪 90 年代初涉棋坛到 2023 年成为世界冠军的过程。在这里，深入探讨了丁立人的国际象棋生涯，仔细研究了他在这一过程中最重要的事件和最精彩的对局。多数章节以两三年为一个时间段，以便于归纳丁立人个人和国际象棋发展的每个阶段。例如，第五章讲了 2013 年至 2015 年，丁立人在北京大学学习法律，同时将自己打造成一名超级特级大师。第三章、第八章和第九章是这一写作模式的例外，它们侧重于介绍具有特定主题的时期。第三章涵盖了丁立人的童年和青少年时期，直到 2009 年；而第八章和第九章则只关注了丁立人职业生涯中的一年，即 2022 年（挑战者年）和 2023 年（世界冠军年）。

本书既是一本传记，也是一本“最佳对局”集，丁立人的棋谱评注是很重要的部分。这位世界冠军非常慷慨地允许我们出版 11 盘附有他自评的棋局。这是一个难得的通过自评棋局来了解丁立人国际象棋思维的机会。除了这些棋局，你还可以欣赏到由我评注的丁立人的另外 47 盘棋。本书选择棋局的主要标准是高质量、独特性、历史性以及指导价值。

遗憾的是，由于篇幅有限，丁立人还有许多优秀的棋局未能入选评注的对局，这些优秀的棋局中的一些制胜着法被收录在最后一章，即第十章“丁立人赢棋妙着（棋题）”中。在这短短的一章中，你可以检验自己的战术技巧，进一步领略丁立人的战术魅力。

在为本书搜集资料时，我主要使用了网络资源，如一些国际象棋网站、杂志和新闻门户网站上的访谈、文章和视频等。对于一些中文的资料，我使用了谷歌翻译。尽管通过这种方法翻译会不太准确，但为了获得国际媒体无法提供的宝贵信息，偶尔牺牲翻译的准确性也是值得的。

在适当的情况下，我会在部分内容中加入相关的历史背景资料，如国际象棋在中国的发展或丁立人在中国国际象棋“四步走”战略中的地位。书中引用了丁立人及其父母、竞争对手等人的叙述，有助于读者更好地理解书中所描述的事例。此外，丁立人生活和职业生涯中的照片，以及一些有趣的数据统计和信息图表，都将丰富你的阅读体验。

最后，我要感谢雷梅尔特·奥腾（Remmelt Otten）为本书提供编写指导，弗兰克·埃尔维奇（Frank Erwich）和 New In Chess 编辑团队为本书的顺利出版所做的贡献，德克·扬·腾·古赞丹（Dirk Jan ten Geuzendam）提供的关于丁立人的宝贵的一手资料，一位不愿透露姓名的朋友提供的关于对中国国际象棋的见解，我的妻子伊娃·维德诺娃–库尔亚舍维奇（Iva Videnova–Kuljasevic）在本书编写过程中提供的帮助。最后不得不提的是，感谢丁立人允许我们将他为 *New In Chess*（《国际象棋动态》）杂志撰写的对局评注收入本书。

我希望你会喜欢这位独一无二的棋手！

达沃林·库尔亚舍维奇

2023 年 9 月于普罗夫迪夫

棋爸联盟编译社　编译团队

前言	许航
第一章	沈勇
第二章	王嘉维、许航
第三章	张虎
第四章	若仪老爸
第五章	章红宇
第六章	许航、裴斌
第七章	田行健
第八章	裴斌
第九章	王聪
第十章	沈勇
棋图	沈勇
校对	许航
策划	好爸

评注符号说明

符号	说明
!	好着
!!	妙着
?	坏着
??	败着
!?	值得注意的着法
?!	可疑的着法
⩲	白稍优
⩱	黑稍优
±	白优
∓	黑优
+−	白胜势
−+	黑胜势
=	均势
$\overset{\infty}{=}$	有补偿
⇄	有反击
↑	有主动权
∞	形势不明

目录 Contents

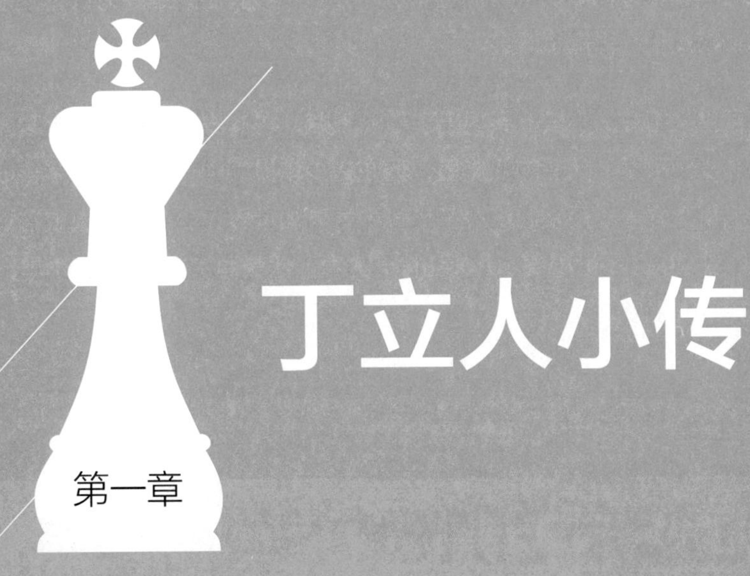

第一章 丁立人小传

早年经历

1992 年 10 月 24 日，丁立人出生于中国浙江省的沿海城市——温州。他的父亲丁文俊是电力局职工，母亲是医院的一名护士，父母给他取名“立人”，是出自他们最喜欢的儒家名言：“己欲立而立人，己欲达而达人。”

丁立人 4 岁开始学国际象棋。当时温州被称为中国的“国际象棋之城”。国际象棋在温州广受欢迎，丁立人的父母在他很小的时候就决定带他去国际象棋俱乐部学棋。丁立人的启蒙教练们教他下棋的基本功，教练中最有名的是陈力行，他还教过中国第二位国际象棋女子世界冠军诸宸。

丁立人刚开始学棋就展现出了他的天赋，在 5 岁时就赢得了全国国际象棋青少年锦标赛 6 岁组冠军。随后的几年里，他在青少年棋手中一直名列前茅，成为中国最有前途的年轻棋手之一，后来他获得了代表中国参加世界青少年国际象棋锦标赛（世少赛）的机会。在 2002 年世少赛 10 岁组的比赛中，他获得了银牌。2004 年，丁立人获得世少赛 12 岁组的亚军。

▲丁立人和他的父母

尽管丁立人取得了这些优异的成绩，但他的父母一直跟他强调，在整个初、高中阶段学业比下棋更重要。丁立人是一名品学兼优的学生，数学成绩尤其好，下棋只是他青少年时期的业余爱好。这个聪明的年轻人选择任何领域都可能会大有前途。幸运的是，他的父母非常支持他的爱好，让他加入了浙江省国际象棋队，在那里他开始与其他教练合作，加强国际象棋训练。

突破

丁立人的第一个重要成绩是在 2007 年山东举行的世界冠军个人锦标赛分区赛中获得并列第二名。这位未满 15 岁的无头衔选手差一点拿到他的第一个特级大师序分，让众多知名大师大吃一惊。2008 年，他首次在中国个人锦标赛［指全国国际象棋锦标赛（个人甲组）］上亮相，与国内顶尖棋手一较高下，并赢得了“危险攻击手”的美誉。

然而这些成功只是丁立人在 2009 年中国个人锦标赛上取得突破性成绩的前奏。2009 年，他以表现分超过 2800 分的优异成绩成为中国最年轻的全国个人锦标赛冠军。他还在这次比赛中获得了最后一个特级大师序分，成为中国第 30 位特级大师。在取得这些成就之后不久，他决心成为一名国际象棋职业棋手。他的父母越来越意识到他的国际象棋潜力，在鼓励他完成中学学业的同时，也支持他成为职业棋手。

2010 年，丁立人的等级分跨越了梦寐以求的 2600 分大关，取得了另一个里程碑式的成就。这使他跻身中国十大现役棋手之列，意味着他将有更多机会参加国际赛事。2011 年初，他在莫斯科参加了他在亚洲以外的第一个重要比赛，他毫不妥协的攻击型棋风吸引了国际象棋界的注意。

2011 年，这位来自温州的少年赢得了他的第二个中国个人锦标赛冠军，甚至比 2009 年的第一个冠军更令人印象深刻，取得了表现分超过 2850 分的惊人成绩。他的弈法也更加成熟和全面，在局面技术和残局技术上都有很大提高。2011 年夏天，丁立人在高中毕业后决定休学一年，开始专心下棋。

走向成熟

这一决定得到了回报。丁立人可以完全专注于提高自己的棋艺水平，在 2011 年到 2012 年他以约 2650 分的等级分成为世界排名前 100 的棋手，同时成为中国最好的棋手之一。在 2011 年宁波世界团体锦标赛上，他以替补选手身份首次代表国家队出战，并于同年晚些时候首次参加了世界杯赛。他的下一个重要成绩是在 2012 年春天的中国个人锦标赛上获得的，这是他第三次夺冠，领先第二名整整 1 分。这次胜利使丁立人获得了参与 2012 年世界国际象棋奥林匹克团体赛（奥赛）的名额，同时使他在 2012 年夏天跻身国际棋联等级分榜前 50 名。

大约在这个时期，丁立人和父母商议后决定进入久负盛名的北京大学学习。他认为这是拓宽视野的好机会，于是选择了法律专业。他的学业于 9 月开始，在此之前他刚刚在世界青年锦标赛上获得铜牌，并在 2012 年奥赛上代表中国队坐镇第 3 台，且有出色的表现。即使在这个时期，丁立人还是不被普通棋迷所熟知，但在奥赛上的几场大胜提升了他在国际象棋界的知名度。

成为“超级特级大师”

在这些重要比赛之后，丁立人实现了一个大多数国际象棋职业棋手梦寐以求，但只有少数人能够达到的里程碑。2012 年 10 月，在 20 岁生日之前，他的等级分跨过 2700 分大关，这一成绩使他能够跻身“超级特级大师”的行列。丁立人很快就收到第一份超级大赛——2013 年在巴黎和莫斯科举行的阿廖欣纪念赛的邀请函。尽管成绩平平，但他展现出了巨大的潜力。他还是需要多与世界顶尖棋手比赛来提升自己的棋力。

2013 年至 2014 年，丁立人在一些有一定含金量的赛事中赢得了第一或并列第一，如2013年和2014年的儋州特级大师超霸战、2013年的比尔国际象棋节特级大师组比赛。在 2013 年世界团体锦标赛和 2014 年亚洲团体锦标赛中，他在 1 台和 2 台上的出色表现帮助中国国家队获得奖牌，并在 2014 年奥赛中夺得了金牌。

丁立人在这两年持续不断地取得了一些成绩，积累了必要的经验和等级分。最终在 2014 年 8 月，丁立人以 2742 分成为中国等级分最高的棋手。他儿时的梦想成真了。然而一旦他实现了这个目标，他就明白自己有能力做更重要的事情。

迈入精英行列

2015 年 1 月，丁立人首次在维克安泽大赛上亮相，这个比赛是历史最悠久、最负盛名的国际象棋锦标赛之一，历来在荷兰的维克安泽举行，2015 年举办的是第 77 届。尽管丁立人是等级分较低的参赛者之一，但在 13 轮比赛中他与老牌顶尖棋手瓦谢尔·拉格拉夫、阿尼什·吉里和苏伟利并列第二，落后马格努斯·卡尔森半分。这个成绩证明了他有与顶尖高手一战之力。

丁立人在荷兰的成功使他在 2015 年初闯入了国际棋联等级分榜前 20 名。他带领中国队在 2015 年世界团体锦标赛上夺冠，并于 2015 年 7 月在家乡温州举行的对抗赛中以 3 ∶ 1 击败前世界冠军挑战者鲍里斯・格尔凡德，展现出了自己的出色状态。

这些成就帮助丁立人在 2015 年 8 月将等级分提升到 2770 分，进入国际棋联等级分榜前 10 名。2016 年初，他在第 78 届维克安泽大赛中再创佳绩，与法比亚诺・卡鲁阿纳并列第二，仅次于马格努斯・卡尔森。几个月后，他在上海的对抗赛中以 2.5 ∶ 1.5 的成绩战胜了世界顶尖棋手苏伟利。更重要的是，丁立人在 2016 年 7 月以超快棋等级分 2875 分的成绩排名世界第一！

这些成绩表明，到 2016 年，丁立人已经真正跻身于国际象棋精英的行列。他的棋艺相当全面，之前存在的缺乏顶级比赛经验、开局面狭窄，以及残局着法不精确等问题，现在基本上都得到了解决。但该年下半年，丁立人的成绩有所下滑，他努力想要回到 2015 年至 2016 年上半年时的状态。这对他来说也是一次很好的提醒，超级特级大师的赛道竞争异常激烈，未来他需要付出更多的努力。

首次世界冠军候选人赛

2017 年，丁立人一切都很顺利。他令人佩服地获得了 3 月份在中国举行的第一届“读特杯”深圳龙岗国际象棋大师赛的冠军。两个月后，他在莫斯科举行的国际棋联大奖赛中取得了第一名。之后在 2017 年世界团体锦标赛上，他坐镇第 1 台带领中国队夺得金牌。这些比赛中，丁立人一盘未输，他已经成为世界最强棋手之一。

丁立人出色的状态可能是受棋盘之外的重大人生事件的影响。2017 年 7 月，丁立人从北京大学毕业。尽管他不打算在获得学位后成为一名律师，但丁立人仍然很感激自己的大学经历帮助他提高了综合素质和社交技能。

丁立人在 2017 年国际象棋世界杯赛上取得了出色的成绩，这次比赛可能是自 2005 年世界杯赛创办以来竞争最激烈的一次。丁立人在比赛中淘汰了六位强手，闯入了决赛。尽管在最后的决赛中输给了列冯・阿罗尼扬，但这位中国新星还是获得了 2018 年世界冠军候选人赛的参赛资格。这是丁立人第一次有机会为世界冠军而战。

100 盘慢棋不败

2017 年世界杯赛前，丁立人在温州举行的对抗赛中输给了阿尼什・吉里。他在之后一年多的时间里没再输过一盘慢棋!

丁立人在 2017 年世界杯赛的慢棋部分一盘未失，在 2017 年其他的比赛中也没有输掉任何慢棋对局。丁立人虽然在 2018 年世界冠军候选人赛中只获得第四名，但他是 14 轮双循环赛中唯一不败的棋手！他在超级特级大师赛中也不曾失利，比如 2018 年加什莫夫纪念赛以及他与韦塞林・托帕洛夫的对抗赛。他在 2018 年奥赛中表现稳如磐石，不但获得了第 1 台台次金牌，还带领中国队取得了又一次历史性的胜利。

与此同时，丁立人在 2018 年 5 月闯入世界前五，并在 2018 年 9 月，等级分突破了惊人的 2800 分大关，成为首位突破这一分数的中国棋手!

2018 年 11 月，丁立人在深圳第二届“读特杯”上输给瓦谢尔・拉格拉夫，结束了他梦幻般的不败纪录。尽管如此，他还是以 5 局的优势打破了塔尔在 1973 年至 1974 年的 95 局不败纪录，并创造了一个新的纪录：29 胜 71 平，100 盘慢棋不败！尽管马格努斯・卡尔森在 2020 年打破了这一纪录，取得了 125 局不败的纪录，但这并没有让丁立人的成就失去光彩。相反，丁立人的纪录仍然只有少数人能够达成。

国际象棋超级巡回赛冠军

2019 年是丁立人职业生涯中又一个高峰。他在年初的第 81 届维克安泽大赛和 2019 年世界团体锦标赛上继续保持不败。丁立人的这些成绩使他将等级分保持在 2800 分以上，并在 2019 年 2 月，他首次成为世界上等级分最高的三名棋手之一，他的等级分仅次于马格努斯・卡尔森和法比亚诺・卡鲁阿纳。

那一年，丁立人还参加了久负盛名的国际象棋超级巡回赛（GCT），这个比赛有十几位世界顶尖棋手参加。这位中国超级特级大师在 2019 年辛格菲尔德杯上取得了职业生涯中又一个辉煌的成绩，该赛事是 GCT 系列赛的一部分，也是参赛棋手实力最强的国际象棋锦标赛之一。在慢棋赛中，丁立人和马格努斯・卡尔森并列第一，而在快棋加赛中他直接击败了卡尔森。如果我们考虑到卡尔森自 2007 年以来从未输掉过一场加赛，丁立人的壮举就更令人印象深刻了！丁立人是一个屡次打破纪录的人，他一直以谦逊的态度在刷新纪录。

丁立人在 2019 年世界杯赛上再次创造了历史，成为第一位连续两届进入世界杯赛决赛的棋手。尽管泰穆尔・拉贾波夫在超快棋加赛中获胜，但这位优秀的中国选手还是凭借优异的成绩获得了 2020 年世界冠军候选人赛的参赛资格。

丁立人由于在 2019 年超级巡回赛的积分榜上名列前茅，从而获得了 2019 年底在伦敦举行的超级巡回赛总决赛的参赛资格。他在半决赛中淘汰了列冯・阿罗尼扬，并在决赛中击败了瓦谢尔・拉格拉夫。就这样，丁立人在 2019 年参赛棋手实力最强的国际象棋比赛中获得了胜利。他在比赛中所向披靡，处于巅峰状态，被大多数人认为是马格努斯・卡尔森霸主地位的主要挑战者之一。

2020 年世界冠军候选人赛

丁立人本有机会在 2020 年 3 月的世界冠军候选人赛中冲击冠军，冠军将在下一次世界冠军赛中成为马格努斯・卡尔森的挑战者，但新冠肺炎疫情给比赛带来了麻烦。丁立人也因比赛前被隔离等情况，影响到比赛状态。在 2020 年的世界冠军候选人赛第一阶段，他输了 4 盘棋，尽管他在 2021 年的第二阶段比赛中重整旗鼓，以 7 分结束了比赛，但他却没有了争夺世界冠军的机会。

此外，2020 年和 2021 年（世界大部分地区）的旅行限制使丁立人很难参加国际象棋比赛。所以在这两年的大部分时间里，他都在网上参加国际象棋比赛，以此来保持状态。幸运的是，这让他有足够的时间专注于提高棋力。

2022 年世界冠军候选人赛

由于前文提到的旅行限制，丁立人无法参加 2022 年的世界冠军候选人赛的资格赛。这让他在候选人赛之前的几个月就退出了竞争行列，似乎无法在他状态最好的时候争夺棋王桂冠了。幸运的是，候选人赛的一名参赛者谢尔盖・卡尔亚金被禁赛，这让丁立人在最后一刻有了参赛机会，但前提是他必须满足一定的对局数和等级分。在符合这些要求后，丁立人作为夺冠热门棋手参加了比赛。

丁立人在本次世界冠军候选人赛中开局不利，中途远远落后于领先者。但他表现出了惊人的意志力，并在最后一轮对中村光的对局中取得了关键性胜利，最终获得了第二名。伊恩・涅波姆尼亚奇获得了这项赛事的冠军，并获得了在下一次世界冠军赛中挑战马格努斯・卡尔森的权利。然而在 2022 年 7 月份，当卡尔森出人意料地宣布他不会卫冕时，在 2022 年世界冠军候选人赛中获得第二名的丁立人就成为第二位世界冠军挑战者！这又是一个对丁立人有利且不寻常的转折，意味着新的世界冠军将在 2023 年从他和伊恩·涅波姆尼亚奇中决出。

世界冠军

2023 年国际象棋世界冠军赛是近现代双方实力最接近且赛况最激动人心的世界冠军赛，其刺激程度不亚于 2006 年的克拉姆尼克与托帕洛夫的比赛。丁立人和涅波姆尼亚奇的棋风截然不同，在比赛中双方互有攻守，展示了他们最好和最差的着法。整场比赛中，丁立人总是先落后，有时显得心灰意冷，但他总能以一场关键性胜利扳平比分。在 14 局比赛（其中有 6 局分出胜负）之后，丁立人和涅波姆尼亚奇战成 7 比 7 平，比赛将通过加赛——快棋或超快棋来决出胜负。在加赛的前 3 局和棋之后，最终丁立人在戏剧性的第 4 局快棋中执黑获胜，成为无可争议的第 17 位国际象棋世界冠军！

丁立人在通往世界冠军的道路上一直坚持不懈，他鼓舞人心的表现和坦率朴实的个性为他赢得了许多粉丝。正如他在 2022 年接受 Chess.com 网站采访时所预言的那样，"一个新时代"已经开始。

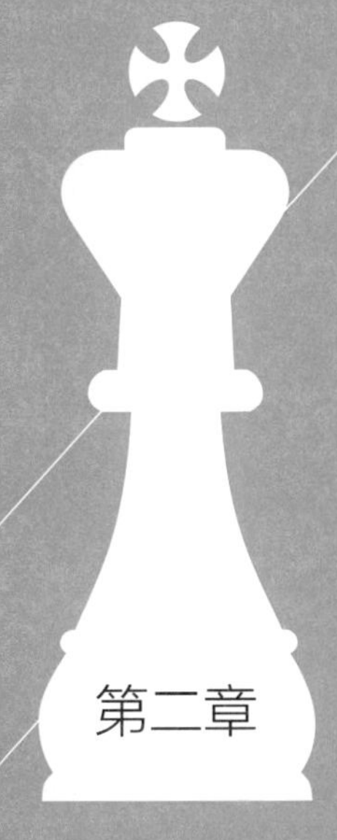

世界冠军风格概述

在本章中，我们将尝试从一个普通人和棋手的角度更深入地了解丁立人。从丁立人的个人小传中，我们看到了一个才华横溢、勤奋且坚韧不拔的人，这些特点足以保证他在任何领域都能达到顶尖水平。然而，究竟是什么让丁立人如此努力？个人性格又是如何影响他的棋风和创造力的呢？我们需要从他的对局，还有个人生活中找到答案。

鉴于这是一本关于国际象棋的书，我们将先从一个棋手的角度去看丁立人的特质，而个人生活的介绍将留到本章最后的部分。在研究了丁立人职业生涯各个时期的数百盘对局之后，我发现了他的 10 个重要特质。通过这些特质我们可以试着描绘出一个才华横溢、下棋技巧精湛的大师形象，其高超的棋艺使他能掌控几乎任何局面，并发挥出顶级水平。这 10 个特质能帮助我们全方位了解丁立人。一方面他在逆境中能精准计算、保持理性、坚韧不拔，另一方面他有想象力和主动性，表明了他具有全面而细致的特点。

下面列出的 10 个丁立人的主要特质，包含 6 个核心特质和 4 个成熟特质。核心特质是丁立人很小的时候就已经具备的。他甚至早在 8 岁时就展现出出色的思考能力和各种高超的技能。我们可以将这些特质视为他与生俱来的天赋。

核心特质

特质 1：进攻积极主动、下法灵活。

特质 2：愿意主动冒险弃子。

特质 3：犀利的战术组合能力和计算能力。

特质 4：能敏锐地发现并利用对手的局面弱点。

特质 5：能熟练运用双象。

特质 6：能积极大胆地运用国王。

成熟特质是丁立人作为一名久经沙场的职业棋手所具备的。诚然，丁立人这些特质的“种子”可能早已存在，但真正孕育它们，令其茁壮成长为现在模样的，其实是他年复一年与其他强劲对手的争斗经历。有许多伟大的国际象棋天才由于存在与国际象棋相关的问题，所以永远无法发挥他们的所有潜力。丁立人成长为一名全面而强大的棋手的过程，正是一个关于平衡生活、坚持不懈和能从错误中吸取教训的故事。

成熟特质

特质 7：世界级的残局技术。

特质 8：心理承受力。

特质 9：耐心的局面型弈法。

特质 10：善于处理不平衡局面。

现在让我们通过丁立人国际象棋生涯中的对局，来研究上述特质。这些对局从 2001 年他最早有记录的比赛开始，一直到他跨越等级分 2800 分大关这段时期。你可能会发现，部分对局的片段可能会在后面的章节中有所提及。因为当我们按时间顺序讨论丁立人的职业生涯时，会更深入地分析这些对局。

在本章中，我们将提供较短的对局片段来展示丁立人的棋艺特质。希望在阅读完这部分内容后，你能更好地了解丁立人独特的棋风和实力。

丁立人的核心特质

特质 1：进攻积极主动、下法灵活

丁立人在早年的比赛中就展现出他的进攻特质。当然每个人都喜欢将杀赢棋，但丁立人常常凭借高超的技巧和想象力做到这一点。此外，丁立人还善于把握时机，能主动出击，使比赛更有看点，更加刺激，这使他赢下了许多精彩的对局。

他童年时的开局体系就反映了这一点——执白 1.e4，执黑走王翼印度防御以及法兰西防御，通常会形成棋手必须展现出进攻创造力的局面。

下面这盘弈于 2002 年世界青少年锦标赛 10 岁组的对局，是展现丁立人进攻特质的绝佳范例。

第 1 局

丁立人— 桑迪普（2019）

世界青少年锦标赛 10 岁组第 5 轮，伊拉克利翁，2002 年

白先

在这个西西里防御的尖锐中局局面中，丁立人毫不犹豫地向对方王翼发起进攻。

14.f5!?

这里白方 14.b4 N×d3 15.c×d3 继续加固中心，也是可以选择的走法。

14...d5!?

面对王翼进攻，丁立人的对手毫无疑问地选择中心反击。

15.e5 Nfe4 16.Bf4 e6

黑方这步棋成功阻止白方 17.f6，因为有 17...B×f6 18.e×f6 Q×f4。而白方走 17.f×g6 也不见得好，因为黑方有 17...f×g6 18.Qh4 Rf5!，再 ...Raf8，利用 f 线进行反击。

似乎白方的进攻将要偃旗息鼓之时，年轻的丁立人却想出了办法，用一步精彩的弃兵继续保持攻势。

17.Qh4!? e×f5?!

黑方选择用 e 兵吃掉 f5 弃兵，看上去更安全，但事实上却是给白方接下来的猛攻加了把火。

17...g×f5!，用 g 兵吃弃兵看上去更危险，因为黑方的王城被打开，白方可以接着走 18.Ne2（计划通过马 e2–g3–h5 或 g2–g4 调动开展进攻）。但黑方其实仍能通过 18...Qd8 19.Qh3 f6! 组织有效防御，白方的弃兵最好的结果也只是获得局面补偿。

18.e6 Qc8?

防守的难度总比进攻的难度要大。黑方这一步已经犯了一个致命的错误。

黑方如走 18...Qc6 19.B×e4 d×e4 20.Ng5 h5 21.e×f7+ R×f7! 22.N×f7 K×f7，得益于子力的活跃，黑方用一车换取一马一兵后仍能继续战斗。下面丁立人开始充分展示他的进攻才华。

19.B×e4!

白方运马到 g5 格前，必须先消灭对方的 e4 马。

19...N×e4 20.N×e4 d×e4 21.Ng5 h6 22.e×f7+ Kh8

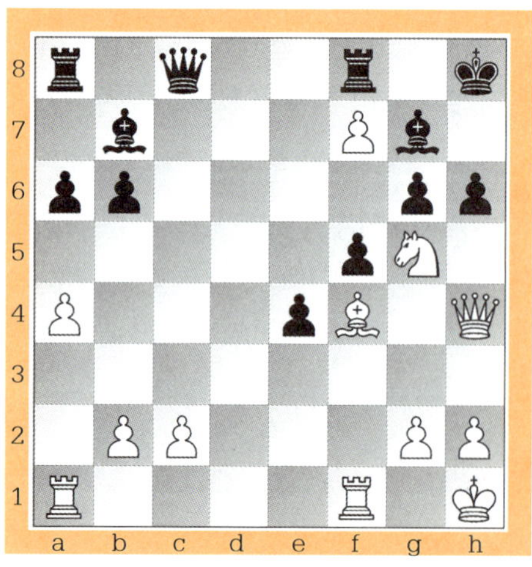

22...R×f7 23.N×f7 K×f7 24.B×h6，黑方受到的损失会少一些。从长远来看，白方的子力优势还是显而易见的。

23.Be5!

丁立人开始为孤立无援的黑王编织杀网。

23...h5 24.Qf4!

优雅的续着。白后同时瞄准 e5 和 h6 两个格子。

24...Qc6 25.Ne6!

利剑出鞘！黑方已经无法逃脱被将杀的结局。

25...R×f7 26.Qh6+ Kg8 27.B×g7 Rd7 28.Q×g6

黑方认输。

2009 年，在强手如林的中国个人锦标赛上，未满 17 岁的丁立人以精彩的表现席卷赛场。本书的第三章将详细讲述他那盘通过卓越的进攻手段击败种子选手倪华的对局。在这里，只摘取了对局中的一个小片段进行呈现，让大家领略丁立人的进攻才华。

对局
片段 1

丁立人（2458）—倪华（2724）

中国个人锦标赛第 6 轮，江苏兴化，2009 年

白先

黑方刚走完 15...e5，阻止白方 e 兵推进。在众多可选的续着中，比如 16.0–0 和 16.Bb2，丁立人挑选了最富有野心的一个：

16.f5! g×f5 17.e×f5 B×f5 18.0-0 Bg6

表面上看，白方似乎除了 19.R×b7 吃回弃兵，就没有更好的办法。许多棋手都可能选择这个稳妥的方案，但丁立人并不在意这种蝇头小利。相反，他要获取更多。

19.h4!

丁立人对黑王展开猛攻。要想知道最后的结局如何，请参见第 21 局。

丁立人从儿时开始，直到成为职业棋手都一直热衷使用王翼印度防御开局。这个开局曾经带给他许多胜利。在本书的后面我们会看到一些他用王翼印度防御的绝佳对局。我先在这里展示一盘 2011 年的对局，丁立人的精彩进攻和最后收尾的点睛之笔令人印象深刻。

第 2 局　基里科尔·塞瓦格·梅吉塔尔扬（2528）— 丁立人（2628）

俄航杯公开赛第 4 轮，莫斯科，2011 年

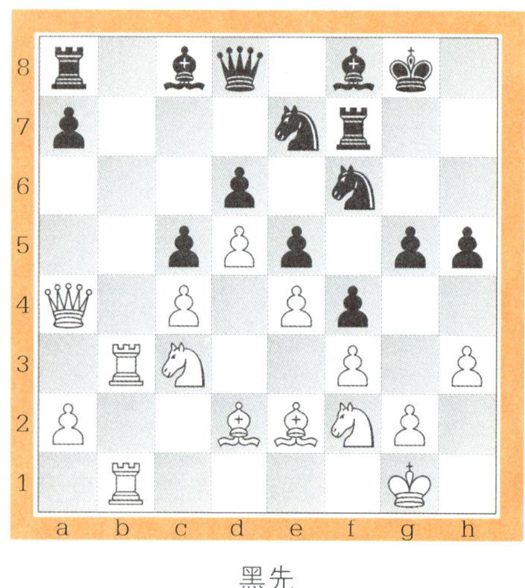

黑先

我们看到的是王翼印度防御中一个双方互有顾忌的典型局面。中心封闭的情况下，白方尝试在后翼突破，而黑方则想在王翼展开反击。丁立人首先发难：

20...g4! 21.f×g4 h×g4 22.h×g4 Bd7 23.Qa6 Rg7!

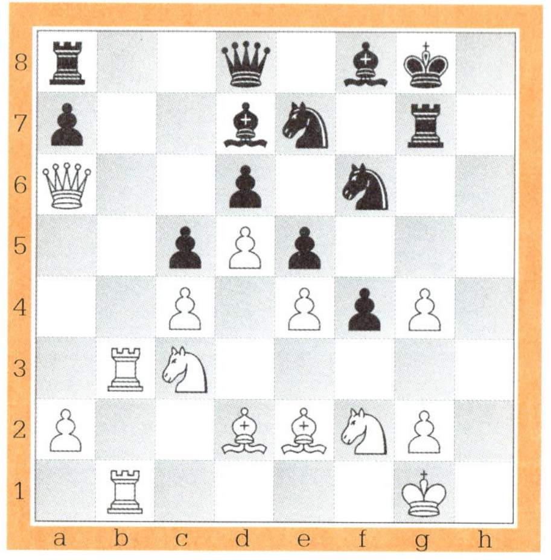

丁立人在按照常规思路开展进攻的同时，还为对手设下了一个陷阱。

24.Nb5

24.Q × d6?? 吃兵是一个严重错误，因为黑方有 24...Nc6!，捉死白后！梅吉塔尔扬继续在后翼施压。

24...Nc8

一步必要的防守着法。但与此同时，随着黑后 d8–h4 的斜线被打开，黑方潜在的进攻机会增加了。

走 24...N×g4? 为时过早，因为有 25.Ba5 Qe8 26.N×g4 B×g4 27.B×g4 R×g4 28.Q×d6，黑方失去中心兵且毫无补偿。

25.Ba5?!

很诱人的一步棋，但白方的黑格象会完全脱离自己的防守位置。

其实，白方有一个犀利的战术组合机会：25.Nc7!!，弃马将黑后引离王翼，在 25...Q×c7 26.Ba5 Nb6 27.B×b6 之后，黑方只能被迫进入劣势残局：27...Qc8 28.Q×c8 B×c8 29.Ba5 N×g4 30.N×g4 B×g4 31.B×g4 R×g4 32.Kf1。

25...Nb6! 26.N×a7

黑方的后翼变得支离破碎，但丁立人比对手多看一步。

26...N×g4 27.N×g4

27...Qg5!!

这步漂亮的过门着法彻底扭转了局面。白方虽净多一马，但黑方将全力进攻。

或许梅吉塔尔扬只期望如下变化：27...B×g4 28.B×g4 R×g4 29.Q×b6 Qg5，这样白方足以应付：30.R1b2 Qh5 31.Nc6 Rh4 32.Rh3，白方保留制胜的子力优势。

28.B×b6?

一个致命的失误。在丁立人的冲击下，这位巴西的国际特级大师没有找到唯一的防守办法也是情有可原的。

28.Nf6+!，这一步引离黑后非常重要。在 28...Q×f6 29.B×b6 Qg6! 30.Bf3 Bg4 31.R1b2 B×f3 32.R×f3 Q×e4 33.Qa3! 之后，白方仍可坚持，我相信大多数人还是会在这个局面中选择支持黑方，因为他有攻击潜力。

28...B×g4 29.Bf1

另一路可选的变化：9.B×g4 Q×g4 30.R1b2 同样于事无补，因为 30...Qd1+ 31.Kh2 Rh7+ 32.Rh3 R×h3+ 33.g×h3 f3!，接下来有 ...Bf8–h6–f4 的将杀，无解！白方所有子力都集中在棋盘的另一端，即使让他一先也无法帮助白方的国王。

29...Be2!

引人瞩目且高效的一着。白方无法继续坚守。

30.R3b2 f3 31.Qa3 Rb8 32.Nb5

如果走 32.Nc6，黑方走 32...R×b6! 33.R×b6 B×f1 34.Q×f3 B×g2，一锤定音。

32...R×b6

黑方吃回弃子，此时胜负已分。梅吉塔尔扬又走了几步，这只会让丁立人做好准备，下出最后部分的漂亮的战术组合。

33.Qc3 Rbb7! 34.Qd2

34...Q×g2+!!

弃后迫使对手认输，因为有 35.B×g2 R×g2+ 36.Kh1 Rh7+，下一步绝杀无解。

随着丁立人突破等级分 2700 分大关，他的进攻变得更加复杂而细腻，具体可见之后的对局。

丁立人的开局库

年份 / 时段	执白开局	执黑开局对付 1.e4	执黑开局对付 1.d4/1.Nf3/1.c4
2001—2005	1.e4，进攻型风格。1.Nf3和2.g3，准备走先手王翼印度防御	法兰西防御，动态风格	王翼印度防御，动态风格
2006—2009	改用经典的 1.d4 开局，选择攻击性较强的主变，为他今后长期的白方开局体系奠定了基础		
2010—2011		增加了西西里防御保尔逊变例，对低等级分对手时使用	
2012—2013		卡罗康防御成为对付 1.e4 的主要武器。不再走法兰西防御	
2014		开局体系中增加了稳健的 1...e5，因为他开始经常对阵超级特级大师	在他的开局体系中加入半斯拉夫防御，使开局更加多样和稳健
2015	偶尔走 1.e4，特别是对低等级分对手时使用。增加 1.Nf3 和英国式开局，使开局多元化，主要是回避格林菲尔德防御的主变以及尼姆佐印度防御	采用更有名的西西里防御纳道尔夫变例和古典变例代替保尔逊变例，对低等级分对手时使用	在开局体系中加入稳健的尼姆佐印度防御，因为他开始经常对阵超级特级大师。看情况偶尔也会走王翼印度防御
2016	开始经常走稳健的卡塔龙开局以及包含 g3 结构的开局体系	以 1...e5 为主要的开局武器	尼姆佐印度防御、半斯拉夫防御成为主要的开局武器
2017—2018	他的白方开局体系非常全面，几乎可以在最高级别的比赛中下出任何类型的局面		
2019—2023	英国式开局、列蒂开局和伦敦体系等战略性开局在他的开局体系中占据了更重要的地位		开局转到了超级坚固的拉戈津变例、接受后翼弃兵开局的混合体变例

第 3 局　丁立人（2709）— 弗罗德·乌克达尔（2473）

雷克雅未克公开赛第 5 轮，雷克雅未克，2013 年

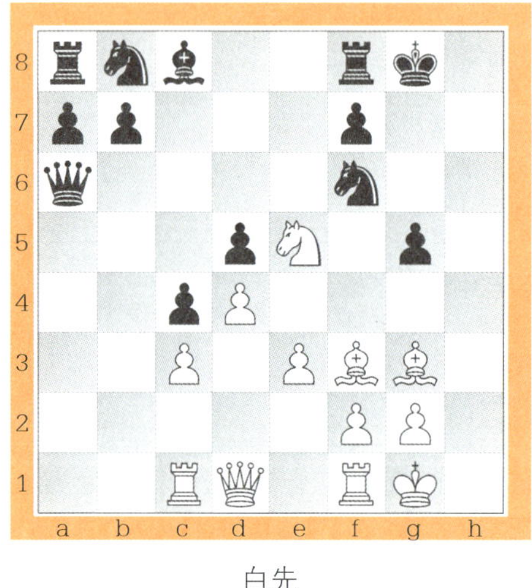

白先

开局阶段，乌克达尔冒险吃掉丁立人的 a 兵，希望自己不会因此受到惩罚。因为贪吃而导致己方出子缓慢是一件十分危险的事情。而丁立人对此给对方的惩罚迅速而坚决。

18.e4!!

对打破局面平衡时机的准确把握能力，是丁立人的标志性特质之一。此时，他再弃一兵争取主动权，打开线路准备攻王。

18...d×e4 19.Be2 b5

黑方尽力保住中心兵，但是这步棋让出子落后的弱点暴露得更加明显。接下来丁立人打开更多的攻王线路。

20.f4! Nh7 21.f×g5 N×g5 22.Bf4 Qh6

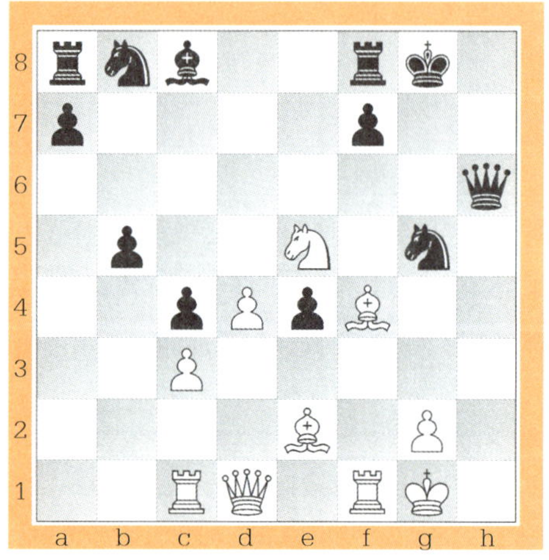

23.Bg4!

丁立人下棋的一个显著特点是，进攻手段往往不止一种。必要时他可以随时做出切换，降低攻击性，考虑那些看上去较慢或不太显眼的进攻方式。

23.Bg4，在此局面下人们不会先想到这步棋，但这步棋却是最有效用的。假如白方这里继续“自然”地进攻，比如 23.Qd2 f6 24.Ng4，黑方将及时完成

出子，24...B×g4 25.B×g4 Nc6，从而削弱白方大部分的主动权。

23...Na6 24.B×c8 Ra×c8 25.Ng4

兑掉白格象之后，黑方无法对白格进行防守。

25...Qg6 26.B×g5 Q×g5 27.Rf5!

通过马的捉双战术，白方先手把一个重要子力投入战场。

27...Qg6 28.Qd2!

经过此前的充分准备，白方顺利展开攻势。

28...f6 29.Qf4 Kg7 30.Rf1

白方将全部子力投入攻王！黑方 f6 格即将失守。

30...Rc6 31.d5!

这并非唯一的取胜着法，但是最富美感的一种。像我们后面将看到的其他对局一样（令人印象最深刻的是 2023 年世界冠军赛第 6 盘中丁立人的攻王，请参见第 55 局），丁立人让小兵参与最后的总攻。

31...Rb6 32.d6

黑方丢掉 f6 兵之后无奈认输。

丁立人的核心特质

特质 2：愿意主动冒险弃子

大多数情况下丁立人都能避免不必要的风险，所做的决定总是理性和客观的。但是人们不能因为他稳健的下棋风格，就认为他缺乏野心，因为只要有机会，丁立人就会为胜利而战。

在上一节中，我们见识到丁立人在进攻时会毫不犹豫地弃子。其实，他敢于在不同类型的局面下进行弃子。本节将摘录一些他通过牺牲子力换取长久补偿的对局片段。弃子是国际象棋技巧中最具挑战性的一种，因为这要求棋手对弃子的价值有准确的评估，其中的难度在于可能夹杂许多复杂的局面因素且不会像计算强制变化那样清晰地知道具体的收益是什么。在我较早前的写的《超越子力》（*Beyond Material*）中，全面论述了这一引人瞩目的话题。

接下来的例局，我们将看到在王翼印度防御的局面中，年轻的丁立人像前辈卡斯帕罗夫一样的神勇发挥。

对局
片段 2

修德顺（2422）— 丁立人（2458）

世界杯赛分区赛（中国区）第 6 轮，北京，2009 年

白先

白方走出 17.Bc5，同时攻击黑方的 d6 兵和 b4 兵。黑方应该如何应对？丁立人想出了一个富有想象力的对策。

17...d5!!

丁立人的信条是，如果弃子可以带来长久的主动性局面，那就没有理由继续消极地保留子力。

18.B×f8 Q×f8 19.e×d5 c×d5 20.B×d5

白方目前多半子。

20...Bf5+ 21.Ka1 Rc8

白方被迫进行防守。我们会在第三章（第 20 局）看到丁立人最终是如何把弃子转换为优势的。

在接下来的局面中，我们会看到丁立人为获得长期的局面补偿，他并不介意进行弃子。

对局
片段 3

丁立人（2679）— 马克·帕拉瓜（2521）

亚洲个人锦标赛第 8 轮，胡志明市，2012 年

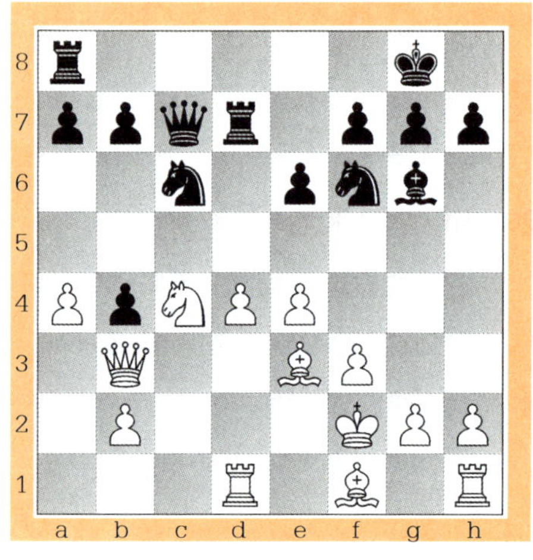

白先

白方走 16.Be2 完成出子是比较直接且好的着法，但丁立人创造性地走了：

16.Ne5!?

这让我们看到了丁立人对国际象棋的理解。

16...N×e5 17.d×e5 R×d1 18.Q×d1 Q×e5 19.Qd4! Qa5 20.Be2! Q×a4 21.Rc1

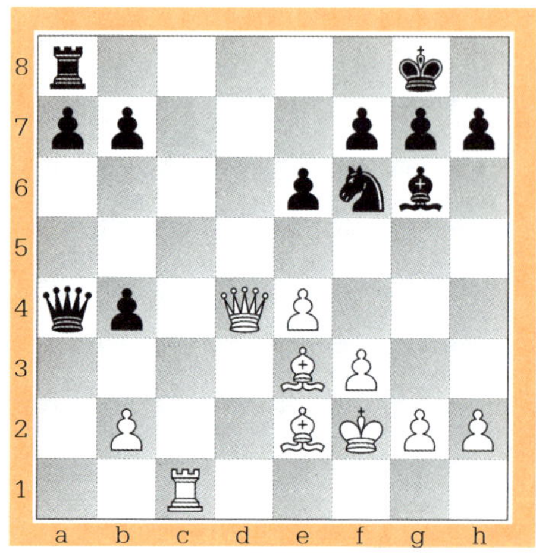

黑方已有多两兵的优势，而且阵形中没有明显弱点和紧要的战术问题。然而丁立人正确地判断出尽管子力上处于劣势，但白方由于子力协同性好（包括双象优势，这部分我们将在稍后的章节中重点讨论），长远来看将拥有更好的机会。这一决定表明了他对局面的深刻理解。我们将在第四章（第 28 局）中看到他出色地利用了这一局面优势。

下面是丁立人对局面富有远见和为获得长久优势而甘愿弃子的又一例局。

第 4 局

基里尔·阿列克森科（2671）— 丁立人（2811）

世界杯赛第 4 轮，汉特曼西斯克，2019 年

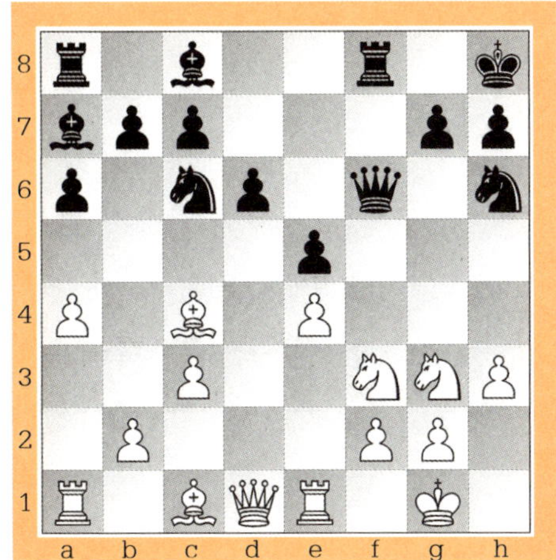

黑先

这个复杂的中局中，丁立人决定弃象换兵。

15...B×h3!?

黑方有其他风险较小的选择，例如：15...Qg6 和 15...Nd8!?，再 ...Ne6。

16.Bg5 Qg6 17.g×h3 R×f3 18.Q×f3 Q×g5

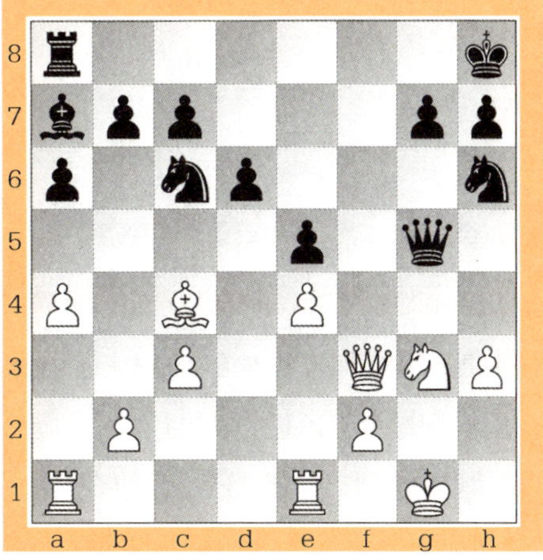

黑方获得对黑格的永久控制权和一个更优的兵形作为补偿。然而，对丁立人来说这些并不是什么实质性收获，当下他并没有直接的着法或者威胁可以得回弃子或将死对方。丁立人旨在做一个长远的计划。

19.Kh2 Ne7 20.Rg1 Ng6

20...Qh4 是更好的着法，防止对方简化局面。

21.Nf5 Qf6 22.N×h6

这是一步棋手会走出的着法。而 22.Rg3!?， 在 22...N × f5 23.e × f5 Rf8 24.Q × b7 B × f2 25.Rf3 Bh4 之后，将毫

无疑问地导致奇特的局面：黑方整个后翼将会失守，但同时对白王有强有力的反击。

22...Q×f3 23.Nf7+ Q×f7 24.B×f7 Nf4

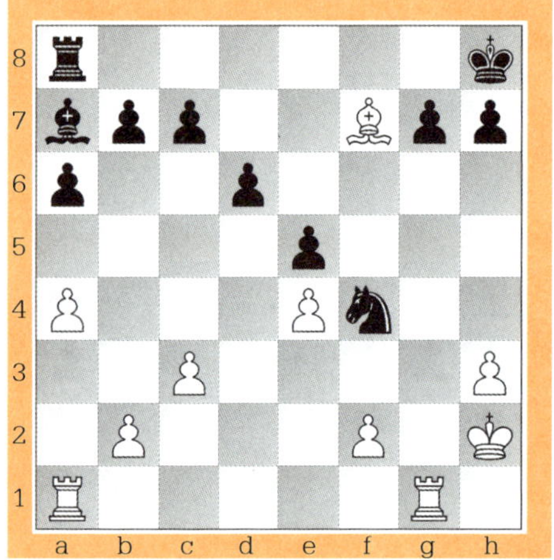

即使面对几乎均势的残局，丁立人在少半子的情况下仍然努力争胜，最终他取得了胜利，这也证明了他在第 15 步时局面弃子的直觉是正确的。

丁立人的核心特质

特质 3：犀利的战术组合能力和计算能力

从很小的时候起，丁立人就展现出对“直截了当”风格的偏爱，他有敏锐的战术眼光和超强的计算能力。这些技能对取得佳绩尤为重要，因为它们可大大提高棋手获胜的概率。

下面是丁立人在 8 岁多的一个对局片段，上述特质在他的对局中体现得淋漓尽致。

第 5 局

丁立人 — 黄亦成

中国团体锦标赛第 8 轮，苏州，2001 年

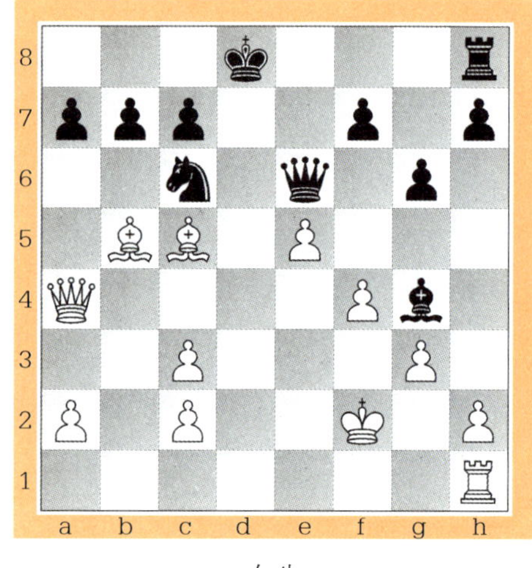

白先

白方多一兵，可供选择的续着有很多。丁立人走了：

21.Rb1!?

有些出人意料，但这正是丁立人典型的“直截了当”棋风的表现：对方后翼空虚，那就继续投入子力攻击。白方的车调到 b1 格，计划通过 22.B×c6 或 22.Bc4 加入战斗。

有经验的棋手可能会选择预防性的续着 21.Bc4 Qd7 22.Be3，保证己方王的安全，同时慢慢找机会发挥多兵的优势。

另外，在这个年龄段水平稍弱的棋手可能被强制性再得一兵的机会所诱惑，21.B×c6 Q×c6 22.Q×c6 b×c6 23.B×a7，但这明显低估了黑方在异色格象残局中争取平局的潜在可能性。

相反，丁立人选择最直接的且使双方互有顾忌的着法：

21...Qd5 22.B×a7

白王看起来岌岌可危，但经过计算后，丁立人对此并不担心。这里我们看到丁立人的另一个特质——能积极大胆地运用国王。

22...Qf3+?

令人惊讶的是，黑方这一步看似自然的着法是个致命的错误。不应该走后到 f3 格将军，正确的是走 22...N×a7 23.Q×a7 Qd2+，在 24.Kg1 Q×c2 25.Rf1 Q×c3 26.Q×b7 Ke7 之后，黑方虽然少一兵，但起码有挽救局面的机会。

23.Kg1 N×a7

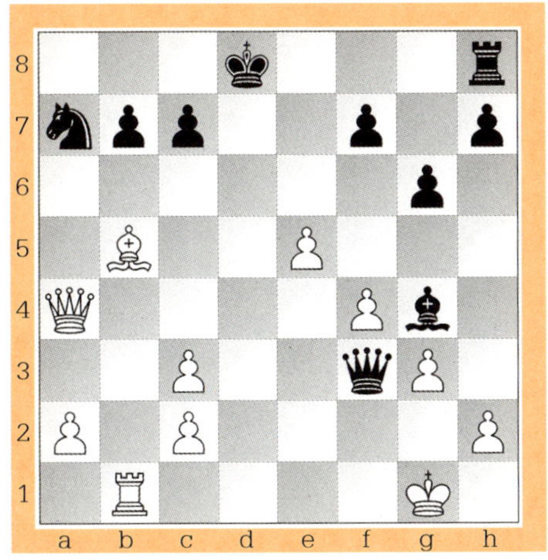

24.Qd4+!

这发现战术组合的眼光太犀利了！

以我多年当教练的经验来看，99%的8岁小棋手这里都会走24.Q×a7快速得回子力。然而，由于白方的王城仍有点空虚，在24...b6! 25.Rf1 Q×c3 26.Qa8+ Bc8之后，白方取胜可能会受阻。丁立人没有被能立即得回子力所诱惑，而是专注于取得全局的胜利。

24...Ke7

很可惜的是，对手没有走24...Kc8，否则我们可以饶有趣味地了解丁立人是否已经计算到这样一个精彩的取胜手段：25.e6!! Rd8 26.Bd7+ Kb8 27.e7! R×d7 28.e8=Q+。不过我有预感他应该是已经发现了！

25.Rf1!

黑后被捉死了，白方进入胜势残局。丁立人在后面的转换手段高超，下得滴水不漏。

25...N×b5 26.Qc5+ Kd7 27.R×f3 B×f3 28.Q×b5+ Bc6 29.Qc4 Ke7 30.Kf2 Rd8 31.Ke1 Rd7 32.a4 Rd5 33.a5! Rb5 34.a6 Rb1+ 35.Kf2

黑方认输。

那些天赋异禀的孩子往往在同年龄段的孩子中找不到对手，他们只能迅速转战国际赛场或与成年人展开竞争。但是，一旦开始与“大孩子”们竞争，想通过战术手段取胜就会变得更加困难，因为双方在战术水平上旗鼓相当。不过丁立人仍经常能从尖锐的局面中找到战胜对手的方法。让我们再分析两个2015年和2019年的有趣例子。

第 6 局

弗拉基米尔·马拉霍夫（2706）— 丁立人（2755）

中国甲级联赛第 9 轮，上海，2015 年

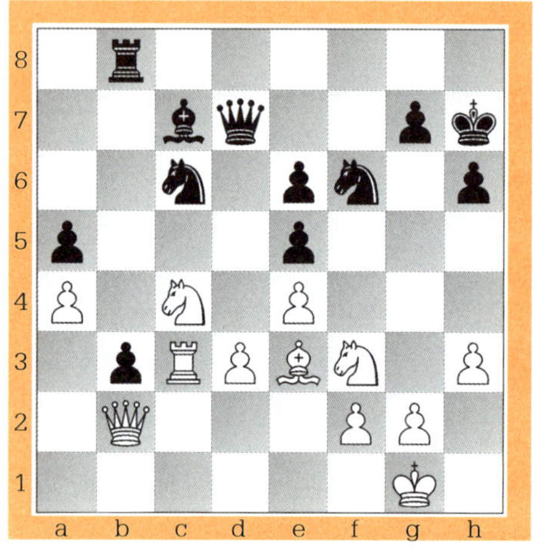

黑先

白方正威胁吃掉 b 兵，所以黑方必须马上行动。比起几个可选的方案，例如 30...Nb4 和 30...Nd5!?，丁立人做出了最佳选择：

30...Nd4! 31.B×d4

另一个重要的变化是 31.Nf×e5 B×e5 32.N×e5 Q×a4，形成一个复杂不清的局面，丁立人不得不小心考虑：

1）33.Rc4 无法得子，因为有 33...Ne2+!，黑优，白方这时不能吃马，因为黑方有 ...Qa1+；

2）33.B×d4 Q×d4 34.Nc6 不可行，因为 34...Q×c3!! 35.Q×c3 b2 36.N×b8 b1=Q+，后面有 37...Q×b8!。

31...e×d4 32.R×b3 Q×a4 33.N×d4?!

马拉霍夫吃掉 d4 兵时，低估了黑方的潜在战术机会。更为安全的着法是 33.Ncd2，尽管黑方在残局中走得很好，但这里仍要感谢白方的“助攻”。

33...R×b3!

这才是正确的走棋顺序。丁立人发现白方期望在 33...N×e4?! 之后走 34.N×e6!。因为有 g7 格潜在的将杀威胁，白车在 b3 格相当安全。

34.N×b3 N×e4!

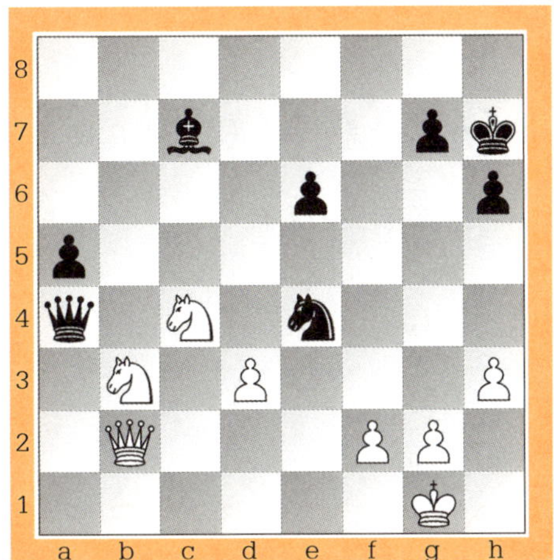

35.Ne3?

一个大的失误。或许马拉霍夫原来打算走 35.Nc×a5 吃掉 a 兵，但后来才意识到黑方强劲的应着 35...Qb4!，不过他还是发现得太晚了。因为白方要走 36.Qa1 来防守底线将杀，当黑方走 36...Nc3!∓，白方的子力都被牵制得动弹不得，虽然这时白方净多一兵，但也毫无意义。这个变化已经比实际对局中的走法要好一点了。

35...Qb4! 36.Qc2?

马拉霍夫在“近身搏斗”中彻底失去了耐心。

36.d×e4 会失利于 36...a4，36.Nc2 是避免马上崩盘的唯一方法。即使这样，在 36...Qc3 37.Q×c3 N×c3 之后，黑方有挺兵 ...a5–a4 等手段，白方能否守住残局仍是未知的。

36...a4 37.Nc1 Qe1+ 38.Nf1 Nc3!

丁立人凭借强制战术手段，把白方子力都压到底线附近。白方现在无法很好地应对黑方 ...Q×c1 再 ...Ne2+ 的威胁。

39.d4+ Kh8 40.Qg6 Q×c1 41.Q×e6 Qf4 42.g3 Q×d4 43.Ne3 a3 44.Nf5 Qe5

白方认输。

如果一位拥有很强战术能力的对手在比赛中主动弃子，你该怎么办？正如我们在下面对局看到那样，丁立人的回应是：认真计算后，如果认定吃掉弃子不是错误的话，那就相信自己，而不是被对手吓倒！

第 7 局

丁立人（2811）— 谢尔盖·莫夫谢西扬（2654）

世界杯赛第 2 轮，汉特曼西斯克，2019 年

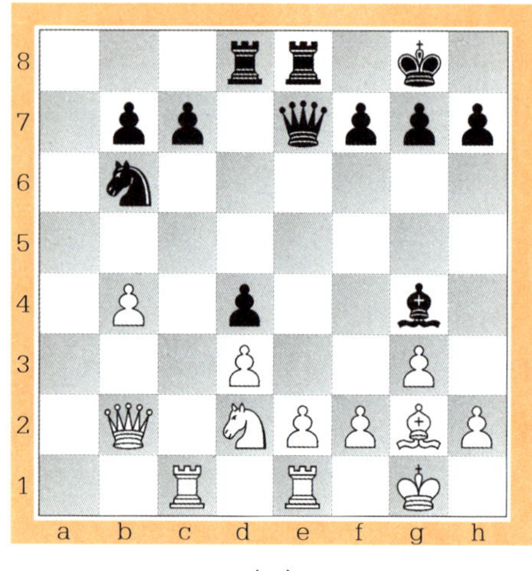

白先

20.B×b7!

白方即使不吃 b 兵也能稍占优势，但丁立人通过计算后，仍如以往那样坚持自己的信条。

20.Ne4 Na4 21.Qa1! 也是一个不错的选择。

20...Na4 21.Qc2 Nc3 22.Bf3!

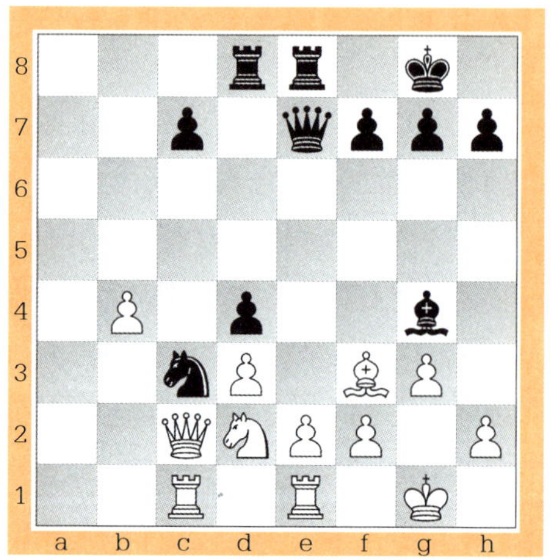

巩固阵形的重要一步。如果 22.Ne4 c5! 23.Bc6 c×b4 24.B×e8 Q×e8 或 22.Bc6 N×e2+ 23.Kg2 Qe6! 24.B×e8 R×e8，黑方弃半子后有补偿。

22...h5!

莫夫谢西扬继续对 e2 兵施加压力。白方做出吃掉 b7 兵的战术判断是依据如下变化：22...B×f3 23.N×f3 Q×b4 24.N×d4!+– 和 23...N×e2+ 24.Kg2+–。

23.B×g4 h×g4 24.Nb3!

丁立人再一次做出关键选择。看起来安全的 24.Nb1?! Nd5 25.b5，在 25...Qf6 之后局面复杂，白方可能因为糟糕的子力协调性而处于劣势。

24...c5?!

很不幸，黑方这个看似聪明的战术计划实际上并不成立。

因为应对 24...N×e2+ 25.Kf1 Qf6! 26.R×e2 Qf3 27.R×e8+ R×e8，白方有 28.Qc6! Q×d3+ 29.Kg1+−。这就是莫夫谢西扬走 24...c5 的原因。如果白方 25.b×c5，和上面变化类似，但吃兵后无法走 Qc2−c6 进行防守。然而正如我们稍后看到那样，丁立人在这个变化中发现了一个漏洞。

无论如何，莫夫谢西扬这时应该接受现实走 24...Q×b4 25.N×d4! R×d4 26.Q×c3 c5!，在少一兵的残局中寻找机会求和。

25.b×c5!

合理的吃子。如走 25.N×c5?，白方对 d4 兵的压力将减轻，这样将允许黑方走 25...Ra8!⇄，来利用厉害的 c3 马进行反击。

25...N×e2+ 26.Kf1 Qf6 27.R×e2 Qf3

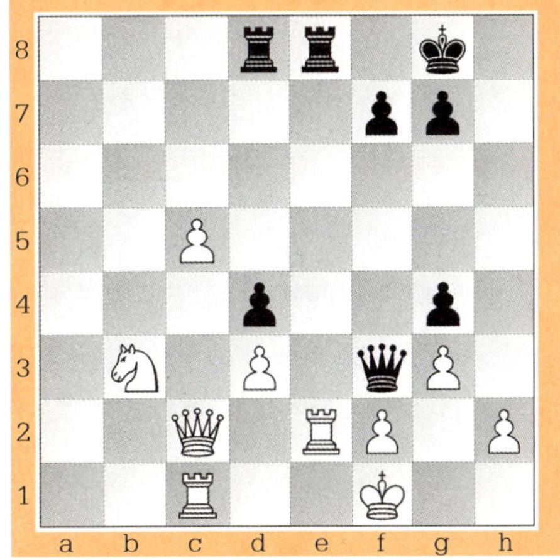

莫夫谢西扬从 h7−h5×g4/...Qe7−f6−f3，到 24...c5 的整个构思都是非常有创意的，如果对手是一名普通棋手，恐怕可以成功达成目的了。但丁立人用沉着冷酷的手段打乱了他的计划。

28.R×e8+

这里，白方无须恐慌，如果走 28.Ke1?，黑方可利用长将死里逃生：28...Qh1+ 29.Kd2 R×e2+ 30.K×e2 Qf3+ 31.Kf1 Qh1+。

28...R×e8 29.Kg1 Re2

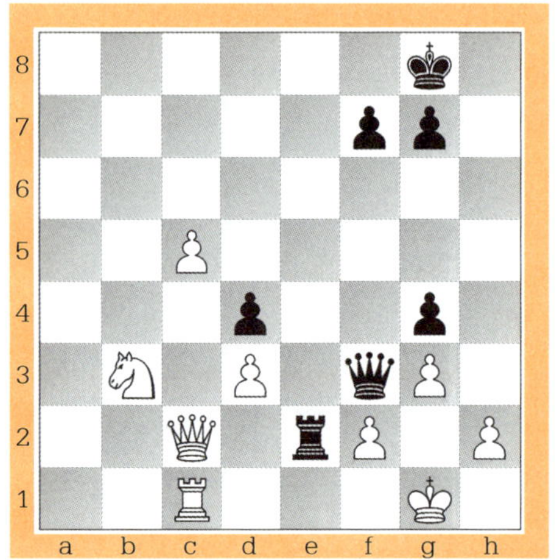

黑方威胁下一步 ...Q × f2+ 将死白王。这是莫夫谢西扬前面几步棋的背后意图。问题是这个计划被丁立人接下来的着法无情“驳回”：

30.Q×e2! Q×e2 31.c6

讽刺的是，黑方走 24...c5 是一项得不偿失的买卖。莫夫谢西扬无法阻止白兵升变，于是认输了。

丁立人完美地驾驭了棘手的战术局面，智胜狡猾的对手。

丁立人的核心特质

特质 4：能敏锐地发现并利用对手的局面弱点

在我看来，丁立人能敏锐地发现对方局面中的弱点并给予对方持续不断的打击，是他最基本的特质之一。前面我们已经看到丁立人“直截了当”解决问题的风格。但远不止于此，他的积极态度也延伸到解决更深刻的战略问题。

以丁立人少年时期的另一个对局为例，展现出了他非凡成熟的局面型弈法。

第 8 局

丁立人 — 张建华

中国团体锦标赛第 3 轮，苏州，2001 年

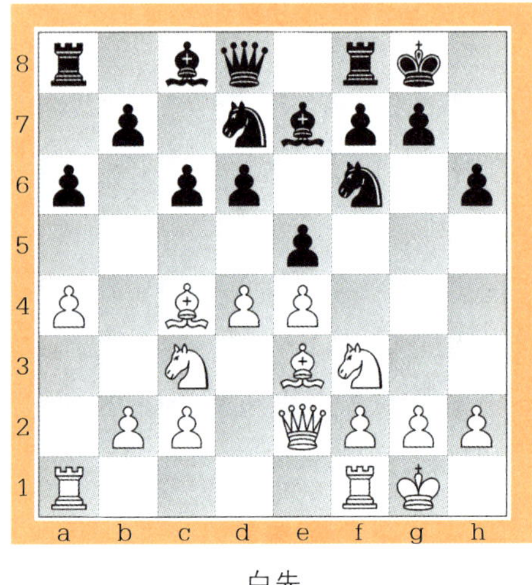

白先

黑方上一步走了 9...c6。当时 8 岁多的丁立人察觉到了黑方 b6 格的弱点，马上毫不犹豫地实施打击：

10.d×e5! N×e5 11.N×e5 d×e5 12.a5!

在这种对称结构下，b6 格是白方重要的战斗前哨。白方可以根据局面情况，把象走到 b6 或者通过 a4 格跳马到 b6。而黑方当然不会同意，所以走了：

12...c5?!

但黑方这步挺兵只会暴露更多的弱点。实际不管怎样，即使黑方走出如 12...Bb4 13.Bb6 Qe7 14.Na4 Bg4 15.f3 Be6 16.c3，这样最好的应着，白方也将拥有一个较好的局面优势。

13.Rfd1 Qc7 14.f3 b6?

黑方又走出了缺乏耐心的一步棋，他可能还没意识到此时移动 b 兵将导致自己的后翼变得更糟糕，因为在 b6 与白方兑兵之后，黑方后翼兵形将出现很多弱点。黑方应该走 14...Bd7±，保持阵形紧凑。

15.a×b6 Q×b6 16.b3 Bb7

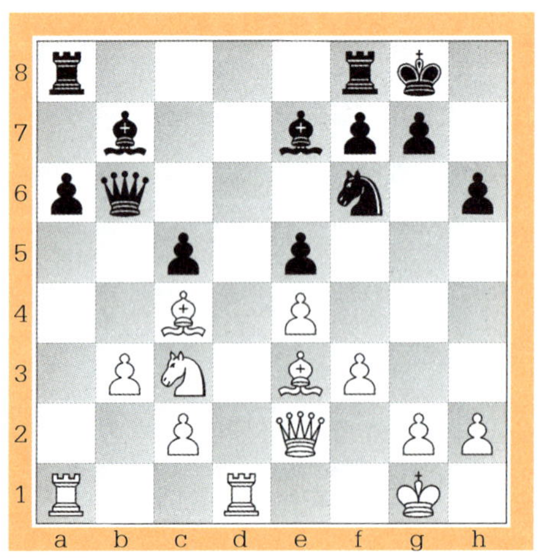

在我的教练生涯中，我见过很多 8 岁儿童棋手的对局，所以凭借经验可以预

测他们执白时在此局面中的下法，可能会有 17.Na4、17.Nd5 或 17.Rd2。这些着法各有优势，而丁立人选择的是：

17.Ra2!

这步棋给我留下深刻印象，展现出了丁立人的成熟、沉稳和超越他这个年龄的对国际象棋的理解能力。和许多棋手只顾占领开放线不同，丁立人把目光瞄准黑方阵形的最大弱点—— a 兵。

17...Rfd8 18.Rda1 a5 19.Qe1!

坚决而优雅的好棋！黑方已难以找到防守 a 兵的好办法了。

19...Bc6 20.Na4 B×a4

如果黑方走 20...Qc7，白方可以简单地走 21.Nb2，准备吃掉 a 兵。

21.R×a4 Rd7 22.R×a5

丁立人凭借发现对手阵形中弱点的犀利眼光，最终赢得了一兵。对局剩余部分值得评注的地方不多，但我依然把记录呈现出来。原因是我想把它作为第一个例子，来说明丁立人强大的转化优势的技术和运用双象优势的技巧。

22...Raa7 23.R×a7 R×a7 24.Qc3 Bd6 25.Qb2 Bb8 26.R×a7 Q×a7 27.b4 Bd6 28.b5 Qb6 29.Qa3 g5 30.Qa6 Nd7 31.Qc8+ Nf8 32.Qe8 Qa7 33.b6 Qe7 34.Q×e7 B×e7 35.Bb5 Ne6 36.b7 Bd6 37.Bc4 Nd8 38.Bd5 c4 39.Ba7 N×b7 40.B×b7 Kg7 41.Kf2 Kf6 42.Ke3 c3 43.Kd3 Bb4 44.Kc4 Ba5 45.g4 Kg6 46.Kb5 Bc7 47.Kb4 h5 48.h3 h4 49.K×c3 Kf6 50.Kb4 Ke6 51.c4 Bd6+ 52.c5 Be7 53.Kb5 Kd7 54.c6+ Kc7 55.Bc5 Bf6 56.Bb6+ Kb8 57.Ka6 Bd8 58.B×d8 f5 59.c7#

下面这个丁立人近些年的对局，可以完美地展现当他“嗅到血腥味”时，是如何迅捷地向对手的阵形弱点展开打击的。

第 9 局

丁立人（2809）— 德米特里・雅科文科（2719）

“读特杯”大师赛第 5 轮，深圳，2019 年

黑先

在应对黑方的刺猬兵形时，白方的常规手段是向对方 d 兵施压。黑方正打算为后面的残局进行准备，他走了：

22...Kf8?!

黑方低估了暴露己方国王所带来的危险。

黑方其实应该兑后：22...Q×e3 23.N×e3，接着走 23...Na5 24.R×d6 R×d6 25.R×d6 N×b3 26.R×b6 Nc5，虽然残局中少一兵，但是因为在 c5 格拥有稳固的屏障，黑方或许仍有机会。

丁立人马上察觉到黑王附近出现可利用的弱点。

23.Qh6+ Kg8 24.Rd5!

一个有意思的战术组合，但白方在走出这步之前，就应该算清后续了。之后几乎是强制性的续着。

24...e×d5 25.R×d5 Ne5 26.R×c5 d×c5 27.Ne3 Rd3

黑方将在 d 线展开反击。不过，丁立人已准备好了对策：

28.h4!

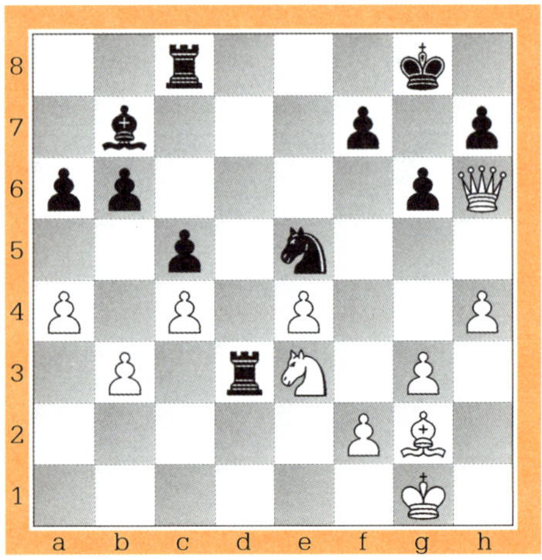

丁立人对保护自己后翼可能丢失的兵毫无兴趣，而是继续集中火力攻破黑方阵形中的漏洞。想要发现貌似坚固实则空虚的黑方的王翼弱点，需要很好的技巧。

28...R×b3 29.h5 Rf8 30.Qf4 f6

这里黑方似乎马上将“修补”好自己黑格的弱点，但丁立人的下一步棋马上消除了这个可能性：

31.Ng4! N×g4 32.Q×g4

因为没有了 e5 格的黑马，白后的威力更大了，黑王的处境也变得更加危险。雅科文科绞尽脑汁尝试挽救局势，但也无济于事。

32...Rb1+ 33.Kh2 Bc8 34.Qf4 Be6 35.Qd6! B×c4

36.h6!

丁立人收紧了对黑王的包围圈。请注意丁立人是如何视自己后翼兵群的损失于不顾的。他真正在乎的是发生在王翼的一切，因为他知道黑方在王翼的防守不严。

36...Rb4 37.f4!

现在丁立人把最后的子力都投入到攻王中。在 e4–e5 之后，丁立人的象会加入战斗。随着双车失去联系，黑方的防守将更加困难。

37...Ba2 38.e5 f×e5 39.Q×e5 Rf7 40.Bc6! Rd4 41.Be8 Rb7

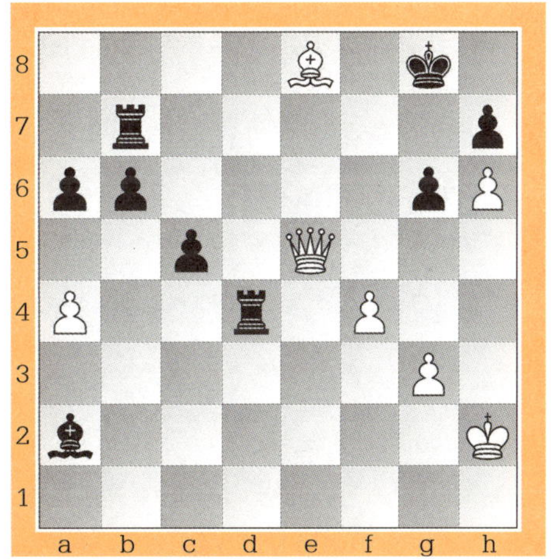

白方的将杀终要来临了。在看下文之前，你知道如何将杀吗？

42.Bd7! 1-0

丁立人的核心特质

特质 5：能熟练运用双象

丁立人高超的运用双象的能力在下面两种情况中尤为突出：

1）残局。

2）进攻。

在本书中，我们会看到很多丁立人在这两种情况下发挥双象优势的例子。我将通过两个例子予以说明，让读者领略一下他的这个特质。

让我们看看丁立人在经典的“象对马”残局中，战胜了彼得·斯维德勒，他运用双象的能力令人印象深刻。

第 10 局

丁立人（2759）— 彼得 · 斯维德勒（2741）

“读特杯”大师赛第 3 轮，深圳，2017 年

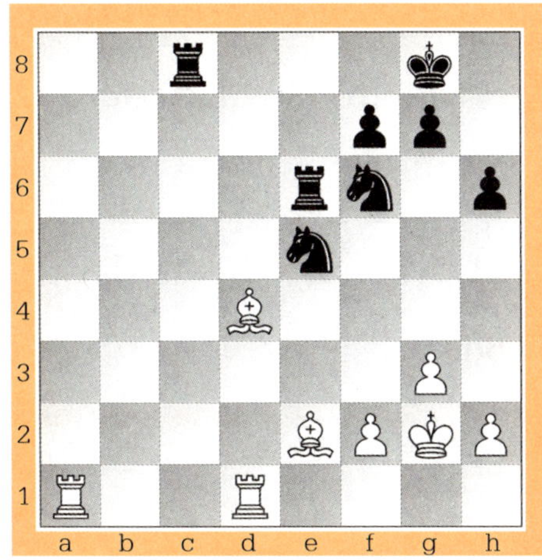

白先

局面已经简化，对局结果最有可能是和棋。此外，由于马是短距离兵种，一般只在兵在一翼的局面中表现良好。尽管如此，我们的主角还是用他的双象进行了一场表演，给黑方制造出一些实际问题，斯维德勒最终还是没能解决这些问题。

27.h3!?

丁立人遵循残局战略的一个基本原则：不要着急。

27...Nc6 28.Ba6!

在让被攻击的象撤退之前，丁立人插入这步先手来改善另一个象的位置，并破坏黑方的子力协调状态。如果立即走 28.Be3，黑方有 28...Nb4，这时 c8 车将支持 ...Nc2，黑方能取得均势。

28...Rd8 29.Be3

白方乐于兑掉一车，但不能把两个车都兑掉。

29...R×d1 30.R×d1 Ne5 31.Bb5!

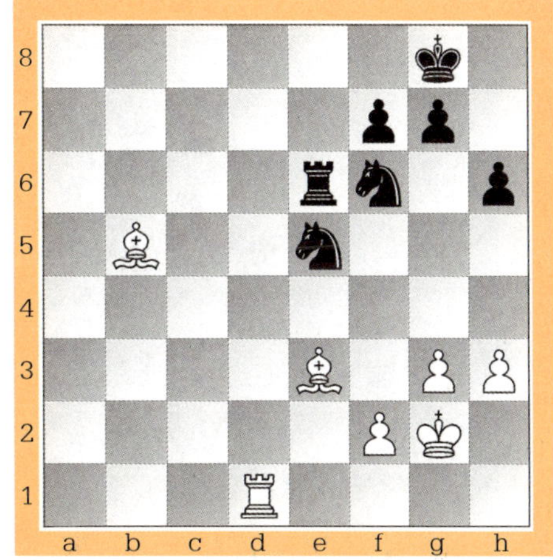

丁立人完美协调了他的双象，给对手提出了一个小小的实际问题：黑方应该如何应对 32.Rd8+ 的威胁？斯维德勒的回答是：

31...g5!?

这是一个利弊参半的决定。一方面，它确保了黑方王翼的额外空间，但另一方面，它也使黑方更容易受到攻击。

黑方还有一些更稳妥的选择，比如31...Ne4 32.Rd8+ Kh7，然而白方可以继续用象来骚扰黑方，如33.Ba4! Nc4 34.Bc1! ±等。

32.Rc1 Rd6 33.Rc8+ Kg7 34.Ba4!

丁立人准备将象转移到a2-g8斜线上，目标是f7兵。

34...Ra6 35.Bb3 Rc6 36.Ra8!

白方希望将车留在棋盘上，以便和双象一起行动。丁立人选择把车放在a8格，尽可能远离令人讨厌的马，同时又确保了白格象能安全地放在a2格。

36...Rc3 37.Ba2

这是残局中黑方的第二个关键时刻。斯维德勒可能受到了时间上的压力，未能很好地组织防御，在接下来的两步棋后就崩溃了。

37...Rc2?

车在这里不起作用。37...Rd3才是正确的，可以阻止Bd4，并准备用38...Rd7甚至38...Nd5来防御38.Ra7。黑方将保持很好的和棋机会，但这并不妨碍丁立人试图给他的局面制造更多困难。

38.Ra7 Nc4?

黑方完全迷失了方向。相反，他应该走38...Kf8 39.Bd4 Nfd7，尽量守和一个困难的残局。白方自27回合以来，已经取得了相当大的进展，他把两个象都放到了长斜线上并活跃了自己的车。尽管如此，他还必须展示出更多的残局技巧才能将这一优势转化为胜利。

39.Bd4

面对双象的强力扫射，黑方毫无招架之力。白方的子力配合完美，而对手的子力不太协调。

39...Nd6 40.Rd7! Nb5 41.R×f7+ Kg8 42.B×f6 R×a2 43.Rg7+ Kf8 44.Rb7 1-0

第 11 局

多马拉吉乌·古克什（2725）— 丁立人（2811）

维克安泽大赛第 1 轮，维克安泽，2023 年

黑先

在相对平静的局面中，黑方抓住时机，通过巧妙的战术使对局充满活力。

16...Nc5!

漂亮而新颖的构思。这步棋立即为局面注入了活力，白方的局面不太乐观，面临各种牵制。古克什已经别无选择，只能是越陷越深，无法自拔。

17.d×c5 B×c3 18.Rc1 Qf6 19.Qc2

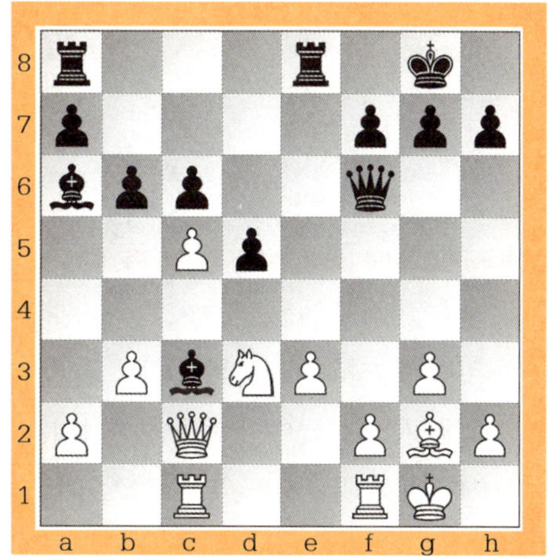

19...d4!

丁立人进行战术组合的目的是为双象打开局面。他的对手可能在这个阶段开始感到不舒服。

20.c×b6 a×b6 21.Rfd1

古克什终于摆脱了牵制。很可能他会走 22.Nf4 巩固局面，但丁立人的续着以令人钦佩的精准度获得了主动权。

21...Rad8!

由于在 d 线的战术机会，这步棋给白方带来了很多问题。

22.e×d4

唯一可行的一步棋。现在 22.Nf4? 行不通，因为 22...d×e3! 23.R×d8 R×d8，由于白方有底线弱点，不能吃 c3 象。

22...B×d4

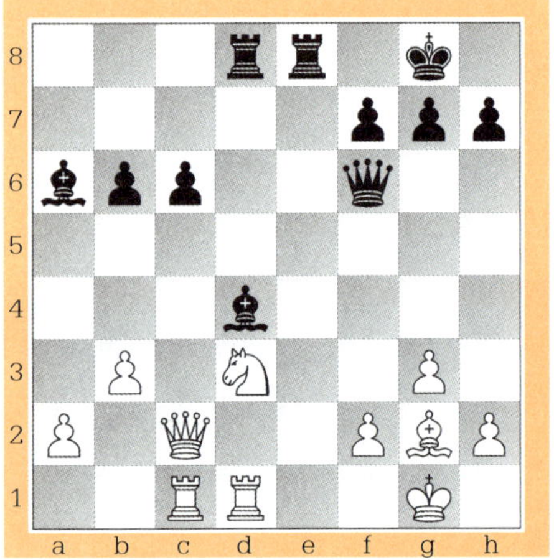

黑方得到了他想要的东西——拥有双象和重子支持的开放性局面。这种理念在丁立人的对局中非常普遍，本书大部分内容都体现了这一点。

23.Nf4?

用 23.Q×c6 夺兵不可行，因为 23...B×d3! 24.Q×f6 B×f6–+，但看起来很冒险的 23.B×c6! 实际上是通往均势的唯一道路。当然棋手很难下出这步棋，因为 23...Rc8 会让白方脆弱的局面更加岌岌可危。但事实证明，如果白方能找到以下几步精确的棋，白方就能守住局面：24.Nf4 Red8!（24...Bb5 25.B×e8 R×c2 26.R×c2 B×e8 27.Rc8，给白方足够的补偿以保持平衡）。最好的方式是在更有利的情况下走 ...Bb5，但白方有 25.Qe4! g5 26.Nd5! Q×f2+ 27.Kh1，由于有 Ne7+ 的手段，白方在这里并不会输棋。

23...g5!

丁立人明白趁热打铁的重要性。

23...c5 24.Re1 g6，这样悠闲的续着会给黑方带来长期的局面优势，但丁立人不想给对手任何喘息的机会。

24.Nh5 Qh6

白马仍然是主要目标。但黑方还有一个令人讨厌的 ...Re2，几乎在逼迫白方出手。

25.Bf3 c5 26.g4

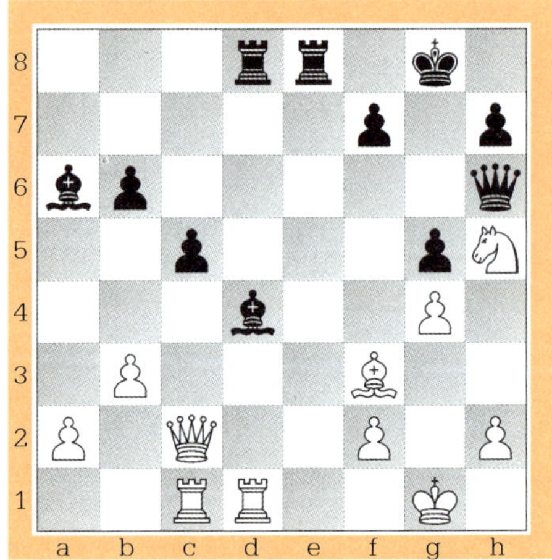

白方似乎已经成功稳住了局面，甚至可以考虑通过 g3 将马转移到 f5。然而，丁立人准备了一个令人讨厌的“惊喜”：

26...f5!!

石破天惊！丁立人出人意料地用兵强力突破，将局面炸开，最大限度地发挥了双象的威力。

27.Ng3

如果 27.Q×f5，有 27...Bc8! 28.Qc2 Rf8 29.Qc4+ Kh8，或者 27.g×f5，有 27...g4! 28.B×g4 Qc6! 29.Ng3 Bb7 30.Bh3 Kh8!，白方都会崩溃。

27...f×g4 28.Nf5 Qf6 29.Be4 h5 30.b4 Kf8 31.a3 h4 32.Re1 R×e4! 33.Q×e4

33...Bd3!

像丁立人这样战术能力超强的棋手不会错过任何展示双象优势的机会。余下部分无须评注。

34.Qe6 Q×e6 35.R×e6 B×f5 36.R×b6 g3 37.h×g3 h×g3 38.b×c5 Bh3

白方认输。

丁立人的核心特质

特质 6：能积极大胆地运用国王

能积极大胆地运用国王是丁立人的核心特质之一，虽然这个特质通常不能直接被发现。套用我的一句家乡话，他的国王经常把脖子伸到大多数人不会踏足的地方。换句话说，丁立人在面对明显的危险时，喜欢积极地走王。正如前面所讨论的，丁立人拥有敏锐的计算能力，这个能力让他能够区分真正的危险和假想的危险。

看了下面的对局片段，你就会明白为什么丁立人相信国王不仅仅是一个需要被保护的棋子，国王还是可以积极参加战斗的棋子。

第 12 局

丁立人（2778）— 余泱漪（2734）

特级大师超霸战第 7 轮，儋州，2016 年

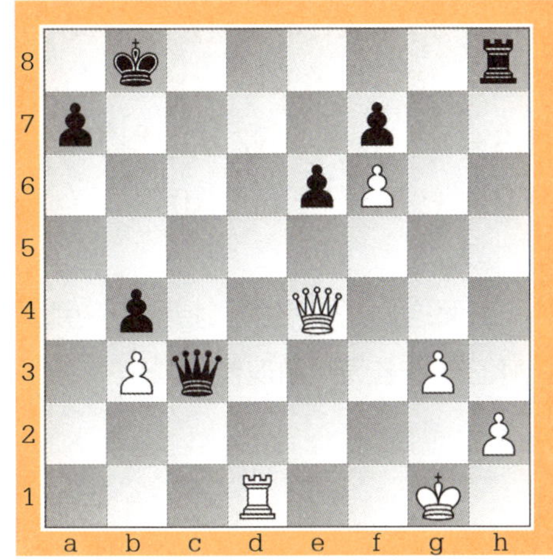

白先

虽然局面已经简化，但双方仍然互有顾忌，都要小心己方王的安全。尽管如此，丁立人还是想出了一个雄心勃勃的计划。

36.Rd4!? Qc1+ 37.Kg2 Qb2+ 38.Kf3 Qc3+ 39.Kg4!

无所畏惧！

39...Rg8+ 40.Kh4 Rh8+ 41.Kg5!

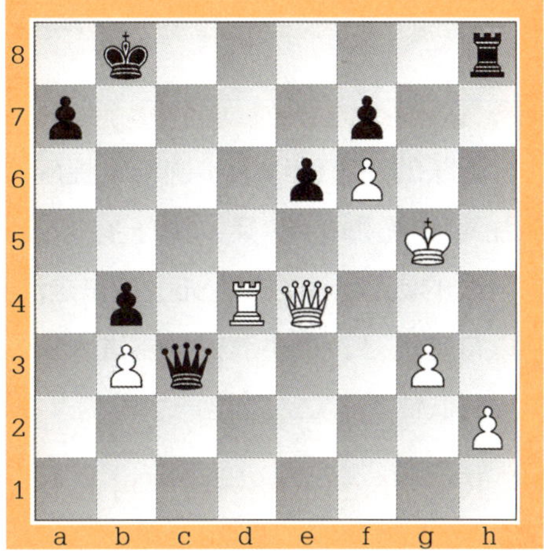

国王似乎正走向虎穴。但实际上，黑方不应该让它前进。

余泱漪在这个局面中只有一个好的选择，但丁立人的大胆下法可能影响了他的判断，他强行把局面转入了车兵残局。

41...Qc1+?

41...Rg8+? 是错误的，因为 42.Kh6! Rg6+ 43.Kh7! 或 42...Rh8+ 43.Kg7!，此时白王在敌后会非常安全！

黑方应该走 41...Qc5+ 42.Kg4 Rg8+ 43.Kf3，击退富有侵略性的国王，接着是 43...a5，这个局面双方都有机会。

42.Qf4+ Q×f4+ 43.K×f4 R×h2 44.R×b4+ Kc7 45.Kg5!

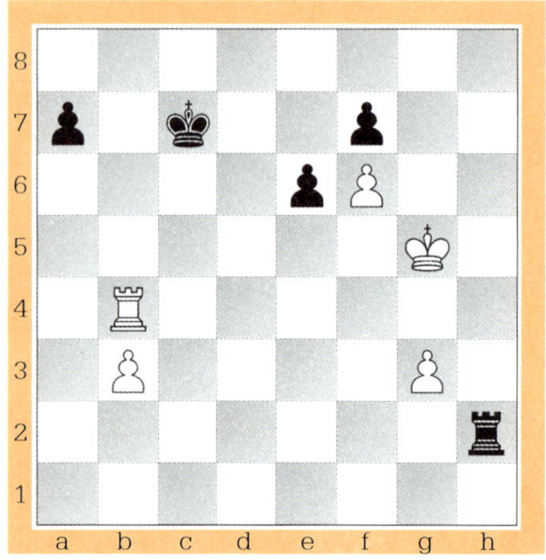

活跃的白王继续大步向前，提醒黑方注意他脆弱的 f7 兵。由于有 Kg5–h6–g7 的威胁，黑方现在无法把车走活。可以肯定的是，余泱漪在强制进入车兵残局时低估了丁立人的这一手段。

45...Rh8 46.g4 Rg8+ 47.Kf4 Rd8

黑方为逼退丁立人的王付出了高昂的代价。他的车现在很被动，这在车兵残局中通常不太妙。

48.Ra4 Kb6

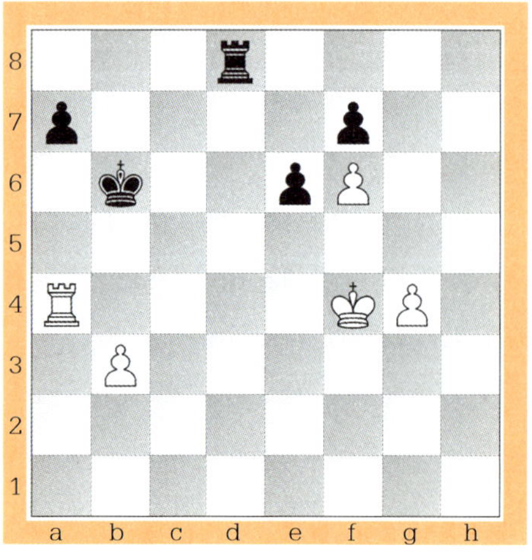

49.Ra1!

精彩的调动！从这里开始，丁立人再也没有让 f7 的弱点离开过他的视线（记住丁立人的特质 4！），并以高超的技术在这个车三兵对车三兵的残局中把优势转化为胜利。

49...a5 50.Rh1 Kc5 51.Rh7 Rd7 52.g5 Kd6 53.Rh3! e5+ 54.Kf5 e4 55.K×e4 Ke6 56.Rh8 Rb7 57.Re8+! Kd6 58.Kf5 Rb5+ 59.Kg4 Rb4+ 60.Kh5 R×b3 61.Re7 Rh3+ 62.Kg4 Rh7 63.Ra7 Ke6 64.Ra6+! Kd7 65.g6! 1-0

下面这局是著名的肖特和蒂曼那盘“国王漫步名局”的现代版。

第 13 局

丁立人（2777）— 赵晨曦（2035）

中国甲级联赛第 9 轮，嘉兴，2016 年

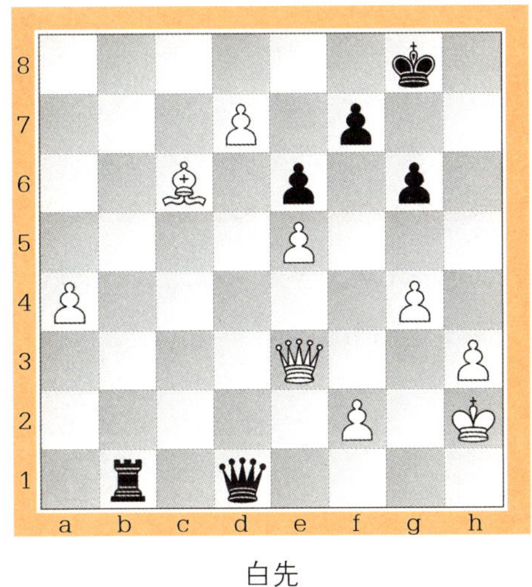

白先

白方在第 7 横线有一个很有力的兵。如果白方上王会面临一些杀王风险，可能会阻碍他上王。为了解决这个问题，丁立人构思了一个绝妙的办法：

49.Kg3!

王在这里比在 h2 安全，但这并不是这步棋的全部目的。

49...Kg7

重要的是，49...Rb3 不行，由于有 50.d8=Q+ Q×d8 51.Q×b3。

50.Qf4 Rb3+

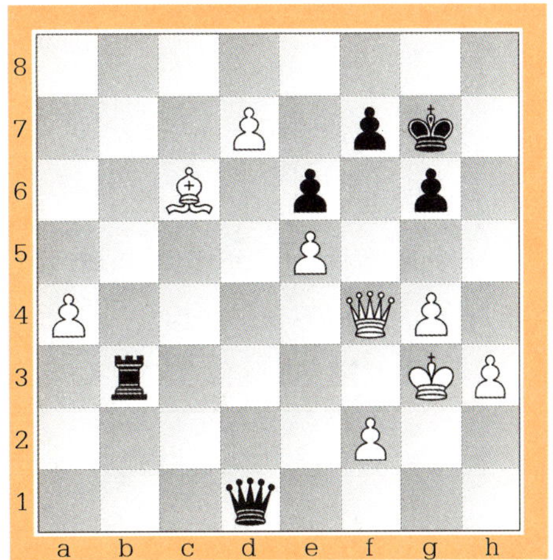

51.Kh4!!

出发！

白方走“更安全”的 51.Kg2 也能逐步获胜。但当你有千载难逢的机会重现经典杰作时，是不该放过的！

51...Rd3 52.Kg5!

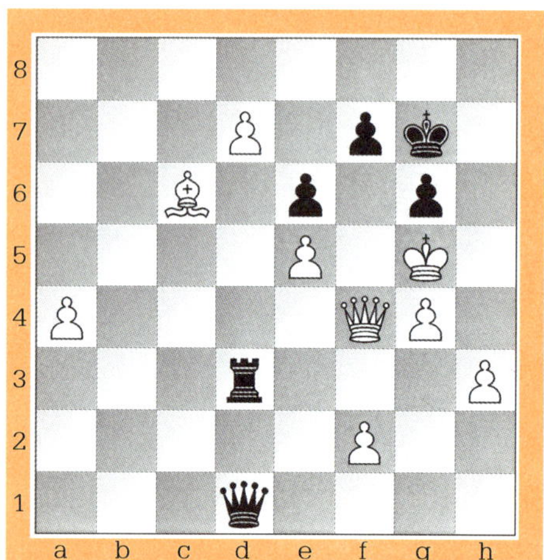

52...Kg8

52...Qd2 兑后并没有什么用，因为白方可以走 53.Q×d2 R×d2，白方启动另一个通路兵：54.a5 Kf8 55.a6 Ke7 56.a7，黑方不得不弃车换兵。

53.Qf6 Qc1+ 54.f4 Qd2

在 54...Q×c6 55.d8=Q+ R×d8 56.Q×d8+ Kg7 57.Qf6+，再 58.Kh6 之后，同样的命运在等待黑方。

55.h4

确保白王安全抵达 h6。

55...Rd4 56.Kh6!

绝杀无解，黑方认输。最后的局面值得给一个棋图！

丁立人国王的灵活走位，在防守时往往能起到很好的作用。在接下来的对局中，等级分超过 2700 分的对手发动了猛烈的攻击，让黑王四处逃窜。这位未来的世界冠军以他特有的引擎般的处理方式化解了对手的进攻。当丁立人的王在中心显得很不自在时，他并没有表现出一丝慌乱。

第 14 局

倪华（2704）— 丁立人（2755）

中国甲级联赛第 15 轮，绍兴，2015 年

黑先

这是由王翼印度防御形成的一个复杂的中局局面，丁立人决定下出最凶猛的一步棋：

21...Nc5!

21...Ng5!? 能够阻止白方沿 g 线攻击，但局面仍然是双方互有顾忌。

22.Rhg1!

倪华走了关键的一步，准备攻击黑方局面中的软肋——g7 象。如果走 22.Bd2?，丁立人无疑会找到精彩的战术：22...Qd8! 23.Bb4 d3!，得子。

22...d×e3 23.R×g7+! K×g7 24.Rg1+

黑方面临着艰难的抉择。尽管他净多一车，但面对来势汹汹的白方子力，他无力保护国王。他应该把王藏在哪里？角落还是中心？正如我们已经确定的那样，丁立人在灵活运王方面毫无顾忌，因此他的选择并不让我们感到意外：

24...Kf6!?

奇怪的是，王在这里可能比在 h8 更安全。也可以走 24...Kh8，对局很可能会继以 25.Ng6+ Kh7 26.f6 e4 27.N×f8+ Q×f8 28.Rg7+ Kh8 29.Qc3，白方在双方互有顾忌的局面中有主动权。当然引擎的评分是 0.00。

25.Rg6+

这是最自然的续着，也许白方走25.f4! 更有力，让黑王更加暴露。

25...Ke7 26.Qc3 B×f5!

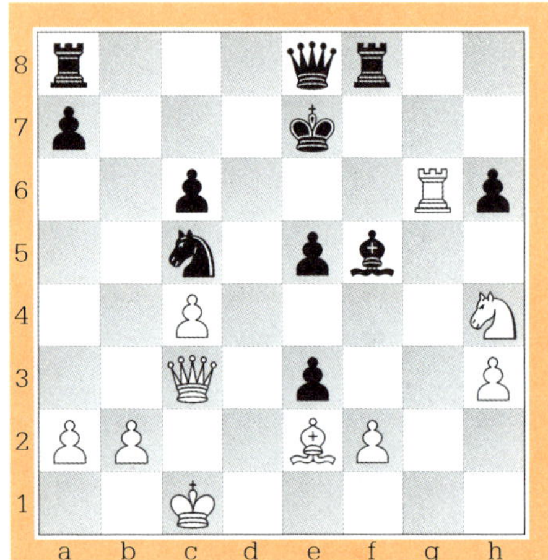

丁立人处变不惊，相信自己的计算能力和直觉。尽管他的王看似非常危险，但他还是冷静地吃了一个兵，让象和马也暴露出来！倪华的应对出现了失误：

27.Q×e5+?

这又是一步自然的着法，但他没有意识到，当黑王靠近后翼安全区时，这一将军会帮助黑王逃离危险区。

相反，必须27.Rg7+把王留在中心。丁立人不得不在27...Kf6或27...Kd6之间做出选择。无论哪一种情况，局面的发展都将难以预料！

重要的是，这里27...Kd8? 不可行，因为有28.Qa5+!，下一步将杀。

27...Kd8 28.Q×c5

倪华一开始可能打算走28.Rd6+，但意识到为时已晚，黑方可以通过28...Nd7 29.Qa5+ Ke7 30.R×c6 Be4!?，摆脱困境。

28...B×g6 29.N×g6

白方几乎耗尽了所有的弹药来对付黑王。他的进攻看起来仍然很危险，但丁立人似乎并不为所动，继续下得如引擎般精确。

29...R×f2!

唯一制胜之着。黑方走29...Rf7不能取胜，因为30.Ne5 Rf6 31.Qa5+ Kc8 32.Bg4+!，有长将。

30.Ne5 R×e2!

丁立人一直在平静地吃子，好像没有发生什么特别的事情。白方的将军最终一无所获。

31.N×c6+ Kd7 32.Ne5+ Ke6 33.Qd5+ Ke7 34.Nc6+ Kf8 35.Qd6+ Kg7 36.Qd4+ Kh7 37.Qd3+ Qg6

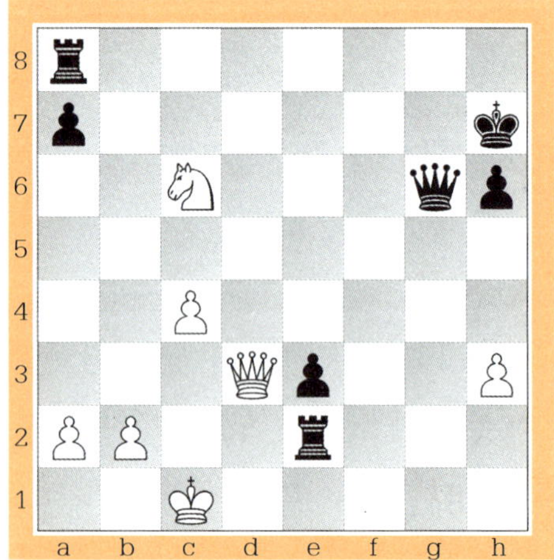

黑王几乎绕了一个大圈，回到了白方进攻之前的王翼位置上。不过，如果算上剩余的子力，黑方的收获比白方多得多。倪华不得不用握手祝贺来肯定丁立人令人印象深刻的防守表现。

丁立人的成熟特质

特质 7：世界级的残局技术

虽然丁立人的残局技术一直以来都很不错，但当他进入世界精英棋手的行列后，他的残局技术又有了显著提升。事实上，当他从等级分 2700 分棋手向 2800 分棋手迈进时，优秀的残局技术已经成为他的主要优势之一了。

让我们看看他的几个残局实例。

对局
片段 4

丁立人（2766）— 谢尔盖·卡尔亚金（2769）

维克安泽大赛第 5 轮，维克安泽，2016 年

白先

白方因其稍好的兵形结构（黑方 a5 兵很弱）和子力位置（黑方 h5 马脱离战场）而占据优势。卡尔亚金是一位出色的防御高手，一般人难以击败他。丁立人展示了高超的残局技巧：

28.d5! Rd6 29.Rd2 Kf8 30.d×e6 R×e6 31.R×e6 f×e6

白方可以在黑方众多弱点中上再加上 e6 兵。不过，把这种局面优势转换为胜利似乎并不容易。在几种合理的续着中，丁立人找到了最好的办法：

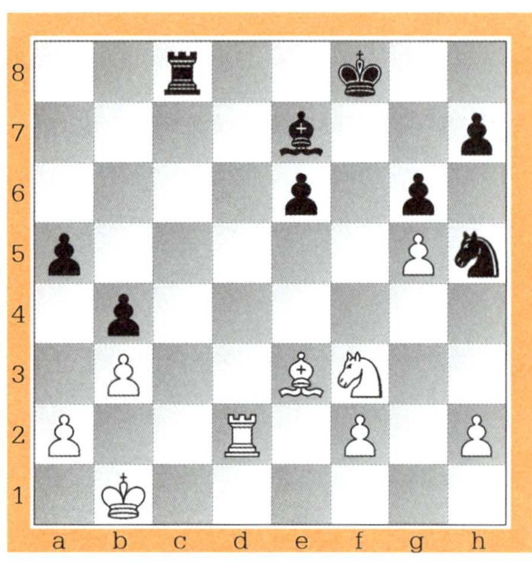

32.Rc2! Rd8

接受兑车不是好的选择，因为会帮助白王走向中心：32...R×c2 33.K×c2 Bd8 34.Kd3，我们知道丁立人有能力处理好这种局面！

33.Nd4 Ng7 34.Nc6!

力争有利的优势转化。用马换象后，黑方没有了黑格象，就很难守住 a 兵。黑方有多个弱兵，加上卡尔亚金的一次失误，足以让丁立人最终全取一分。关于这盘残局的详细分析请参看第 35 局。

对局
片段 5

丁立人（2771）— 王皓（2701）

世界杯赛第 4 轮，第比利斯，2017 年

白先

通过这盘对局，丁立人不仅获得了晋级 2017 年世界杯赛决赛的席位，还创造了一个残局杰作。而这一切都始于对黑方 c6 落后兵的围攻。

25.Rc1 Rbc7 26.Ra8 Kf8

固定住 c6 的第一个弱点后，丁立人又在王翼给对方制造了第二个弱点：

27.h4 Ke7 28.h5! Kd6

然后，丁立人适时地推进中心兵，抢占更多的空间：

29.e4! Ke7 30.e5

丁立人计划通过后续走 f2–f4 来巩固他的空间优势。请参阅第 37 局，了解这个具有指导意义的残局的完整分析，丁立人在残局中没有错失任何机会。

下面是我们将在本书后面详细研究的另一个精彩残局。

对局
片段 6

丁立人（2812）— 迈克尔·亚当斯（2708）

世界团体锦标赛第 8 轮，阿斯塔纳，2019 年

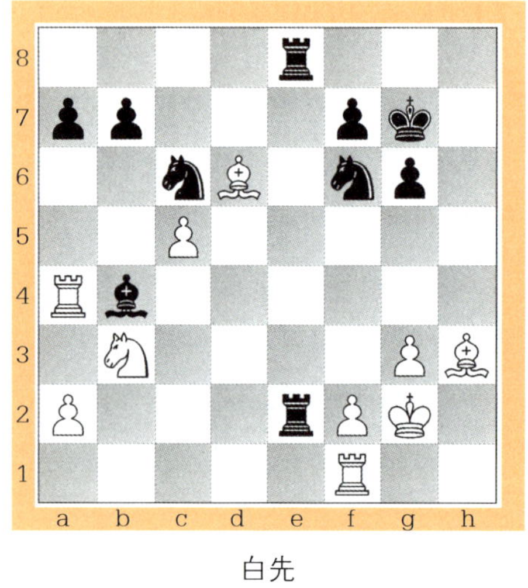

白先

如图局面，丁立人续走：

31.Nd4!!

丁立人这步体现了像卡尔森那样的在残局中夺取主动权的棋感。亚当斯以一系列原则性着法予以回应：

31...N×d4 32.R×b4 Nc2 33.R×b7 Ne3+ 34.Kf3 N×f1 35.B×f1 Rc2 36.Bb5! Re6 37.R×a7

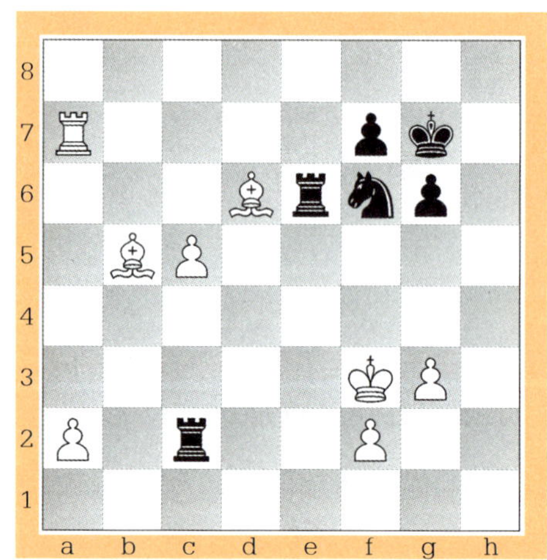

这盘残局类似于丁立人对斯维德勒的对局（第 10 局），只是黑方在这里多半子。然而，丁立人准确地预判到他的双象和通路兵不仅有充分的局面补偿，而且还能让他获得主动权。在第七章第 42 局中，我们将看到丁立人是如何在黑方有和棋机会的情况下，巧妙地压制对手取得胜利的。

丁立人的成熟特质

特质 8：心理承受力

心理承受力是丁立人最宝贵的特质之一。这一点从他在困难局面中的出色防守能力和从失利中迅速恢复的能力中就能看出。事实上，经历挫折后重新振作起来的过程是丁立人棋艺生涯中的一个重要的故事情节。

我在研究丁立人最早期的棋谱时，是在 2004 年世少赛 12 岁组的比赛中（也是他当时最重要的比赛）发现了这种特质。在最后两轮比赛中，面对当时的对手、未来的特级大师埃尔塔伊·萨法利和法比亚诺·卡鲁阿纳时，丁立人只要输掉一盘就没有夺冠的机会。但他都坚持了下来，克服重重困难，利用对手的失误两战两胜，最终获得并列第一的好成绩！

这种“坚韧不拔”无疑也帮助他在 2017 年至 2018 年打破了顶级国际象棋赛事最长不败的世界纪录，我们将在第六章对此进行详细讨论。

即使输掉一盘棋，丁立人也往往会在下一盘棋中更坚强地站起来。2020 年，这位中国棋手告诉 Chess.com 网站：“通常当我输掉一盘棋时，我会感到非常难过。我不想说太多，我必须坐下来想一想这盘棋到底发生了什么。我出了什么问题……是我走错了还是我的想法不对？一旦我想清楚自己错在哪里，我就又觉得自己正常了。”

正如上文中丁立人所说的那样，弄清出错的原因可以帮助他恢复情绪，并将输掉的比赛“抛诸脑后”。在特别困难的情况下，例如本章中丁立人与塞图拉曼的第 15 局，他会回顾过去“状态最好”时的对局，时刻提醒自己，用他自己的话说：“可以下非常非常好的棋。”最后，他知道在困难的时候，总是会得到朋友和家人的支持。

现在，我想展示几个丁立人在困难的竞争环境中表现出心理强大的出色例子。第一个是对他的同胞、等级分 2600+ 的特级大师周健超。丁立人在残局中少一兵，局面看起来毫无希望。

对局
片段 7

周健超（2625）— 丁立人（2660）

中国个人锦标赛第 7 轮，江苏兴化，2012 年

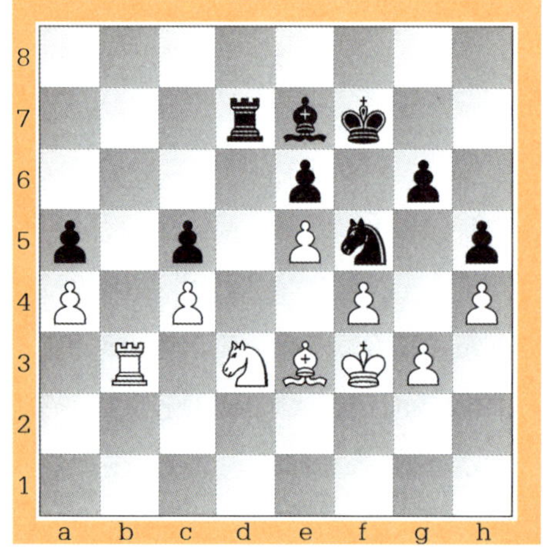

黑先

白方除了多兵之外，也更有主动权而且有明确的目标——c5 兵和 a5 兵。信不信由你，丁立人最终赢下了这盘残局！让我们看看这个过程。

37...Rd4!?

丁立人利用战术方式活跃子力。不过，周健超还是控制住了局面。

38.Nb2 Rd7 39.Rb5

局面开始让丁立人感到绝望。两个兵受到攻击，看不出黑方有什么办法来保护它们。尽管客观上讲局面已经处于败势，但丁立人还是找到了最顽强的防守方法：

39...Bd8! 40.Rb3

周健超在吃掉 c 兵的问题上有些犹豫，他在两个回合之后才吃了这个兵。

40...Be7 41.Rb5 Bd8 42.B×c5?!

从技术上讲，白方有更好的方法把优势转化为胜利。即便是白方仍然能利用多两兵来取胜，但最好也不要让对手制造出反击的机会。

正如我们将在第四章分析的那样，白方本可以用 42.Rb8 Be7 43.Rb3! 消除所有的反击，让黑方在吃掉兵之前处于“楚茨文克”状态。

42...Rd2! 43.Bf2 Rc2 44.c5 Rc3+

活跃的车给黑方带来了挽救棋局的一线希望。

45.Kg2 Ke8!

白方必须下得非常精确才能转换优势。可惜的是，他继续给对手机会，使残局变成了双方互有顾忌的局面。要想知道丁立人是如何取胜的，请查看第 4 章中分析的第 27 局。丁立人在接下来对局中的反击和逆转同样令人惊叹。

丁立人在慢棋比赛中输一局之后下一局的对局结果

年份	胜 (+)	和 (=)	负 (–)①	总计
2007②	1	0	0	1
2008	0	4	0	4
2009	3	4	1	8
2010	0	2	2	4
2011	3	5	1	9
2012	3	3	0	6
2013	3	6	0	9
2014	3	2	0	5
2015	7	3	0	10
2016	2	3	0	5
2017	1	2	0	3
2018	1	0	0	1
2019	2	5	0	7
2020	1	1	1	3
2021	没有参加慢棋比赛			
2022	0	2	0	2
2023③	1	7	0	8

注：① 即在比赛中两连败，类似网球比赛中的“双误”。

② 丁立人职业生涯早期由于参加比赛的机会有限，所以数据较少。

③ 2023 年的数据截至本书撰写完成时。

附加说明：

· 2007 年—2023 年，丁立人在慢棋比赛中输一局之后下一局的对局结果：胜 31 局（占比约 36%），和 49 局（占比约 58%），负 5 局（占比约 6%）。

· 在丁立人的整个职业生涯中，在比赛先输一局的情况下，在接下来的对局中大约平均每 3 局有 1 局能够取胜。这一数据在丁立人职业生涯中的 2014 年至 2018 年更高，达到了令人印象深刻的 58%！

· 在丁立人职业生涯的最近 11 年里（2023 年前），他只有一次两连败！那是在 2020 年世界冠军候选人赛的前两轮，对手分别是王皓和瓦谢尔·拉格拉夫。但随后他在与法比亚诺·卡鲁阿纳的对局（第 48 局）中获胜。

· 丁立人在 2018 年只输了 1 局，2017 年也只输了 3 局，有一段时间他连续 100 局不败。

· 数据统计虽然没有显示出丁立人在输棋后取得两连胜的次数，但据我的粗略统计大概有十几次。

第 15 局

塞图拉曼（2623）— 丁立人（2755）

“中印”对抗赛第 8 轮，海德拉巴，2015 年

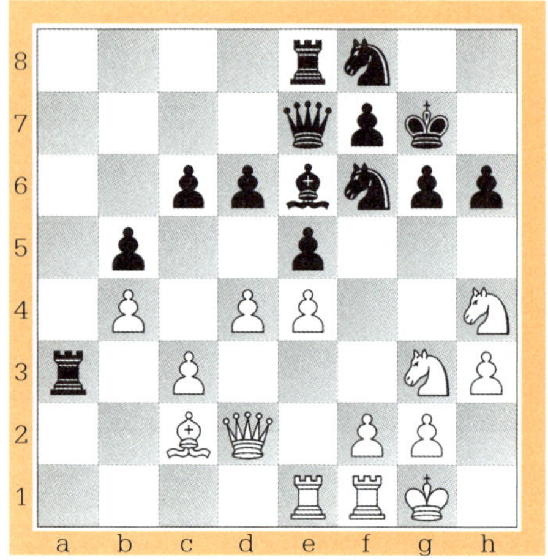

黑先

中心的局势相当紧张，白方打算冲 f4 突破，来给对手加大压力。丁立人现在犯了一个错误：

29...N8d7?

29...Qa7!，必须把后从暴露的 e7 格挪走，同时对 d4 兵施加压力，这一着至关重要。黑方在 30.Kh2 Ra2 之后，会有很多反击手段。

30.f4

塞图拉曼无疑对自己能轻松地对超级特级大师级别的对手实施兵突破感到惊喜。

30...e×f4 31.R×f4

现在白方局面稍好，但丁立人未能重新调整并筑牢防线。相反，他再一次出现了“非强制性失误”：

31...Ra2?

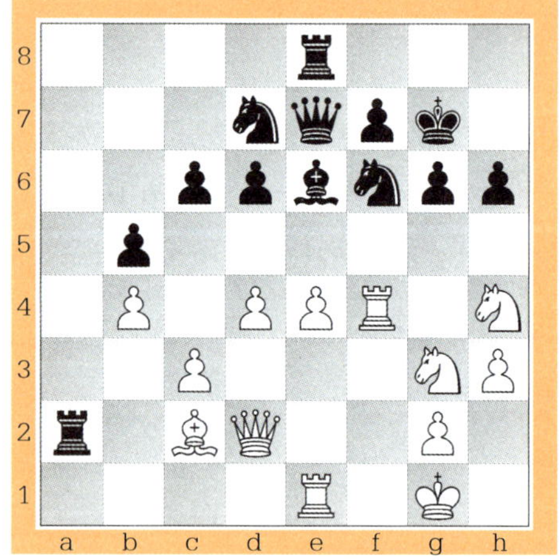

年轻的丁立人一反常态，表现得缺乏战术意识。黑方王和后暴露在 g7 和 e7 格非常危险，因此应该走 31...Kg8 或 31...Qd8 以避免 Nf5+ 的战术，虽然在 32.Rff1 之后，确实是白方局面更好一些，但黑方这样走仍然比对局中的续着要好。

32.d5!

塞图拉曼弃一兵，打开 e 线，并利用了黑后的不利位置。

32...c×d5 33.e×d5 R×c2!

弃半子是继续战斗的唯一办法。在 33...N×d5 34.Ngf5+ g×f5 35.N×f5+ B×f5 36.R×e7 N×e7 37.Qd4+! Ne5 38.B×f5 之后，黑方虽献出一后，但得不到相应的物质补偿。

34.Q×c2 N×d5 35.Rg4!

印度特级大师并不满足于缓慢地把自己的物质收获转化为胜利，他希望在进攻中尽快结束对局。

35...Kh8

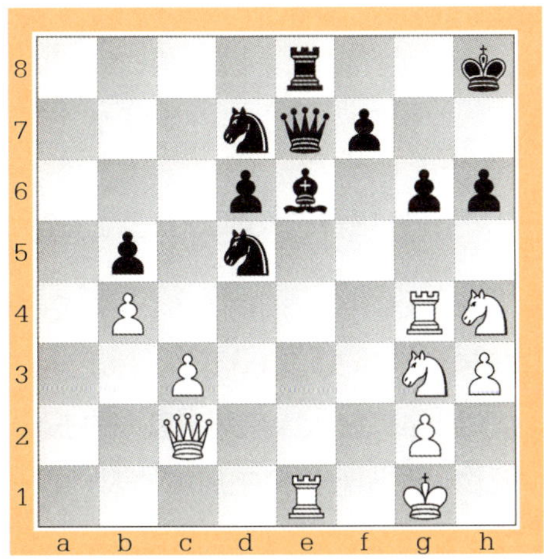

36.Qd2?

我相信塞图拉曼一定认真考虑过在 g6 格弃子，但似乎找不到足够的理由来下定决心。这步犹豫不决的棋给了丁立人一条生路。

而 36.N×g6+?! f×g6 37.Q×g6 并不太乐观。因为有 37...Ne5! 38.Q×h6+ Qh7 ±，白方本可以用另一个弃子计划获得几乎是胜势的局面：36.R×g6! Q×h4 37.Re4! Q×e4 38.Q×e4 f×g6 39.Q×g6 Re7 40.Q×h6+，再 Ne4 等。虽然黑方仍然可以用剩余的子力进行一些抵抗，但在这种局面中皇后通常起到了主导作用。

平心而论，36.R×g6 绝不是一步容易下出来的棋。

36...Kh7

丁立人可以松一口气了。白方不得不无功而返。

37.Nf3

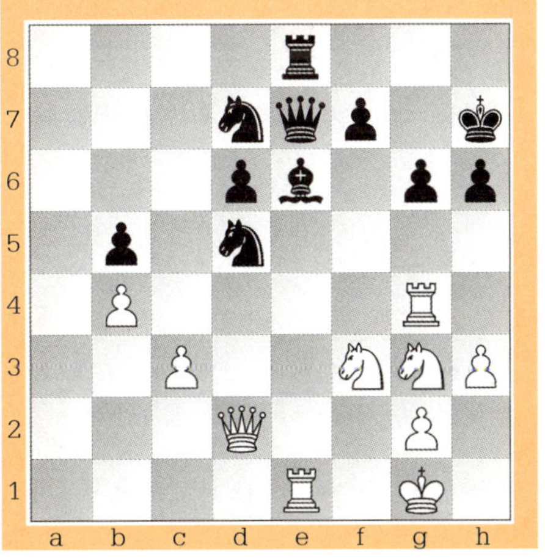

37...Ne5!!

丁立人的防守着法很有灵气！白方的上一步棋似乎已经阻止了这步跳马。然而丁立人依然一往无前，弃一个兵，利用白方阵营中子力不协调的弱点。

38.N×e5 d×e5 39.R×e5 Qc7 40.Rge4

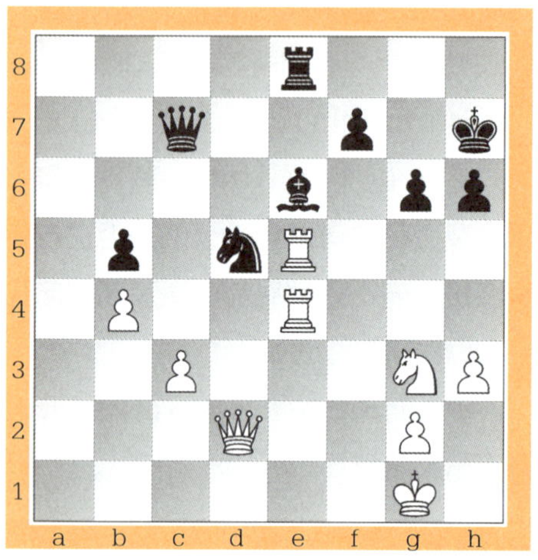

40...Rd8!

漂亮的续着。白方现在必须小心被马闪击。白车在中心很笨拙，而黑后在h2–b8 斜线上用射线攻击瞄准了白马。事实证明，面对如此多的防守手段，白方想把多半子转化为胜利比最初看起来要难得多。

41.Ne2 f5?!

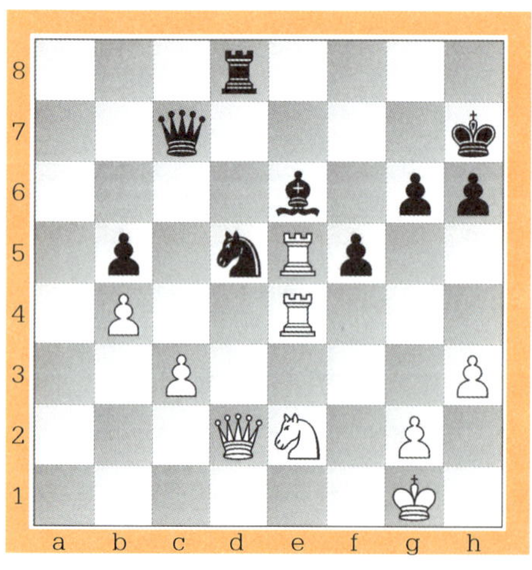

丁立人趁机夺回半子，他也有更耐心的续着：41...Rd7!，白方继续在子力协调性上挣扎。

42.R×e6?

双方都低估了如下巧着：42.Re3! N×e3 43.Q×e3 Bf7 44.Nd4±，黑方的反击手段比对局中少得多。

42...f×e4 43.R×e4 N×b4!

这位中国特级大师现在已经完全扭转了局势！

44.Nd4 Nc6 45.Qe3 Rd7 46.Ne6

由于 41...f5 大大削弱了黑方的王城，因此白方试图利用黑王周围的弱点。丁立人迅速适应新形势，继续进行令人羡慕的精确防守：

46...Rd1+ 47.Kf2 Qf7+! 48.Rf4 Qe7! 49.Re4

走 49.Nf8+ Kg8= 并无好处。

49...Qf6+ 50.Rf4 Qe7 51.h4 Rd6 52.Re4 Qf7+ 53.Kg1 Qf6 54.Kh2

54...Rd5!

积极的防御！黑方准备走 ...Ne5 或 ...Re5。

如果走得平稳一点，比如 54...Qf5? 55.Nc7 Rd7，白方可以走 56.Ne8! 瞄准 f6 格。

55.Qb6 Ne5!

这步直截了当的棋看似很冒险，实则经过了精确的计算。55...Ne7 也是可行的，但白方可以走 56.Qc7 等，继续保持主动权。

56.Ng5+ Kg7 57.Ne6+ Kh7 58.Rf4 Qe7

唯一可行的防御，但已经足够了。丁立人在走 55...Ne5 时可能已经想到了这个局面。

59.Nf8+ Kg7 60.Ne6+ Kh7 61.Nf8+ Kg7 62.h5??

塞图拉曼此时可能受到时间上的压力，出于惯性思维继续求胜，而不是通过 62.Ne6+ 三次重复确保和棋。当你整盘棋都在进攻时，很容易放松警惕，忘记对手也可能进攻你。丁立人抓住时机予以回击：

62...Ng4+! 63.R×g4 R×h5+ 64.Kg3 Qe1+! 65.Qf2 Q×c3+ 66.Qf3 Qe1+ 67.Qf2 Q×f2+ 68.K×f2 Rf5+ 69.Ke3 R×f8

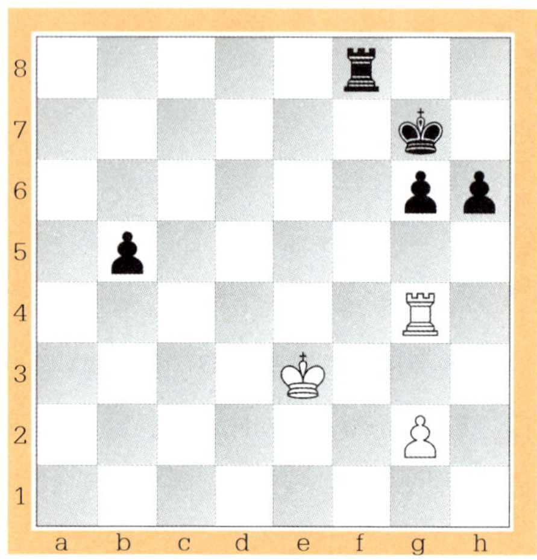

62...Ng4+! 这个战术组合最终导致黑方在车兵残局中多了两个兵。剩下的就是技术问题了。

70.Rb4 Rb8 71.g4 Kf6 72.Kf4 Rb6 73.g5+ h×g5+ 74.Kg4 Ke5 0-1

这盘棋让我们了解到丁立人在陷入困境时的心态。他不会绝望地选择铤而走险或实施模棱两可的战术。相反，他会努力寻找客观上最好的棋。拥有这种心态听起来似乎很容易，但实际并不容易！想想你最近几次陷入绝境的经历吧！在这种情况下保持信心和冷静是非常困难的。

在 2020 年接受 Chess.com 网站采访时，丁立人讲了情绪稳定对他很重要。“下每盘棋之前，我会感到有些紧张和焦虑，尤其是在对阵强手时。但如果我准备充分，在比赛中其实会感觉很放松，不会有太多情绪激动的时刻。通常情况下，我都会保持相当的冷静与平和。”

正如我们在这两个例子中看到的，令人印象深刻的是，丁立人可以通过这种“委曲求全”的方式将心理压力转嫁给对手。不让对手轻易转化优势，很可能会让他们变得急躁或焦虑，不能集中注意力，从而让丁立人反败为胜。

有时，他的对手会试图用肢体语言或快速行棋让他感到不安。“有些棋手非常自信。”丁立人说，“他们每下一步棋后都会起身，做这些小动作来表现一切尽在他们掌握中。而如果其中某步棋出乎我的意料，我可能就会不那么自信了，会受到对手的影响……我正在努力克服这种情况，不让它再发生。”

丁立人的心理承受力还表现在他能从失利中迅速恢复。他在 2020 年世界冠军候选人赛第 3 轮比赛中就展现出了这一特质。在连续输掉两盘棋后（这在他的职业生涯中很少发生，如前文表格所示），他对阵雄心勃勃的法比亚诺·卡鲁阿纳，后者的成绩是“赚一个”。很多人都会用执白下一盘和棋以缓解输棋的颓势，重整旗鼓为后续比赛做准备。然而，丁立人用白棋依然保持了他的风格，进入斯拉夫防御的尖锐变例，结果也进入卡鲁阿纳非常深的家庭准备范围。

对局
片段 8

丁立人（2805）— 法比亚诺·卡鲁阿纳（2842）

世界冠军候选人赛第 3 轮，叶卡捷琳堡，2020 年

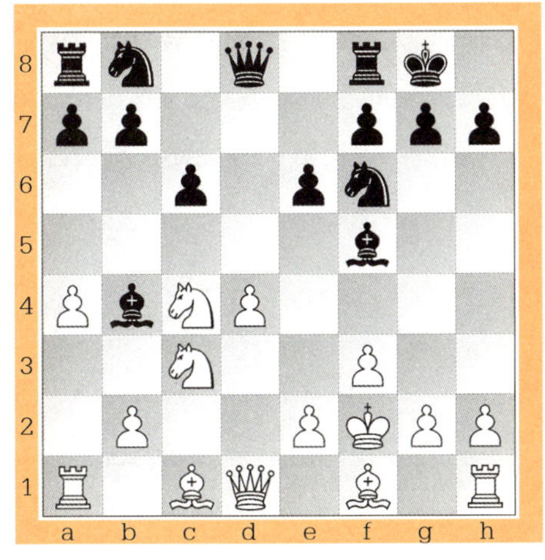

黑先

卡鲁阿纳走出了令人震惊的新着：

9...e5!?

卡鲁阿纳在一个熟知的局面中脱谱了，迫使丁立人在对局的早期就不得不开始临场思考。丁立人知难而上，沉着应战，一步一步找到了正确的应对方法，坚信自己能战胜卡鲁阿纳的引擎准备。

10.N×e5 Bc2 11.Qd2 c5 12.d5 Bb3 13.e4 Re8 14.Qf4 c4 15.N×c4 Nbd7 16.Be3

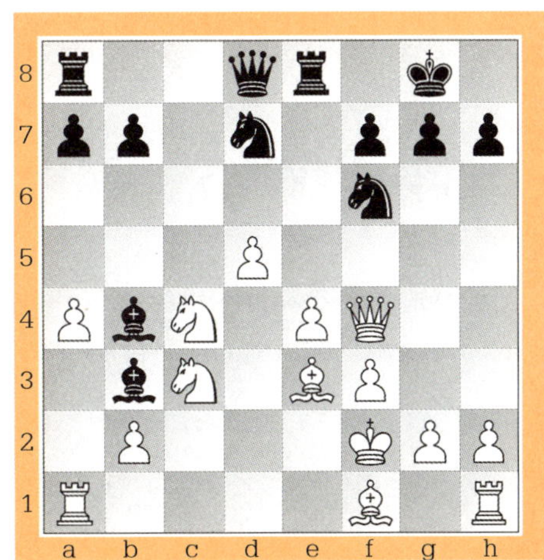

现在黑方有危险的攻势作为弃两兵的补偿，但丁立人设法逐渐化解黑方的反击并保住一分，也意味着他在糟糕的比赛前段之后，仍然保留出线的机会。在困难的情况下信任自己是有回报的，这比在比赛中取得一分更为重要！这盘棋的完整分析见第七章第 48 局。

丁立人的成熟特质

特质 9：耐心的局面型弈法

无论一名棋手的天赋有多高，有些技能只能通过与强大的对手比赛来学习，其中一项技能就是局面型弈法。与你实力相当的对手很少会让你轻而易举地取胜。通常情况下，一名棋手必须知道如何耐心地在棋盘上与对手周旋，逐步积累优势，并最终在局面上胜过对手。

丁立人在这个过程中也不例外。随着棋艺的成熟，他逐渐提升了职业棋手应具备的这一重要素质。

让我们来看几盘他熟练运用局面型弈法的实例。这几盘棋弈于 2017—2019 年，这段时间可以说是他目前为止下比赛下得最多的时期。

第 16 局

弗拉基米尔·马拉霍夫（2722）— 丁立人（2781）

特级大师超霸战第 8 轮，儋州，2017 年

黑先

对局来到目前非常流行的瑞高钢琴变例（意大利开局中一个平稳的变例）的中局局面，通常会引发一场运子斗争，双方都有机会。丁立人顺理成章地在唯一的半开放线上叠车：

23...Rf7 24.Rae1 Raf8 25.Ngh2 Nc5

马在 c5 的前哨格很“舒服”，因为白方很难用 d3–d4 或 b2–b4 赶走它。

26.Re3

26.d4? 不行，黑方可以走 26...e×d4 27.c×d4 Nb4 28.Qb1 Ncd3。

26...b6 27.Qd1 h6

在没有明确目标的情况下，双方都继续巩固自己的阵地。局面依然保持平衡。

28.Nh4 Qh7 29.Qc2?!

在这场较量中，马拉霍夫先出现了闪失。他本应该用 29.N4f3 来维持现状，盯住 e5 兵。

丁立人意识到这个兵不在白方的监视之下，于是利用这短暂的时机在中心扩大空间：

29...d5! 30.N4f3 d4

黑方固定住了 d3 兵这个潜在弱点，

在局面上取得了小小的胜利。

31.Re2 Qg6 32.Ne1?!

俄罗斯特级大师尴尬地开始重组子力。但最好是先走 32.Rd2 或 32.Rd1 来保护 d3 兵，然后再走别的棋。

32...Rd7 33.Nhf3 Qh5 34.Nh2 Rfd8

白方这一阶段下得不好，现在他不得不下出难看的棋。

35.c4

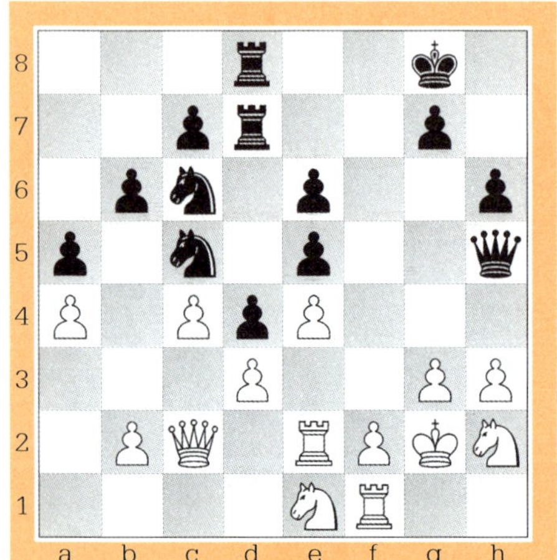

为了保住d3兵(35.Rd2已经太晚了，因为有 35...d×c3 36.b×c3 N×e4)。

这是丁立人在局面上的又一次成功，因为他的马获得了永久进驻 b4 前哨格的机会，在那里黑马将对 d 兵施加压力。

35...Rf8!

双车已经完成了在 d 线的任务，因此将它们转移到 f 线非常合理。

36.b3

为了确保 a4 兵的安全，有必要走这步棋，但白方要考虑到他的 b 兵也很弱。

36...Rdf7 37.Rd2 Nb4 38.Qb1 Qg5 39.Rb2 Rf6 40.Qd1 Rg6

对局再次进入了新的运子阶段。黑方拥有无可争议的局面优势，但需要耐心才能有所作为。丁立人决定在王翼骚扰对手：

41.Nhf3 Qh5 42.Rd2 Kh7 43.Rh1 Rgf6 44.Rf1

白方基本上只能静观其变。

44...Nc6 45.Rb2 Kg8 46.Qe2

如果白方走 46.Rd2，也许丁立人会走 46...Kf7!?，把王转移到后翼。美国特级大师山姆・尚克兰曾在 2018 年巴统奥赛的类似局面中，对劳夫・马梅多夫成功使用过这种方法。

46...Nb4!

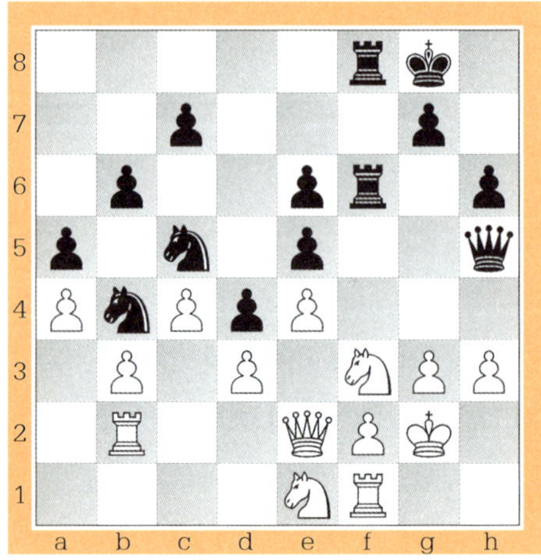

在不知不觉中，丁立人在频繁的子力调动中制造出一个小小的战术机会。f3、d3 和 b3 的压力变得难以承受，因此白方必须走：

47.g4

给白方的局面制造出更多永久性弱点。当然在走 46...Nb4 之前，丁立人看到白方可以得一兵。

47...Qe8 48.N×e5

丁立人已经准备好了巧妙的反击。

48...Qd8!

白马在 e5 很脆弱（黑方准备走 49...Qd6 攻击它），因为它没有 g4 格可退。再加上 f4 上的弱格，很明显马拉霍夫的局面变得岌岌可危，果然他在下一步就崩溃了。

49.N5f3?

即使在相对稍好一些的 49.Kg1 Qd6 50.f4 R×f4 51.R×f4 R×f4 52.Ng6 Rf7 之后，白方守和的机会也是微乎其微。白方阵营存在太多长期弱点了。

49...R×f3!

鉴于 50.N×f3 Nb×d3 有 ...Nf4+ 和 ...N×b2 的双重威胁，白方认输了。白方的局面在战略上也一败涂地。

这一时期，丁立人的局面型弈法日趋成熟的例子还有很多。在我的上一本书《如何自学国际象棋》（*How to Study Chess on Your Own*）中，分析了他对李炎铠那盘精彩的局面型胜利，他在对称局面中巧妙地利用了双象优势。我们将在第六章（第 36 局）中研究他与特级大师余泱漪的一盘类似的对局。现在就让我向大家展示这盘令人印象深刻的对局的一个简短片段。

对局
片段 9

丁立人（2759）— 余泱漪（2750）

"读特杯"大师赛第 6 轮，深圳，2017 年

白先

双方的兵形结构几乎完全对称。在这种局面中，没有经验的棋手可能会在 d 线上把所有的重子都兑光，然后把对局引向安全的港湾。丁立人巧妙运子，充分利用白方微弱的双象优势：

23.Rb1

超保护 b3 兵并准备吃掉 b6 兵。23.N×b6?!，会让黑方用 23...N×b3 简化局面。

23...Rb8 24.Rd1!

白方利用对手的最后一步棋控制了唯一的开放线，向成功迈出了一小步。

24...Ncd7 25.Be2!

丁立人再次把握住对手的动向。24...Ncd7 消除了对 e4 兵的压力，因此白方可以腾出手，把象转移到 c4 格。

25...Nc5 26.f3 Ncd7

余泱漪发现没有什么比"等待"更好的办法了。这给了丁立人足够的时间将子力调整到更好的位置。接下来，丁立人着手改善黑格象的位置：

27.Bf2!

这是一步多重目的的好棋。首先，给马腾出了 e3 格。其次，马腾出的格子可以让象走 Be2–c4。但"醉翁之意"不仅仅在此。

27...g6

此时丁立人走了：

28.Be1!

准备用 b3–b4 打破对称局面。你可以在第 36 局中看到丁立人精彩策略的后续部分。

丁立人的成熟特质

特质 10：善于处理不平衡局面

丁立人“最高级”的特质是他能很好地处理不平衡局面。这是一项很少有人能完全掌握的技能，但丁立人是世界上最善于处理不平衡局面的棋手之一。他的一些核心特质帮助他在不平衡局面中比其他人更胜一筹。这可能是一个有争议的观点，但我认为，如果一定要说他在哪种局面会比马格努斯·卡尔森更有优势的话，那就是在复杂、不平衡的局面中。在第 41 局和第 51 局中，我们将看到丁立人在与特级大师杜达和理查德·拉波尔特的对局中取得的胜利。在本节中，我想展示他是如何在双方互有顾忌的复杂局面中战胜超级特级大师的。

第 17 局 丁立人（2805）— 沙赫里亚尔·马梅季亚洛夫（2774）

挪威锦标赛第 7 轮，斯塔万格，2019 年

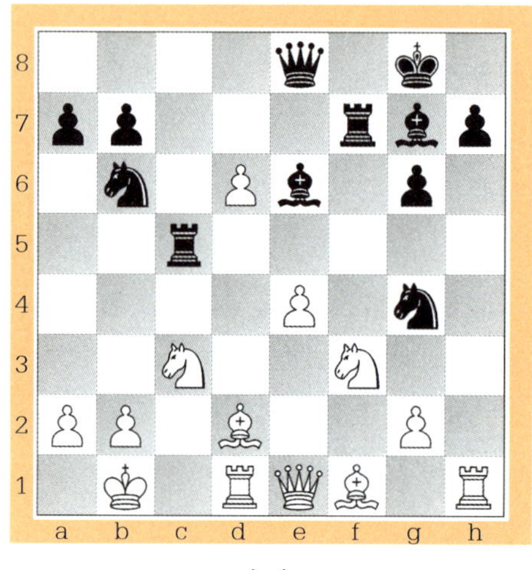

白先

阿塞拜疆特级大师沙赫里亚尔·马梅季亚洛夫是顶级棋手里棋风最为激进的之一。当两位如此有原则性的棋手走到上图的尖锐局面时，观众们一定会大饱眼福。

在几个合理的选择中，丁立人弃了一个兵：

22.e5!!

这步既难又有力的棋有多重目的：

1）通过封锁第 5 横线和大斜线来破坏黑方的子力协调性。

2）为白方的象清出一条 b1–h7 斜线，为马腾出 e4 格。

3）如果黑方在 e5 吃兵，那么 e1 的后在开放线上将变得更加活跃。

这感觉在研究一个几何概念，所以我为了“美观”给这步棋加上了两个感叹号！

22.Ng5?? 没有用，因为 22...B×c3 23.B×c3 R×g5。白方也可以走 22.Rc1!? 或 22.Bd3!?，双方各有机会。

22...B×e5

吃兵是最合理的。22...N×e5?! 行不通，因为白方现在可以走 23.Ng5±，而在 22...Na4 的情况下，白方可以走 23.Ne4 Bf5 24.Bc1!，机会更大。如果黑方走 24...B×e4+ 25.Q×e4 Nf2，我可以演示一路有吸引力的参考变化：26.d7! R×d7 27.Bc4+ Kh8 28.R×h7+! K×h7 29.Qh4+，下一步杀。

23.Bd3!

丁立人又一次在棘手的局面中找到了最佳续着。正如前文所述，丁立人在快节奏的局面中能暂时放慢节奏的能力是独一无二的。

23.Ng5 不好，因为 23...Nf2 24.N×f7 Q×f7，而 23.N×e5 R×e5 24.Qg3 Nf2 也是如此。

马梅季亚洛夫在这里有多种选择。然而与丁立人不同的是，他没能放慢进攻节奏，结果付出了巨大的代价。

23...Na4?

这步激进的着法有一个严重的缺点被马梅季亚洛夫忽略了。

走 23...Nc4?! 类似于实战，白方在 24.B×c4 R×c4 25.N×e5 N×e5 26.Bg5 之后消灭了黑格象，机会更多。马梅季亚洛夫拒绝 23...B×d6? 吃兵是正确的。因为这会让白方在 24.Ng5 Re7 25.N×e6 R×e6 26.Ne4 之后获得巨大的主动权，这要归功于白方强大的双象。顺便说一句，用 23...Bg7! 暂时放慢进攻节奏乃是上策。

24.N×e5 R×e5 25.Qh4

丁立人选择了最直接的攻击手段，尽管 25.Qg3!? 显然更强。我猜丁立人不希望给对手有以下选择：25...N×c3+ 26.B×c3 Re3 27.Qh4 Qa4。幸运的是，这里白方可用 28.b3! 取胜。

25...Rh5

白方上一步棋的意义在于 25...Nf2，可用 26.B×g6!+– 来应对。

26.Qg3 N×c3+?

马梅季亚洛夫又一次选择了最激进的续着，这对他很不利。

如果黑方走 26...R×h1 27.R×h1 Nc5 28.Bc2 Qf8!，威胁 29...Rf1+，还能再战。这种续着并不太符合他的风格，但要在最高级别的比赛中取得成功，就必须灵活应变。

27.B×c3 Qa4

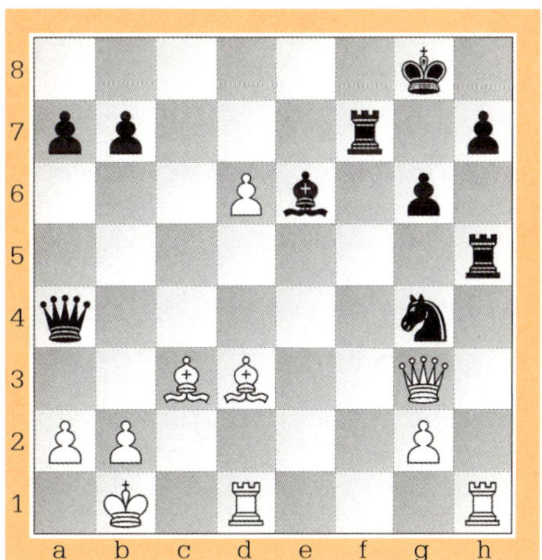

白王的处境看起来岌岌可危。但丁立人并没有惊慌失措（见下文 28.b3），而是专注于他的王牌并走了：

28.d7!

为白方的后打开 h2–b8 斜线。现在可以清楚地看到黑王是多么需要黑格象了。

28.b3?，会有 28...B×b3 29.a×b3 Q×b3+ 30.Bb2 R×h1 31.R×h1 Rf2!。

28...Rd5

白方不担心 28...Q×a2+，因为他的王在 29.Kc1 Qa1+ 30.Bb1 之后很安全。现在轮到白方进攻！ 30...R×d7 31.Qb8+ Kf7 32.Rdf1+ +–。

29.Bc2!

出色的子力调整。丁立人对没保护的 a2 兵丝毫不担心，继续利用黑方在 d 线上的弱点，准备 Bc2–b3。

29...Q×d7 30.Bb3 R×d1+ 31.R×d1 Qc8

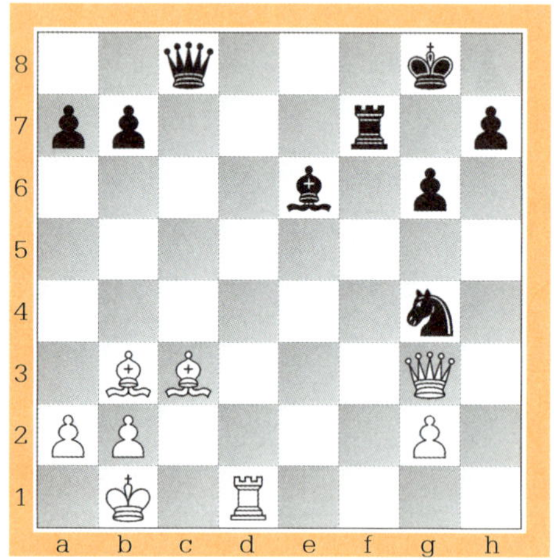

虽然黑方得兵，但在这个局面中无关紧要，因为他的王在黑格上很容易被攻击。丁立人漂亮地拿下了这盘棋：

32.Qh4! Nf6 33.Rd6! B×b3 34.R×f6

马梅季亚洛夫认输了，因为丁立人有 35.R×g6 的威胁。

过去 5—10 年里丁立人与世界排名 20 名之前的顶尖棋手（部分）慢棋交锋的数据

对手	对局数	战绩	胜（+）	和（=）	负（-）
余泱漪	28	17.5 ： 10.5（+7）	7	21	0
卡鲁阿纳	17	10.5 ： 6.5（+4）	6	9	2
阿罗尼扬	35	18.5 ： 16.5（+2）	8	21	6
马梅季亚洛夫	12	7 ： 5（+2）	2	10	0
格里修克	16	9 ： 7（+2）	3	12	1
杜达	5	3.5 ： 1.5（+2）	2	3	0
中村光	12	6.5 ： 5.5（+1）	2	9	1
菲罗贾	7	4 ： 3（+1）	2	4	1
拉波尔特	14	7.5 ： 6.5（+1）	3	9	2
卡尔亚金	12	6.5 ： 5.5（+1）	2	9	1
涅波姆尼亚奇	31	15.5 ： 15.5（0）	6	19	6
苏伟利	29	14.5 ： 14.5（0）	3	23	3
卡尔森	10	4.5 ： 5.5（–1）	0	9	1
阿南德	11	5 ： 6（–1）	0	10	1
拉贾波夫	19	9 ： 10（–1）	3	12	4
吉里	28	12.5 ： 15.5（–3）	2	21	5
瓦谢尔·拉格拉夫	23	9 ： 14（–5）	2	14	7

丁立人——谦逊的世界冠军

自从踏入棋坛以来，丁立人一直都很低调。这位中国超一流国际象棋特级大师言语温和，性格腼腆，在以英语为主的国际象棋赛场上面临着语言障碍时，他通常接受聚光灯照耀在其他棋手身上，他则用棋盘上的行动来证明自己。然而，随着世界排名的不断攀升，他对自己作为公众人物和榜样的态度也逐渐发生了变化。“我明白媒体很重要。”他在激动人心的 2023 年世界冠军赛夺冠后，面对媒体采访时说。在过去的五六年间，他在媒体上透露了一些在国际象棋之外的生活情况，让人们对他的性格有了更深入的了解。

如果非要用一句话来形容丁立人的性格，那就是谦逊、谦让与沉稳、坚毅的结合。当时，丁立人与伊恩·涅波姆尼亚奇的比赛极富戏剧性，即使是中立的棋迷也开始为这位中国棋手加油助威。当然，每个人都喜欢黑马的故事。丁立人在前几轮比赛中显得很苦恼，比赛的大部分时间都处于落后状态。然而，丁立人受欢迎的原因远不止在体育方面。他谦逊的举止和讨人喜欢的个性赢得了国际象棋观众的喜爱。

你会注意到丁立人的一个特点，那就是他总是以诚实和礼貌的态度与人交流。在回答媒体问题时，无论心情好坏，他都会把自己的内心袒露出来。在当今社会，很多人都会利用聚光灯来抬高自己的形象或推动某些事情的进程，而丁立人的这一特质却十分罕见。丁立人的坦率有时会引发一些有趣的情况，比如有人问他为什么在与涅波姆尼亚奇的比赛中，分出胜负的对局比以往的世界冠军赛多。丁立人面带着天真的笑容脱口而出道：“也许我们没有像马格努斯（卡尔森）那么专业。”

丁立人在这样幽默的时刻也会让人感受到他的真诚。在进行世界冠军赛总结时比其他棋手说的话更让人感动，他说：“这次比赛反映了我灵魂的最深处。”大家很难不喜欢这样说的人！

丁立人性格中另一个讨人喜欢的地方是，尽管他在国际象棋领域取得了巨大成功，但他还是非常朴实。正如他自己在接受采访时所说：“我其实不喜欢成为主角，我只是一个普通人。”作为一名世界著名的成功人士，丁立人“不喜欢买昂贵奢华的东西”，喜欢“过简单的生活”，这是他 2017 年接受 ChessBase 网站的采访时的表述。他是一个普通国际象棋爱好者能认同并乐意支持的人。

尽管丁立人在国际上取得了越来越大的成功，但他仍然保持着自己的个性。在 2020 年接受 Chess.com 网站采访时，丁立人说：“我在社交媒体上不是很活跃。我觉得这样挺好。我不想那么出名，不想每天被报道，也不想每次比赛后都被采访。成名是有代价的。我想有自己的生活，有属于自己的时间。”

平衡是关键

在业余时间，丁立人喜欢规律的日常作息。在 2017 年的一次采访中，他描述了自己日常的一天：“通常，我早上 9 点或 10 点起床。看完昨天下的比赛对局后，就到了吃午饭的时间。午饭后我喜欢休息一下。晚上我会做一些体育锻炼，有时会和朋友一起打篮球。之后，我会在网上下棋，还经常关注正在进行的比赛直播。我也喜欢足球，所以如果有球赛，我就会去看。睡觉前，我喜欢看书或听音乐。”近年来，随着职业生涯的发展对他的要求不断提高，他的日常生活可能有所改变，但他给人的印象仍然是一个在日常生活中寻求内心平衡的人。

丁立人文化课功底深厚，曾获温州市数学奥林匹克竞赛二等奖，成绩在温州市重点高中的精英班中名列前茅……除此之外，丁立人在大学学习期间还对文学和哲学产生了浓厚的兴趣。他喜欢中外文学，每次参加国际象棋比赛都会带一本书。根据中国新闻媒体的采访，他经常收听和观看有关文学和哲学方面的音频和视频节目。

虽然丁立人看书是“为了娱乐和放松”，但在 2019 年接受新华社记者采访时，他透露自己也喜欢“一本严肃的文学作品，其中会涉及一些对基本价值观的探索”。丁立人认为哲学和国际象棋两者之间有着重要的联系。因为如同他所说：“两者都是抽象的。”他在新闻发布会和采访中曾说，“发人深省”的阅读“让他成为一名更好的棋手”，并影响了他在个人生活中应对挑战的方式。他似乎很善于从阅读中悟出“更高的法则”，并将其用于解决生活中的具体问题。在世界冠军赛最困难的情况下，丁立人曾表示：“如果你发现自己赢不了，就竭尽全力去抵抗。那段记忆给了我所需要的决心。”

另外，丁立人喜欢将自己的经历与伟大的哲学思想联系起来。2022 年世界冠军候选人赛上的一个小插曲就是一个很好的例子，他向 ChessBase 网站描述道：“在上一盘对法比亚诺的对局中，获胜对我来说是一个完全出乎意料的结果。整盘棋我都在防守求和。最后我突然得到了一个机会，成功取胜。在这盘棋中（对拉贾波夫），我太想赢了，结果最终输掉了。这就是为什么我说国际象棋是公平的。”

在另一次采访中，丁立人解释了他的个性是如何对他的职业和生活产生影响的：“我既感性又理性。我也是一个艺术爱好者。平时我喜欢看雨、听雨，也喜欢打篮球。但到了比赛现场，我必须忘掉这些感受，更加严谨和专业。”

丁立人理想主义与实用主义的结合还体现在他对人生的看法上。在接受新华社记者采访时，丁立人说他认为人生的意义在于“为那些独一无二的闪光时刻而活”。他承认，“留下一些东西，让未来的人们记住”，从而“成为不朽”，这是一个值得追求的人生目标。同时他说：“但我没有那么伟大，我也很重视生活中的幸福。”他可能还没有意识到，他的许多棋局让他在下一代棋手的心目中“成为不朽”。

雄心勃勃，自立自强

尽管丁立人在国际象棋之外努力过着低调的生活，但当他谈到自己的爱好时毫不掩饰自己的雄心壮志：“我想和普通人有点不一样……在国际象棋上取得一些不同寻常的成就！”他在 2017 年接受 ChessBase 网站采访时坦言。丁立人天生勤奋，他认为自己是“一个学者，一个真正喜欢钻研的学者”。他更喜欢专注于过程，能够排除杂念。当被问及等级分飞速蹿升至 2800 分的原因时，丁立人说：“我很努力，我热爱国际象棋。我不喜欢玩电子游戏！”

丁立人的队友王皓成为超级特级大师已经有很长时间，并且酷爱电子游戏。王皓在 2019 年接受 ChessBase 网站的视频采访时谈到了丁立人的好胜心：“他好胜心极强，而且不仅仅是在国际象棋上。如果我们玩其他游戏，比方说打牌，他真的想赢，而不仅仅是为了好玩。对我来说，如果我们下友谊赛，我不会在乎结果，但他完全不同。”

丁立人非常独立，喜欢按自己的方式做事。根据 2017 年的采访，早在学生时代，他就喜欢动脑筋，讨厌“填鸭式”学习。在某次采访中，他说：“我尝试用不同的训练方法，用很多新的训练方式来提高自己的棋力。也许别的顶尖棋手还不太知道这些方法。”

丁立人的终极目标是什么？在 2023 年接受 *New in Chess* 杂志采访时，这位新任世界冠军说：“我的目标是成为最好的棋手，而不是赢得冠军……不是为了拥有最高等级分，而是在某些时候下出最好的棋局。”他总结道，“如果有人说这盘棋我下出了 3000 分的水平。那我会很高兴的。”

丁立人的兴趣爱好

爱好	喜欢的球队	喜欢的球星	喜欢的食物	喜欢的对局	喜欢的赛前仪式
踢足球、阅读	尤文图斯、拜仁慕尼黑	费代里科・基耶萨（意大利足球运动员）	大黄鱼、千层面、帕尼尼、面条、粥	丁立人—杜达（巴统奥赛，2018 年）、白金石—丁立人（甲级联赛，2017 年）、涅波姆尼亚奇—丁立人（世界冠军赛快棋加赛第 4 局，2023 年）	摆正棋子时，把两个马头面对面摆放

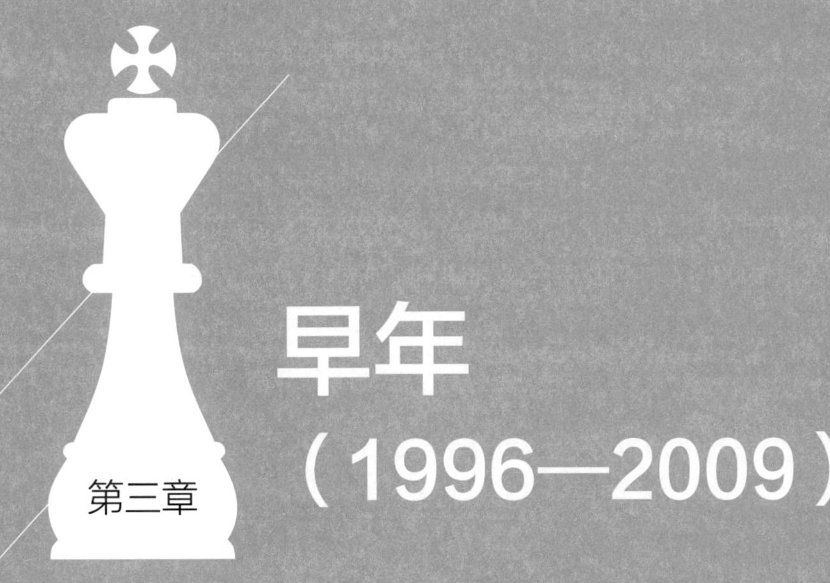

第三章

早年（1996—2009）

“棋城”

丁立人的国际象棋故事始于 1996 年，当时他 4 岁，生活在中国沿海城市温州。丁立人的父母买了一副附带规则说明的国际象棋，让他进入了国际象棋的世界。不过，在我们继续介绍丁立人的成长经历之前，让我们从更广阔的文化和历史角度来了解一下中国国际象棋的发展情况。

要知道，国际象棋在中国只有短暂的历史。几个世纪以来，围棋和象棋（指中国象棋）一直是中国流行的棋类游戏，前者甚至流行了上千年。20 世纪，随着国际象棋在全球的普及，中国是少数几个接受国际象棋较晚的国家之一。

20 世纪末，随着中国的改革开放，情况发生了变化，国际象棋在中国变得更加流行。在 20 世纪 70 年代和 80 年代，中国的国际象棋项目还处于起步阶段，中国国际象棋协会直到 1975 年才加入国际棋联，但中国主管国际象棋项目的部门却有着雄心勃勃的计划。1988 年，中国棋院根据当时中国国际象棋队的情况提出了“四步走”战略：

第一步，夺得女子个人世界冠军；
第二步，夺得女子团体世界冠军；
第三步，夺得男子团体世界冠军；
第四步，夺得男子个人世界冠军。

中国国际象棋“四步走”战略一览表

步骤	年份	地点	成就
第一步	1991	菲律宾 马尼拉	谢军 8.5 ∶ 6.5 战胜玛雅·齐布尔达尼泽。谢军结束了齐布尔达尼泽 13 年的统治，成为国际象棋女子世界冠军
第二步	1998	俄罗斯 埃利斯塔	中国女队赢得了第 33 届奥林匹克团体赛女子团体冠军，队员：谢军、诸宸、王频、王蕾
第三步	2014	挪威 特罗瑟姆	中国男队赢得了第 41 届奥林匹克团体赛团体冠军，打破了欧美队伍 87 年的垄断，队员：王玥、丁立人、余泱漪、倪华、韦奕
第四步	2023	哈萨克斯坦 阿斯塔纳	丁立人战胜俄罗斯棋手伊恩·涅波姆尼亚奇，成为国际象棋世界冠军，慢棋 7 ∶ 7，快棋加赛 2.5 ∶ 1.5，丁立人获胜

注：经过 35 年完成了“四步走”战略，中国成为拥有国际象棋男子个人、女子个人、男子团体、女子团体世界冠军的国家。

中国没有等待很久就迎来了第一步的成功。1991 年，21 岁的谢军在女子世界冠军赛中击败了玛雅·奇布尔达尼泽，完成了计划的第一步，结束了苏联在女子国际象棋领域的“长期统治”。这一事件改变了中国人对国际象棋的看法，并“引发了一场由国家资助的旨在培养精英棋手的活动热潮，这一活动被统称为‘巨龙计划’”。据媒体报道，中国的许多学校成立了国际象棋俱乐部，训练机构和比赛如雨后春笋般涌现。

1995 年，丁立人的家乡温州举办了谢军与维克多·科尔奇诺依的对抗赛，这让当地人对国际象棋产生了浓厚的兴趣。同年，温州获得了全国“国际象棋之城”的称号。中国第一位国际象棋特级大师、温州人叶荣光最近在接受中国新闻媒体采访时说，他认为环境和传承是“国际象棋之城”培养出顶尖棋手的主要原因。早在几十年前，国际象棋就已经在这座城市流行开来。到了 20 世纪 90 年代，据叶先生说，“温州各界开始关注这个项目，并相继举办了多次全国性和国际性的比赛。从训练到比赛，已经形成了一个体系，越来越多的孩子开始学习国际象棋。”因此，他总结道，“国际象棋特级大师的出现并非偶然。”

在 2020 年接受 Chess.com 网站采访时，丁立人回忆道：“当时学棋的氛围很好。后来，在我 4 岁的时候，我被送到了一家国际象棋俱乐部，我非常幸运地遇到了诸宸年少时的教练——陈力行，他曾培养过诸宸（第二位中国女子世界冠军）。”

国际象棋第一步

据《中华时报》的文章报道，丁立人最初的国际象棋记忆并不多，只记得“母亲答应让他学习国际象棋，以及父亲接送他的摩托车的声音”。丁立人在国际象棋上的天赋很快显现出来，5 岁时，他获得了全国 6 岁组冠军。丁立人的父亲是他的启蒙老师，父亲在 2016 年接受新浪体育采访时回忆道:“丁立人很小的时候，脑子里就有‘一个棋盘’。我们给他出题，他不用看棋盘就能想出来。”丁立人的父亲意识到了儿子的天赋，就鼓励他研读棋书，提高对国际象棋的理解。丁立人的父亲道：“我以前经常买围棋书，儿子学会国际象棋后，我们买了有关国际象棋的书。他不论什么书都看。”

随着丁立人的成长，他的棋艺也在稳步提高。丁立人的父亲承认，自从丁立人上小学后，平时在家里和他下棋，就再也没有赢过。在那前后，丁立人经常在寒暑假离开父母去浙江省队训练。丁立人的父亲说，丁立人最早在温州棋院的教练，如陈力行、黄希文、王骋、瞿维新等，为他打下了“良好的基础”，“浙江省队也非常关心他。王家权、王文浩和马芝兰也给了他很多帮助”。

2001 年，丁立人在第九届“李成智杯”全国少年儿童国际象棋冠军赛男子 10 岁组的比赛中夺冠，他的努力得到了回报。这一成绩使他首次获得了参加同年龄组世界青少年国际象棋锦标赛的资格。在西班牙奥罗佩萨德尔马的国际赛场上，丁立人以 11 轮 7.5 分的成绩获得并列第 8 名。2002 年，他在希腊伊拉克利翁举行的世少赛上，他的得分有所提高，以 11 轮 9.5 分并列第一，但在破同分后与金牌失之交臂！

在取得这一优异成绩的过程中，丁立人击败了一个名字是“卡鲁阿纳”的男孩，这个男孩后来成为他在超一流特级大师道路上的竞争对手。

▲ 5 岁的丁立人

第 18 局

丁立人 — 法比亚诺 · 卡鲁阿纳（2102）

世界青少年锦标赛 10 岁组第 7 轮，伊拉克利翁，2002 年

阿廖欣防御

尽管这盘棋从质量上看，和本书的其他对局无法相提并论，但为了让大家更了解丁立人的成长经历，我还是将它收录进来。

1.e4 Nf6

现在已经不太可能见到这两位棋手在慢棋比赛中下阿廖欣防御了。

2.e5 Nd5 3.d4 d6 4.Nf3

丁立人选择的现代变例，是这个开局中的一个稳中争胜的变化。白方不想过早冲兵，更喜欢先完成出子。

其他主要变例有：

1）兑换变例 4.c4 Nb6 5.e×d6；

2）四兵攻击 4.c4 Nb6 5.f4。

虽然比 4.Nf3 更有野心，但这两路变化都给了黑方更多的反击目标。

4...Bg4

经典应着。拉尔森变化 4...d×e5，今天更受欢迎，随后 5.N×e5 c6 或 5...g6。

5.Be2 c6

与常见的 5...e6 相比，这步棋有一个局面小陷阱。

6.0-0

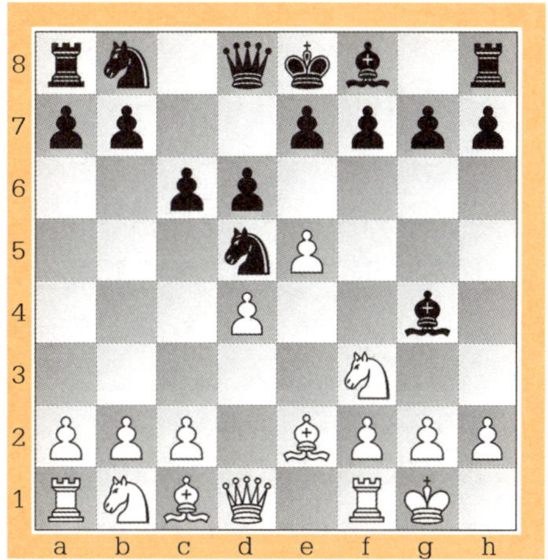

丁立人没有意识到黑方最后这步棋背后的玄机，选择了自然但不够精确的续着。

5...c6 的缺点是会被一步跳马利用：6.Ng5! B×e2 7.Q×e2 d×e5 8.d×e5。黑方将被迫走 8...e6，削弱 d6 格。白方在 9.0–0 之后优势明显，随后是 c2–c4、Ng5–e4 等。

6...B×f3!

兑子削弱白方对 e5 兵的防御，遵循了阿廖欣防御的主要战略：引诱白方推进中心兵，然后再削弱并消灭它们！

7.B×f3 d×e5 8.d×e5 e6 9.c4?!

丁立人在陌生局面中又做了一个不太精确的选择，打算进入没有风险、有微弱优势的残局。然而，他却将棋局引入了黑方所希望的方向。

他本可以通过如下子力调动，在中局获得更好的机会：9.Nd2 Nd7 10.Re1 Be7 11.g3 Qc7 12.Qe2 0–0 13.Bg2 ±，再 Nd2–f3。

9...Ne7 10.Q×d8+ K×d8 11.Be4 Nd7 12.f4?!

e5 兵不再是问题了，可这步棋却产生了新的弱点。12.Bf4 是保护中心兵更好的办法，既出子又能保持王翼结构完整。丁立人可能不喜欢 12...Ng6 13.B×g6 h×g6 14.Nd2 Be7 15.Nf3 Kc7=，放弃双象，但这一点只是一个小弊端。

12...Kc7 13.Nc3 g6?!

卡鲁阿纳希望加强对...Nf5 的支持，准备在 B×f5 时用 g 兵吃回，他本可以立刻走 13...Nf5，利用中心虚弱的黑格。例如 14.g4（考虑到 14.B×f5 e×f5 15.Be3 Bc5 16.B×c5 N×c5∓，14.B×f5 并不值得担心）14...Bc5+ 15.Kg2 Ne3+ 16.B×e3 B×e3，如果说这里谁需要小心的话，那一定是白方，因为他的兵过于分散。

14.Be3

黑方小心翼翼的下法让丁立人及时守住了黑格的弱点。

14...Nf5 15.Bf2 Bc5 16.Rfe1 B×f2+

17.K×f2 Nc5

年少的卡鲁阿纳挑衅性地跳马，可能是想引诱对手冲更多的兵，以便稍后进攻。

18.g4 Nd4?

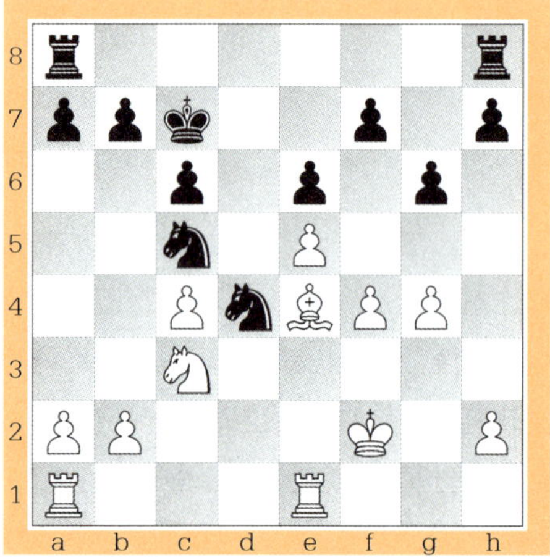

这步诱人的棋几乎是一个致命的错误。虽然 d4 格看起来是马的绝佳前哨格，但马在那里很不稳定。如果走 18...Ne7，局势基本是均势。

19.Rad1 Rad8 20.Rd2 Rd7 21.Red1 Rhd8 22.Bb1!?

一步巧妙的预防性着法，防止了黑方任何可能的反击。紧接着走 22.Ke3 更具决定性，但是丁立人可能被 22...N×e4 23.N×e4 Nc2+ 吓到了，不想冒险。但实际上，白方在 24.Ke2 Nd4+（或者 24...R×d2+ 25.R×d2 R×d2+ 26.K×d2 Nd4 27.Ng5）25.Kf2! 之后，将是胜势的残局。

22...Na6

试图为“摇摇欲坠”的马找到一个稳定的立足点。

23.Ne4 c5

马（暂时）安全了，但是黑方还有其他问题，尤其是王翼上的漏洞。

24.Nf6 Re7 25.a3!

很有耐心的一步棋。丁立人准备用b2–b4来驱赶马。走25.N×h7?! 还有些早，因为25...Rh8 26.Nf6 R×h2+。

25...Nb8 26.Ke3 Nbc6?

一步随手棋。这个位置不需要黑马，因为黑马在d4的同伴已经得到了保护。相反，黑马应该走到d7去兑掉危险的白马并支援c5兵。黑方在26...h6 27.b4 Nd7! 28.Ne4 b6之后，由于黑格的封锁，仍有机会守住。例如：29.b×c5 b×c5 30.N×c5 N×c5 31.R×d4 Rb8!。

27.b4!

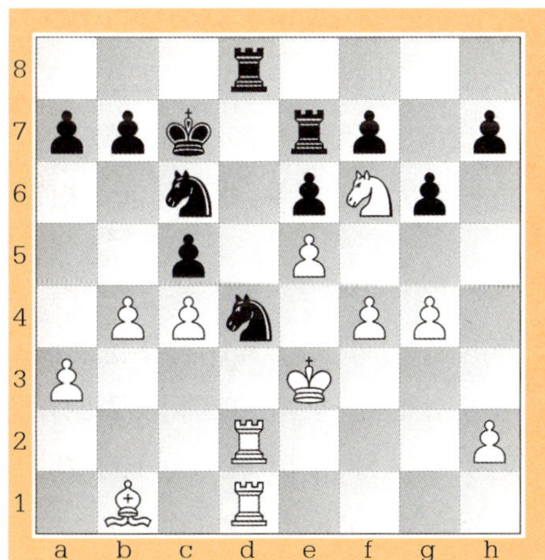

黑方现在压力很大，卡鲁阿纳不愿被动防守，试图把局面搅乱：

27...g5?!

27...b6是最顽强的防守着法，黑方在28.Ne4后损失一兵，但仍可走28...Rb8 29.b×c5 Nb3! 30.c×b6+ a×b6，进行抵抗。另外，27...c×b4 28.a×b4 Nb3不行，因为29.R×d8 N×d8 30.Rd3，黑马被捉死。

28.B×h7!

面对突然的局面动态变化，丁立人并没有失去理智，而是冷静地计算出获胜变化。丁立人的另一个选择是28.b×c5，但白方必须在一连串的逼着之后找到唯一的胜着：28...g×f4+ 29.K×f4 Ne2+ 30.Ke3 R×d2 31.R×d2 Nc3 32.B×h7 N×e5——现在33.Kd4! 白方胜，关键是黑方无法同时保护两个马。不过丁立人的方案更实用。

28...g×f4+ 29.K×f4 N×e5!?

当卡鲁阿纳下出27...g5时，他可能指望着这一步棋可行。然而，丁立人已经准备好了反击：

30.R×d4!

30.K×e5??，将会有30...Nf3+ –+。

30...Ng6+

30...c×d4 31.K×e5+–.

31.B×g6 e5+ 32.Kf3 c×d4 33.Bf5

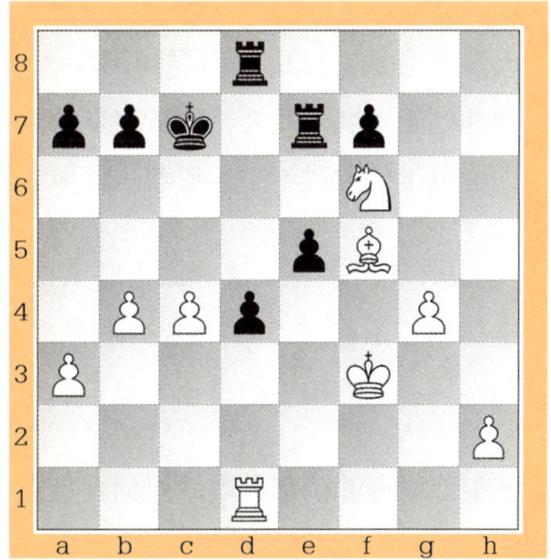

尘埃落定，由于黑方的中心兵被牢牢封死，白方可以在残局取得决定性的优势。卡鲁阿纳没有办法阻止 h 兵升变，丁立人顺利将局面优势转化成胜利。

33...Kb8 34.h4 Rd6 35.Ne4 Rh6 36.h5 Kc7 37.Ng3 f6 38.Bg6 Rh8 39.Ke4 Re6 40.Nf5 Ra6 41.Rd3 Rc6 42.Bf7 Rh7 43.Bd5 Ra6 44.h6 Ra4 45.Bg8 Rh8 46.h7 Kd7 47.Nh6 Ke7 48.Nf7 R×h7 49.B×h7 K×f7 50.Bf5 1-0

在 2004 年世少赛 12 岁组的比赛中，丁立人再创佳绩，获得了 11 轮 9.5 分的成绩。丁立人与第一名积分相同，经过破同分后，获得第二名。尽管丁立人从未获得过世界青少年国际象棋锦标赛的冠军，但他展现出了非凡的天赋和前文所述的许多核心特质。

沉寂期

从 2005 年到 2006 年，数据库中没有丁立人的比赛记录。可能是丁立人的比赛机会相对较少，但我认为他在闭门修炼。各级教练帮助他提高，加强他的基本功，如完善开局系统、进行残局训练和加强战略思维。这一时期恰逢丁立人开始进入青春期，一般来说，棋手的棋力的最大飞跃往往发生在这一时期。他在 2017 年接受 ChessBase 网站采访时回忆了这段时期，说："每年寒假，我都会参加李成智杯。这是中国水平最高的青少年比赛。我的表现不错，几乎每年都能夺冠。我参加了所有年龄组的比赛，包括 10 岁组、12 岁组、14 岁组等。李成智杯帮助我成长为一名优秀的棋手，提高了我的棋艺，让我有机会与来自全国其他省份的棋手一起对弈。"

2007 年初，丁立人终于有机会参加与成人对阵的高级别比赛。在山东举行的世界冠军锦标赛分区赛，有十几位特级大师和其他强手参加，他们一起争夺国际棋联世界杯赛的参赛名额。这位来自温州的少年，等级分仅仅为 2289 分，以 9 轮 6.5 分的成绩，获得并列第二名！此外，他的表现分为 2580 分，接近特级大师标准（2600 分）。中国的顶尖棋手们始料不及，看着一颗棋坛新星冉冉升起。

2008 年，丁立人继续取得骄人成绩。这一年，他首次参加了在北京举行的中国个人锦标赛，取得了 11 轮 5.5 分的好成绩，再次达到了接近特级大师标准的表现分。他在与倪华、王玥和王皓等顶尖棋手的对局中表现出色，并战胜几位第二梯队的棋手。

下面对局的精彩进攻值得列入丁立人的"最佳对局"系列。

第 19 局

丁立人（2395）— 梁充（2484）

中国个人锦标赛第 5 轮，北京，2008 年

接受后翼弃兵开局

1.d4 Nf6 2.c4 e6 3.Nf3 d5 4.Nc3 d×c4 5.e4

如第二章所述，丁立人在 2006 年之后将开局系统从童年时期的 1.e4 和 1.Nf3、2.g3 转到 1.d4 的主流变化。这个开局系统非常适合他，并帮助他形成了现今闻名于世的以古典弈法为基础的进攻型棋风。在这盘棋中，他走的是维也纳变例的关键主变，这是他这个时期转变的完美例证。5.e3 是一种非常平稳的下法。

5...Bb4

如今风靡的 5...b5!?，在当时几乎不为人知。

6.Bg5 c5 7.B×c4 c×d4 8.N×d4 Qa5 9.B×f6

这些都是众所周知的开局理论着法，但现在梁充脱谱走了：

9...g×f6?!

这使得白方轻松短易位。黑方应该先走 9...B×c3+ 10.b×c3 Q×c3+，逼迫对方 11.Kf1，后续的理论着法还有 11...g×f6 12.Rc1 等，或者 11...Q×c4+ 12.Kg1 Bd7。

10.0-0 a6 11.Rc1 Bd7?!

白方出子大大领先，但是梁充似乎并不在意。他仍然悠闲地出子，认为自己的局面相当稳固。然而，这步缓着给了白方重要一先获得主动权。他应该先走 11...0–0 保护好王，尽管 12.f4 之后，白方仍然优势明显。

12.Nf5!?

丁立人注意到了黑王的弱点，便利用这一点开始实施西西里式弃马攻王。虽然这在客观上不是最好的走法，但这

样走能让黑方面临严峻的考验。白方在进攻方面有很多选择。其他可能的着法是：

1）12.Nb3!? Qd8（或者 12...Qg5 13.f4）13.Qh5；

2）12.e5!?，如果 12...Q×e5，应以 13.Re1。

12...e×f5?

接受弃子是个错误。白方现在会全力进攻。梁充应该完成他的计划，走 12...Nc6!。假设丁立人计划继续走 13.Ng7+ Kf8（如果 13...Ke7，白方可以巧妙地重复 14.Nf5+! Ke8，接着 15.Qh5!，这与两步之前局面相比，关键的区别是黑方现在无法长易位！）14.Nh5。乍一看白方几乎要获胜了，但两位棋手可能都忽略了黑方还有 14...Rd8! 15.N×f6 Bc8!，由于黑方控制了黑格，丢兵有补偿。

客观地说，13.Nd6+ B×d6 14.Q×d6 会更好，白方略占优势。

13.Nd5 Bc6

黑方允许对手追击他的王，不过也确实没有更好的选择了。13...Be7 看起来更安全一些，但 14.e×f5 Nc6 15.b4! Qd8 16.Qh5 Ne5 17.Rfe1 仍然无济于事，白方有制胜攻势。

14.N×f6+ Ke7 15.Qh5!

如果你能不理对手的威胁，而是先手把一个棋子投入进攻，总是一个好兆头。

15...Rf8 16.Qh4!?

人类棋手的续着，专注于虚弱的王。引擎更倾向于先走 16.N×h7 Nd7 17.Qg5+ Ke8 18.N×f8 得子，然后在双方子力大致相当的情况下继续进攻。两个方案都很好。

16...Kd8 17.Nd5+ Kc8

黑王不得不逃至 c 线，但只是暂时解脱。丁立人将为他的 c1 车清除障碍。

18.a3 Bd6

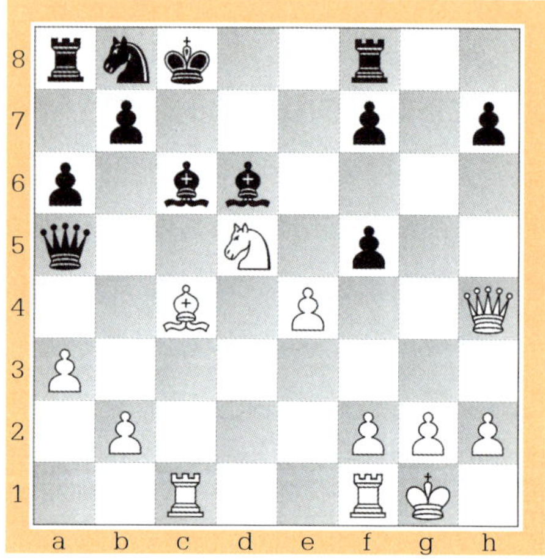

黑方本可以用 18...Qd8 兑后来摆脱困境，但白方仍会通过 19.Qh6! Ba5 20.Rfd1 来继续进攻。

19.e5!

丁立人得心应手，弃子进攻对他来说是自然而然的事。此举意在引离象，利用黑方在 a3–f8 斜线上的弱点。

19...B×e5

另一个选择是 19...B×d5 20.B×d5+ Bc7。白方可以走 21.Rfd1 Nc6 22.B×c6 b×c6 23.Qh6! 强制获胜，黑方无法防守

24.Q×f8+ 或 24.Q×c6。

20.Ne7+ Kc7 21.b4 Qb6

黑方可以尝试 21...Q×a3 22.Nd5+ B×d5 23.B×d5+，为黑王留出 b6 格，但是黑王没有时间躲入 a7，因为有 24.Qe7!。

22.Nd5+ B×d5 23.B×d5+ Kd7

23...Nc6 会遇到 24.Qe7+，白方得一车。

24.Rfd1!

丁立人将最后一个子投入进攻，阻止对手完成出子。防守松散的黑方就像一个步履蹒跚的拳击手，只能勉强举起双手抵挡对方的拳头。

24...Bd6 25.Qh6!

一步平静的进攻性着法，开始盯上 d6 象和 f8 车。一个决定性的战术正在酝酿中。

25...Rc8

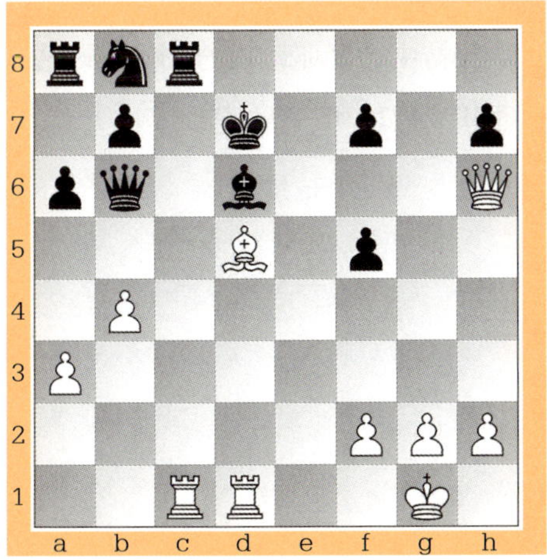

26.Be6+!

漂亮的入局着法。白方弃掉最后一个轻子，打开杀向黑王的大门。

26...f×e6 27.Qg7+

黑方认输，因为被迫失去 c8 车，然后很快就会被将杀。

2009 年，丁立人再次参加了在北京举行的强手如云的世界冠军锦标赛分区赛。他 11 轮得 5 分，表现分超过 2500 分，成绩与他之前相比并不出彩，但他战胜修德顺的对局非常精彩！

第 20 局

修德顺（2422）—丁立人（2458）

世界杯赛分区赛（中国区）第 6 轮，北京，2009 年

王翼印度防御

1.d4 Nf6 2.c4 g6 3.Nc3 Bg7 4.e4 d6 5.f3 0-0 6.Be3 e5

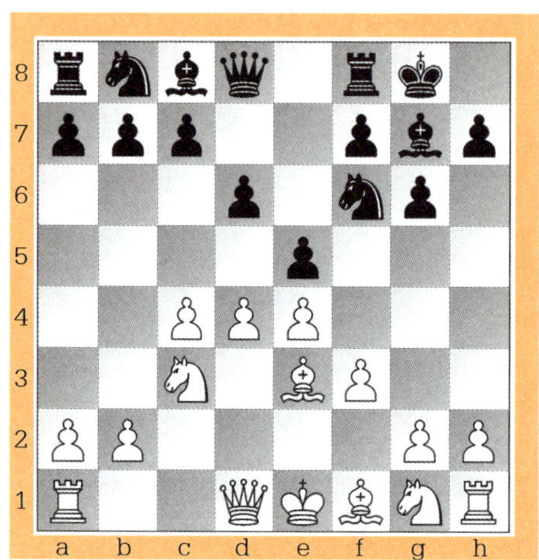

丁立人在年少时期可能受到了卡斯帕罗夫的影响，因为卡斯帕罗夫也喜欢用这种下法对付王翼印度防御的萨米什变例。

现在，6...c5 和 6...Nc6 7.Nge2 a6 是更受黑方欢迎的选择。

7.Nge2 c6 8.Qd2 Nbd7 9.0-0-0

最积极的续着。卡尔波夫更喜欢的 9.d5，通常会进入平稳的运子对局。

9...a6

现代引擎分析显示，这步棋可能没有必要。黑方可马上走 9...b5! 弃兵，在后翼开线：10.c×b5 c×b5 11.N×b5 d5! 12.d×e5 N×e5 13.Nec3。有趣的是，这个局面在 1986 年克尔纳涅茨基与扎伊德的对局（1–0，39 回合）中曾经出现过。不过，如果黑方能走出正确的 13...a6! 14.Na3 Qc7! 115.e×d5 Bf5，将获得充分的补偿。

10.Kb1

追随克拉姆尼克的走法，修德顺更喜欢保持中心紧张。白方仍然可以通过 10.g4!? b5 11.d5 封闭中心。

10...b5 11.Nc1 e×d4 12.B×d4 b4 13.Na4

13...Qa5?!

丁立人首先偏离了克拉姆尼克—卡斯帕罗夫（利纳雷斯，1993 年）的关键对局棋谱。虽然可以下，但是客观地说这个创新不是太好，卡斯帕罗夫的走法是 13...c5!，现在：

1）在 14.B×f6 B×f6 15.Q×d6 Be7 16.Qg3 Bh4 17.Qh3 Be7 之后，克拉姆尼克发现最好的走法是 18.Qg3 Bh4 19.Qh3 1/2–1/2（克拉姆尼克—卡斯帕罗夫，利纳雷斯，1993 年）；

2）14.Be3!? 更积极，尽管黑方仍然可以获得不错的反击。在分析这盘棋时，我意识到自己很多年前的对局中曾经出现过这个局面！后续着法是 14...Qa5 15.b3 Bb7 16.Q×d6 Rfd8 1/2–1/2（43 回合，祖菲奇—库尔亚舍维奇，克罗地亚，2001 年）。

14.Nb6!

丁立人的对手找到了一个很酷的战术来利用黑方王后的位置。14.b3!? 也是可行的。

14...N×b6 15.Nb3 N×c4

黑方得了一个兵，但是在这个过程中减缓了出子速度。现在白方有明显的出子优势。

16.B×c4

难以批评这步自然的着法。然而，修德顺有更好的走法：16.N×a5! N×d2+ 17.R×d2，少一兵但在残局中有主动权。例如，17...c5 18.Bf2 Ne8 19.Bh4!，黑方很难完成出子。

16...Qd8 17.Bc5

白方同时攻击两个兵，防守其中任何一个兵似乎都不能解决黑方的局面问题。然而丁立人找到一个巧妙的解决方案：

17...d5!!

这种需要深度计算的弃半子一定有部分原因是出于直觉。要完全计算出所有的变化结果几乎是不可能的，但丁立人肯定感觉到自己的攻击能得到很好的补偿。

1）17...Nd5!? 是类似的战术，也是一个合理的选择。可能丁立人不想让对手 18.Bd4 重复走子，因为黑方最理想的是 18...Nf6 19.Bc5，但白方也可以走 18.Bf2!?；

2）走 17...Be6 18.B×e6 d×c5 保持多兵并不值得高兴，因为白方可以在 19.Bc4 之后保持稳固的局面优势。

18.B×f8 Q×f8 19.e×d5 c×d5

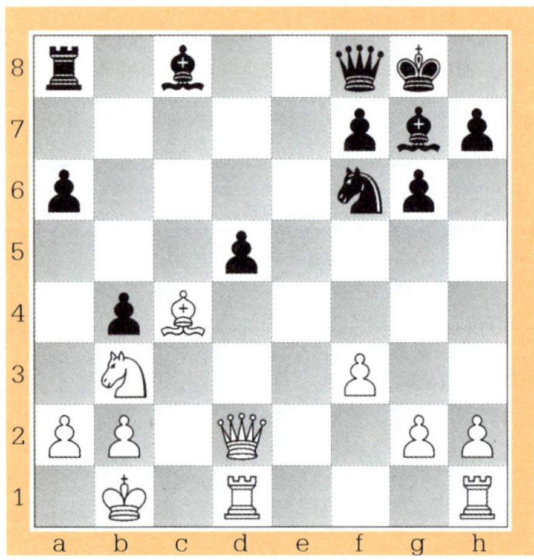

20.B×d5

白方决定接受挑战——被动的 20.Bd3 无法抵挡对手的进攻：20...a5 21.Nd4 a4，准备走 ...a4–a3 等，破坏王城的黑格。

20...Bf5+ 21.Ka1 Rc8!

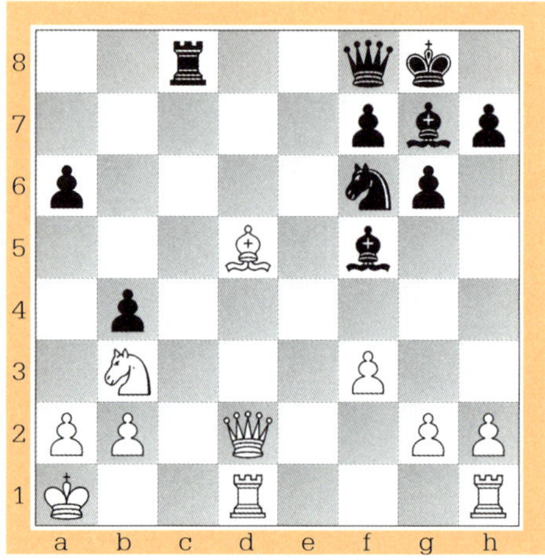

一步妙棋！丁立人把所有的子力都投入进攻，保持着主动权。他正确地拒绝了其他方案：

1）21...N×d5?! 22.Q×d5 a5 看起来很诱人，但会遭到 23.Qd6!，这时黑方没有好办法避免兑换皇后。他的补偿在 23...a4 24.Q×f8+ K×f8 25.Nd4 Bd7 26.Kb1 进入残局之后消失了；

2）重要的是，21...Rd8?? 行不通，因为有 22.B×f7+ 闪击战术。

在对局 21 回合 21...Rc8 之后，黑方威胁要 ...Rc2 对 b2 发动潜在的致命攻击。白方该如何应对？

22.Bb7

修德顺无视威胁，可能是想在必要时利用 Nb3–d4 来封锁大斜线。然而，这导致他落入险境。

22.Rc1? 不行，因为有 22...Rd8!，但是白方仍然有时间走 22.Nd4 N×d5 23.N×f5，简化局面。黑方确实可以走 23...Nc3!!——丁立人可能在走 21...Rc8 之前就已经预见到了这步棋，但是白方可以通过简单的手段 24.N×g7 N×d1 25.Nf5! 获得均势。

22...Rc7!

丁立人一次又一次地显示出对战术细节的敏锐洞察力。他知道如果将白象从 h1–a8 斜线上赶走，他的攻击会更有力。

直接的 22...Rc2，由于有 23.Qe1!（23.Qd8 则有 23...Nd5!⇄，与对局类似）而对黑方不利，下面的选择没有实战中的好：

1）问题在于最积极的着法 23...Nd5 将败于 24.Nd4 B×d4 25.R×d4，因为位于 d5 的马受到两次攻击（走 22...Rc7! 的目的之一就是避免这种情况）；

2）23...R×g2 并不太吸引人，因为 24.Rd2±；

3）当白方走 24.Nd4 防守时，黑方只能走较为被动的退马 23...Nd7。局面仍然很复杂，黑方必须创造机会继续进攻。

23.B×a6 Rc2

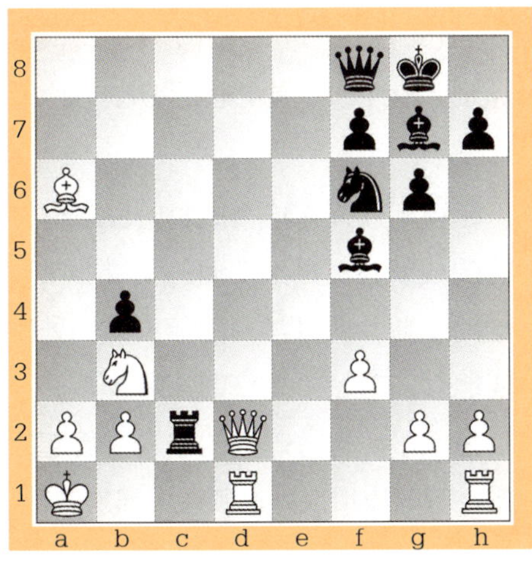

24.Qd8?!

考虑到白方的子力优势，这是很自然的着法，然而，最好还是保留后进行防御。24.Qe1! 是正确的续着，而在 24...Nd5! 25.Nd4 B×d4! 26.R×d4 Qc5（在类似“象位于 b7”的局面中是不可能的。见 22...Rc2 的变化）27.Rd2 b3! 之后，对局双方继续处于极为尖锐的局面中。

24...Nd5!

这是每个走王翼印度防御的棋手都希望看到的时刻——g7 象终于开始“喷火”了。白方需要下得比以往更精确才能避免灾难……

25.Q×d5?

但白方马上就动摇了。25.Q×f8+ K×f8 26.R×d5（或者 26.Nd4 R×g2!∓ 27.N×f5?? B×b2+ 28.Kb1 Nc3#）26...R×b2! 27.Rd8+ Ke7 28.Rd4 R×g2，之后的残局虽然不那么令人满意，但白方至少有子力优势，可以通过兑子争取和棋。

25...B×b2+

现在不能走 25...R×b2? 了，因为有 26.Nd4。

26.Kb1

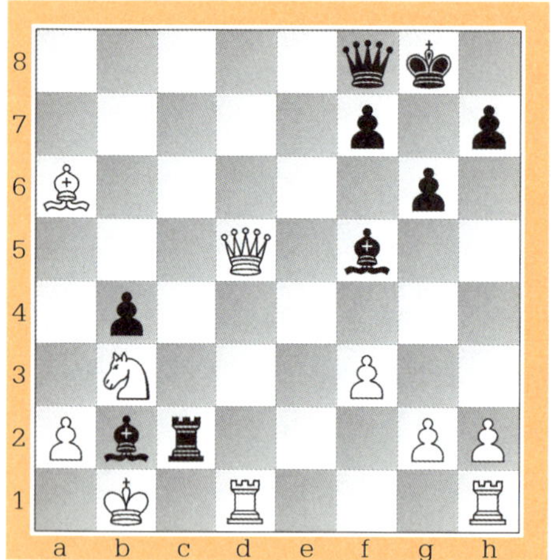

26...Bc3!!

丁立人的计算非常精确！

白方在吃马时可能漏算了这步棋。关键在于象控制了 d2 格，阻止了白方在此设防。

黑方可以通过闪击 26...Rd2+? 赢得白后，但在 27.Q×f5! R×d1+ 28.R×d1 g×f5 29.K×b2 之后损失太多子力，如果说有一方能赢得这个残局，那一定是白方。

在 26...Bf6 的情况下，白方在 27.Bd3 Rb2+ 28.Kc1 ∞ 之后还有救，因为 28...Qh6+ 会应以 29.Rd2。

27.Rd3

绝望，修德顺意识到 27.Bd3 已经太晚了，因为 27...Rb2+ 28.Kc1 Qh6+! 29.Nd2 R×d2−+。

27...Rb2+ 28.Kc1 Qh6+

丁立人利用每一条可以利用的横线、竖线和斜线，调动所有棋子进入进攻状态，简直太棒了。在本书中，我们将欣赏到更多丁立人在对局中使用他喜爱的进攻组合，如后、一（或两）个车和双象等。

29.Kd1

由于走了 27.Rd3，白王有这个位置可以逃跑，但新的问题出现了——白方的底线。

29...Rb1+ 30.Kc2 R×h1

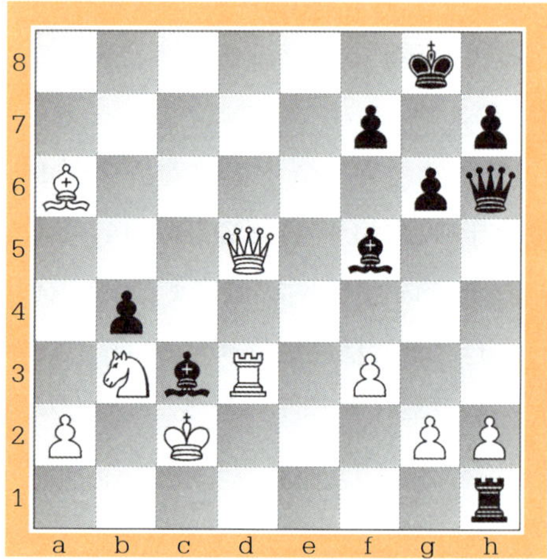

在弃回得子之后，黑方完全胜势。丁立人很快就获胜。

31.Qd8+ Kg7 32.Nc5 Qc1+ 33.Kb3 Qa3+ 34.Kc4 Q×a2+ 35.Kb5 B×d3+ 36.Q×d3 Qd2 37.Qe4 Re1 38.Qb7 Re5 0-1

尽管丁立人在这个成长阶段取得了优异的成绩，但是由于他的父母非常重视他的学业，所以学习国际象棋仍处于次要地位。丁立人的学习成绩确实很好，尤其是数学。这位聪明的年轻人看起来准备在国际象棋以外的领域大展宏图了，然而，这一切很快就将改变。

突破性进展

丁立人一定对 2009 年 5 月和 6 月记忆犹新。首先是在菲律宾举行的亚洲锦标赛，他获得第一个特级大师序分（当时需要获得两个序分才能晋升特级大师），在高等级的比赛中获得了 11 轮 6 分的成绩。然而，这只是一个开始。之后他参加了在兴化举行的中国个人锦标赛，这次比赛改变了他的一生。

尽管比赛开始时丁立人的表现并不出众，在前 4 轮比赛中得到了中规中矩的 2.5 分，但他在比赛中间阶段开始发力，在接下来的 3 轮比赛中，以标志性的动态下法战胜了强大的特级大师对手们。

他在第 6 轮以绝对优势战胜了赛事头号种子选手倪华，这表明丁立人已经具备了很高的国际象棋水平。

第 21 局

丁立人（2458）— 倪华（2724）

中国个人锦标赛第 6 轮，江苏兴化，2009 年

格林菲尔德防御

这可能是丁立人在比赛中下得最好的一盘棋。他从头到尾都很有“灵感”，下得完美无瑕。

1.d4 Nf6 2.Nf3 g6 3.c4 Bg7 4.Nc3 d5 5.c×d5 N×d5 6.e4 N×c3 7.b×c3 c5 8.Rb1

这个阶段，丁立人的白方开局体系基本上是由主变构成，即白方在中心占据空间并尽可能积极地出动子力。为了获得这样的局面，他必须具备深厚的理论知识，并了解这些开局中顶尖棋手的最新对局。在这盘棋中，他采用了格林菲尔德防御的关键变化。如今，8.Be3 和 8.Bb5+ 是更受欢迎的选择。

8...0-0 9.Be2 Nc6

倪华选择了一路有趣的分支变化，这个变例在 20 世纪 90 年代由几位以色列特级大师使用过。

“毒兵”变例的主变 9...c×d4 10.c×d4 Qa5+ 11.Bd2 Q×a2 12.0–0 是被棋手分析最深入的变化之一，有时会在 30 回合之后转入“标准局面”残局。

10.d5 Ne5

很早以前就有人指出，如果贪吃兵 10...B×c3+ 11.Bd2 B×d2+ 12.Q×d2 Na5，在 13.h4 Bg4 14.h5! 之后黑方不利。

11.N×e5 B×e5

让白方如此轻松地推进 d4–d5，背后的想法是降低其中心兵形的灵活性。黑方计划用 ...e7–e6、...f7–f5 或 ...b7–b5 破坏白方的中心，然后再化解白方的空间优势。这就是“超现代”防御的目的所在。

丁立人应以相对罕见的：

12.Rb3!?

一个值得注意的变化。主变是：12.Qd2 e6 13.f4 Bc7! 14.0–0 e×d5 15.e×d5 Ba5，将导致局面复杂化，是双方互有机会的局面。

12...Qd6

倪华可能不熟悉丁立人的选择。虽然这步棋在这种结构中相当常见，但在这里却不是最优着法，因为这样走未能利用车在 b3 格的缺点。相反，黑方应该准备在合适的时机走 ...c5–c4，比如尝试直接弃兵 12...c4!? 13.B×c4 Qc7 ∞ 或 12...Qc7。

13.Qd2

很自然，白方坚持挺兵 f2–f4。倪华又走出一步不精确的应着。

13...e6?!

这步棋将被证明是开局中浪费时间的关键一步。预防性着法 13...Bg7! 本来是正确的，在 14.c4 时，应以 14...f5! 15.e×f5 R×f5 16.0–0。中心的 c4 和 d5 结构可给白方带来稳定的优势，虽然优势很小。

重要的是，对于 14.f4 现在可以用 14...e5 来应对，比实战对局中整整多了一先。如果丁立人的兵仍然在 c3，那么他弃兵就不会有同样的效果。

14.f4 Bg7 15.c4

白方在格林菲尔德交换变例中取得了梦寐以求的局面。白方强大的兵中心得到了充分的支持，不容易被破坏。倪华明白难以直接作战，于是继续封锁：

15...e5

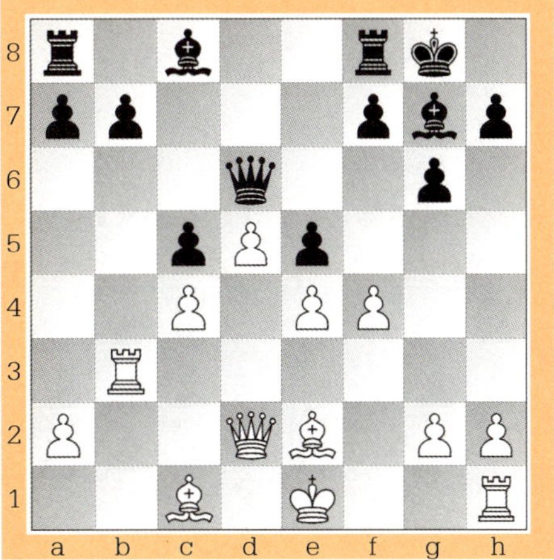

其他变化：

1）15...e×d5?! 将遭到 16.e5! Qd8 17.c×d5，白方在战略上取得胜利；

2）15...Bd4!? 是一个有趣的选择，利用白方的最后一步冲兵，试图搅乱局势。然而，在 16.e5 Qd8 17.d6 f6 之后，白方通过中心兵的推进拥有了强大的主动权：18.h4! f×e5 19.f×e5 B×e5 20.h5 Q×d6 21.Q×d6 B×d6 22.h×g6 h×g6 23.Rh6。尽管多两兵并且兑掉了后，但黑王仍处于危险之中。

16.f5!

绝妙的一步棋。丁立人弃掉一兵，保持主动权。

1）他如果走 16.Bb2 效果会差很多，因为黑方可以用 16...e×f4 17.B×g7 K×g7 18.0–0 b6 19.Q×f4 Q×f4 20.R×f4 f6 来巩固局面。尽管 21.a4 之后白方残局占优，但论棋局胜负尚早。

2）不假思索地走 16.0–0?!，黑方可以 16...f5 17.e×f5 R×f5⇄，将解决所有问题。

16...g×f5

黑方别无选择，只能接受弃兵，否则会被困死。

17.e×f5 B×f5 18.0-0 Bg6 19.h4!

丁立人继续追求更高的目标。他没有吃掉 b7 格的兵，这似乎是 16.f5 背后的计划，把重点放在黑方脆弱的王翼上。请注意 b3 车随时准备通过第 3 横线加入进攻。

19.R×b7?! 会脱离主要目标。黑方将会走 19...e4 20.Bb2 B×b2 21.Q×b2 Rab8，扳平局势。

19...h5

丁立人的对手可能已经感到不好下了。这步棋延缓了 h 兵的推进，但是没有解决黑方的问题。不过，其他走法也不行：

1）黑方没有时间走 19...b6 保兵，因为 20.h5 Be4 21.Rg3 Kh8 22.R×g7! K×g7 23.Qg5+ Kh8 24.Rf6，白方攻击获胜；

2）主动 19...f5 也不是解决办法，因为白方可以在吃掉 b 兵之前破坏黑方的子力协调状态：20.h5 Be8 21.h6 Bh8 22.R×b7+−；

3）19...h6，黑方可以把象留在 b1–h7 斜线上，而且不会太削弱王城。然而，在 20.h5 Bh7 21.R×b7 之后，白方仍然处于主导地位，因为黑方难以兼顾多重弱点。

20.Qg5!

丁立人继续将火力集中在黑方的弱点。他再次放弃 20.R×b7 吃 b 线兵的走法，因为在 20...e4 21.Qg5 Qa6! 之后，会给黑方带来一些反击。

20...e4 21.B×h5

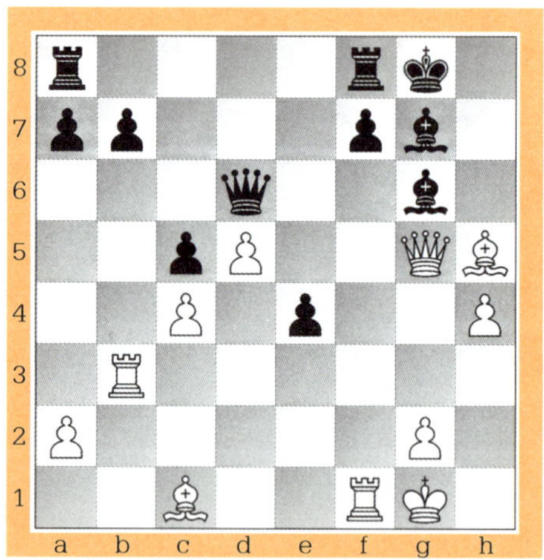

丁立人恢复了子力平衡。倪华的主要问题是无法阻止白方继续进攻。

21...Rae8

若黑方试图走 21...B×h5 22.Q×h5 Qg6 兑后，白方将用 23.Rf5! 遏制黑方所有的反击可能。

22.Be2 Qe7

22...Re5 也无济于事，因为 23.Qg3 Qe7 24.Bb2+−。

23.h5 Bh7 24.Rg3!

丁立人把车调到 g 线，在兑后之后继续保持进攻节奏。

24...Q×g5 25.B×g5

残局中，黑方要担心的不仅仅是 d 线的有根通路兵。王城虚弱加上子力被动让他雪上加霜，倪华尽力活跃至少一个棋子：

25...Bd4+

在 25...Kh8 的情况下，除了其他的应法以外，白方还可以使用与实战类似的着法：26.Rf6!!，在黑格上将杀黑方。如 26...Re5 27.Bh4 Rf5 28.R×g7! K×g7 29.h6+ Kg8 30.g4 R×f6 31.B×f6，黑方无法阻止 d 兵前进。

26.Kh2 Be5

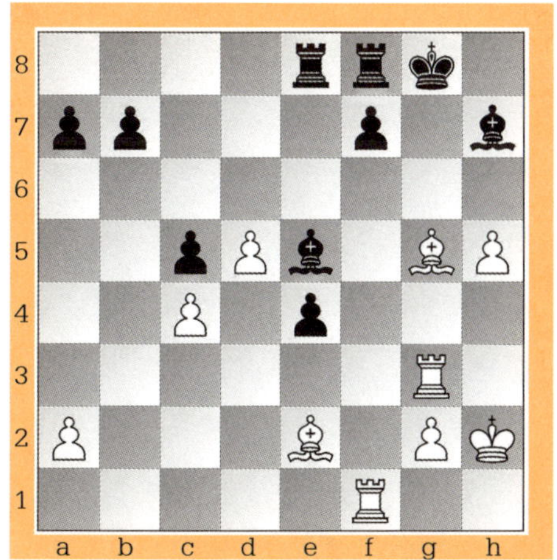

很多人在这里都会立刻走 27.Bf4+，并没有错。从长远看，白方仍然是胜势的残局。然而，丁立人通过再次弃半子展现了他的“超越子力”弈法：

27.Bf6+! B×g3+ 28.K×g3

位于 f6 格的象绝对是个怪物，它控制着所有重要的格子，将黑王牢牢困在杀网中。

28...e3 29.Rf4 Bc2 30.Kf3!?

由于黑方没有什么反击手段，因此不必操之过急。丁立人准备推进 g 线兵。他也可以走更直接的 30.Rg4+ Kh7 31.Rg7+ Kh6 32.Kf3! Rg8 33.R×g8 R×g8 34.g4 获胜，这只是一个偏好问题。

30...Kh7 31.g4 Kg8 32.g5 a6 33.h6! Bg6

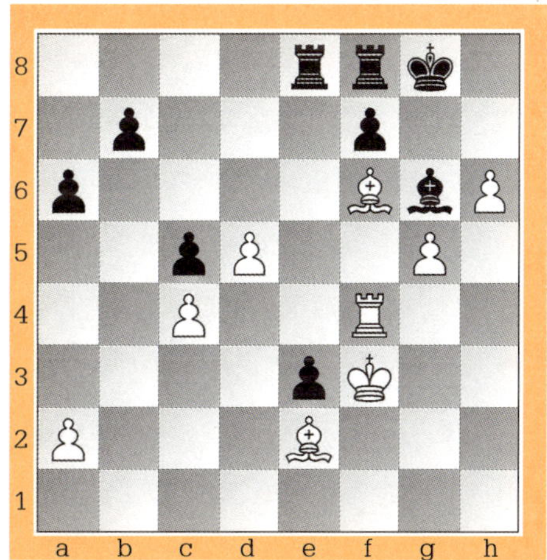

可能倪华在走这步棋时漏算了白方的着法。不过无论如何，一切都结束了。即使在 33...Bh7 34.a4 之后，黑方陷入重围，认输也只是时间问题。

34.h7+!

决定性的弃兵。

34...B×h7 35.Rh4

黑方无法防守 Bd3 之后在 h7 或 h8 的将杀，所以选择认输。这是少年丁立人的杰作！

在第 7 轮击败侯逸凡之后，丁立人在还剩 4 轮的情况下得到令人印象深刻的 5.5 分。在如此激烈的比赛中，这样的成绩通常足以获得第一名，或至少是并列第一名。然而，作为赛前的热门选手之一，王皓却以 7 战 6.5 分的成绩一骑绝尘！到第 10 轮，两人交手时，王皓已经领先第二名丁立人 1.5 分。王皓夺冠似乎已成定局，但丁立人却并未放弃。

第 22 局

丁立人（2458）— 王皓（2696）

中国个人锦标赛第 10 轮，江苏兴化，2009 年

斯拉夫防御

在此轮之前，丁立人就已经获得了最后一个特级大师序分，这使得他可以毫无压力地下棋。对王皓来说，在这次比赛中取得了 9 轮积 8 分的惊人成绩，一定也非常自信，然而，这盘棋他一开始就下得很不顺利。

1.d4 Nf6 2.Nf3 e6 3.c4 d5 4.Nc3 c6 5.e3 a6

这个半斯拉夫防御的变例曾在 2012 年世界冠军赛中大放异彩，阿南德在执黑时，有 3 盘用它化解了格尔凡德的白棋进攻。

6.c5

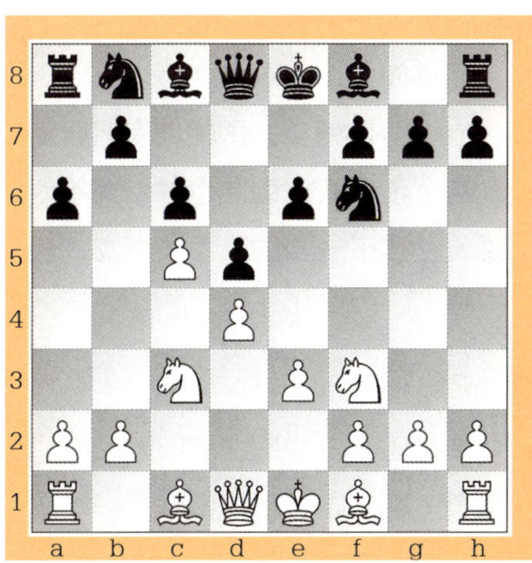

丁立人下了一步相对罕见但相当合理和雄心勃勃的棋。由于黑方已经削弱了对 b6 格的控制，因此用这步棋占据更多空间是合理的。这步棋的缺点是缺乏中心灵活性，这就要求白方时刻准备好应对对手的 ...e5 和 ...b6 冲兵突破。

主变是 6.b3 Bb4 7.Bd2 0–0 8.Bd3 Nbd7 9.0–0 Bd6，体现了反米兰变例的思想。

6.Qc2 是另一个流行的选择，正如阿南德在上述对局中证明的那样，黑方 6...c5! 有很好的机会获得均势。

6...Nbd7

王皓选择了缓慢的续着，保持着选择的可能性。主变也可能是更可靠的变化：6...b6 7.c×b6 Q×b6。白方可以走 8.Na4 Qc7 9.Bd2 a5 10.Rc1 Bd6 11.Bd3 控制 c5 格，但是黑方的关键想法是 11...Ba6 兑换白格象，而不一定冲兵 c5。在 12.Qe2 0–0 13.0–0 B×d3 14.Q×d3 Nbd7 15.Rc2 之后，白方获得了微弱的优势，但黑方局势也非常稳固（格尔凡德—安德烈金，塔什干，2014 年）。

7.b4

丁立人稳住后翼并准备上象到 b2 格。有趣的是，格尔凡德在 2012 年世界冠军赛中唯一一盘胜局中的续着是 7.Qc2 b6 8.c×b6 N×b6 9.Bd2 c5 10.Rc1 c×d4 11.e×d4 Bd6 12.Bg5 0–0 13.Bd3 h6=。

7...g6

在第五章（第 30 局），我们将看到另一盘精彩的对局中，丁立人选用这一路变化，后续着法是 7...b6 8.Bb2 a5 9.a3 Be7 10.Bd3 0–0 11.0–0 Ba6（丁立人—阿罗尼扬，2013 年）。

8.Bd3?!

这步棋下得有点早。考虑到黑方会会冲兵 ...e5，走 8.Bb2 Bg7 9.Na4 会更准确。白方可以稍后再决定他的白格象出到哪里。

8...Bg7?!

王皓继续缓慢布阵，错失了中心突破获得主动权的机会：8...e5! 9.d×e5 Ng4 10.e6 f×e6 11.Bb2 Bg7 12.0–0 0–0 ∞，与实战对局类似，但黑方不会在黑格吃亏。

9.0-0 0-0 10.Na4 Re8

这不是一步让人兴奋的棋。黑方通常更喜欢在不用精心准备的情况下走 10...e5，但这里的问题是他在 11.N×e5! N×e5 12.d×e5 Ng4 13.f4 f6 14.Be2! 之后并没有得到一个好局面。

11.Bb2 e5?!

王皓认为必须要推进 e 线兵，这是对的，黑方确实没有其他更好的选择。然而，正是这步棋给他带来了麻烦。

黑方如果改走 11...Ng4! 12.h3 e5! 13.h×g4 e4 弃兵，可能会有更好的反击机会，不过黑方局面仍然稍差。

12.d×e5 Ng4 13.e6!

丁立人运用过渡性着法破坏对手的兵形结构。

13...f×e6 14.B×g7 K×g7 15.e4±

丁立人的开局非常成功。他的子力协调性更好，兵形更优越，王也更安全。尽管如此，面对一个等级分比自己高 200 多分的对手，即使拥有明显的局面优势，丁立人想取胜也并不简单。老实说，王皓下一步的失误让丁立人轻松了不少。

15...Rf8?

车调到 f 线的想法原则上并没有错，但如果王皓先走 15...a5 活跃另一个车，效果会更好。这样，在 16.a3 a×b4

17.a×b4 Rf8 之后，黑方会有一个更好的局面。下面的变化中，我们会看到打开 a 线对黑方非常有利：18.h3 Nge5 19.N×e5 N×e5 20.f4 N×d3 21.Q×d3 e5!⇄，此时围绕 a4 马，白方有一些战术问题。

16.h3 Ngf6

黑方走 16...Nge5 17.N×e5 N×e5 18.f4 也不好，因为需要被动撤退 18...Nd7，来防止令人不快的 Na4–b4。

17.Re1 Nh5 18.Bf1!

丁立人强劲而有目的性的局面弈法。他意识到象在 d3 格碍手碍脚，于是退到 f1 格，以 19.g3 应对 18...Nf4。

18...Qf6

白方的关键时刻。虽然白方拥有很大的局面优势，但黑方的局势相对稳固，白方需要一个好计划来打开局面。丁立人决定打开中心：

19.e×d5!?

这步棋是丁立人解决问题的典型方法。他找出了黑方局面中的弱点——e7 格，并直接利用它。

丁立人还有很好的备选方案：

1）19.Rb1!? Nf4 20.Rb3，活跃车到 3 线，并保持中心紧张；

2）由于黑方子力位置被动，白方可以通过 e5 封闭中心，采取长期围困的策略。例如：19...Qe7 20.Rc1 Kg8 21.Rc3 Ng7 22.Qd2 等。

19...e×d5 20.Qd4!

这是控制 e 线上关键格的最快方法。

20...Kg8 21.Q×f6 Nd×f6 22.Nb6 Rb8

23.Re7?!

这是丁立人在这盘棋中为数不多的不精确着法之一。他急于控制黑方的次底线，给了对手巩固局面的机会。

23.Nd4 Nf4 24.Re3! 是正确的下法，可以确保黑方唯一的反击方式 24...Bf5 不起作用，因为有 25.Rf3+–。黑方可以上象 24...Bd7，不过在 25.Rae1 之后无法争夺 e 线。白方通过 Kh2、g3 等逐步改善局面，有很好的获胜机会。

23...Ng7?

王皓错失了最后的抵抗机会。他本可以用23...Nf4 24.Nd4 Bf5! 25.Rae1（或25.g4 Bd3）25...Rfe8± 来减轻一些压力，准备 ...Kf8 兑换所有的车。

24.Rae1 Ne4

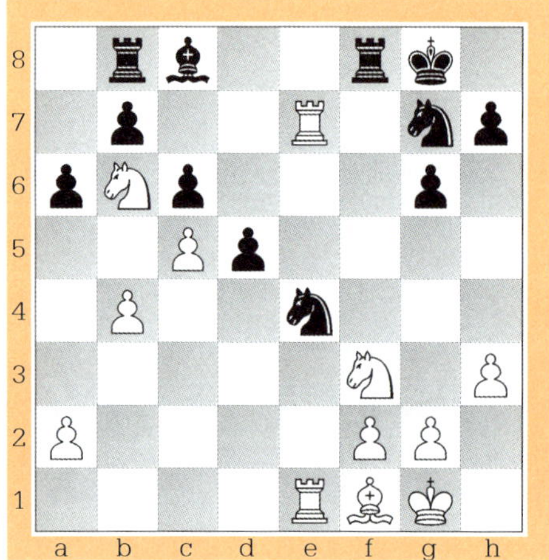

王皓打算隔断白方的双车，然后...B×h3 摆脱困境。此外，像 25.Ne5 或 25.Nd4 这样的主动着法似乎并不好，因为 f2 兵被盯住了。然而，这些威胁都没有吓倒丁立人，丁立人再次展示了“超然物外”的心态：

25.R1×e4!

这个漂亮的弃半子让白方所有的子力都活跃了。引擎还指出另一步妙着：25.Nd4!，目的是控制黑方，变化如下：

1）25...N×f2 26.N×c8 Rb×c8 27.R×b7+–.

2）25...R×f2 26.R1×e4 R×f1+ 27.K×f1 d×e4 28.g4!+–.

3）25...Nf5 26.N×f5 B×f5 27.g4 Bc8 28.Re3! N×f2 29.Bg2 d4 30.Re2+–.

25...d×e4 26.Ng5

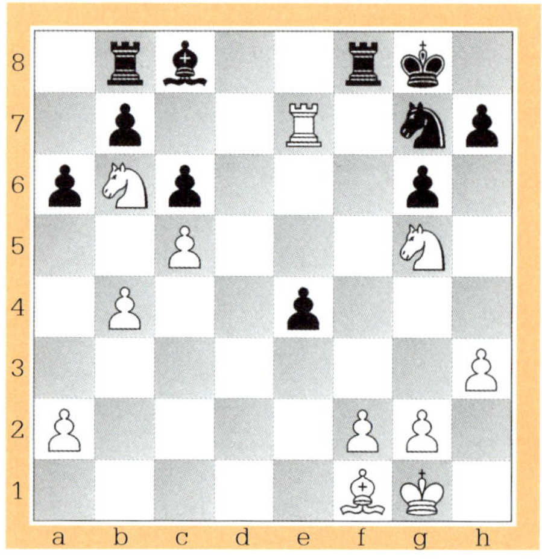

26...Rf5

王皓选择了最积极的防守着法，丁立人在弃半子之前无疑已经算到了这一步。

棋手很难通过 26...Kh8 27.Bc4 h5! 进行被动防守，尽管这样更顽强一些。在 28.Nf7+ Kh7 29.Nd6 之后，黑方可以出象 29...Bf5，由于有 27...h5，所以不必担心 g2–g4。不过，白方还是可以 30.h4!? 继续施压，完全控制局面。

27.Bc4+ Kf8 28.Rc7 R×g5 29.N×c8 Rf5

不能走 29...Nf5，因为 30.R×h7! R×c8 31.Rh8+。

30.Nd6 Rf4 31.g3 Rf3 32.N×e4

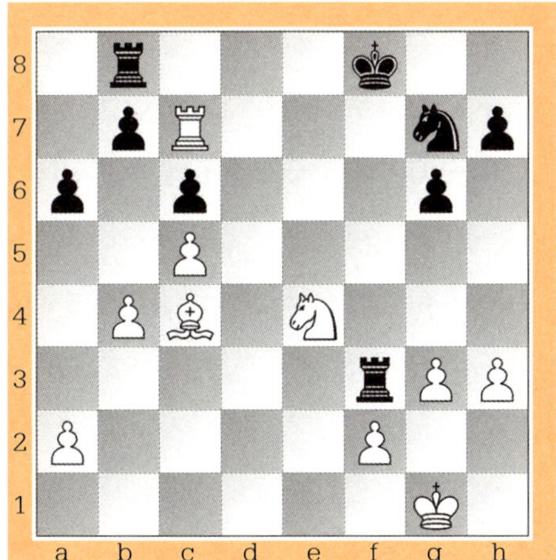

如果丁立人在 25.R1×e4 之前就算到这个局面也不足为奇，因为很多着法几乎是强制走出的。最后，他获得了一个胜势的残局。请注意，白方子力的完美配合，限制了黑方的所有行动。

32...h6 33.Kg2 Rf5 34.h4!

丁立人遵循“不要着急”的策略，这在形势一边倒的残局中非常奏效，本局就是这样。黑方几乎处于楚茨文克状态，他接下来每一步棋都是这样。

34...Rd8

王皓为了争取主动权决定放弃 b 兵。他似乎没有更好的选择：

1）34...b6 只会在 35.c×b6 R×b6 36.a3 之后造成新的弱点，这时 a6 兵和 c6 兵成为容易被捕获的猎物；

2）34...Ne8 也不会有帮助，因为有 35.Rd7。

35.R×b7 Rd4 36.Nd6

丁立人扫荡黑兵，黑方仍处于劣势。

36...Rf6 37.Rb8+ Ke7 38.Nc8+!?

一次有趣的运马。丁立人坚持要追杀黑王。

38...Kd7 39.Nb6+ Kc7 40.Ra8 Ne6 41.B×a6?!

转换阶段稍有些不精确。白方可以通过走 41.Re8! Rd2 42.Re7+! Kd8 43.R×e6 Rf×f2+ 44.Kh3 h5 45.Rd6+! 强制获胜，但是这个变化中可能会看不到像 42.Re7+! 这样的关键着法。

41...Rf8 42.Bc8 Nd8

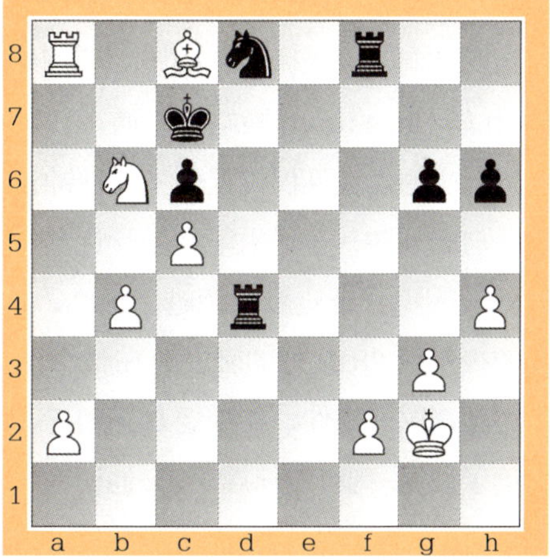

这步棋有点被动，让丁立人漂亮地入局。42...Rf6! 是更顽强的防守着法，因为白方必须找到连续几步“唯一”的制胜着法，从 43.a3! 开始（43.Ba6 Rf8!），如果走 43...Rd2，则有 44.Kh3! Rd×f2（或者 44...Rf×f2 45.Ra7+! Kd8 46.B×e6 h5 47.Rd7+ +–）45.Ba6! Rf8 46.Ra7+ Kd8 47.Rd7+ Ke8 48.Rd6，强行兑车。

43.Bd7!

优雅的一步一锤定音。黑方无法很好地防守 44.Rc8+ 和 45.B × c6+。

43...Kb7

43...R × d7 败于 44.Ra7+，而 43...Rd2 或 43...R × b4 都会遭到 44.Rc8+ Kb7 45.B × c6+ N × c6 46.R × f8。

44.Rc8!

准备走 B × c6+。王皓竭力防守：

44...R×d7 45.N×d7 Re8

但白方多出了三个兵：

46.Nb6 g5 47.h×g5 h×g5 48.a4 g4 49.Ra8 1-0

在对冲战中获胜，对丁立人来说无疑是美妙的，但王皓有半分的领先优势，且在最后一轮执白对阵“垫底者”特级大师梁充，仍有机会夺冠。然而，戏剧性的一幕发生了，幸运女神向丁立人微笑，由于对手周健超迟到，丁立人在最后一轮比赛中直接获胜。据 2009 年 Chess.com 网站的报道：“这个零迟到的国际棋联新规则在第 8 轮已经严格执行过，当时侯逸凡仅仅迟到了几秒钟，也被判负。”

与此同时，王皓未能将多兵优势转化为胜利，最后为了避免和棋甚至输掉了比赛。丁立人的积分奇迹般地超越了王皓，成为新一届中国国际象棋全国冠军！这位未满 17 岁的少年以 2812 分的表现分在整个国际象棋界引起强烈反响。就连世界顶尖棋手们也注意到了这一事件。在接受 Chess.com 网站采访时，丁立人回忆道：“那年晚些时候，我读了彼得·列科的一篇采访，他说在关注我，我的比赛激励了他。这给了我很大的信心。”

赢得全国冠军是一个了不起的成就，但是丁立人和他的家人很快就必须做出决定：他是要从事国际象棋职业，还是选择国际象棋以外的职业。2017 年“新浪体育”的一篇文章报道：“从初三开始，学习压力与日俱增，当丁立人开始与成年人比赛时，比赛的难度也增加了，所以他很难继续学业。”最终，在丁立人的母亲的坚持下，丁立人完成了高中学业，但是他已经对自己的职业选择做出了决定。“我决定在 2009 年，也就是大约在我 16 岁、17 岁读高一的时候，开始走职业道路。”他的父母同意他的想法，但还是鼓励他继续接受常规教育。丁立人的父亲解释说：“在这以前（2009 年获得全国冠军），我们一直认为他是个会下棋的学生；在这之后，我们觉得学习不能丢，但定位可能要转为学生型棋手。”

尽管丁立人的这一决定很自然，但他很快就发现，职业棋手的道路并非一帆风顺。

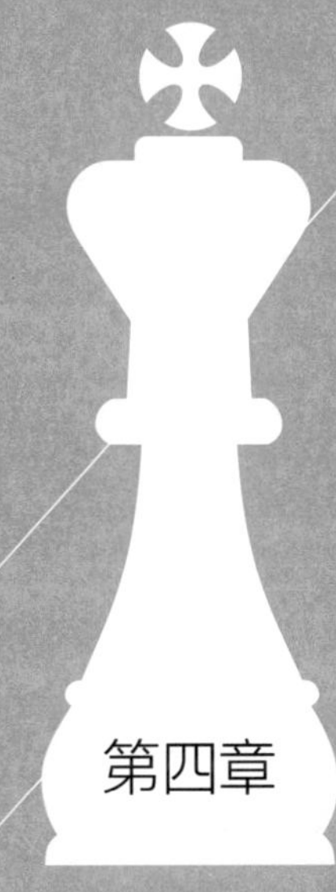

第四章

职业棋手（2010—2012）

欢迎加入“职业棋手俱乐部”

2009年10月国际棋联大会确认，丁立人成为中国第30位国际象棋特级大师。成为“职业棋手俱乐部”的一员很有成就感，但背后的压力更大。晋升特级大师，包括新成员在内的所有人都会向你表示祝贺。然而，一旦最初的喜悦消退，你会意识到那些热情的欢迎都只是一个假象。实际上，你发现自己正处在一个残酷竞争的环境当中。你孤身一人面对着数百个雄心勃勃的超强脑力战士，他们以在棋盘上打败你为荣。丁立人后来回忆：“全神贯注，全力以赴，不畏惧与任何人竞争，不止步于每一次挫折。”在中国个人锦标赛取得辉煌战绩后仅几个月，丁立人就不得不面对这个残酷的现实。

2009年8月，这位新科中国冠军代表国家参加了在索契举行的“中俄”对抗赛。当时他的等级分为2530分，对手是五位等级分远远超过2600分的俄罗斯特级大师。丁立人第一次在中国以外的地方与如此高水平的对手对弈，战绩并不理想。在25盘棋中（包括5盘慢棋、10盘快棋和10盘超快棋），丁立人只拿到了10.5分（6胜9和10负）。值得一提的是，在一对一对决中以5盘棋得4.5分战胜他的，正是若干年后世界冠军赛上的对手——涅波姆尼亚奇。

在2010年上半年，丁立人的等级分在2550分左右停滞，他需要适应经常与强大的特级大师对决的现实。再次参加的中国个人锦标赛，他的表现不尽如人意。在11轮比赛中仅积5分，排名第8，在与排名前四的棋手的对局中一分未得。中国优秀的棋手如王皓、倪华等人已经吸取了2009年时的教训，他们渴望向这位出人意料的冠军“复仇”。

在这一时期，这位年轻的特级大师就像一块璞玉，能够下出绝妙的棋，但在职业国际象棋赛场上需要更多磨炼。经验丰富的特级大师往往能够化解天才少年活力四射的弈法，将棋局引向更加沉稳、更具技术性的局面，在这些局面中，经验更重要。回顾那段岁月，在2023年接受采访时，丁立人坦言：“当我等级分到了2500分（世界排名约前700名），并决定提高自己的水平时，我意识到必须接受更艰巨的挑战，使自己更有竞争力。”

突破2600分

丁立人必须提升自己的竞技水平才能将潜力发挥出来。他学东西很快，在高中的最后一年，他加强了自己的局面型着法，提高了残局水平，知道了如何在困难的局面中战胜难缠的对手。

下面两个棋局就是典型的例子。

第 23 局

周唯奇（2585）— 丁立人（2547）

特级大师超霸战第 2 轮，儋州，2010 年

格林菲尔德防御

1.d4 Nf6 2.Nf3 g6 3.g3 Bg7 4.Bg2 0-0 5.0-0 d5 6.c4 c6 7.b3 d×c4 8.b×c4 c5 9.Bb2 Qb6 10.Qb3 Ne4 11.e3 Nc6 12.Ne5 Nd6 13.Nd2 c×d4 14.e×d4 Be6 15.Rfc1 Rfc8 16.c5 B×b3 17.c×b6 Ba4 18.b×a7 R×a7 19.Ndc4 N×c4 20.R×c4 Rd8 21.N×c6 b×c6 22.B×c6 B×c6 23.R×c6 B×d4 24.B×d4 R×d4 25.Rc3

经过大量的子力交换后，对局像是要和棋，丁立人希望利用一切可能的机会求胜，尽管机会很渺茫：

25...g5!

走出这一步，白方就不可能挺进 h4 兵，那样的话子力还得继续交换。现在黑方可以在王翼更自由地行动，虽然和棋的概率还是很大。

26.h3 h5 27.a3 f6 28.Kg2 Kf7 29.Rb3 Rda4 30.Rc3 R7a6 31.Rb3 f5 32.Rc3

周唯奇防守得有点被动，等着黑方在王翼交换兵。这本身没有什么错，但是，他应该接受 a 兵已经被吃死的事实。最好是放弃这个兵来活跃自己的子力。

如果 32.Rab1!?，则 32... R×a3 33.R×a3 R×a3，在 34.g4!? 之后形成一个 3 兵对 4 兵的车兵残局，像周唯奇这样水平的棋手不难守和。

如果 32...h4 33.g×h4 R×h4，白方会 34.Rb4! R×a3 35.R×h4 g×h4 36.Rb4= 活跃他的车，局势相当。

32...h4!

丁立人在适当的时机挺兵邀兑，试图在白方的王翼制造弱点。

33.Ra2 h×g3

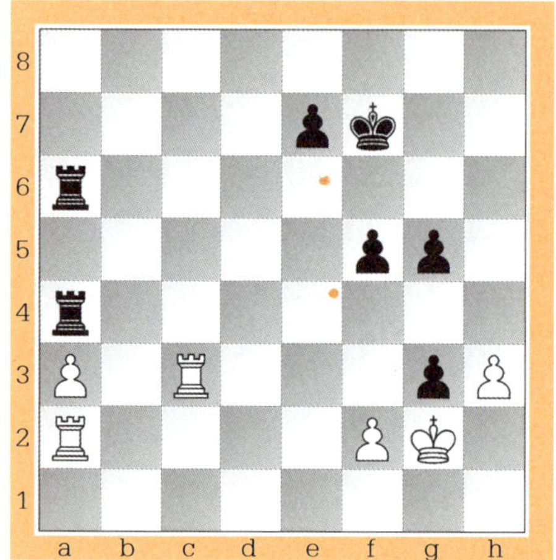

周唯奇面临一个重要的选择。是王到 g3 还是兵到 g3 呢？

34.f×g3?

这步吃兵使白方陷入了困境之中。黑方在 e 线获得了通路兵，我们不难想象，丁立人是如何在 e 线和 f 线上制造出两个相连的兵的。

这里，34.K×g3 或者 34.R×g3，白方都会更好一些，即使没有 a 线兵仍可以保持均势。

34...Kf6 35.Kf2?!

白方仍然没有察觉到危险，坚持他的等待策略。应对黑方即将进行的挺兵，把车激活是至关重要的。明智的做法是放弃 a 兵走 35.Rb3，如果 35...e5 则 36.Re2! 36...R×a3 37.Rb5 Re6 38.Rb8! e4 39.Rf8+ Kg6 40.Rg8+ Kh6 41.Rf8，白方子力较为活跃，基本能守和。

35...e5 36.Kf3 e4+ 37.Ke3 R6a5!

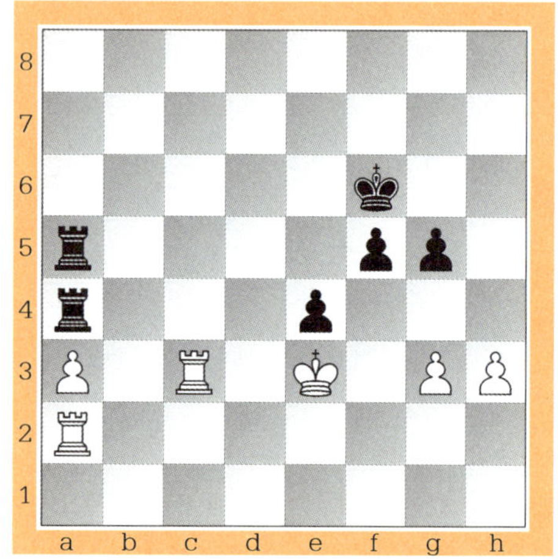

丁立人准备继续上王到 e5，然后再 ...f4。白方的局势变得严峻了。这里是周唯奇最后一次能争取和棋的机会，但他再次拒绝主动出击，这对他非常不利。

38.Kf2?

38.h4! 是正着。h 兵是白方在棋盘上唯一的王牌，应该好好利用它。如果 38...g×h4 39.g×h4 Ke5 40.h5 f4+ 41.Kf2，黑方仍然占据上风，若是白方能够用 h 兵牵制住黑方的子力，还有机会挽救对局。

38...Ke5 39.Rb3 Rd4!?

丁立人小心准备挺兵 f4，在这之前先活跃自己的车。这是残局原则之一：不要着急。

立即走 39...f4，会让对手有机会打破连兵：40.h4 g×h4 41.g×f4+! K×f4。黑方多出的兵仍可能是一个决定性的优势，但比实际对局中更容易出错。

40.Rb8

周唯奇终于转换为主动防御了，但为时已晚。

40...Rd3!

丁立人展示了高超的残局功底。车准确地卡位，既盯准两翼的白兵又给黑王腾出空间。他显然是算到诱人的 40...f4? 41.g×f4+ g×f4 是不可行的，因为 42.Re8+ Kd5 43.Rf8，两个相连的兵无法得到保护。43...e3+ 44.Kf3 之后白方阻挡黑兵，和棋似乎不可避免。

41.a4

其他走法对白方来说也是徒劳的：

1）41.Re8+ Kd4 42.Rd8+，黑方可以阻挡将军 42...Rd5!（如果 42...Kc3?! 可能无法取胜：43.Rc8+ Kb3 44.Re2，准备用 45.g4 破坏 e 线兵）43.R×d5+ K×d5 44.a4，通路兵在车的保护下格外有威力，但是黑方速度更快：44...f4 45.g×f4 g×f4 46.a5 Rg3!，已经防不住 ...e3+ 再 ...Rg2+ 等。

2）41.Rg8，可以被 41...Kf6 42.Rf8+ Kg7 化解。如果 43.Re8，黑方可以顺势冲兵，43...Kf7! 44.Rb8 f4。

41...f4 42.Re8+ Kd4 43.g×f4 g×f4 44.Rd8+

44...Kc4

这步棋并没有错，但 44...Rd5! 更干脆利落，前面 41.Re8+ 的变化中已分析过。

45.Rc8+ Kb3 46.Rcc2?!

周唯奇最后一次尝试挽救棋局，并不是最艰难的一次。他想在次底线上将军制造麻烦，但是丁立人不会让他得逞。

46.Re2!? 更具挑战性。丁立人必须得找到一连串的“唯一着法”才能赢得比赛：46...Re5!（46...R×a4? 是坏棋，因为 47.Rb8+ Ka3 48.Rf8!，黑兵失去保护，白方可以轻松吃掉或封锁）47.h4 Rh3! 48.Rb8+ Kc4!（王不得不跑回去躲避将军）49.Rc8+ Kd5 50.Rd8+ Kc6! 51.Rc2+ Kb7 52.Rd7+ Kb6! 53.Rd6+ Ka5，黑王终于摆脱将军了，余下的就很容易了。

46...Rg5!

这不是唯一的制胜着法，却是最优雅的着法！丁立人顺水推舟把 a5 让出来给王，并准备在王翼大开杀戒。

47.Rab2+ Ka3 48.Ra2+ Kb4 49.a5

白方也可能想走 49.Rab2+，但是 49... a5! 就逃脱了，白方没法再将军了，黑方多兵胜定。

49...K×a4?，丁立人是不会掉入陷阱的：50.Rc4+! Ka3 51.Rbb4!=，白方的双车完美配合，骚扰黑方的王和兵。

49...Rf3+ 50.Ke1 Rg1+ 51.Ke2 Re3+!

一步漂亮的过渡着法，迫使白王进入一个更差的位置。

52.Kd2

黑方能够执行一系列必胜的强制着法。这时 52.Kf2 是不起作用的，黑方已经布下了天罗地网：52...Reg3!，如果白方强行实施长将，53.Rab2+ Ka4 54.Ra2+（54.Rc4+ K×a5 55.R×e4，串击丢车 55...R1g2+），黑方可以使用类似“藏猫猫”的着法：54...Kb5 55.Rab2+ Ka6!。

52...Rd3+ 53.Ke2 f3+ 54.Kf2 Rg2+ 55.Ke1 R×c2 56.R×c2 e3

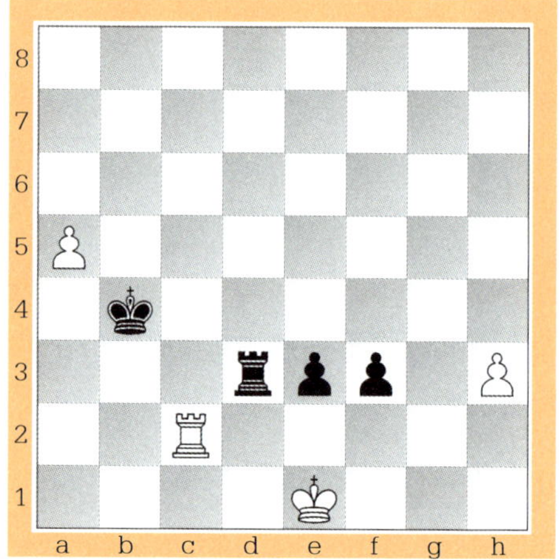

如果说两个连兵在 4 线白方还可以勉强抵抗，那么到了 3 线白方就基本没机会了。丁立人看上去不用王就能获得最后的胜利。

57.Rc1 Rd2 58.Rb1+ K×a5 59.Kf1 Rf2+ 60.Kg1 Rg2+ 61.Kh1 Rg8!

由于白王被隔断，黑兵势不可挡，白方认负。

第 24 局

丁立人（2565）— 赵骏（2575）

中国甲级联赛第 11 轮，广州，2010 年

王翼印度防御

1.d4 Nf6 2.Nf3 g6 3.c4 Bg7 4.Nc3 0-0 5.e4 d6 6.Be2 e5 7.0-0 Na6 8.Be3 c6 9.d5 Ng4 10.Bg5 f6 11.Bh4 c5 12.a3 Qe7 13.Ne1 h5 14.Nc2 Nh6 15.f3 Bd7 16.b4 b6 17.Rb1 Nf7 18.b×c5 N×c5 19.Nb4 Rfc8 20.Bf2 Bh6 21.Nb5 Nd8

目前，已经进入了一个紧张的王翼印度防御中局。

中心的封锁迫使双方在侧翼寻找机会。从当前形势看来，黑方在后翼很稳固，控制着易受攻击的格子，如 c5、a6 和 c6，计划在王翼 ...f5 突破寻求机会。白方可以尝试 a2–a4–a5 把兵推进反击，但丁立人却走出了另一个更新颖的局面着法：

22.B×c5!

通常情况下，在类似的局面中，白方会小心翼翼地保留黑格象避免交换，控制黑方在黑格上的自由活动。然而，丁立人意识到如果想在后翼突破，这是他必须付出的代价。c5 的马太强了，必须兑换掉。

22...b×c5

最干脆直接的走法，尽管根据黑方的局面来看，22...R×c5?! 是个不错的备选方案。如果 23.Na6 则 23...Nb7!，可以得到合理的补偿（23...Rcc8 无济于事，有 24.Nbc7），24.N×c5 N×c5 仍然封锁住中心黑格。白方在 25.Bd3 后仍然有很好的机会，但是中心封闭使得他较难加强局面。

23.Na6!

绝妙的局面构想！丁立人认为，只要他的两个马让黑方的后翼瘫痪，就不需要担心黑格的问题。

23...Be8

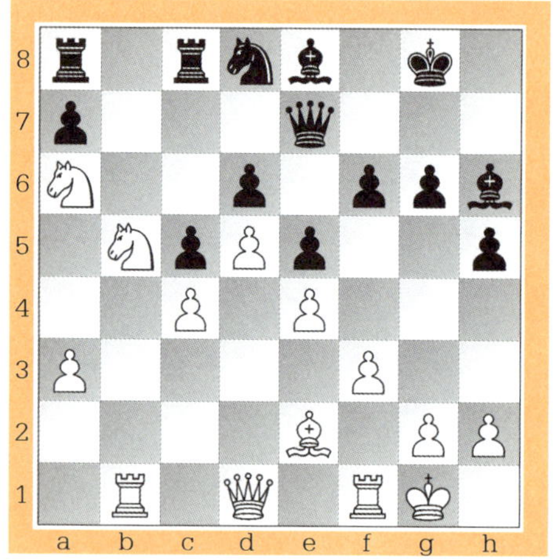

赵骏保持着局面紧张状态。如果交换子力 23...B×b5 24.R×b5 缓解压力，后续会 24...Be3+ 25.Kh1 Qg7 26.Qd3 Qh6，他仍然会牢牢控制黑格，但是，由于他的车被困在 a8 和 c8，这并没有什么意义。白方可以活动象 27.Bd1! h4 28.Ba4（与对局中类似），黑方的局势变得不明朗。

24.Qe1!?

一步经过深思熟虑的着法。丁立人把后放在黑格来改善位置，他也考虑到了黑方的 ...f5 突破。

24...Bf8

黑方继续运子，因为他知道自己还没有做好挺兵突破的准备。但是，我们不禁要问：即使将来在王翼挺进了兵，他的车又将在哪里支持进攻呢？他的棋子把底线都挤满了。

24...f5?，会遭到 25.e×f5! g×f5 26.Bd3 反击，现在我们看到后在 e1 的作用了，既阻止黑方 e 线兵突破又在王翼保护了黑格。特别在 26...Bg6 27.g4!→ 之后显得尤为重要，因为黑方无法用 ...Qh4、...Bf4 等发动进攻。

25.Qa5!

丁立人通过这一巧妙的过渡，获得先手以改善后的位置。

25...Nb7

基本上是被迫阻止 26.Nbc7。

26.Qc3 Nd8 27.Rb3

这个结构中，在开放的 b 线上叠车是标准的下法。

27...Bh6 28.Rfb1 f5

黑方终于可以通过这一主题性突破稍微打开一下局面。与第 24 步相比，关键的区别在于大多数白方棋子现在都在后翼，因此用 29.e×f5 打开中心不再那么具有吸引力。丁立人继续控制中心，专注于他的后翼进攻。

29.Qc2 f4?

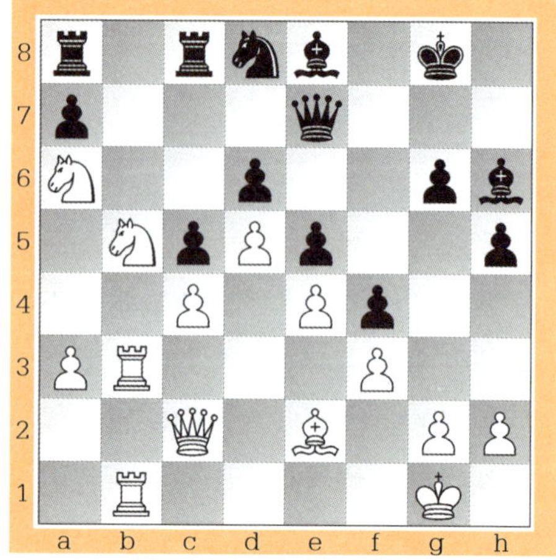

这步冲兵是严重的坏棋。黑方将无法调动子力开展王翼进攻，因为他的棋

子被封住了。

29...B×b5 是必须要走的着法。白方只能用兵吃回，用车吃的话 30.R×b5 30...Be3+! 31.Kh1 f4，白王困在 h1 会很棘手；如果 30.c×b5 f×e4! 31.Q×e4，白方仍然局面良好，有明确的进攻计划（挺后翼的兵来制造通路兵），但在这种不平衡的局面中，黑方会比实战中获得更多的反击机会。

30.R3b2!

精彩的运子！在黑方彻底封闭中心后，白车不再需要停留在 3 线上。移动一格是为其他棋子腾出 d1–a4 斜线。很快我们将看到这步为何至关重要。

30...Bf8

这步棋看起来并不令人振奋。然而，即使是更积极的 30...Bg5 也收效甚微。白方可以实施对局中的计划：31.Bd1! Bh4 32.Qd2 Nf7 33.Kf1!。

31.Qd2 g5 32.h3

丁立人确信他的对手无法通过 ...g4 来突破。在第 2 局梅吉塔尔扬和丁立人的棋局中，我们看到了如果白方允许这种突破会发生什么情况。

32...Nb7

黑方倒是希望能 32...Bd7，再冲 ...g4，但是白方会走 33.Nbc7。

33.Qe1 Nd8

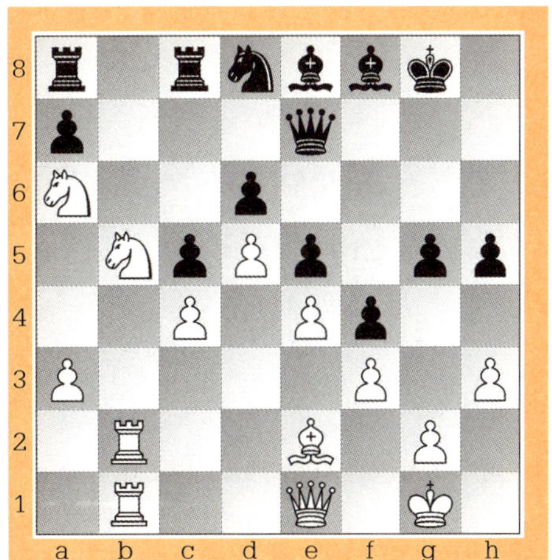

黑方被困住。丁立人明白这是实施制胜运子的最佳时机：

34.Bd1!

下一步要把象运到 a4，目的是交换掉黑方的白格象。

34...Bg6 35.Kf1!

在此之前，他要确保王的安全。白王在 d3 格是安全的。

35...Be8 36.Nc3

黑方认输了！这可能看起来为时过早，但黑方确实已经是战略溃败了。白方可以随心所欲运子进攻，而黑方却无力抵抗。也许赵骏对自己的局面感到失望，无法继续承受这种痛苦。比如接下来：36...Bg7 37.Ke2!? Bf6 38.Kd3 Bg7 39.Ba4!。

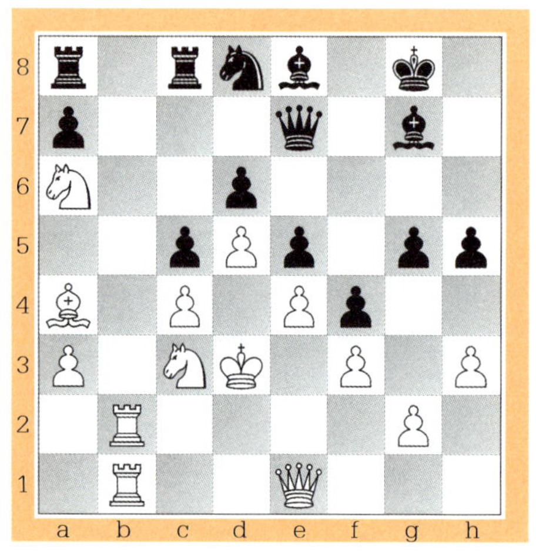

分析图

39...Bg6（39...B×a4 40.N×a4 更加没有希望，白方会有Nc3、a3-a4-a5、Nb8和a5-a6）40.Bc6! N×c6 41.d×c6 R×c6 42.Nd5 Qf7 43.Qa5，随后通过7线进行决定性渗透。

这个时期，丁立人战绩优秀，2010年11月刚满18岁的他，等级分就突破了2600分大关。接下来，他参加了2011年2月在莫斯科举行的俄航杯公开赛，这是当时世界上最著名的公开赛之一。除了他早期参加的世界青少年国际象棋锦标赛，这是他第一次参加亚洲以外的重要国际象棋赛事。包括年仅16岁的余泱漪在内的许多棋手都有更出色的表现，丁立人9轮5.5分的稳健表现和2694分的表现分可能没有引起太多关注。但在第6轮战胜头号种子选手加塔·卡姆斯基的精彩棋局让人眼前一亮。

第 25 局

加塔·卡姆斯基（2730）— 丁立人（2628）

俄航杯公开赛第 6 轮，莫斯科，2011 年

法兰西防御

有趣的是，这盘棋发生在丁立人战胜梅吉塔尔扬（见第 2 局）的第二天。当时，他的对手加塔·卡姆斯基世界排名前 20 位，那也是卡姆斯基职业生涯中最闪亮的时期之一。卡姆斯基是 2007 年世界杯赛冠军、2010 年世锦赛循环赛决赛选手和 2010 年快棋世界冠军，并在 2011 年世界冠军候选人赛中闯入半决赛。因此，丁立人对卡姆斯基的胜利给人留下深刻印象。

1.e4 e6 2.d4 d5 3.Nc3 Nf6

丁立人在他职业生涯的早期，应对法兰西防御使用的是古典变化。白方在这里可以下 4.Bg5 和 4.e5。卡姆斯基选择了更有攻击性的一步：

4.e5

增加白方在中心的空间优势。

4...Nfd7 5.f4 c5 6.Nf3 Nc6

到目前为止，双方下的都是谱着，但是卡姆斯基接下来选择了偏离主变 7.Be3 的变化：

7.Ne2!?

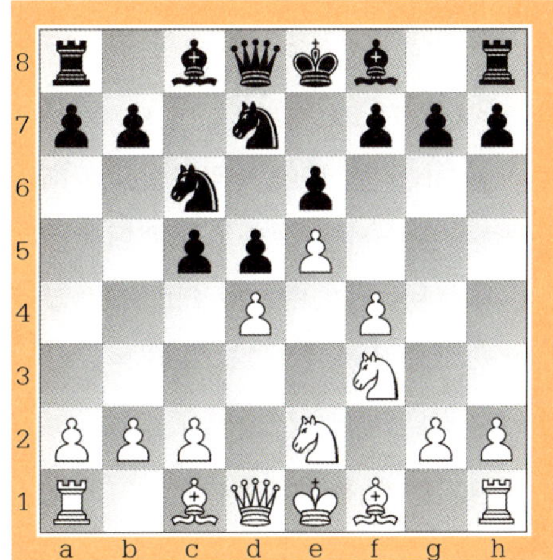

雄心勃勃的一步棋。白方想接下来通过 c2–c3 来巩固中心兵链，然后逐渐挤压对手，使其子力缺乏可以活动的空间。这步棋的缺点是减缓了白方王翼的出子速度，挡住了王翼的象，以前研究过并下过类似局面的丁立人意识到他必须快刀斩乱麻，赶在对手实施局面控制计划之前快速出手。

7...Be7

合理着法之一。丁立人想先完成王翼出子，其他主要的可选方案有：

1）7...Qb6 8.c3 f6.

2）7...b5 8.c3 b4.

8.c3 0-0 9.Be3

这步棋在这个局面中并不是最常见的，但也是一步合理的着法。卡姆斯基“超保护”关键的 d4 兵，准备 Qd2 保护 b2 弱兵。

更流行的走法是 9.g3，意在王翼快速出子；或者 9.a3，准备 b2–b4，在后翼扩张。

9...f6

必要的兵的突破。黑方需要利用自己出子领先的优势来破坏白方中心。

10.g3 Qb6 11.Qd2

11.Qb3!? 是特级大师伊戈尔・斯托尔推荐的另一个合理着法。把后兑换掉对白方有利，因为白方棋子的位置较好。黑方为避免交换会走 11...Qa6! ∞，然后 b7–b5 等。

11...f×e5 12.d×e5

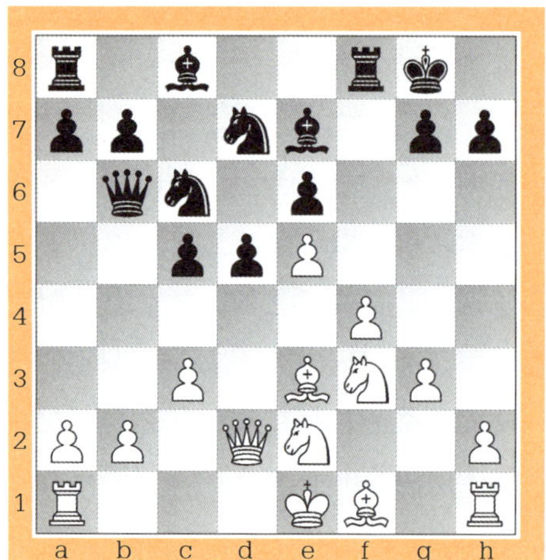

兵形结构的转变有助于减弱白方对中心的控制。尽管如此，如果黑方没有组织起积极的反击，卡姆斯基仍然可以保持局面上的优势。丁立人在 d 线上发现了一个机会：

12...Rd8!

下一步 d4 突破顺理成章。

13.Bh3

卡姆斯基终于先手出动了他的象。客观上讲，更好的走法是走预防性的 13.Bf2 d4 14.Bg2。

13...d4!

丁立人不顾威胁勇往直前。两个黑兵被叫吃，但对白方来说，由于出子明显落后，吃掉其中一个（或两个）兵都很冒险。

一般的棋手可能会被 14.B×e6+ 吓到，会走 13...Nf8?! 这种被动的走法，让白方可以通过 14.0–0 完成出子，并享有空间优势。黑方现在不能 14...d4，因为在 15.c×d4 c×d4 16.Ne×d4 Bc5 17.Rad1 之后，无法获得对兵的补偿。

卡姆斯基应对正确，避开了中心冲突。

14.Bf2

1）14.B×e6+? 白方会丢子：14...Kh8 15.c×d4 （15.Bf2 Nd×e5! 16.N×e5 B×e6–+）15...c×d4 16.Nf×d4 N×d4 17.B×d4（17.N×d4 Bb4，白方会丢后）17...Q×e6。

2）14.c×d4 c×d4 15.Nf×d4，会遭受战术反击：15...Nd×e5! 16.f×e5 N×d4 17.B×d4 Bb4，白方不得不接受18.B×b6 B×d2+ 19.Kf2 a×b6 之后稍差的残局。

14...d3!?

丁立人信心满满。这步棋优劣参半。一方面d线通路兵会是一个长久的威胁。另一方面，此兵需要多加保护，一旦失去意味着对局结束。冲兵无疑是高风险且高回报的策略。

14...d×c3 更合理些。15.Q×c3 Nf8 后双方达到动态平衡状态。黑方下一步 ...Qa6、...b6、...Bb7 完成出子应该没有什么问题，活跃的子力弥补了较差的兵形结构。

15.Nc1 Nf8?!

丁立人同时保护了他的两个被叫吃的兵。虽然这让对手获得了一些优势，但在复杂的局面中，像这样的不准确走法是不可避免的。

最好的着法是 15...Qa6!，黑方继续在侧翼走棋，两个兵都给对方吃。白方无论吃掉哪一个兵，在战术上都是错误的：

1）16.Q×d3，会遇到 16...Nd×e5! 17.Q×a6 N×f3+ 18.Ke2 b×a6 19.K×f3 Rd2?;

2）16.B×e6+? Kh8 17.Q×d3 是更糟糕的着法，因为在 17...Nc×e5 之后，黑方在残局获得了压倒性的主动权！18.Q×a6 N×f3+ 19.Ke2 b×a6 20.Bd5 Rb8 21.B×f3 R×b2+;

3）16.0–0 c4! 17.Nb3! 是最佳的应对，局势会变得非常复杂。

16.b3?!

卡姆斯基想隔离 d3 兵，但错过了好的机会，因为这么走太慢了。

白方本可以通过更积极的走法 16.b4!，获得相当大的优势，旨在通过交换对方的 c 兵来切断对 d3 兵的支持。在 16...Qb5 17.b×c5 B×c5 18.B×c5 Q×c5 19.Nb3 之后，黑方会发现更难支持 d3 兵，因为白方随时可以走 Nb(f)d4。此外，d6 格可能成为白马的桥头堡，黑方已经没有黑格象了。

如果黑方 17...b6!? 为了出子而弃兵，实战中可能会有更好的机会，尽管在 18.c×b6 a×b6 19.0–0 Bb7 20.Bg2 之后，白方仍然会占上风。

16...Qa6 17.a4 b5 18.0-0 Bb7

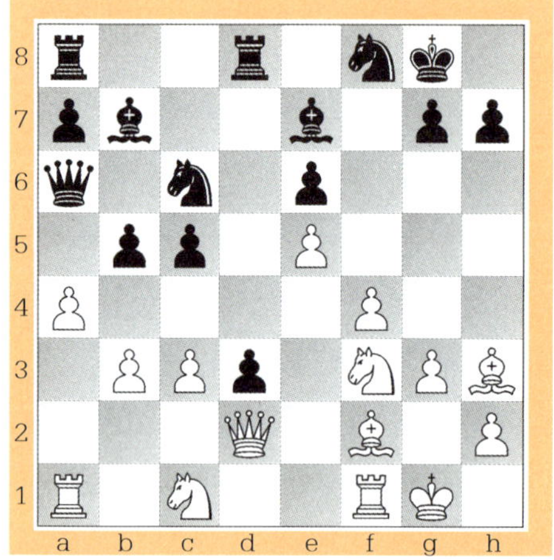

虽然卡姆斯基遏制黑方后翼兵的策略有些效果（见 18...c4?），但丁立人对开局结果还是满意的。丁立人在中心实施了动态的反击，没有让强大的对手对他进行局面挤压。

直接 18...c4? 不起作用，19.a×b5! Q×a1 20.b×c6。白方在接下来 Nd4 之后会得到一个绝妙的局面。然而，19...c4 是一个巨大的威胁，黑方走出了 ...Bb7 之后，c6 马现在已经有保护了。

19.Ra2?

卡姆斯基一心想着防止 ...c5–c4，却低估了对方另一个兵的推进。

坦白地说，最佳着法 19.Be3! 绝非显而易见。白方略微改善了子力的协调性，尽管表面上对对方兵的突破似乎没什么用。然而，事实证明在 19...c4 之后，白方仍然可以 20.a×b5! 弃车，如果 20...Q×a1，那么有 21.b×c6 B×c6 22.Na2!，将以两车换一后的方式使双方子力接近平衡：22...Q×f1+ 23.B×f1 B×f3 24.b×c4。但要对最终的局面做出明确的评价却很困难。

19...b4!

丁立人并没有直接支援 d 兵，而是准备了一个不同的后翼计划。卡姆斯基可能在走 19.Ra2 之前就想到了，但可能低估了这步棋。

在 19...c4 20.a×b5 Q×b5 21.b×c4 Q×c4 22.Bg2? 之后，卡姆斯基肯定会满足于他的优势，因为 Ne1 或者 Nd4 都会让 d3 兵直接受到威胁。

20.c4 Na5 21.Be3

丁立人没有执着于子力平衡，他抓住机会，以令人眼花缭乱的弃子来增加棋局的“赌注”：

21...N×c4! 22.b×c4 Q×c4

黑方一马换两兵，但更重要的是，如果能走 ...c5–c4 把兵连上，它们将比白方多出的棋子更有价值。卡姆斯基的子力不协调，想要应对这一威胁很难：Ra2、Nc1 和 Bh3 看起来都笨拙而不连贯。美国冠军意识到了形势严峻，马上进行调整：

23.f5! e×f5 24.B×f5 Qd5?!

这是丁立人在这盘棋中为数不多的失误之一，因为允许对手吃掉了他的王牌 d 兵。我们很想知道他为什么不走相对简单的 24...Be4，这样可以保住 d 兵和他的局面优势。

25.B×d3

卡姆斯基的这一决定表明他在比赛的这一刻仍然想争胜，这一步风险性很大，他本可以选择 25.Q×d3 来兑后，在 25...Q×f3! 26.R×f3 R×d3 27.N×d3 B×f3 28.B×c5 B×c5+ 29.N×c5 之后，局面会大幅简化，很可能就是和棋。

25...c4 26.Bb1 Qc6

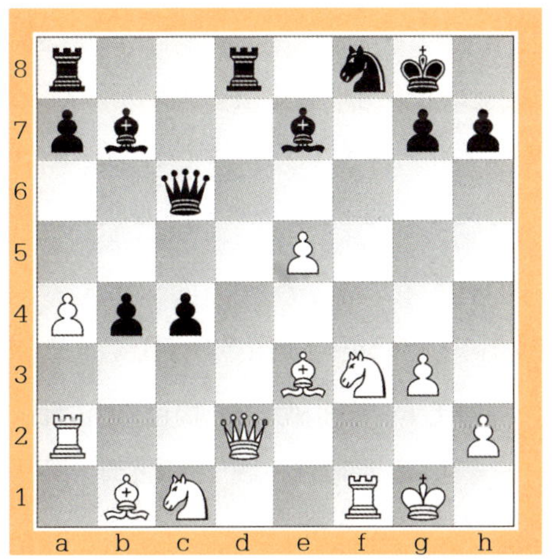

比赛进入高潮。

白方设法清除了讨厌的 d 兵，但他必须考虑黑方的通路连兵和对他脆弱的王的威胁。如果他不能恢复子力的协调状态，多出的一个子将毫无意义。在棘手的局面中，卡姆斯基犯了一个大错误:

27.Qe1?

e1 格对后来说不是个好位置。如果这样走还能保持局面动态平衡:

1）27.Qe2 Ne6（27...Ng6?! 不 好，28.Rc2!±，如果 28...N×e5 则 29.N×e5!，白方就安全了，29...Qh1+ 30.Kf2 Q×h2+ 31.Ke1+−）28.Rc2 Ba6，仍是双方互有机会；

2）不那么直观的 27.Qg2!?，可能会继续走 27...Ng6 28.Raf2 Bc5!∞。

27...Ng6 28.Raf2?

你可能还记得我们在第二章讨论丁立人的特质时提到，即使是世界上最强大的棋手有时也会在复杂激烈的局面中崩溃。与此同时，丁立人给人的印象是一直在“像机器一样”地下棋。在这里也是如此。卡姆斯基竟然白丢 e 兵，更糟糕的是，他还帮助丁立人将另一个棋子引入进攻。

考虑到白方在 h1–a8 斜线上所受的威胁，28.B×g6 以象换马似乎很荒唐，但这是最好的机会。在 28...Q×g6 29.Raf2 c3 之后，虽黑方明显更好一点，但白方可以试着把 e 兵当作“敢死队”来制造一些复杂局面，例如 30.e6!? Q×e6 31.B×a7!。

28...N×e5

白方不能吃掉这个马，因为黑方在 h1 有杀棋。卡姆斯基活跃他的没起作用的马作为回应:

29.Ne2 Rd3?!

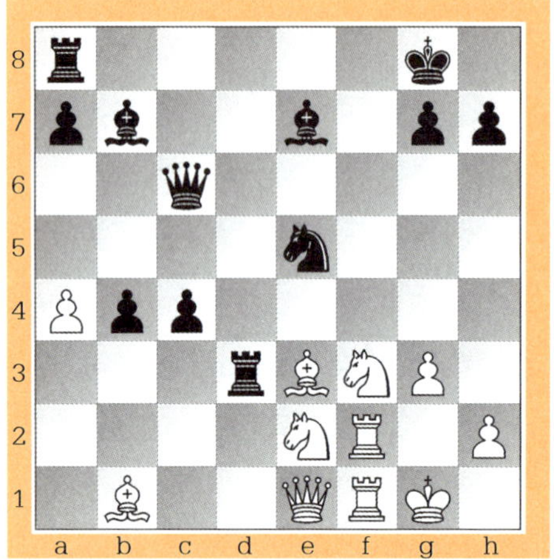

丁立人的这步棋展现了他的创造力，准备调动所有的子力进攻。然而，准确的着法应是 29...Bf6!，那样黑方会快速获胜。关键点在 30.Ned4，但会遇到“霸王车”：30...R×d4! 31.B×d4 N×f3+ 32.R×f3 B×d4+。

30.Ned4 Qd5 31.B×d3?

这步棋正是黑方所期望的。这不奇怪，如果卡姆斯基此时时间紧张，找到精确的防守着法会更加困难。

31.Nf5 Bf6 32.Q×b4 Rb3! 33.Qe1 Re8，白方无法摆脱多重牵制，黑方仍然是胜势。

卡姆斯基错失了最后一次挽救对局的机会，31.h3!! 为王腾出了 h2 格，防止 h1 闷杀。很难相信黑方在 31...Bc5 32.Kh2? 之后并没有战术上的机会，例如：32...R×e3 33.Q×e3 N×f3+ 34.Q×f3 Q×f3 35.R×f3 B×d4 36.Rf7! Rb8 37.Rd7!，白方的车很重要，有效应对了黑方的多轮进攻。

当然，要精确算出这路变化是强人所难，因为在如此大的压力下，算出它的可能性微乎其微，即使是顶尖棋手也是如此。话虽如此，31.h3 仍是一个值得记住的有价值的防守模式。

31...N×d3 32.Qd2 N×f2 33.R×f2 Rf8

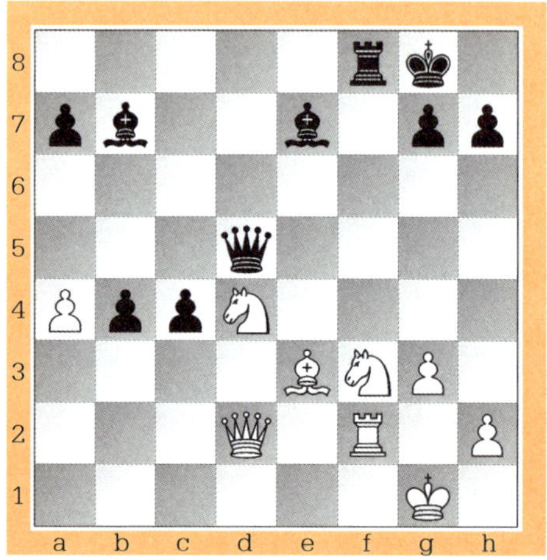

丁立人拥有双象，两个进攻的重子，还有两个相连的通路兵（接近底线）。这些足够了。

34.h4 c3 35.Qd3 Bc5 36.Bf4

白方的局面就像一艘正在下沉的船——拼命要堵住 f 线上的漏洞，却在 d 线又有了一个新的漏洞。

36...Rd8 37.Be5 Re8!

丁立人的车步履轻盈，白象是不能留在 e5 了，卡姆斯基回撤：

38.Bf4

这步棋让“中国攻击大师”施展了精彩的终极战术组合。

38...Re1+! 39.Rf1

39.Kh2 不好，39...B×d4 40.Q×d4 Q×d4 41.N×d4 Rh1#。

39...Q×f3!! 40.Q×f3

40.Qc4+，会收到优雅的回应：40...Kh8!，不用担心黑后，白方两个棋子都被牵制住。将杀将水到渠成。

40...B×d4+

白方认输。接下来的 41.Kh2 B×f3 42.R×e1 b3，黑兵升变在所难免。

这盘棋无疑是丁立人职业生涯中最精彩的对局之一。

老冠军，新征程

几个月过后，又到了中国最优秀的棋手“华山论剑”的时候了。2011 年在兴化举办的中国国际象棋个人锦标赛，往年的“常客”纷纷参赛，包括当时中国最高等级分棋手王玥和 2009 年的冠军丁立人。然而，即使是丁立人最忠实的粉丝也很难预料到他会以 11 轮 9 分（7 胜 4 和 0 负）、表现分 2867 分的成绩傲视群雄，以 2 分优势领先于排在第二位的特级大师倪华、周健超和赵骏！

丁立人在比赛时下棋的风格变化同样令人印象深刻。与之前的犀利、激进的下棋风格不同，丁立人的大多数比赛都是在残局中获胜：无论是稍优、均势还是稍劣，但这都不重要。在本次比赛中，他几乎没有一盘胜局能够入选“最佳棋局”，但这正是关键所在，丁立人完全融入了以结果为导向的职业国际象棋竞技环境。

一次可能是偶然，但两次都以如此傲人的成绩夺得全国冠军就不可能再是偶然了。取得这一成绩之后，丁立人的国际象棋生涯显然达到了一个新的高度。但遗憾的是，正如经常发生在丁立人身上的那样，辉煌之后就是惨痛，2011 年儋州特级大师超霸战上，丁立人的表现非常糟糕。丁立人在 9 轮比赛中仅取得 3 分，排名倒数第二，而且一局未胜！这充分说明了当时的中国国际象棋赛事竞争有多么激烈。

幸运的是，丁立人至少可以在高中毕业后的那个夏天松一口气。他在 2017 年接受中国媒体新浪体育采访时回忆道：“我高中毕业后不想读书了，于是休学一年，把自己的主要精力放在国际象棋上。”

三连冠

高中毕业后，丁立人比以往更加积极地参加比赛，在接下来的一年里下了 100 多盘慢棋。赛事的增加要求他的开局更加多样化，他在应对 1.e4 的开局库里添加了西西里防御，后来又增加了卡罗康防御。

丁立人在 2011 年和 2012 年上半年的总体状态不错，等级分保持在 2650 分左右，跻身世界前 100 名。他取得了一些里程碑式的成绩，如首次代表中国国家队参加在宁波举行的世界团体锦标赛，并取得了 4 轮 2.5 分的好成绩，以及首次参加在汉特曼西斯克举行的 2011 年国际棋联世界杯赛，苏伟利在第 1 轮快棋决胜时，将丁立人淘汰出局。

接下来丁立人的突破出现在一个“熟悉”的环境中：在 2012 年兴化的中国国际象棋个人锦标赛上，丁立人以 11 轮 8 分（5 胜 6 和 0 负）、表现分超过 2750 分的成绩，领先第二名 1 分，第三次夺得中国个人锦标赛冠军。

丁立人在首轮艰难战胜了当时世界上最难对付的防守专家之一王玥，为自己的比赛开了个好头。

第 26 局

丁立人（2660）— 王玥（2702）

中国个人锦标赛第 1 轮，江苏兴化，2012 年

拒后翼弃兵开局

1.d4 Nf6 2.c4 e6 3.Nf3 d5 4.Nc3 Be7 5.Bf4

拒后翼弃兵开局的布莱克本变例多年以来一直是丁立人执白的主打开局。将象放在 f4 而不是放在正统防御中更活跃的 g5，白方可以避免将来 ...Nf6–e4 的简化。

5...0-0 6.a3!?

灵活的分支变化。主变是 6.e3，黑方有三个同等的选择 6...c5、6...b6 和 6...Nbd7。最后一个选择特别难破解，丁立人的棋步顺序就是针对它设计的。

6...d×c4

王玥在几个可以接受的着法中选择了一个。

白方走棋顺序的主要意图是，现在可以用 7.Nb5! 来应对 6...Nbd7，黑方不能 ...Bb4 将军，而且不得不 7...Ne8，黑方局面很被动。这并不是说不能这样走，但可能不是每个人都喜欢这样的局面。

或者黑方 6...c5，在 7.d×c5 B×c5 8.e3 Nc6 9.Qc2 之后，转成大家熟悉的开局主变。

最后，针对这种走棋顺序，6...b6!? 显得尤为合理，因为在这类局面中，a2–a3 这一步并不是必要的。

7.e3 Nd5 8.B×c4 N×f4 9.e×f4

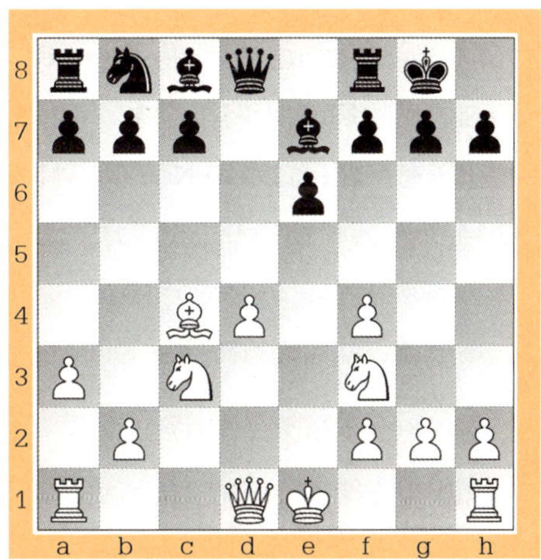

这是后翼弃兵开局中双方都可以接受的局面。黑方拥有双象优势，破坏了白方的兵形结构，但是在这个过程中损失了时间和对中心的控制。

9...c5

为自己的棋子争取更多的空间非常合理。

10.d×c5!?

丁立人的应着有点"违反"直觉。凭借他在出子上的微弱领先优势，他希望在一个中心开放的局面中掌握主动权。

特级大师阿迪班认为 10.d5 看上去更为直接。因为在 10...e×d5 11.Q×d5 之后，白方可以牢牢控制中心的白格。最近的类似棋局是 11...Nc6（11...Nd7!?）12.0–0–0 Q×d5 13.B×d5 Bg4 14.h3 B×f3 15.B×f3 ±（阿迪班—拉斯坦特，艾哈迈达巴德，2020 年）。

10...Qc7

王玥要做出重大的抉择，他选择保留后。尽管 10...Q×d1+ 11.R×d1 B×c5 之后的局面似乎还不错。可能他觉得出子有问题：12.0–0 Nc6?! 13.Ne4 Be7 14.Bb5! Na5 15.Ne5 ↑，黑方的压力很大。客观上讲，黑方应该能在 11 步之后逐渐通过适当的着法扳平局面。

11.g3 Q×c5 12.Qe2 Nd7

如果黑方能走 ...b6、Bb7 和 ...Nd7，那就完全没问题了，但这可不容易做到。例如，12...b6 想出动堡垒象时，会遇到 13.Qe4!?，后续情况很不乐观：13...Nc6 14.b4 Qd6 15.Rd1 Qc7 16.Nb5 ↑ 或者 13...Qc6 14.Bd3!，准备 15.Ne5。

13.0-0 Qh5

这是后最安全的位置，但黑方浪费了大量时间。再回过头想想，第 10 步的兑子是否是更好的着法?

14.Rfd1

丁立人冷静地运子到中心，而对方还在想如何出子。

14...Rd8?!

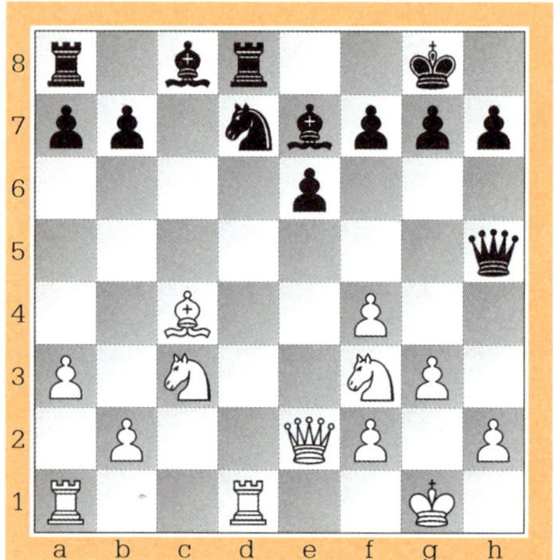

第一个严重的失误。王玥的 ...b6 和 ...Bb7 计划实施得太慢了，局面上出子已经落后太多了。

王玥有两种方法来出动他的后翼棋子：

1）14...a6 15.b4 b5。在这样的情况下，白方将通过漂亮的后象运子来抢占先手：16.Qe4! Rb8 17.Be2 Bb7 18.Qe3。最后，黑方的后在王翼"独自流浪"：18...Nf6 19.Ne5 Qh3 20.Bf1 ± 之后，白方获得巨大优势；

2）14...Nb6!? 看起来是最好的着法，15.Bd3 则 ...Bd7，可以先手出象。白方仍然可以用 16.Be4 施加压力，但黑方在 16...Rab8 ± 之后的局面看起来比较稳固。

15.Nd5!

丁立人迅速利用王玥最后一步棋的

战术弱点。黑方的 e7 象没有保护，让丁立人可以活跃他的马。

15...Bd6

唯一的着法。很明显，王玥在下第 14 步之前就已经准备好下这一步棋，不能 15...e×d5 16.R×d5!，下一步 Q×e7，黑方丢子了。

16.Ne3

也许有人会问，为什么白方更喜欢马到 e3 而不是 c3？两个原因。一是马靠近王翼会给白方带来进攻机会，比如 g3–g4 和 f4–f5。二是马腾出 c 线，强化了 Rac1 的效果。此外白方要保持主动权，黑方要保护他的象。王玥决定坚守：

16...Nf8

没有立即出子而是想逐步完成出子。

然而，16...Nf6 才是关键的续着。白方仍然可以 17.Rd2!（对局中的兑后 17.Ne5 Q×e2 18.B×e2，在这里基本行不通，因为黑方可以 18...Kf8，把王中心化），但 17...b6 18.Qd1!（保持压制的唯一正着，18.Rad1 会 18...Bb7! 19.R×d6 R×d6 20.R×d6 B×f3=）18...Bb7 19.Be2。这是前一步棋的要点。黑方必须步步精准行棋，来避免明显的局面恶化。

顺便演示一下，我们可以看到马在 e3 是如何参与进攻的：16...Be7 17.g4! Qa5 18.Nf5! Bf6 19.Nd6±。

17.Ne5!?

丁立人继续贯彻他的思路：阻止黑方出白格象。兑后的目的是赢得时间，把象转移到 h1–a8 的大斜线上。17.Rac1 是显而易见的可选方案。即使黑方 17...b6 18.b4 Bb7 出动他的象，白方 19.Nd4! Q×e2 20.B×e2 也会保持很大的优势。尽管黑方的局面看起来很稳固，但他会发现很难阻止白方通过 c6、b5 和 c7 等弱格进行渗透。

17...Q×e2 18.B×e2 Be7 19.Bf3 R×d1+ 20.R×d1 Rb8

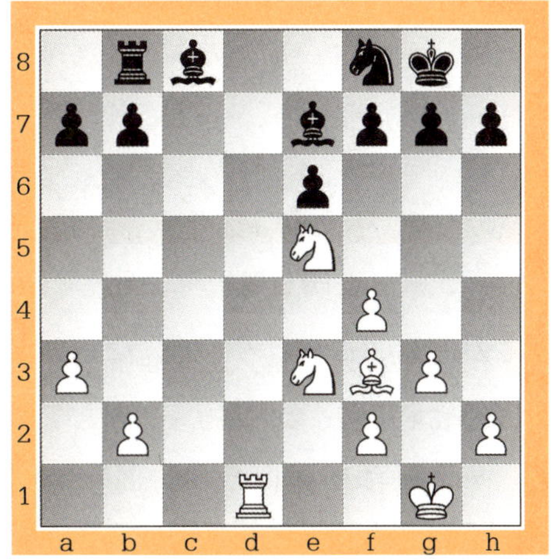

在一系列正常的兑子交换之后，是时候进行盘点了。尽管子力有限，但白方凭借更活跃的子力继续施加压力。黑方计划用 ...f6 逼走 e5 马，把象出动到 d7。如果能做到这一点，双方将非常接近均势。丁立人想出了一个绝妙的具有前瞻性的想法：

21.Rc1!

这步棋如何预防 ...f6？第一眼看去一头雾水。王玥肯定计算得很清楚，有充分的理由选择放弃。他走得很谨慎：

21...Bd8

现在黑方的所有棋子都尴尬地挤在底线，但黑方认为这只是暂时的。目前白方似乎无法入侵，如果黑方成功赶走e5马，他将逐渐盘活自己的棋子。重点问题：如果黑方21...f6会怎样？

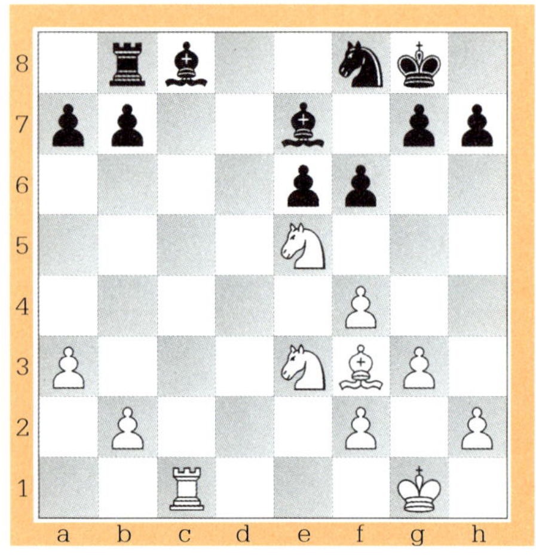

分析图

在这种情况下，丁立人准备了一个惊人的战术思路：22.Nf5!!

两个马都在兵口悬着，但吃掉哪个对黑方都很不利。22...Bd8之后，23.Rd1!是关键。白方只要能用车取得决定性的突破，就不在乎悬着的马。

1）要点是黑方不能再逃象，23...Bc7则24.Ne7+ Kh8 25.Nf7，形成漂亮的将杀；

2）23...f×e5，则有24.R×d8 e×f5 25.Bd5+；

3）23...Nd7!是最好的防守着法，但白方可以24.N×d7 B×d7 25.Nh6+! g×h6 26.R×d7，来获得优势残局。

另外，22...e×f5会遇到23.R×c8!（前面车在c1做了铺垫）23...R×c8 24.Bd5+ Ne6（24...Kh8 25.Nf7+ Kg8 26.Nd6+ Kh8 27.N×c8 Bc5 28.b4，对黑方更不利）25.B×e6+ Kf8 26.B×c8 f×e5 27.f×e5 Bc5 28.B×f5。异色格象残局白方胜定，因为他王翼多兵。

上面是假设21...f6的情形。

黑方更好的着法是21...Ng6!，如果白方22.N3c4保持e5的桥头堡，这时黑方就可以22...f6。白方在23.N×g6 h×g6 24.Be4之后仍然继续施压，但黑方可以通过24...b6弃掉一个兵来化解。25.B×g6 Bb7，黑方拥有双象，在残局会有不错的和棋机会。

22.N3c4

丁立人一如往常，很快发现并着手利用对手局面中的一个新弱点——d6格。王玥觉得他终于可以走出：

22...f6?!

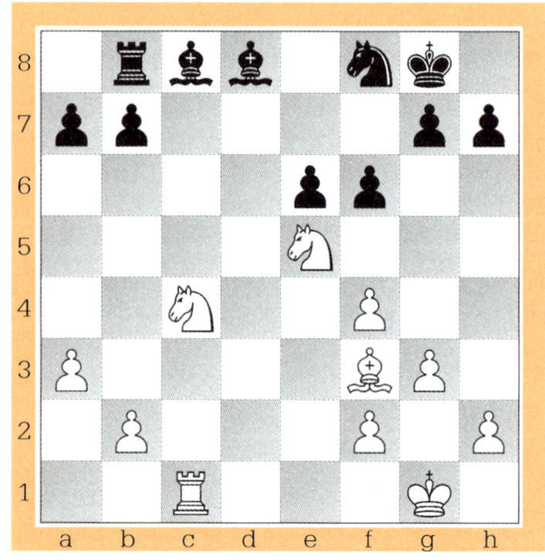

但王玥走错了。

走22...Bc7会更好，尽管白方在23.Nd2!之后的残局会有持久的优势：

23...B×e5（23...Bd8 白方用不同的马来达到同样的目的：24.Ne4!±）24.f×e5 Ng6 25.Rc5! b6 26.Rc7 N×e5 27.R×a7 等。

23.Nf7!!

令黑方震惊！就在王玥以为马不得不退的时候，丁立人将马刺入了他的阵地核心，不让他有片刻喘息的机会。王玥本以为的是 23.Nd3，他可以 23...Be7 24.Na5 Bd8! 25.b4 Kf7±，来稳住局面。

23...Be7?

王玥在对手跳马之后没有走出最佳应着。无论好坏，他都应走 23...K×f7 24.Nd6+ Kg8 25.N×c8 a5 26.Nd6 b6 27.Rc6±，白方将继续施压，但黑方在这个残局中的防守机会比 23...Be7 之后更好。

24.Ncd6 Bd7 25.Rc7 b5

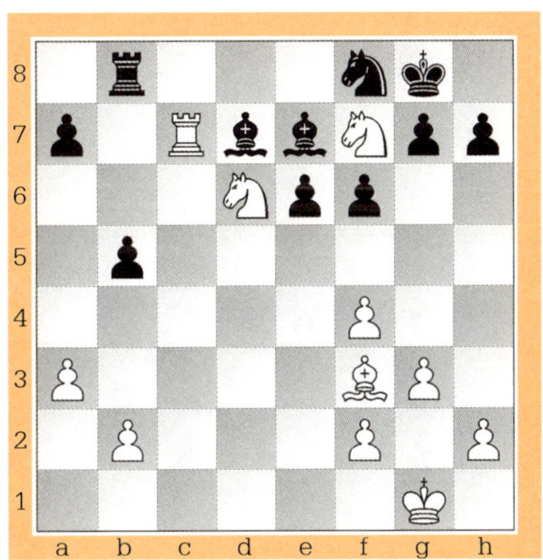

眼下的局面不大寻常，大部分的棋子都挤在一小块区域内。白马所处的位置似乎很危险，但丁立人巧妙地解决了这个问题：

26.f5!?

引擎分析白方可以 26.R×a7!，能更快获胜。但必须看到 26...Rb6 27.Nc8! B×c8 28.R×e7 Bd7 29.Nd8! B×c8 28.R×e7 Bd7 29.Nd8!，这里双马的逃脱次序很重要，接下来是 Nd8–b7–c5。由于白方的子力位置特殊，甚至在最后的局面中也是如此，因此很难分析到这一计划的优势。

26...e×f5

现在白方的象也加入了战斗。黑方如果想 26...a5，白方无论如何都会在 27.f×e6 B×d6 28.N×d6 B×e6 29.Rb7! 之后赢得一个后翼兵。

27.R×a7

丁立人的选择似乎比直接 27.Bd5 更准确，因为黑方可以用 27...B×d6 28.N×d6+ Be6 来简化局面。白方在 29.N×f5! B×d5 30.Ne7+ Kh8 31.N×d5 a5 之后，由于子力占优，仍然有很好的获胜机会。但可以理解丁立人想保持更紧张的局面。

27...h6

考虑到白方的下一步棋，需要给黑王找一个安全的位置。27...Rb6? 28.Bd5+–。

28.Bd5 Kh7 29.Rc7 Kg6

王玥可以通过走 29...b4，兑掉一些子力让自己的局面稍微轻松一些，尽管在 30.a4 之后，他的局面仍然会很困难，B×d6 31.N×d6 B×a4 32.N×f5 Bd7

33.Be4±，因为存在显著的“两个弱点”（他的 b 线和 g 线兵）。

30.Nb7?

正如我们在这里看到的（这场比赛的余下部分，我们还会在其他地方看到），丁立人的残局水平在他职业生涯的这个阶段仍然有些“粗糙”。这步随意走的棋几乎让对手挽救了局面，应该 30.Bb7!，几乎把对手封死。黑方似乎没有什么比 30...B×d6 31.N×d6 Rd8 更好的走法了，这时白方 32.Bc6!（也许丁立人错过了这一步）32...B×c6 33.R×c6，然后黑方会毫无补偿地失去 b 线兵。

30...h5?!

两位棋手都错误地评估了残局。黑方应该走 30...Rc8!，接下来 31.R×c8 B×c8 32.Nfd6 B×b7 33.N×b7，黑方很可能会丢掉 b 兵，但有 33...f4!，在异色格象残局中黑方会有不错的和棋机会，还可以走 ...Kf5 活跃他的王等。

31.b4 h4 32.f4

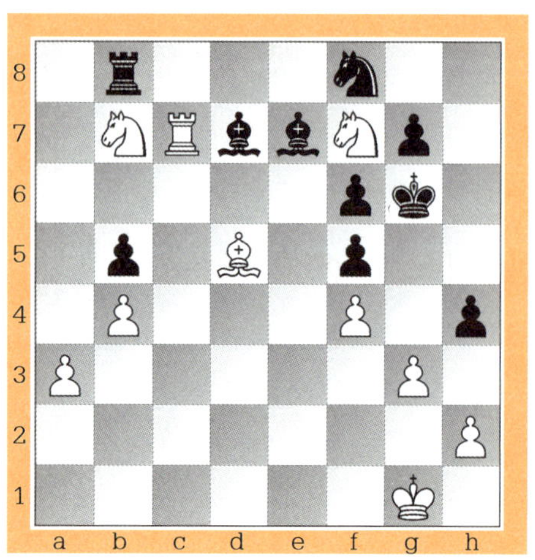

丁立人有足够的时间来改进他的局面，因为他的子力，特别是马，将黑方的子力控制在最后两排。王玥找到了一种方法，至少能活动他的车：

32...Ra8 33.Na5 Ra6 34.Kf2 h×g3+?!

从这步棋开始，接下来双方都出现了几次失误，这很可能是由于 40 步第一时限之前，双方都面临着时间压力。

黑方在 g3 等待交换较好，如下变化：34...Bd6! 35.N×d6 R×d6 36.Rc5 Be6!⇄。黑方可以放弃 b 兵来活跃子力。关键是在不可避免的 ...Rd2+ 之后，h2 兵会成为目标。然而，在 g3 换兵之后，黑方就没有这个机会了。

35.h×g3 Rb6

王玥将车从 a6 移开，准备 ...Bd7–e6。35...Be6 打算用坏象换好象，但在这里这个计划不会完全奏效，因为白方有反击手段 36.Bb7!。

36.Rb7?

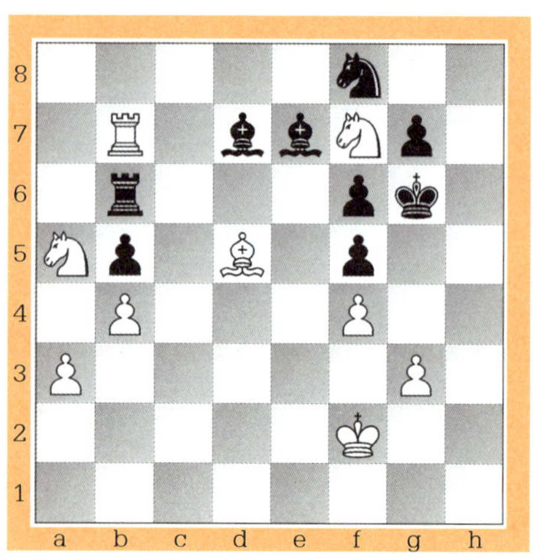

白方在转换阶段犯了一个相当大的错误。白方如果想赢，就不应该试图换车。如果耐心地走36.Ra7!，可以稳稳地拿下这一分。丁立人可能想阻止36...Be6，但却忽略了反击着法37.Nc6!!。幸运的是，他在后面的对局中还是发现了这一着。

36...Ra6?

只有严重的时间压力才能影响两位棋手的发挥。如果时间充裕，黑方会走36...R×b7 37.N×b7 Be6（或者37...Ne6!?）38.B×e6 N×e6 39.Nfd6 Nd4，解决所有的问题并不困难。

37.Rc7 Rb6

看起来双方是想在40步之前就结束战斗。丁立人现在决定出击，下了一步目的性超强的棋：

38.Ke3

为对手设下一个陷阱。

38...Be6?

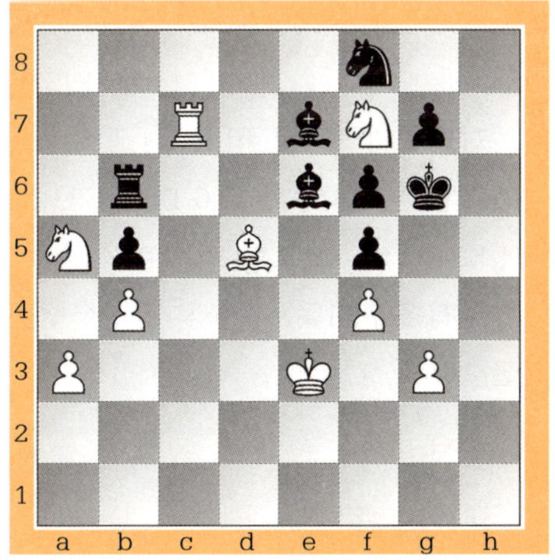

王玥竟然直接掉入陷阱，他可能以为自己终于扳平局面了。他应该继续走38...Ra6保持现状，因为白方想改善局面并非难事。

39.Nc6!!

丁立人这步跳马同样出人意料。就像第23步棋一样，马留在了f7送吃。但这次是送吃象！然而，黑方需要三思，有更大的问题要解决。

39...R×c6

正确走法。其他的走法怎么样都是黑方输棋：

1）39...B×d5，马的特殊走法对白方有利：40.N×e7+ K×f7 41.N×d5+；

2）39...K×f7导致黑方残局无望：40.R×e7+ Kg6 41.Kd4! B×d5 42.K×d5 Ra6 43.Ra7!。

40.Nh8+!

又是一个漂亮的过渡着法，迫使黑王远离中心。

40...Kh7 41.B×c6 Bd6 42.Rb7 K×h8 43.R×b5

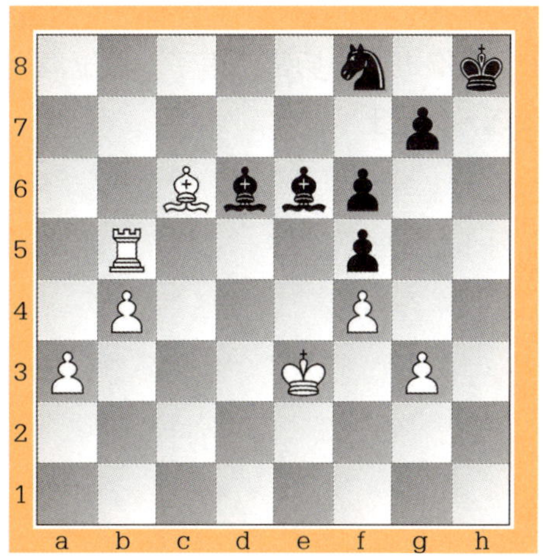

乍一看，白方有 2 个相连的后翼兵，似乎胜券在握。然而，王玥拒绝放弃，要把局面搞得复杂：

43...g5!

黑方现在至少有一些反击手段。丁立人找到了最佳的应对之策：

44.Bd5!

在理想的情况下，白方冲 a 线兵升变就行了，不用考虑其他事情。然而，直接 44.a4 还真不行，因为黑方在 44...g×f4+ 45.g×f4 Ng6 46.a5 B×f4+ 47.Kd4 Bg3 之后及时抓住了兵：48.a6 Ne7! 49.Bf3 Bc8!。

44...Kg7

黑方无法避免兑象，44...Bd7 不换的话会 45.Rb6+−。

45.B×e6 N×e6 46.Rb6?

然而，现在丁立人又用另一个微妙的方式不必要地拖延了自己的进度。有时用“蛮力”最有效：46.a4 g×f4+ 47.g×f4 B×f4+ 48.Kd3 Be5 49.a5 Nc7 50.Rb7，因为黑方无法同时防御 a 兵和 b 兵的推进，一切都结束了。黑王离得太远，帮不上忙。

46...g×f4+ 47.g×f4 B×f4+ 48.Kf3

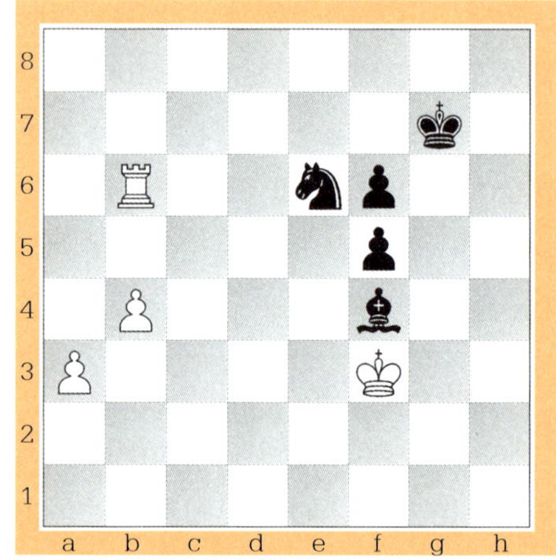

丁立人肯定认为黑方会在这里认输，因为黑方似乎不可能同时防守两个棋子，48...Kf7 49.R×e6! K×e6 50.K×f4 会是一个白方轻松取胜的王兵残局。不幸的是，丁立人遭遇了一个令人不快的意外：

48...Nc7!!

王玥像雄狮一样顽强战斗！由于马的走法特殊，人们很容易忽略这步棋。突然间，黑方好像又有希望了。

49.a4 Bh2?!

不是个大错误，但 49...Be5 更优，用象来保护 f6 兵。黑方在 50.a5 Kf8 之后，对局将非常接近和棋！（避免在 7 线被牵制至关重要）51.a6 Bd4! 52.Rd6 Bg1 53.R×f6+ Ke7 54.Rg6 Bd4，即使黑方没有多余的兵，也能构建一个坚固的堡垒。

50.a5 Nd5?

这样走就错了。

1）黑方应 50...Kf8! 51.R×f6+（或

者51.a6 Bg1! 52.Rb8+ Ke7 53.Rb7 Kd7 54.a7 B×a7 55.R×a7 Kc6=）51...Ke7 52.R×f5 Kd7 53.b5 Kc8 54.Ke4 Kb7 55.Rf7 Bg1!，白方无法取得有效的进展，车对弱子的残局为理论和棋；

2）50...Kf7? 也是错误的着法，因为 51.a6 Bg1 52.Rb7。

51.Rb5!

王玥可能想得没有这么精确。

如果是更简单的 51.Rb7+? 将军，则 51...Kf8 52.b5 Ke8 53.a6 Bg1 54.a7 B×a7 55.R×a7 Kd8 及时阻止兵。白王无法去支援 b 线上的通路兵，因此黑方可以简单地将王靠至 b8，接着 ...Nc7，和棋不可避免。

如果 53.b6，可以 53...Bg1! 54.Rb8+ Kd7 55.b7 Kc7=。

51...Ne7

51...Nc7 会给白方带来决定性的先手：52.Rb7! Kf8 53.b5。

52.a6 Bg1 53.Rb7 Kf8 54.b5 Nd5

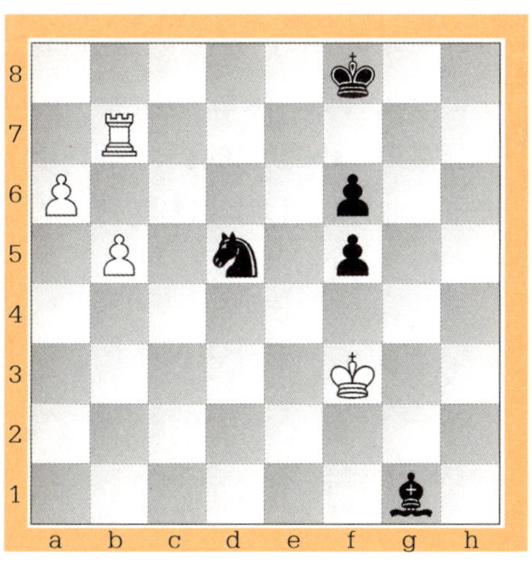

55.Rd7?!

如前文所述，丁立人在 2012 年时，残局技术还有待提高。在这盘棋中，他错过了 55.a7 B×a7 56.R×a7 Ke8 相对简单地取胜。乍一看，这似乎与 51.Rb7 这路变化中讨论的 55...Kd8 后的残局一样，实际上黑王的位置截然不同。白方可以利用先手控制局面：57.Ra1! Kd7 58.Rc1!，黑方无法阻止白王移动到后翼。

55...Nc3 56.Kg2 Bb6 57.Rd6 Na4! 58.Rd7 Nc3 59.Rb7 Nd5!

王玥一直在进行最顽强的抵抗。59...Na4 在这里行不通，因为 60.a7 B×a7 61.R×a7 Nb6 62.Ra6。

60.Kf1?

这一次，丁立人没能补救之前的错误。60.a7 B×a7 61.R×a7 仍然是胜势，这在 55 回合的注释中已经讨论过。

60...Ke8 61.Ke2

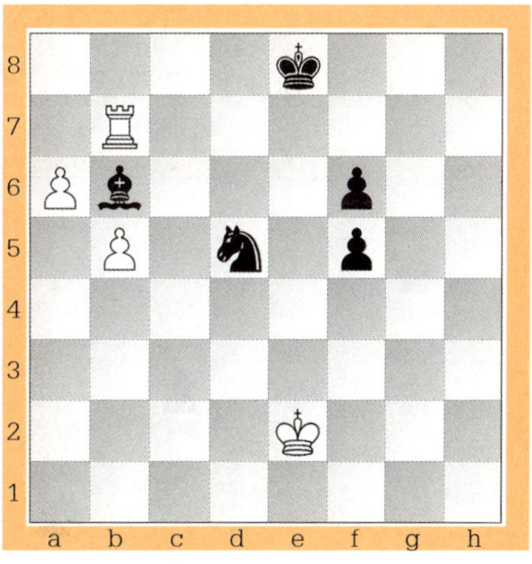

61...f4?

我相信第二时限的时间压力可能在这场比赛的这个阶段起到了一定的影响。王玥在走这步棋时要么是惊慌失措，要么是计算失误了。

直接被动防御 61...Kd8 62.Kd3 Kc8 就足够了，63.Kc4 会有 63...Ne3+ 64.Kc3 Nd5+ 65.Kd3 Bf2，白方无法取得进展，因为黑王离兵太近了。

62.Kd3 f3 63.a7 B×a7 64.R×a7 f2 65.Ra1!

唯一的取胜着法，也许这步棋被王玥低估了。丁立人的王和车互换任务：车挡住对方的通路车，王则支援 b 兵。

65.Ke2? 不管用，因为有 65...Nc3+。

65...Kd7 66.Rf1 Nf4+

66...Nc7 之后，67.Kc4!+– 至关重要。

67.Kc4 Nh3

黑方设法保护 f2 兵，但这无济于事，因为 f2 兵离后翼太远了。

68.Kc5 Kc7 69.b6+ Kb7 70.Kb5 f5

由于有升变威胁，车似乎被困在底线。那么白方该如何解困呢？丁立人的答案是：等！

71.Ka5!

只需要几步等着，就会让黑方陷入楚茨文克。

71...f4 72.Kb5 Ng5

在 72...f3 的情况下，73.Ka5! 就会楚茨文克，黑方必须在 73...Kb8 74.Ka6 Ka8 75.Rd1+– 或放弃 f 兵之间做出选择，这与对局类似。

73.R×f2 Ne6 74.Rd2

车自由了，丁立人终于可以松口气了，获胜已经没有悬念。

74...f3 75.Rd7+ Kc8 76.Rf7 Kb8 77.Rf6 Nd4+ 78.Ka6 1-0

这盘棋无论如何也算不上完美，但它是一场精彩的对决，其中丁立人有几步运马走得非常精彩。

丁立人在本次比赛中展现了防守的韧性，正如第二章所讨论的，这是成熟棋手的一个特质。来自 2012 年中国个人锦标赛第 7 轮的对局展示了他在困难局面下的非凡忍耐力，以及扭转局势的能力。

第 27 局

周健超（2625）— 丁立人（2660）

中国个人锦标赛第 7 轮，江苏兴化，2012 年

王翼印度防御

1.d4 Nf6 2.c4 g6 3.Nc3 Bg7 4.e4 d6 5.f3 0-0 6.Be3 Nc6 7.Nge2 a6 8.Qd2 Rb8 9.Rc1 e6 10.b3 Nd7 11.h4 h5 12.d5 Nce5 13.Nf4 Nf6 14.Be2 c5 15.d×e6 B×e6 16.Rd1 Qa5 17.Na4 Q×d2+ 18.R×d2 Rfd8 19.Nb6 Nc6 20.Kf2 Nd4 21.b4 Nd7 22.b×c5 d×c5 23.Rb1 Ne5 24.N×e6 f×e6 25.f4 Nec6 26.e5 Bf8 27.g3 Kf7 28.Bd3 Ne7 29.Na4 Nef5 30.B×f5 N×f5 31.R×d8 R×d8 32.R×b7+

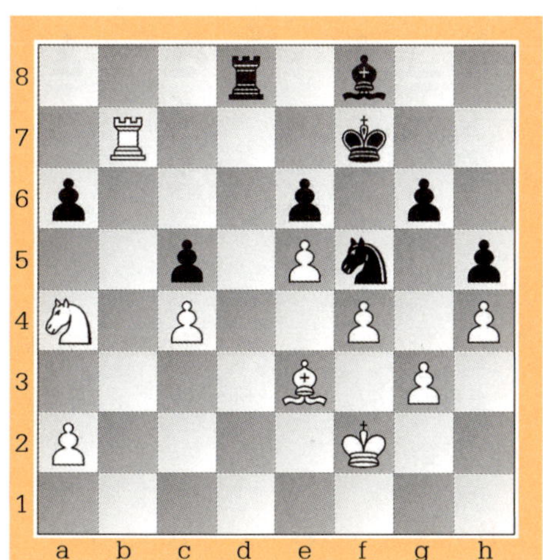

丁立人在开局阶段下得不好，在中局阶段下得很艰难，现在不得不防守一个几乎无望的残局。他的对手多出一个兵，车已经占据了次底线，并且在后翼有明确的目标：c5 和 a6 兵。用引擎分析，白方有“+5”的优势。尽管如此，丁立人仍然拒绝认输，并试图把棋局搞复杂。

32...Kg8!

这步棋并不漂亮，但却是唯一不会立即崩盘的走法。按棋理，黑方应该将他的王移到中心，但 32...Ke8 白方可以 33.B×c5 吃掉兵，如果 33...Rd2+ 34.Ke1 R×a2，白方会通过连将而得子：35.Rb8+ Kd7 36.Nb6+!。

33.Nb2

33.B×c5? 是步坏棋，33...Rd2+ 34.Ke1 R×a2=，这时候车到 b8 已经不能将军了。这也是丁立人将王走到 g8 而不是更自然的 e8 的原因。

33...Be7 34.Rb3?!

周健超已经准备好用最后两步棋攻击 c 兵，但他错失了一个更好的机会。

谁也不知道他为什么没有马上走

34.Rb6 吃兵。他可能不喜欢 34...a5（34...Kf7 也无济于事，因为 35.R×a6 Rb8 36.Nd3 Rd8 37.Ra3!）35.R×e6 Rb8，这里有很多步棋都是好棋，最干净利落的是 36.Bc1!?，阻止黑车侵入。白方应该逐渐转换其明显的子力优势。有时需要幸运女神站在你这边！

34...Kf7 35.Nd3 Rd7 36.Kf3

现在吃 c 兵还为时过早。36.N×c5? 可以继续走 36...B×c5 37.B×c5 Rd2+?，而 36.B×c5? 会有 36...R×d3! 37.R×d3 B×c5+，进入必和的残局。

36...a5!?

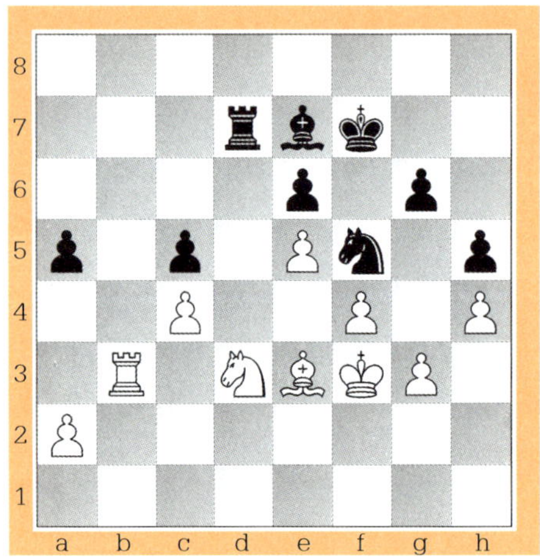

丁立人虽然仍是败势，他还是尝试迷惑对手。

37.a4?!

阻止黑方进兵到 a4，周健超感受到了威胁，所以下了这步安全但略显不准确的棋来保持掌控局面。但是，兵留在 a2 更为灵活。

37.Ra3 a4 也没有错，白方可以重新组织子力 38.Bf2! Ke8 39.Ke2, 39...Ra7 40.Kd2! 再 Nd3–b2，在之后慢慢地吃掉 a 兵。

37...Rd4!?

丁立人的又一次挑衅。白方不能吃这个车，但丁立人的突然发难可能会对对手造成心理影响。

38.Nb2 Rd7 39.Rb5

周健超肯定指望着这步棋来再得一兵。丁立人仍然斗志昂扬，他又找到了最顽强的防守方法。

39...Bd8!

白方面临两难的选择：是现在就吃掉 c 兵，还是先尽量改善局面？周健超通过重复走棋来赢得时间，推迟做出重大决定。

40.Rb3 Be7 41.Rb5 Bd8

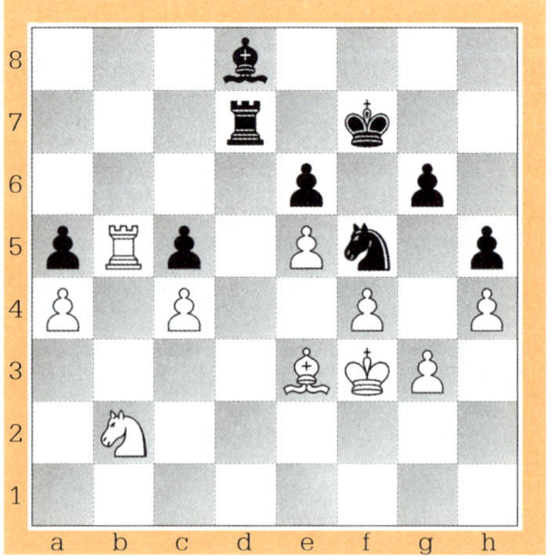

白方的决定性时刻到来了。周健超决定立即行动：

42.B×c5?!

事实将证明，尽管表面上没有任何风险，但这种转换优势的方式会很棘手。

白方只需要多一点耐心和微妙的技巧，就能在对方没有任何反击的情况下赢得比赛。42.Rb8 Be7 43.Rb3! 是一个巧妙的战术，让黑方陷入了楚次文克，现在的任何一步都会使局势恶化，例如：43...Ke8 44.Rb5 Bd8 45.Rb8!，这个牵制非常让人上火。在 45...Kf7 46.B×c5 Rd2 47.Bf2 之后，我们得到了一个与实战相似的局面，但关键的区别在于，白方的马在 47...Be7 48.c5 Rc2 49.Nd3 之后，能够获得理想中的 d3 位置。接下来对于白方来说应该是一帆风顺了。

42...Rd2 43.Bf2 Rc2 44.c5

丁立人在这盘索然无味的残局中取得了一些进展。他的车很活跃，控制了兵，并不断地骚扰白方的棋子，使周健超的任务复杂化了。我们已经分析过如果当初 42.Rb8，白方会净多两兵并获胜。重要的一点是需要把马走到 d3。这就是为什么丁立人要走：

44...Rc3+

控制住 d3，给对手设置另一个难题。白方需要决定是将王进到脆弱的中心位置，还是退到更安全但更被动的位置。周健超选择了安全的位置：

45.Kg2?!

然而，白方这种做法严重地减少了他的获胜机会，因为没有白王的帮助，要赢得残局并不容易。

45.Ke4! 看起来有点冒险，但仍在成功的道路上。白方需要王的大力支持。周健超可能会因为 45...Rc2 而丧气，但白方可以通过 46.Nd1! Rd2 47.Rb1 保持优势，接下来关键的是遇到 47...Rc2 可以走 48.Kd3!，而实战中并非如此。另外，45...N×g3+ 赢得一个无关紧要的兵，白方在 46.B×g3 R×g3 47.Nc4 之后会轻松获胜，接下来是 Nd6+。

45...Ke8

相反，丁立人则不失时机地让王向中心靠拢。

46.Nd1 Rc4 47.Nb2 Rc3 48.Nd1

又一次的多次重复走棋，显示出白方的犹豫不决或对计划缺少必胜把握。

48...Rc4

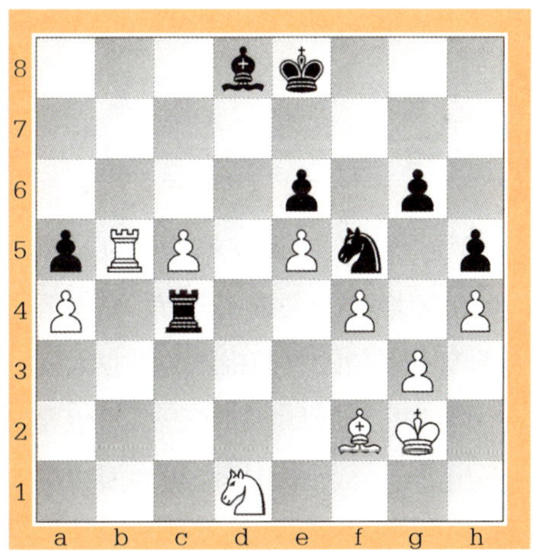

49.Ne3?

周健超的挫败感越来越强，失去了耐心。这步兑马不合时宜，对赢下棋局毫无帮助。丁立人顽强的防守计划开始见效。

49.Rb7! 截断黑王，a4 兵是个“毒兵”，白方有机会获胜：

1）如果走 49...R×a4? 50.Nc3 Rc4

51.Nb5 +-，白方将择机在d6格上兑马！

2）49...Ne7! 是最好的防守着法。黑方需要注意c6兵。在50.Nb2 Rc3之后，黑方可以利用退马到e7来改善王翼子力的位置：51.Bd4! Rc2+ 52.Kf3 Nc6 53.Be3。争夺仍在继续，但白方获胜机会更大。

49...R×a4 50.N×f5 g×f5

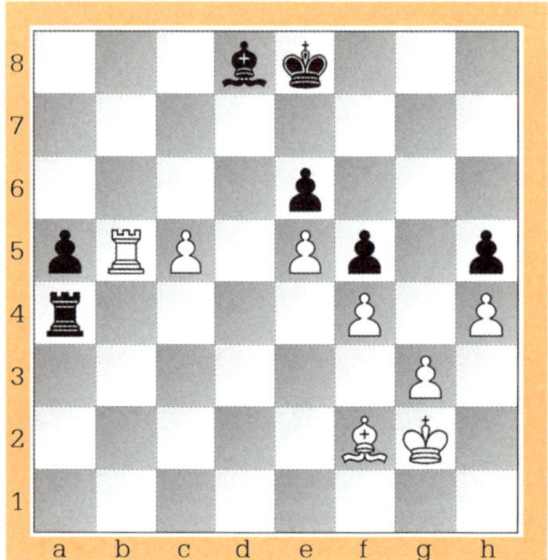

得益于丁立人顽强的抵抗以及对手在局面转换时的失误，与第35步至第40步毫无希望的局面相比，丁立人挽救这盘棋的机会大大增加了。白方想要凭借多出的一个兵来取得优势会很有挑战性，因为他的王和车都不够活跃，如果他的王在e2或者车在b7，情况将会完全不同。

从心理学的角度来看，接下来的比赛会很有意思。一名棋手如果错失了明显的或决定性的优势，往往会习惯性地继续追求胜利，而无法适应新的局面。这种思维会影响棋手的判断，削弱他对危险的感知能力。从接下来的几步棋来看，周健超似乎陷入了这种心理陷阱。

51.c6

51.Rb8 更好，意在将车转移到敌方通路兵的后面。51...Rc4 则 52.Ra8 Kd7 53.Kf3 Bc7 54.Ra6 a4，黑方仍有机会挽救局面，但白方还是占优。

51...Rc4 52.Bc5?!

周健超一直在争取优势，他还没有意识到a兵带来的危险。否则他会选择更安全的52.Be1!?，此时黑方只需几步并不难的棋就能和棋：52...R×c6（52...a4? 坏棋，53.Rb8! Ke7 54.Bb4+）53.B×a5 B×a5 54.R×a5 Rc2+ 55.Kh3 Rd2! 56.Ra8+ Rd8!，黑方安全了，形成王兵残局的和棋局面。

52...a4 53.Kf1?

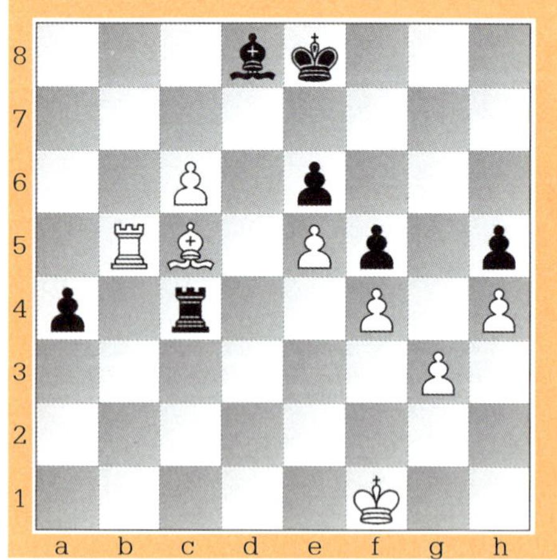

白方终于出现失误。他本可以通过放弃多出的兵来阻挡对手的通路兵，以便控制局面：53.Bd6 R×c6 54.Rb7 Ra6 55.Ba3。

然而，如前文所述，从“获胜”思

维调整到“和棋”思维可能非常难，即使是经验丰富的国际象棋职业棋手也不例外，尤其是在时间紧张的情况下。

53...Rc3!

周健超一定没看到这步漂亮的进车。

54.Bb6?

走完这步棋立刻就输了。由于白方子力协调性差，捉 a 兵出乎意料地具有挑战性。

1）如果走王就太慢了，54.Ke2 a3 55.Kd2 a2!；

2）54.Bd6 a3 55.Rb8 a2 56.Ra8 也太晚了，正是因为白王在底线的尴尬位置：56...Rc1+ −+；

3）挽救对局的唯一办法是承认之前所犯的所有错误，54.Kg2! a3 55.B×a3，弃掉一子！ 55...R×a3 56.Rb7! Rc3 57.Rh7 R×c6 58.R×h5。白方即使到这也无法轻松求和，但走得精确一些还是可以和棋。白方在第 50 步之后的残局下得太糟糕了。

54...Rb3!

丁立人把 a 兵用活了。

55.Rc5

55.R×b3 a×b3 56.Bd4 Bb6!，黑方在象残局中也能获胜，因为白方的兵形很差：57.Bb2 Kd8 58.Ke2 Kc7 59.Kd3 K×c6 60.Kc4 Bf2。

55...R×b6 56.c7 B×c7 57.R×c7 Ra6

多么戏剧性的逆转！回退 10 步，周健超还手握胜局，现在却发现自己在一个必败的车兵残局中。尽管大部分的失误可以归咎于周健超自己，但丁立人表现出了令人钦佩的冷静，成功地打破了周健超获胜的趋势，并最终从糟糕的局面中反败为胜。

58.Rc2 a3 59.Ra2 Kd7 60.Ke2 Kc6 61.Kd2 Kd5 62.Kd3 Ra8 63.Kc2 Ke4 64.Kb1 Kf3 65.Rd2 K×g3 66.Rd6 Re8 0-1

特级大师周健超在输掉这场比赛后一定非常沮丧。然而，很难想象在短短几个月后的中国甲级联赛中，他几乎以同样的方式再次输给了丁立人，真可谓心情到了冰点。丁立人已经成为一个难以被击败的对手，预示着 5 年之后他将创造国际象棋历史上最独特的不败纪录。

前往 2700 分的道路

丁立人在 2012 年中国个人锦标赛上夺冠后，他的等级分在 2012 年 5 月时接近 2680 分，世界排名接近前 50，在中国棋手中排名第 4，仅次于王皓、李超和王玥。这意味着丁立人完全有资格代表国家参加即将到来的世界国际象棋奥林匹克团体赛。

丁立人度过了一个忙碌的夏天，调整自己的状态以备战这一重要赛事。他在亚洲个人和团体锦标赛、中国海南儋州第三届国际象棋特级大师超霸战以及第八届“中俄”对抗赛上表现出色。

接下来这盘棋精彩展示了丁立人的“非物质主义”和把握局面主动性的能力。

第 28 局

丁立人（2679）— 马克·帕拉瓜（2521）

亚洲个人锦标赛第 8 轮，胡志明市，2012 年

斯拉夫防御

1.d4 d5 2.c4 c6 3.Nf3 Nf6 4.Nc3 d×c4 5.a4 Bf5

这是斯拉夫防御中最受欢迎的变化之一。丁立人以最积极的着法回应：

6.Ne5

准备用 f3 和 e4 构建一个“大中心”，并用马夺回 c 兵。

选择 6.e3 更平稳，通常在 6...e6 7.B×c4 Bb4 之后，会引向更偏局面型的局面。

6...e6

帕拉瓜的选择是黑方几个有趣的着法之一。主变是 6...Nbd7 7.N×c4，这时黑方有以下两种选择：

1）经典的走法 7...Qc7，准备 ...e5 突破；

2）走更为谨慎的 7...Nb6 8.Ne5 a5，在 21 世纪初由特级大师伊万·索科洛夫首创，至今仍享有盛誉。

7.f3 Bb4

帕拉瓜准备走尖锐的“残局变例”，涉及在 e4 弃子。

7...c5!? 8.e4 Bg6 是古老的斯梅斯洛夫变例，2006 年世界冠军“统一战”中弗拉基米尔·克拉姆尼克与韦塞林·托帕洛夫对其进行了重新演绎。黑方在 9.Be3 c×d4 10.Q×d4 Q×d4 11.B×d4 Nfd7 12.N×d7 N×d7 13.B×c4 之后的残局中，虽局面被动，但阵形非常稳固。目前，此变例已在世界强手的对局中逐渐消失。

8.N×c4!?

丁立人拒绝了“邀请”。8.e4 是局面中最自然的一步，但黑方会弃子 8...B×e4! 9.f×e4 N×e4，导致局面复杂化：在 10.Bd2 Q×d4 11.N×e4 Q×e4+ 12.Qe2 B×d2+ 13.K×d2 Qd5+ 之后，出现一个几乎是强制性的残局。这个残局曾在 20 世纪 90 年代引起了顶级大师们的激烈争论，可以说，即使在现代引擎的帮助下，白方也未能找到取得优势的清晰路径。

8...0-0

9.Kf2!

据我所知，这着的首创者是法国特级大师、著名理论家劳伦特·弗莱西奈，他在 2009 年对特级大师索拉克时采用了这一着法。在这个位置上，王似乎有点脆弱，但更深入的分析表明这是一个完全合理的着法。在这盘对局的年代，仅有少数几个对局采用了 9.Kf2，这表明丁立人紧跟现代开局的潮流。王从 e1 走到 f2 的目的是准备 e2–e4，因为直接走 9.e4?!，黑方会 9...N×e4! 弃子，在 10.f×e4 Qh4+ 11.Kd2 Q×e4 12.Qf3 Q×d4+∓ 之后，黑方得到一个有利的局面。

9...Bg6

这是黑方在此局面中的众多可选择着法之一。

1）这路变化有一个黑方略带冒险性的弃兵 9...b5，试图利用白方的最后一步棋打开中心：10.a×b5 c×b5 11.N×b5 Nc6 12.e3 Qb8 13.Nc3 e5（1/2–1/2，弗莱西奈—索拉克，罗马尼亚团体锦标赛，2009 年）；

2）我们已经在第二章的对局片段 8 中看到过类似的弃兵，即 9...e5。客观地说，白方在这两个变化中都占优；

3）9...c5 看起来是对黑方有利，但 在 10.e4 Bg6 11.Na2 Nc6 12.N×b4 N×b4 之后，13.Bd2! 直接反转，接下来 13...Q×d4+ 14.Be3 Q×d1 15.R×d1±（库尔亚舍维奇—沃卡图罗，利卡斯戴勒，2018 年），之后的残局由于黑方轻子之间缺乏联系，战斗力大打折扣。我们将在这盘棋中看到类似的情况；

4）黑方最稳妥的下法可能不是直接对抗白方看似冒险的开局。相反，稳健是理智的做法：9...h6! 10.e4 Bh7 11.Be3 a5，就像余泱漪—索拉克（土耳其团体锦标赛，2022 年）的对局一样，对局过程中导向了一个典型的斯拉夫防御局面，黑方会更加谨慎地准备中路突破，当然，白方也获得了空间优势。

10.e4 Qc7

黑方准备 ...c5、...Rd8 和 ...Nc6 攻击 d4 兵。丁立人毫不犹豫地进行反击。

11.Qb3

11.Be3 是这个局面中的标准走法，但在这里显得有点耽误时间，11...Rd8 12.Qb3 c5 13.d×c5 Na6! 14.Be2 B×c5，由于白方在黑格比较弱，黑方有很好的机会反先。

11...c5 12.Na2!

黑方在象仍位于 b4 的情况下推

进 ...c5，白方这步棋是“惩罚”黑方的好办法。尽管白方拥有双象，现在得出白优的结论还为时过早。黑方通过瞄准 d4 兵获得了很好的反击：

12...Nc6 13.N×b4 c×b4 14.Be3 Rfd8 15.Rd1 Rd7

帕拉瓜准备叠车对准中心兵并施加压力。白方该如何应对这一威胁？丁立人想出来一个意想不到的、富有灵感的解决方案：

16.Ne5!

丁立人没有去保护兵，而是用弃兵来换取长期的局面主动权！

如果走 16.Be2 Rad8 17.g3 也没什么不对，白方会在 17...N×d4 18.R×d4 R×d4 19.B×d4 R×d4 20.Q×b4 或者 18.Q×b4 N×e2 19.K×e2 之后夺回他的兵。在这两种情况下，黑方仍然需要努力才能扳平局面，因为 g6 象的位置不佳。

在这盘棋中，丁立人选择了类似少一个兵的局面，但他的双象占据绝对优势。

16...N×e5 17.d×e5 R×d1 18.Q×d1 Q×e5

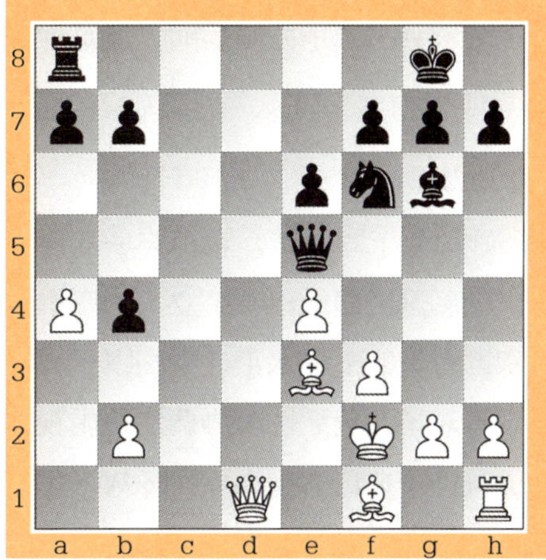

乍一看，白方弃兵后的局势并不明朗。毕竟，黑方并没有致命的弱点，白方仍需完成出子。但丁立人相信他的双象有持久的力量，能够攻击黑方的后翼并阻止黑方将处于边缘的象加入战局。他通过接下来的着法印证了他的想法：

19.Qd4!

丁立人邀兑皇后，因为交换之后，上述黑方存在的问题在残局中可能会变得更加棘手。

有趣的是，这盘棋下完的几天后，另一位前途无量的年轻棋手也下到类似的局面。不过，他选择了准确性稍差的 19.b3，黑方通过弃子使对局复杂化：19...B×e4!（对局参见 19...h5 20.Qd4 Qa5 21.Be2 Rd8 22.Q×a7±，吉里—赫克托耳，马尔默，2012 年）20.f×e4 N×e4+ 21.Kg1 h6 ⩱。

19...Qa5

帕拉瓜不喜欢 19...Q×d4 20.B×d4 Rc8 21.Be2 b6 22.Rd1 之后的残局。事实上，白方在这里拥有优势，因为黑方在试图解开王翼子力纠缠时，很难保住多出的兵。

20.Be2!

妙棋！丁立人不介意再弃一兵来完成出子。这里展示出了丁立人的下棋天赋和世界级的下棋水平。中国棋手再次展示了对子力灵活性和协调性的重视超过了对棋子数量的重视。大多数人都会自然而然地走 20.b3 保护这个兵。然而丁立人很谨慎，不让对手 20...B×e4! 进行反击，21.f×e4 Rd8 22.Q×a7 N×e4+ 23.Kg1 Qf5 24.Q×b7 Nd2!，当你的子力像白方一样全被挤在一起时，其实多出的棋子并不重要。

20...Q×a4 21.Rc1

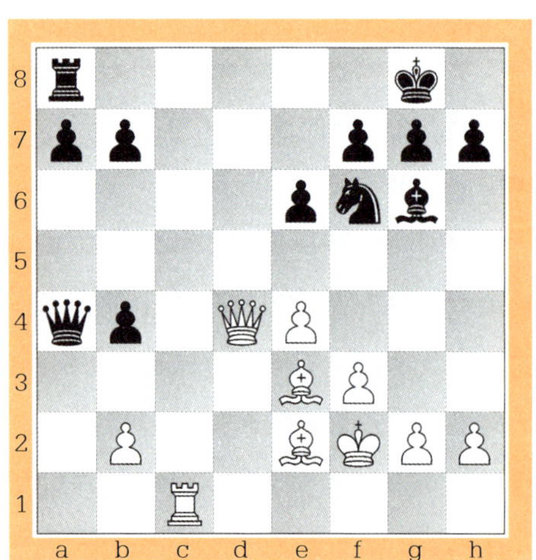

尽管多两个兵，但黑方的局面看起来并不乐观。白方的子力非常协调，准备入侵 7 线。另外，黑方的子力之间缺少内在联系，想要协调它们并不容易。

21...h6?!

合理地保护底线。然而，21...h5 是实现同样想法的更好选择。白方可以用 22.Rc7 保持压力。

22.h4?!

这大概是丁立人在对局中唯一的失误。22.g4!↑ 进兵才是正确的，防止对手像对局中那样封锁王翼。

22...h5!

菲律宾特级大师意识到，为了阻止白方的王翼扩张而失一先是值得的。这是一个明智的决定，因为白方的行动现在被限制在后翼。

23.Rc7 b6

还在保护子力，也太耽误时间了。直接发挥主要优势会更好：23...a5!。

1）24.R×b7，黑方可以很好地巩固局面：在 24...Qc6 25.Rb6 Qc7= 之后 ...Nd7；

2）白方需要 24.Qb6! 来保持压力。若 24...Ne8 25.Rc5! Qd7 26.R×a5 R×a5 27.Q×a5 ±，黑方有希望通过顽强防守守住残局。

24.Bg5!

丁立人灵活利用对手阵地中的一个弱点，试图给对手再制造一个新的弱点。

24...Ne8 25.Rc4 f6

一方面，黑方必须得走这步棋，这是他挽救孤象的唯一办法。另一方面，这步棋削弱了次底线和王前阵地，为白方提供了新的进攻目标。

26.Be3 Qa5

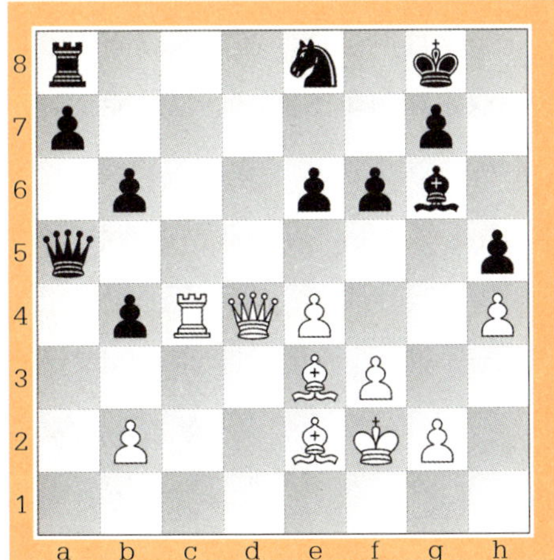

帕拉瓜的这步棋很合理，为 ...e5 和 ...Bf7 等做了准备。

1）立即走 26...e5 是不可行的，27.Qd5+ 吃掉 a8 的车；

2）如果 26...Bf7，白方可以用 27.e5! ≅ 封住象，黑方就是考虑这点先走出 ...Qa5。

27.Qd7!

丁立人在这盘棋中最有力的着法之一。黑方已经准备通过 ...e5 和 ...Bf7 来巩固局面，但丁立人这一步精确的着法打乱了黑方的计划。后占据次底线准备大肆进攻。

27.R×b4?! 不太好，27...e5 28.Qc3 Bf7，黑方会更好。

27...Bf7

如果继续 27...e5，则 28.Rc2 Bf7，白方可以通过 29.Bb5! Rb8 30.Bc6 b3 31.Rd2 来增加压力！黑方的子力被制约。

28.Qb7! Rd8 29.Qe7 Ra8 30.R×b4

凭借后在次底线上的横扫，丁立人重新夺回了他弃掉的一兵。最重要的是，他并没有失去自己在局面上的优势。后完美地占据 e7，其他子力也很活跃，而对手仍然没有很好地协调他的子力。帕拉瓜想减轻压力：

30...Qe5?

打算 ...Qc7 兑换掉白方最危险的棋子，然而这并不容易。

还是应该 30...e5。丁立人的对手可能担心 31.Rc4! 这个令人不快的应着，但他仍然可以通过 31...Qa2 达到目的！（走 31...B×c4?，在 32.B×c4+ Kh7 33.Qf7 之后结果不太好。）32.Rc2 Qb3 33.Rd2 Qe6! 34.Qb7 Qc8，黑方几乎可以通过兑后解决所有问题。

31.Rd4!

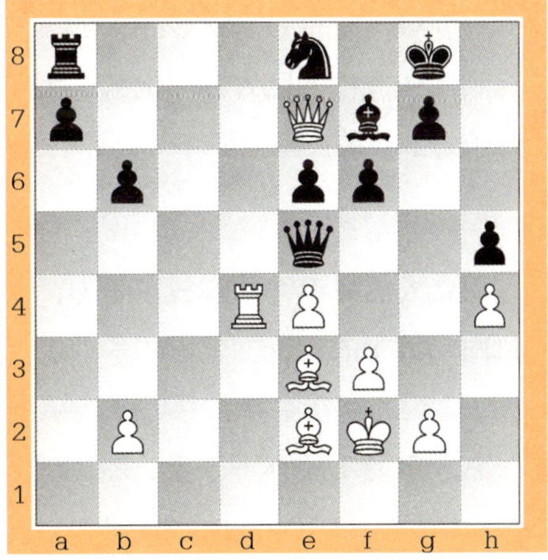

丁立人很好地协调了他的子力。车准备入侵 7 线，扼杀了黑方想在 c7 兑

后的计划。突然之间，帕拉瓜的处境变得危险起来，而且我怀疑他的时间也所剩无几。

31...f5?!

黑方在困难的局面中防守了如此之久，这一着能看出他已经失去了耐心。虽然这步棋让出了 f6 准备兑后，但却无可挽回地削弱了黑方的黑格，这正是丁立人所乐于看到的。

黑方不应该浪费时间，应该 31...Qc5! 直接邀兑皇后。的确，白方在 32.Q×c5 b×c5 33.Rd2 Rc8 34.Rc2 e5 35.B×c5 之后，会有一个非常不错的残局，拥有双象而且可以利用两翼的弱点。尽管如此，这仍然是黑方挽救棋局的最好机会。

32.e×f5

常规应着，白方得了一兵，并保住了大部分优势。

引擎为白方指出了另一个选择：32.Rd7! Qf6 33.e5! Q×e7 34.R×e7±，旨在利用残局中的巨大局面优势，因为黑方子力都被关在家里了。

32...Nf6

丁立人的对手终于解放了子力，但也付出了沉重的代价。黑方的子力优势消失了，白方现在掌握了主动权。

黑方不得不放弃一个兵，32...Q×f5 也不太好，33.Rf4 Qg6 34.Bd3! Q×d3 35.Q×f7+，白方将王翼一扫而空。

33.Rd8+!?

一个有趣的决定。丁立人决定换车留后，可能是为了继续骚扰黑王。

33.f×e6 Q×e6 34.Q×e6 B×e6± 是一个合理的选择。在类似局面中，白方的双象在有车的情况下也是能主导局面的。

33...R×d8 34.Q×d8+ Kh7 35.f×e6

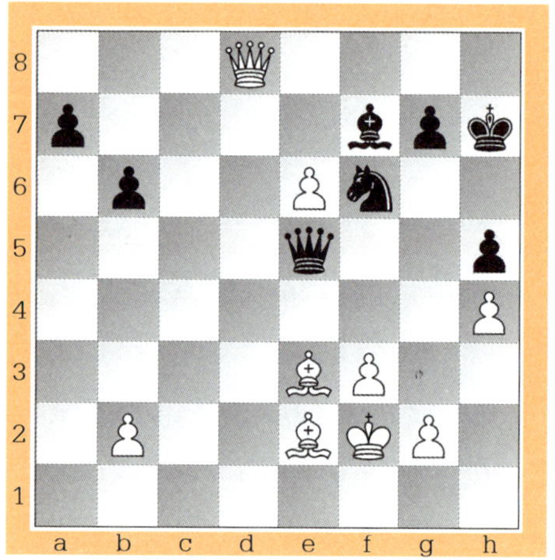

35...B×e6??

就在丁立人准备在残局中磨死对手时，帕拉瓜出现了失误。

1）35...Nd5! 36.Qg5! Q×g5 37.B×g5 B×e6±.

2）35...Q×e6 36.Bd4±，黑方还可以继续下，尽管防守任务很艰巨。

36.Bd4!

帕拉瓜在吃 e6 兵时可能并没有充分认识到这步棋的威力。有趣的是，开局后白方几乎没有动过象，但现在象作为制胜力量加入战局。

36...Qf4

后移动到别的地方也都是类似的结果。黑方无法阻止白方的组合进攻。36...Ng4+ 绝望反击无效：37.f×g4 Qf4+ 38.Kg1 Qc1+ 39.Bf1。

37.B×f6!

这才是重点。黑方无论怎样都会因为王不安全而丢掉一子。

37...g×f6

37...Q×f6 38.Bd3+ Bf5（38...Kh6 39.Qh8#）39.Q×f6 g×f6 40.B×f5+ +−.

38.Qe7+ Kg6 39.Q×e6 Q×h4+ 40.Kf1 Qh1+ 41.Kf2 1-0

当双方都快走到第 40 步的第一时限时，帕拉瓜感到局面无望，便认负了。

在雅典举行的世界青少年锦标赛是丁立人2012年国际象棋赛程上的一项重大赛事。他上一次参加世界青少年赛事还是在 2004 年，当时他作为无等级分的选手获得了第二名的成绩。如今他的等级分已经上升到了 2695 分，成为这项赛事的头号种子选手。参赛棋手中大约有 50 名年轻棋手，已是或后来成为特级大师。最终，在 13 轮比赛中，丁立人以 9.5 分的成绩与尼尔斯·格兰德柳斯并列第三，比亚历山大·伊帕托夫和理查德·拉波尔特少 0.5 分。这可能不是丁立人希望的结果，但也算是为他的青少年时期的赛事画上了一个完美的句号。

2012 年在伊斯坦布尔举行的第 40 届世界国际象棋奥林匹克团体赛是当年的重头戏，也是丁立人代表中国队首次参加这项比赛。他排在王皓和王玥之后，坐镇第三台。出战 10 场，他取得了 7.5 分的成绩（6 胜 3 平 1 负），表现分为 2764 分，帮助中国队在这项极具挑战性的比赛中拿到第四名，而亚美尼亚队则通过加赛战胜夺冠热门俄罗斯队，赢得了金牌。

丁立人战胜马梅多夫和巴博萨的两个对局是这次大赛中非常精彩的两个对局。现在，您可以欣赏到丁立人的对局自评。

丁立人自评

第 29 局

丁立人（2695）— 奥利弗·巴博萨（2554）

奥林匹克团体赛第 9 轮，伊斯坦布尔，2012 年

斯拉夫防御

这是我第一次参加奥林匹克团体赛。在第 3 轮失利后，我执黑赢了 2 局，重拾了信心。在这场比赛之前的两队（中国队和菲律宾队）交锋战绩，我们队的战绩是一和一负。因此我们都渴望获胜，为奖牌而战。

1.d4 d5 2.c4 c6 3.Nf3 Nf6 4.Nc3

这是我最喜欢的应对斯拉夫防御的着法，迄今为止我用此着法取得了很多不错的战绩。

4...d×c4 5.a4 e6

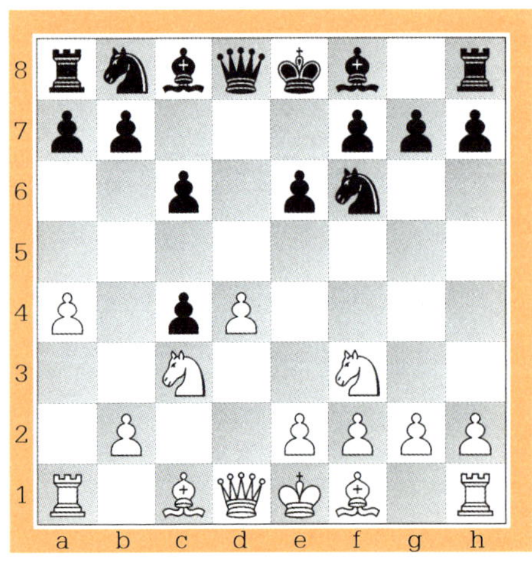

6.e4

与第 2 轮我对布鲁奈罗的对局不同，那盘棋走的是：6.e3 c5 7.B×c4 Nc6 8.0–0 Be7 9.Qe2 c×d4 10.e×d4 0–0 11.Rd1 Nb4 12.Ne5 Bd7 13.a5 Rc8 14.a6 b×a6 15.B×a6 N×a6 16.R×a6 Rc7 17.Bf4 Bc8 18.Raa1 a6 19.Bg3 Bb7，黑方守和。

下这盘棋之前，我告诉自己要尝试一些新东西，多冒点险。最后果然成功了！

6...Bb4 7.e5

7.Bg5 是另一种走法，但在 7...Qa5 8.Bd2 c5 9.B×c4 c×d4 10.N×d4 0–0 之后，白方无法再走 a3。

7...Nd5 8.Bd2 a5

真是意外的惊喜！赛前，我整个上午都在研究 8...b5 开始的主变，这会导致棋局复杂。经过一番思考，对手想出了一个新计划。有人说过，对付弃兵最好的方法就是接受它。也许上一轮我赢了马梅多夫把我这局的对手吓着了，他害怕我已做的准备？

9.B×c4 Be7

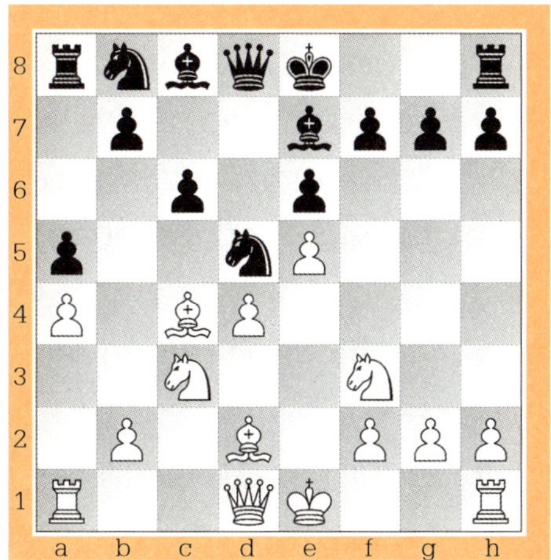

10.h4!?

重要时刻。另一个计划是先易位再进攻。例如，10.0–0 Na6 11.Ne4 Nab4（11...h6 不好，12.Ne1，威胁 13.Qg4）12.Bg5 0–0 13.Ra3 b6 14.B×e7 Q×e7 15.Ne1，白方拥有强大的主动权。实战的这步棋，我想连续冲 h 兵，给对手制造一些弱点。

10...h6?

这是一个严重的失误。10...0–0 也不好，11.Bd3 下一步威胁 12.B×h7。应该走 10...b6 迅速出子。11.h5（11.Bg5 0–0 12.Ne4 Na6 13.Nd6 Nab4，黑方还不错）11...Ba6 12.B×a6 N×a6 13.h6 g6 14.0–0 （14.Ne4 c5）14...0–0 15.Ne4 c5 16.Rc1 Qd7，黑方在后翼有反击手段。d5 马非常强大，它可以保护重要的 f6 格。

11.h5

固定兵形结构并计划走 Rh1–h3–g3。黑方没有很好的办法保护 g7 兵。

11...Na6

也许走 11...b6 12.Rh3 Ba6 13.B×a6 N×a6 14.Rg3 Bf8 来活跃 c8 象会更好，尽管白方仍占优。

12.Ne4

12.Rh3 Nb6 13.Be2 c5 14.Nb5 也不错。

12...Nab4 13.Rh3

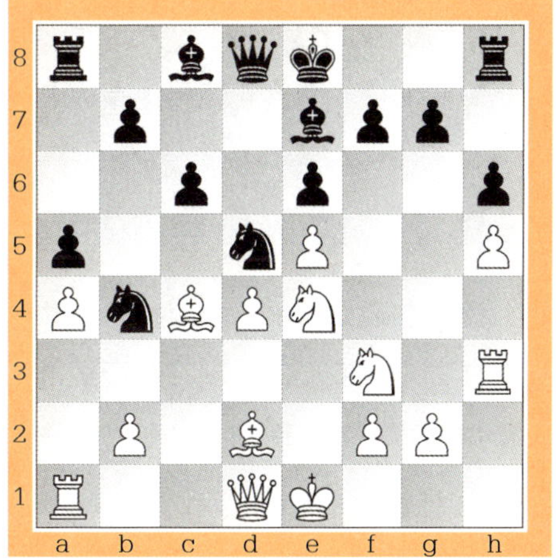

13...b6

1）看似恐怖的 13...0–0 实际上并不管用：14.Rg3 Kh8 15.Qc1! Kh7 16.Kf1 b6 17.Kg1（17.Nh2!?）17...Ra7 18.Nh2，黑方非常危险；

2）13...f5 是最好的选择，尽管在 14.e×f6 g×f6 15.Rg3 Qb6 16.Kf1 Bd7 17.Qe2 0–0–0 18.Rg7 之后，白车突进到了次底线。

14.Rg3 Bf8

唯一可行的着法。

15.Kf1 Qd7

这步看似奇怪的棋，隐藏的计划是：准备 ...Bb7，接着再 ...0–0–0，但有点耽误时间。15...Ba6 不好，会有 16.b3。

16.Qe2!

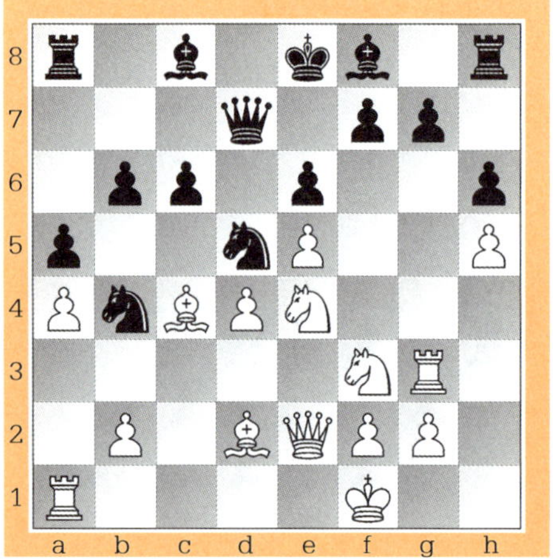

没有必要走 Kg1，因为有 c4 象，王在 f1 是非常安全的。现在我已经准备好发动决定性的攻击了！

16...Bb7 17.Nd6+ B×d6

17...Kd8 看起来怪怪的，18.Ne1 之后，d6 马就像黑方阵营中的一颗炸弹。

18.e×d6 Q×d6 19.Ne5

阻止 19...0–0–0!。对局中，我认为 19.R×g7 并不好，因为有 19...Qf8 20.Qe5 0–0–0。但在 21.B×b4 a×b4（21...N×b4 22.B×e6+）22.a5 b×a5 23.R×a5 Rd7 24.B×d5 之后，白方胜势。

19...Rg8

黑方还有其他选择：

1）19...Nc2 20.Qe4 N×a1 21.N×f7 K×f7 22.Qg6+ Ke7 23.Q×g7+ Kd8 24.Q×h8+ Kd7 25.Rg7+ Ne7 26.Q×h6，是我在走 19.Ne5 之前已经计算到的一路漂亮的变化；

2）19...Qd8 20.Rf3 Nf6，21.d5! 是决定性的一步；

3）19...Rf8 可能是最顽强的防守着法，20.B×b4 Q×b4 21.R×g7 0–0–0 22.R×f7! Nf4! 23.B×e6+! N×e6 24.N×c6 B×c6 25.Q×e6+ Kb8 26.R×f8 R×f8 27.Q×c6 Q×d4 28.Qc2 Qh4 29.Kg1 Q×h5 30.Re1，白方应该能赢。

20.B×h6 f6

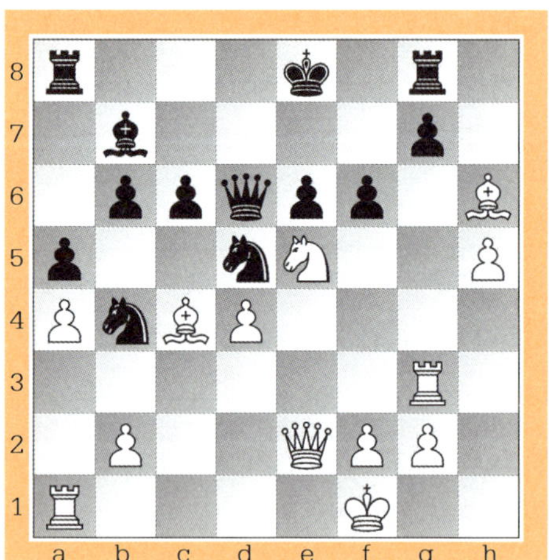

20...Qf8 21.Bd2（漂亮的 21.Ng6 行不通，因为有 21...Qd6）21...0–0–0 22.B×b4 a×b4 23.a5，黑方仍然无望。

21.B×g7!

这着比 21.Nd3 更有力。走 21.Nd3 Qd7 黑方仍可一战。现在威力巨大的黑格象和 h 兵足以弥补子力损失，而黑方的大军（尤其是 b7 象和 b4 马）还在沉睡。剩下的部分就简单了。

21...f×e5 22.h6 0-0-0 23.h7 R×g7

其他着法也不好，23...e×d4 24.Be5 或 23...Rge8 24.Q×e5。

24.R×g7 e×d4 25.Rg8 Qh2 26.h8Q

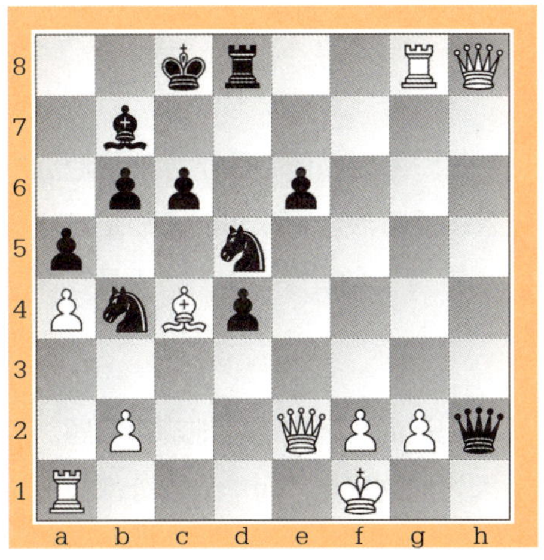

在中局阶段，兵能升变并不常见。

黑方认输。

最终，我们以 3.5 ∶ 0.5 的比分赢得了比赛。

我想说，能为团队而战是我莫大的荣幸。我们五个人有着共同的目标。我们距离金牌只有一步之遥。对我来说，没能夺冠很遗憾，但这是一次难忘的经历。

大学

大多数国际象棋职业选手，尤其是那些能够跻身世界前 50 名的棋手，会优先考虑自己的职业而非大学教育。当然，在大多数领域中，专业化对于成功来讲至关重要。而在竞争激烈的当今社会，能同时在两个领域取得一定的成绩就变得越来越具有挑战性。尽管如此，仍然有一些实力强劲的棋手，如伊恩・涅波姆尼亚奇、阿南德、瓦谢尔・拉格拉夫、列冯・阿罗尼扬、大卫・纳瓦拉、黎光廉、山姆・尚克兰等，他们取得大学学位的同时，还保持了较高的国际象棋水平。

丁立人的父母非常重视教育，并提出“除了棋之外，最好再学点别的什么”。在接受新浪体育采访时，丁立人承认，在休学一年后，他想继续接受高等教育，因为他“那段时间总觉得缺了点什么”。正好一个入学北京大学的机会摆在了他的面前。丁立人表示，无须参加任何入学考试，仅凭自己的国际象棋成绩就能被录取，这更加坚定了他要接受高等教育的决定。在 2017 年接受 ChessBase 网站采访时，他说：“这是一个开阔眼界、学习新事物的好机会。”

2012 年 9 月，丁立人进入北京大学攻读法律专业。考虑到他的数学才能，他选择这一专业有些出人意料。在 2017 年毕业前，丁立人接受新浪体育采访时，他是这样解释的：“事实上，我的数学成绩更好，但由于我从小就看《名侦探柯南》，于是在保送进北京大学时毫不犹豫地选择了法律专业。”

然而丁立人很快发现新的学习生活更多的是要求记忆而不是创造性地解决问题。在一次采访中，他说“感觉学习法律比下棋还难”，因为他的记忆“可能大部分都被棋局占据了”。起初他觉得上课和考试很难，原因是“……早上八点就上课了，而我通常九点或十点才起床！”不过，丁立人是个好学生，尽管因为参加国际象棋比赛而缺了很多课，但他的考试成绩“大约在七八十分”。他意识到大学生活在其他方面对他很有帮助。他扩大了社交圈子，开阔了视野，培养了阅读习惯。他在接受《人民日报》的采访时说：“我找到了自己除了棋之外的兴趣爱好所在，然后更加关心外面的世界。下棋的过程中会更淡定、从容一点。这是对我的国际象棋生涯的最好补充。”

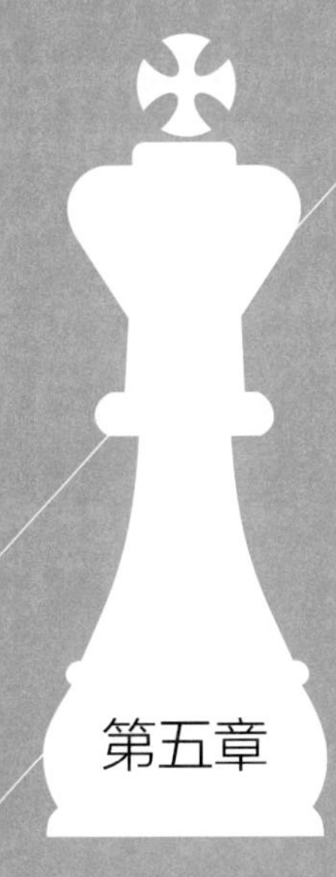

跨越 2700（2013—2015）

“超级特级大师”

2012 年秋，进入大学没多久，丁立人就迎来了他国际象棋生涯中的一个新的里程碑。随着他的成绩稳步提高，等级分突破 2700 分大关只是时间问题。国际棋联 2012 年 10 月的官方等级分榜单显示丁立人的等级分为 2702 分。这一成绩使他跻身“超级特级大师”行列，前提是他能保持这一分数。下一步就看他能否通过“超级特级大师”赛事的考验了。

幸运的是，丁立人没等多久就收到了与世界精英棋手对弈的邀请。2013 年，为纪念国际象棋棋史上第 4 位世界冠军阿廖欣，由巴黎和莫斯科联合举办的阿廖欣纪念赛成为这位 21 岁的年轻人晋级“超级特级大师”圈子的首秀。该赛事参赛棋手的平均等级分为 2745 分，参赛棋手中包括两位世界冠军和当时等级分排名世界第二的列冯・阿罗尼扬。命运使然，丁立人在第 1 轮比赛中就与他对阵。

第 30 局

丁立人（2707）— 列冯·阿罗尼扬（2809）

阿廖欣纪念赛第 1 轮，巴黎，2013 年

斯拉夫防御

1.d4 d5 2.c4 c6 3.Nf3 Nf6 4.Nc3 a6 5.e3 e6 6.c5 Nbd7 7.b4 b6

我对老的主变 7...g6 有一些好的印象（指的是丁立人在 2009 年中国个人锦标赛上对王皓的胜利，请参考第 22 局的分析）。

8.Bb2 a5 9.a3

这里如果走 9.b5，黑方将以 9...Bb7 回应。

9...Be7 10.Bd3 0-0 11.0-0

如果我想通过 11.Qe2 来阻止黑方的下一步，黑方可以在 11...a×b4 12.a×b4 R×a1+ 13.B×a1 b×c5 14.b×c5 之后，走 14...e5 逃脱。

11...Ba6

如果 11...Bb7，白方续以 12.Qe2。

12.Ne1

这就是我的想法！

我想把马跳到 d3 格，这将对中心产生巨大的影响。12.B×a6 R×a6 13.b5 看起来雄心勃勃，但在 13...c×b5 14.c6 Nb8 15.Ne5 Ne8 之后，可以接着走 ...f6，局面对黑方有利。

12...Bc4

列冯思考了三四分钟走了这步棋，这步棋反而给我带来了长期优势。

1）直接走 12...e5 有风险：13.B×a6 R×a6 14.b5 e×d4（唯一的着法）。现在，相比捉车，白方有更强的一着：15.N×d5，其中一种可能的变化是 15...c×b5 16.N×e7+ Q×e7 17.c6 d×e3 18.f×e3 Q×e3+ 19.Kh1 Ne5 20.Nf3，白方掌握主动权；

2）12...Bb7 看上去还不错，但在 13.Na4（阻止 13...e5）13...Qc7 14.Qe2 之后，白方可以再走 Nf3；

3）12...Qc7 13.Qe2 B×d3 14.N×d3 Ne4，可能会更安全。

13.B×c4

阻止黑方 ...b5 冲兵。

13...d×c4 14.Qe2

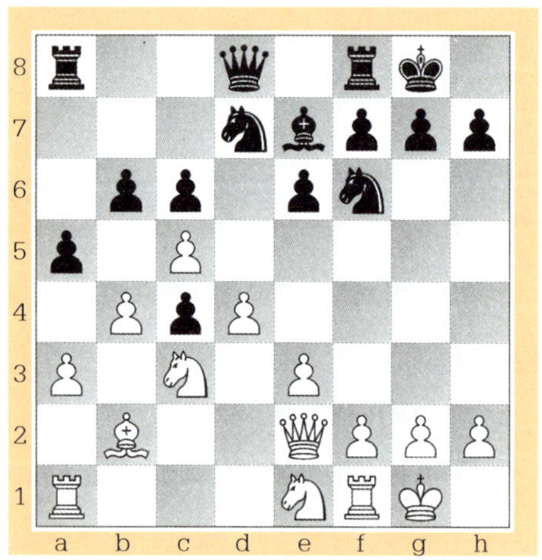

迫使黑方封锁后翼很重要，这样我可以推进中心兵。

14...Rb8

我认为黑方走 14...b5 15.e4 a×b4 16.a×b4 R×a1 17.B×a1 Nb8 18.Nc2 Na6 19.Bb2 Nc7 会更好，在兑车以后，黑方可以有喘息的机会。

15.Ra2

15.Rb1 更合理，但是在实战对局中，我担心对方会有一些战术。我想他接着可能会走 15...b5，这样我在合适的时机可以挺兵 a4 突破后翼。

15...b5 16.e4 Rb7

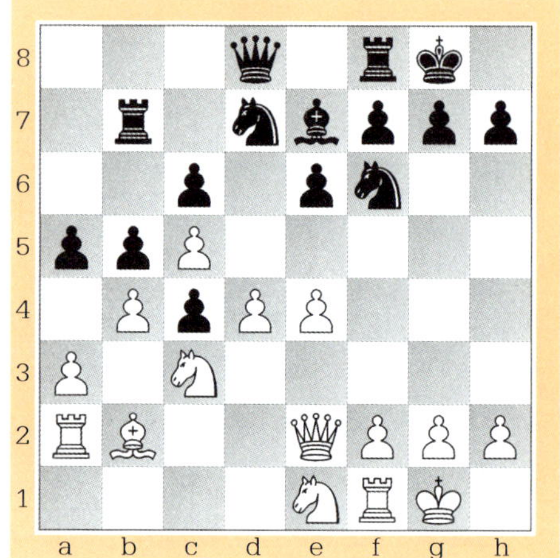

非常有意思的计划。对方想通过这步棋重组子力。

17.Nc2 Nb8 18.Raa1

我没有立即走 18.Bc1，因为会有 18...Na6 19.Bf4 Rd7，黑方威胁 ...R×d4。但是我没有考虑到 20.Qf3 之后可以走 21.Bd6。

18...Qc8 19.Rad1 Rd8 20.Bc1

20.f4 冲兵是另一种发起进攻的方法，但是我更倾向于把象转移到 f4 格。

20...Na6 21.Bf4 Rbd7 22.h3

引擎建议 22.b×a5，然后 Na2 和 Nab4，但要做出这样的决定真的很难。

22...Ne8

这里走 22...a×b4 23.a×b4 N×b4 24.N×b4 R×d4 25.R×d4 R×d4 26.Be3 e5 看起来很漂亮，但会失利于 27.B×d4 e×d4 28.e5，白胜。

23.Qe3

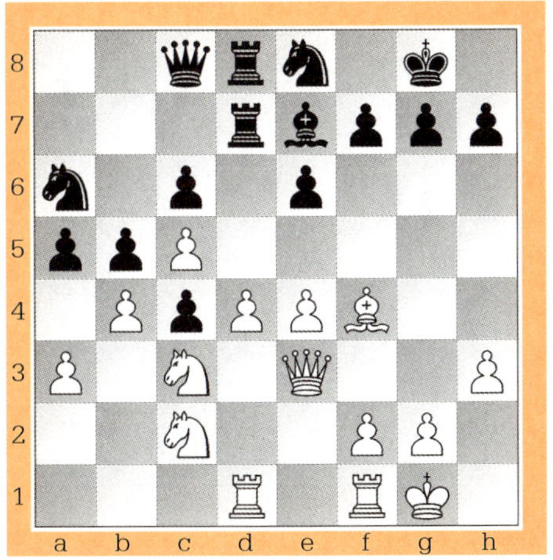

23...Bf6

非常勇敢的一步棋，其实也是最好的一步棋！黑方让出了两先还让我可以把马跳到 d6 格，而他得到了强大的 d5 格作为补偿。其他的续着如 23...Nac7 24.Rd2 f6 25.Rfd1 或 23...f6 24.d5，黑方会非常被动。

24.e5 Be7 25.Ne4

其实，我应该走 25.b×a5 Nec7 26.Qf3 Nd5 27.Bd2，但是谁又能抵挡进攻的诱惑呢?

25...Nac7

25...Nec7 是另一种选择，可能更好，26.Qg3 a×b4 27.Bh6 g6 28.a×b4 Nd5 29.Qf3 Ra7 30.Nd6 B×d6 31.e×d6 Rdd7，黑方局面保持稳固。

26.Nd6 Qa8

26...B×d6 27.c×d6 之后，e8 格上的马显得非常笨拙。

27.Qg3 Nd5

如果黑方走 27...a×b4 的话，我会走 28.a×b4 Qa4 29.Ne3 Q×b4 30.Ng4 Qb3 31.Be3，但是我漏算了 31...f5。走 28.N×b4 会更好，白方明显优势。

28.Ne3

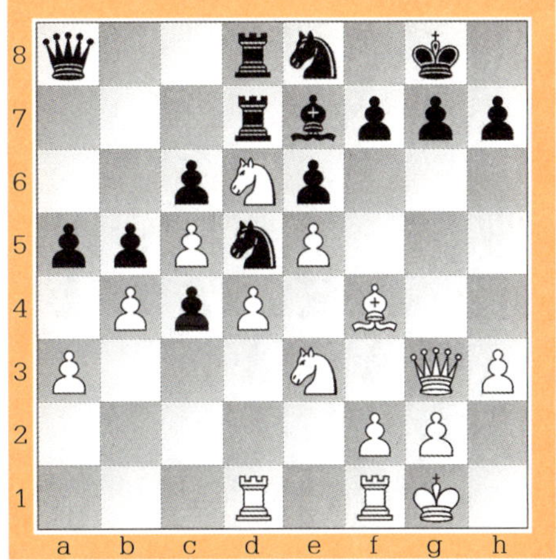

28...Nc3

出人意料的是黑方犯了一个严重的错误。他应该先吃掉 d6 格的马。在 28...Nec7 29.Bh6 Bf8 30.Ng4 Kh8 31.Bg5 Rb8 32.Ra1 之后，接下来是 Bd2，白方明显更胜一筹。

所以，他应该走 28...B×d6 29.c×d6（如果走 29.e×d6，黑方的重点是 29...N×f4，30.Q×f4 a×b4 31.a×b4 Nf6）29...Nc3 30.Rde1 Ne4，现在我需要走 31.Qg4（31.Qh4 Nd2 32.Nf5 Nf3+

33.g×f3 e×f5，会导致局面不明朗）31...Nd2 32.Nd5 N×f1 33.Nb6 Qa7 34.N×d7 Q×d7 35.b×a5 Ra8 36.R×f1 R×a5 37.Qf3，计划是 Bf4–d2–b4，然后推进王翼的兵。

29.Rde1

我当时以为我的局面好很多，但是我漏算了对手的下一步棋。

29...B×d6

起初看到这步棋，我很紧张，但后来我冷静下来，意识到无论如何我还是有优势。

30.e×d6 Ne4 31.Qh4 Nd2

32.Nd5

唯一不丢子的着法！但是有一个更漂亮的变化：32.d5 c×d5 33.Nf5 N×f1 34.Ne7+ Kh8（34...R×e7 35.Q×e7）35.K×f1，白方更优！

32...N×f1

如果 32...Nf3+，白方会以 33.g×f3 c×d5 34.Kh2 回应。

33.Nb6

33.Ne7+ 不起作用，因为有 33...R×e7 34.Q×e7 Nf6。

33...Qa7

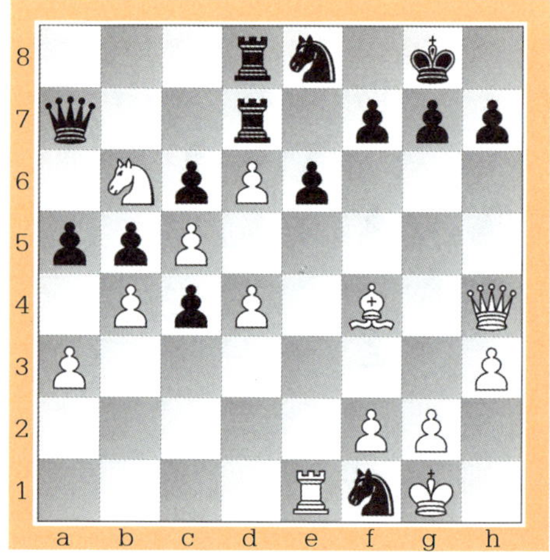

34.R×f1

如果我能算到对手下一步会走什么，我应该会想到走 34.K×f1 来阻止：34...a×b4 35.a×b4 Nf6 36.Bg5 R×d6 37.c×d6 Q×b6 38.B×f6 g×f6 39.Re3 Kf8 40.Qh6+ Ke8 41.Q×f6 R×d6 42.Rg3，经过一系列精确走子，白方胜势。

34...Nf6

另一种可能是 34...a×b4 35.a×b4 Rb8（不应该走 35...Nf6 36.Bg5 R×d6 37.c×d6 Q×b6 38.B×f6 g×f6 39.Ra1，威胁 Ra3，打开 a 线对白方有利）36.N×d7 Q×d7，尽管在 37.d5 e×d5 38.Be5 之后，白方好很多。

35.Be5

35.Bh6 R×d6 36.B×g7 K×g7 37.Qg5+ Kf8 38.Q×f6 R×d4，均势。

在 35.N×d7 R×d7 36.Bh6 Nd5 37.Qg3 f6 38.b×a5 Q×a5 39.Qg4 之后，白方只是略优。

35...Nd5 36.N×d5 e×d5

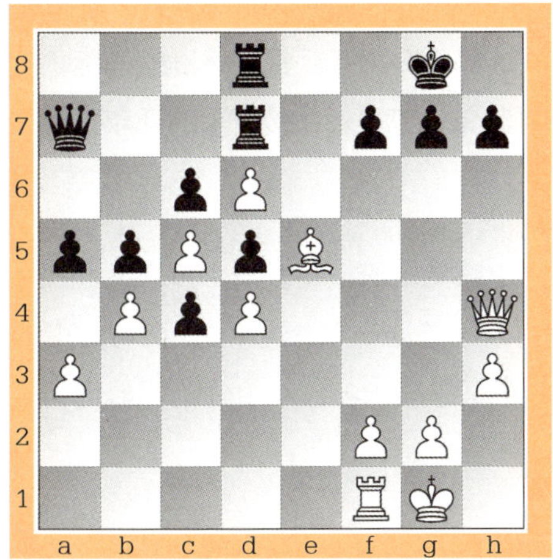

36...c×d5 37.c6 R×d6 38.Qg3，黑方丢车。

现在对局进入关键时刻。

棋钟上还剩大约 10 分钟，我找不到任何决定性的战术，于是我决定走最安全的变化。由于我可能会错过获胜的机会，我感到有些懊恼。

37.B×g7 K×g7 38.Qg5+ Kf8

我突然意识到我可能要赢了。我抑制住激动的心情，先重复走子以完成时限。

39.Qf6 Kg8 40.Qg5+ Kf8 41.Qf6 Kg8 42.Re1

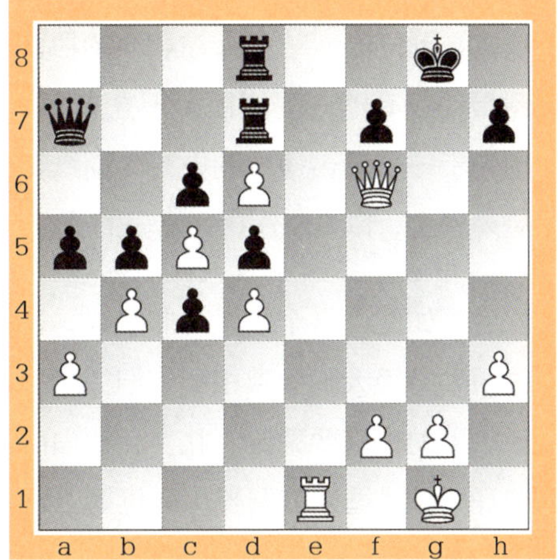

制胜的一着！有时会出现奇迹。我的对手很不幸，他的局面已经毫无希望。

42...a×b4

如果走 42...h6 43.Re3 Kh7，那么 44.Re7 将是决定性的。44...R×e7 45.d×e7 Rg8 46.Q×f7+ Kh8 47.e8=Q R×e8 48.Q×a7 c3 49.Qf7 Re1+ 50.Kh2 c2 51.Qf8+ Kh7 52.Qf5+，白后及时赶到，捉双吃掉快要升变的 c 兵。

43.Re5

当然不能走 43.Re3 Q×a3。

43...h6 44.Rh5

如果 44.Q×h6 f6，黑方能守住。

44...Q×a3 45.Q×h6 f6

45...Qa1+ 46.Kh2 Q×d4 47.Rg5，将杀。

46.Q×f6 1-0

这是丁立人再好不过的首秀了！他在“超级特级大师”的大舞台上展现了自己巨大的潜力。但是，接下来的比赛对这位年轻人来说却是一次磨难。瓦谢尔·拉格拉夫、阿南德和格尔凡德在丁立人的卡罗康防御和王翼印度防御中发现了破绽，使丁立人执黑三连败。与此同时，丁立人在剩余的执白对局中相对容易地被对手顶和，对阵阿罗尼扬的胜利是他仅有的一局赢棋。丁立人 9 轮得了 3.5 分（1 胜 5 和 3 负），成绩几乎垫底，仅领先于一直苦苦挣扎的彼得·斯维德勒。命运使然，他首轮对局的“受害者”阿罗尼扬后来居上，以 5.5 分并列第一的成绩赢得了比赛。

尽管如此，这个结果并非惨败，正所谓“失败是成功之母”。丁立人的表现其实和其他顶尖特级大师大致相当，但很明显他的开局系统需要升级了。顶尖水准的国际象棋棋手执黑时行棋要稳健、扎实，执白时行棋要更加多变。丁立人在接下来的几年里对自己的开局做了适当的调整（详见第二章中的表格）。

在经过如此艰苦的比赛后，丁立人回到中国一定感觉轻松很多。一个月后，他在第四届儋州国际象棋特级大师超霸战中压倒性的胜利证明了这一点。这个温州小伙子以 9 轮 7 分（5 胜 4 和 0 负）以及 2819 分表现分的成绩赢得第一名，以 1 分的明显优势领先并列第二名的卜祥志和倪华。

中国最佳

幸运的是，丁立人在接下来的几个月里收到了更多高级别国际比赛的邀请。2013 年 7 月，他参加了在瑞士比尔举行的布莱萨赫纪念赛。这场有 6 位平均国际等级分 2709 分的棋手参加的双循环比赛，竞争异常激烈。10 轮过后，巴克洛特、瓦谢尔·拉格拉夫、丁立人和莫伊森科四人都以 10 轮得 14 分的成绩并列第一（参考“毕尔巴鄂”计分系统）。

丁立人第 8 轮对阵的是他未来世界冠军赛的助手，这局是本次比赛中最激动人心的对局之一。

第 31 局

理查德·拉波尔特（2693）— 丁立人（2714）

布莱萨赫纪念赛第 8 轮，比尔，2013 年

王翼印度防御

1.d4 Nf6 2.c4 g6 3.Nc3 Bg7 4.e4

这是丁立人在这次比赛中第四次采用王翼印度防御。他的对手一定认为这是丁立人黑棋开局系统中最弱的开局，连主要下 1.e4 的棋手，如瓦谢尔·拉格拉夫和涅波姆尼亚奇，都换成 1.d4 来对付丁立人。

4...d6 5.Nge2 0-0 6.Ng3

拉波尔特之所以选择这个罕见的变化，可能是想让丁立人早点脱离谱着，提前开始临场思考。

6...Nbd7

这位中国特级大师用了一个罕见但又明智的着法回应。大多数棋手会走经典布局：6...e5 7.d5 a5。 然而通常在 f3 格的白马目前却在 g3 格，对白方更有利，因为这会让黑方更难通过主题式的 ...f5 冲兵破坏白方中心的稳定。

丁立人在 ChessBase 网站的对局评注中还提到了 6...a6!?，思路是在白方 7.Be2 后，用类似平科（伏尔加）弃兵 7...c5 8.d5 b5!? 来回应。

7.Be2 h5

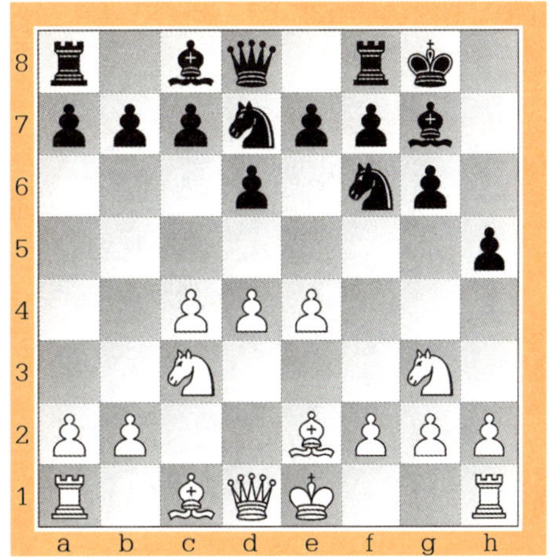

白马在 g3 格的主要缺点是黑方能用兵攻击白马。

8.h4

丁立人说他没有预料到白方走这一步，因为这会削弱 g4 格。拉波尔特显然想让马留在 g3 格。

在上届的比赛（波罗刚—巴克洛特，比尔，2012 年）中，特级大师波罗刚曾在这里走 8.0–0，然后对局如此继续：8...e5 9.d5 h4 10.Nh1 Nh7 ∞。然而，更灵活的 8.Be3!? e5 9.d5 可能更合适，这样白方可以在诸如 9...h4 10.Nf1 的情况下把马腾挪到 d2 格。

8...a6

在明确了王翼的形势后，丁立人走了对局评注中提到的计划 6...a6!?。

9.Bg5

丁立人认为白方 9.a4 是更有野心的走法，可以阻止 ...b5 突破。他给出了下面这个有趣的变化：9...c5 10.d5 Ne5 11.0–0 Nh7 12.f4!? Ng4 13.e5 d×e5 14.f5! ∞。

9...c5 10.d5 b5!

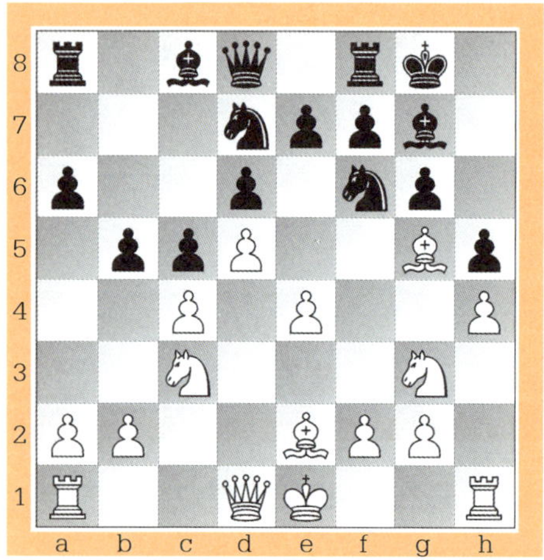

丁立人意识到白方在王翼投入了大量子力，因此他想在后翼开辟另一条战线。他准备好以平科（伏尔加）弃兵类似的方式弃一兵，与白方展开一场开放式战斗。拉波尔特的回应：

11.b3?

让人无比震惊。这位匈牙利棋手不想打开后翼，但这步棋给了黑方很多不错的机会，包括得半子。

11.c×b5 a×b5 12.B×b5 接受弃兵应该会更好，即使在 12...Ba6 之后黑方会获得一个不错的平科（伏尔加）弃兵局面。区别于常见的平科（伏尔加）弃兵中马在 f3 格的局面，如果白方走 13.a4， 黑方可以放心走 13...c4!，然后 14.0–0 Nc5⇄，因为白方无法利用黑方 c6 格的弱点走出巧着 Nf3–d4–c6，把马运到 c6 格。

11...Nh7 12.Bd2 b4 13.Na4 B×a1

丁立人说：“我对自己的局面太乐观了。局中我觉得白方没有任何补偿。但现在我意识到我错了。”

似乎两位棋手都认为黑方必须接受多半子，低估了简单的 13...e6! 会给黑方带来极佳的类似别诺尼防御的局面。例如在 14.Rc1 Bd4 之后，白方的子力配合很糟糕且无法短易位。这是比获取子力优势更好的实战选择，因为黑方在这里有主动权。

14.Q×a1 e5 15.Bh6!?

又是出乎丁立人意料的一着，他原以为拉波尔特会用 15.d×e6 f×e6 16.Bh6（丁立人也算到了 16.e5 N×e5 17.N×c5 会失利于 17...Qf6!，白方无法用 18.Nce4 防御黑方接下来的 18...Nd3+）16...Rf7 17.Qd1 Qe7 打开中心，虽然白方在这里也无法获得足够的补偿。

15...Re8 16.f4

直到现在，丁立人才明白到拉波尔特的意图。白方想要保持中心封闭而不是打开中心，用 f4–f5 冲兵集中火力在王翼进攻，之后还有可能在 h5 弃子。考虑到黑方很难在这个没有开放线的局面中让其多出的车发挥作用，所以白方的这种方法可以理解。

16...Ra7

这步等着本身不是错误，车在第 7 横线将来可能很有用。

然而，16...Kh8! 更有力，白方除了走 17.f5 没有更好的计划。黑方可以走 17...Rg8，快一步激活车。由于 g3 马没根，这个先手在 18.Qc1 g×f5! 之后很重要，迫使白方走 19.N×f5 Ndf6。与实战对局关键的区别在于，黑方在 20.Bg5 B×f5 21.e×f5 Qf8 之后，可以用他消极的象换掉白方的进攻子，而白方剩下的进攻子不足，弃半子补偿不够。

17.f5 Kh8!

这是对白方上一步的最佳回应。黑方应该在 g 线寻求反击。否则，白方可能会对黑王发起危险的进攻。

18.Qc1 Rg8

19.Bg5

拉波尔特诱使对手吃 g5 象，以此打开 h 线。

丁立人承认其实他当时更担心 19.Qe3!?，过度保护 g3 马并保留走 Bg5 的机会。在 19...Ndf6（19...g×f5?! 有可能遭遇 20.e×f5!↑，因为白后在保护白马）20.Bg5 Bd7 之后，根据丁立人的评注，白方有两种有意思的选择：21.N×c5!? d×c5 22.Q×c5 相当于弃车（拉波尔特一定考虑过！），或者 21.Nb2。在这两种情况下，引擎认为黑方好，但要在实战中证明这一点则完全是另外一回事。

19...N×g5?!

丁立人的这着也太挑衅了！允许对方在 h 线攻击自己的唯一理由是：丁立人认为自己无法通过其他方式打开局面。所以丁立人愿意冒这个风险。

相反，19...Ndf6 应该更稳健，准备 ...Bd7。如果白方继续 20.0–0，黑方可以通过 20...g×f5 21.e×f5 Bd7 22.Nb2 N×g5! 打开局面。当车不在 h 线的时候，这着效果会更好：23.h×g5 Nh7 24.Ne4 R×g5! ∓。

20.h×g5 Kg7

黑王需要离开（如果可能的话，快速逃离！）危险区域。由于有 h5 的弃子，白方的进攻变得很有威胁性。

21.Qe3

拉波尔特在进攻 h5 兵前调动了他的后。

21.f6+? 是劣着，因为黑方可以通过弃子来解放他的子力：21...N×f6! 22.g×f6+ Q×f6 ∓。如果走 23.B×h5，黑方可以用 23...Qf4! 得子。

白方也有可能立即走 21.B×h5!?，这很可能会转换成 21...Rh8（21...g×h5 22.N×h5+ Kf8 接受“礼物”，在 23.g6! 之后看上去很危险）22.Qe3 之后的对局。

21...Rh8

丁立人不太确定这一步是否精确，但这么走也不算是坏棋。在这盘对局的评论里，丁立人觉得 21...Kf8!? 会更好，可能是因为可以弥补在 h5 格弃子的损失。然而，白方有另一种进攻方式：22.0–0! Ke8 23.f×g6 R×g6（23...f×g6 还是会遭遇 24.N×h5!）24.Nf5 Nf8! ∞。黑王相对安全，黑方最终形成了类似的防守型子力配合，但仍然是双方互有顾忌的局面。

22.B×h5! g×h5!?

丁立人对他的防御力量充满信心，又做出了一个冒险的决定。22...Kg8 是比较安全的选择。局面可以通过下面的变化继续并保持动态平衡：23.f×g6（或者 23.Bg4 R×h1+ 24.N×h1 Nf8 25.Nf2 f6! ∞）23...f×g6 24.B×g6 R×h1+ 25.N×h1 Nf8 26.Bf5 Rg7。与这个变化相比，黑王在实战对局中更加暴露，但由于少一个车，白方仍然举步维艰。

23.N×h5+ Kf8

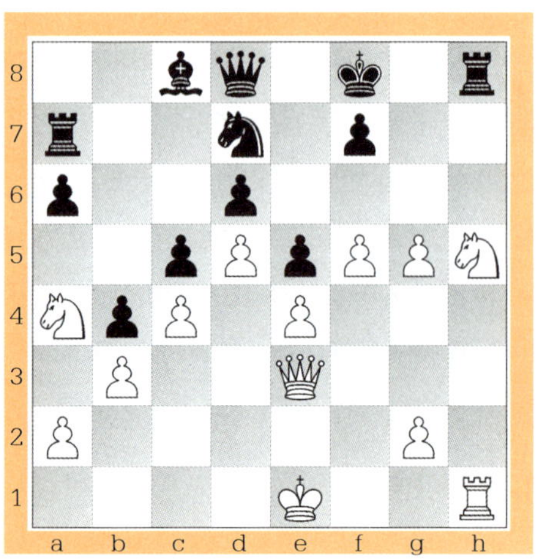

黑方虽然多一个车少两个兵，但在其子力极度不协调并且王不安全的局面中，这种子力优势其实意义不大。拉波尔特在王翼有一个很有潜力的着法，但是他太着急了，没有发现。

24.g6?!

尽管在对手子力还不协调时，拉波尔特利用这步棋制造出了直接威胁，但他也拱手奉送了一些格子的控制权并且在进攻中失去了灵活性。拉波尔特可能低估了对手的第 25 步棋。

拉波尔特需要更加耐心。丁立人建议 24.g4!?。如果黑方继续走 24...Ke8 撤离黑王，白方可以用 25.Qh3! 持续施压。黑方需要找到以下一系列的精确着法： 25...Q×g5!（25...Ke7 26.g6! f6 27.g5+- 或者 25...Rg8 26.Ng7+!+-）26.Ng7+ Ke7 27.Q×h8，现在 27...Nf6! 至少可以确保长将。

24...f×g6 25.f×g6

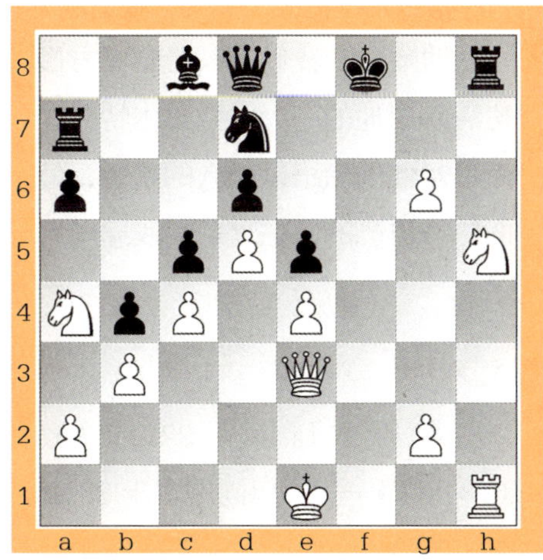

25...Kg8!

这是黑方最佳的机会。丁立人还考虑了下面这个强制性变化：25...Nf6 26.Qg5 Qe7 27.g7+ Q×g7 28.N×g7 R×h1+ 29.Ke2 ∞，准确预料到白方从中不会得到什么好处。 白后在这里非常有力。

26.Qf3?!

这步棋合乎逻辑，但有一点不精确，说明在这个多变的局面中稍有不慎就会出错。如果在 Qf3 之前先走 26.g7 会有明显的不同，因为黑车无法移到更加机动的 h6 格。在 26...Rh7 27.Qf3! 之后，黑方很难施展子力。丁立人指出，颇具吸引力的 27.Qh3 会被精彩的防御着法 27...Nf8! 28.g×f8=Q+ K×f8! 反击。

26...Qe7?!

我们很难评判棋手在如此不寻常的局面中做出看上去合乎逻辑却欠佳的选择。他们可能考虑了，但是由于漏算了一些细节而没有采用引擎推荐的变化。

在这个局面里，最好走 26...Nf8!，立即解放 a7 车和象。白方唯一可以求和的机会是 27.Nb6! N×g6（27...Q×b6?? 28.Nf6+ Kg7 29.Ne8+! Kg8 30.R×h8+ K×h8 31.Q×f8#）28.N×c8 Q×c8 29.Nf6+。白方似乎可以用这着强制长将，但是黑方可以大胆地走 29...Kf7! 30.Nh5+ Nf4! 31.g3 Qf8! 32.g×f4 Ke8，黑王最终逃脱，保留了微弱但重要的子力优势。

27.g4?!

拉波尔特巩固了他在 h5 的马，完全没有意识到黑方可以绕过它。

27.Qf5! 是阻止...Nf8 的关键，让黑方更难激活后翼的子力。黑方可以走 27...Rc7?! 为跳马做准备，但是白方依然可以走 28.Rf1 Nf8 29.Nf6+ Kg7 30.Nh5+ R×h5 31.Q×h5 N×g6 32.Rh1! ∞，让黑方难以加强局面。

27...Rh6!

丁立人找到了最优着法并给对手制造了一个“关键时刻”。

白方并不介意在 27...Qf8 28.Qf5! Q×f5 29.e×f5 之后少一个车或者在 27...R×h5 28.g×h5 Nf6 29.h6 之后丢马，因为他的通路连兵和不安全的黑王给了他足够的补偿。

28.Nb6?

拉波尔特走出一个战术组合赢得了黑后，但付出了太多的子力。

走 28.Qf5!，应该是白方可以再次限制黑方的机会：

1）丁立人打算走 28...Nb6?! 29.Nf6+ Kg7 30.Nh5+ Kh8?，但这会败给 31.Qf3! 和之后的 32.g5。因此他就不得不走 30...Kg8 长将守和；

2）28...Rc7! 是丁立人最有力的应着，不但多重保护 c8 象还保留了很好的机会。例如：29.Rh3 Qe8! 30.g7 Qg6 31.g5 Q×f5 32.e×f5 R×h5 33.R×h5 K×g7∓，所形成的是到目前为止“多一子对付通路连兵”这类局面中，对黑方最有利的一个局面。a4 马离得太远了，无法保护兵。

28...N×b6 29.Nf6+ Q×f6 30.Q×f6 R×h1+ 31.Kf2 B×g4

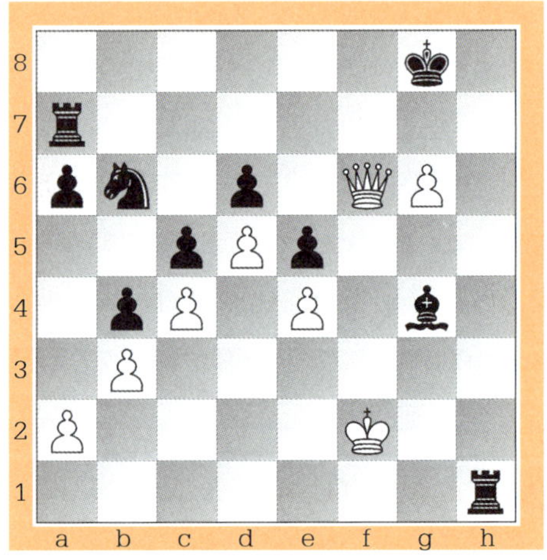

硝烟散尽，我们可以看到黑方最终成功活跃了他的子力。拉波尔特在这个局面里对他的后报以极大的希望，但是他低估了自己的王在之后的残局里有多脆弱。

32.Q×d6

白方原本可以用 32.Qd8+ Kg7 33.Q×b6 得一子，但问题在于 33...Rd7 会孤立白后，使他的局面毫无希望。

32...Nc8!

丁立人确保a7车能和其他子力保持呼应。32...Nd7? 是坏棋，因为有33.Qe7。

33.Qd8+

如果33.Q×e5，丁立人的计划是走33...Re7 34.Qf4 Bh3!，有绝佳的赢棋机会，因为黑方的子力开始协调合作。

33...Kg7 34.Qg5 Bd7 35.Q×e5+

丁立人也考虑到如果白方走35.d6，他的计划是35...Rh3! 36.Q×e5+ K×g6 37.Q×c5 a5 38.Qd5 Bg4!，然后...Rf7+，黑方会取得胜利。

35...K×g6 36.Qg3+ Kh7 37.Qf4

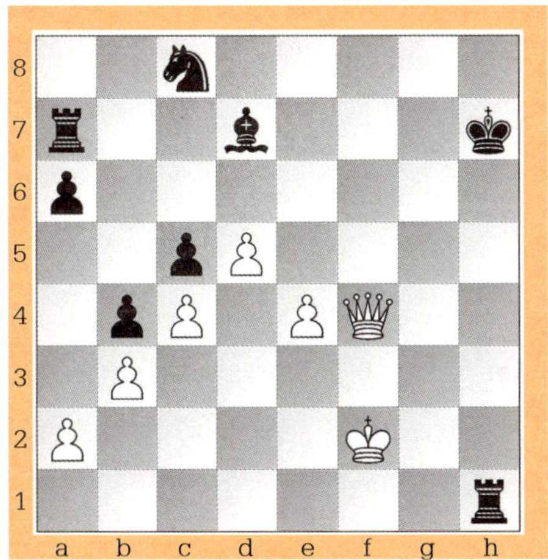

拉波尔特运用他的白后阻止黑方协调子力。然而，丁立人还是找到了应对方法：

37...Be8!

现在已经不能阻止另外一个黑车加入战斗了。黑方只要其他子力能协同作战，就不需要c8马。很快，白王就会成为猎物。

38.Qf5+ Bg6 39.Q×c8 Rf7+ 40.Ke3 Re1+ 41.Kd2 R×e4 42.Q×c5

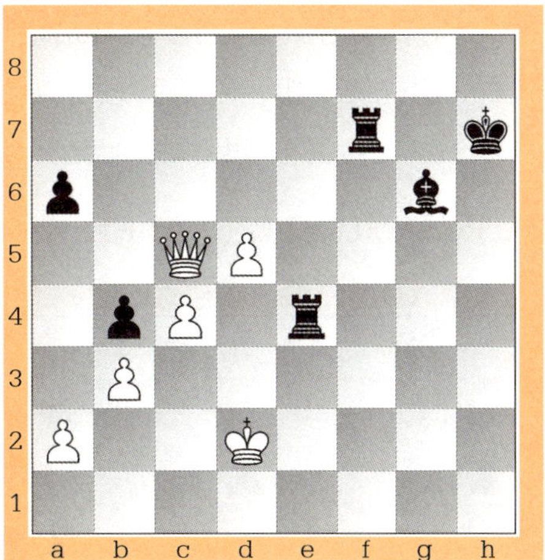

如果白方吃掉足够多的兵，他就有可能挺过这一关。但丁立人确保这种情况不会发生：

42...Rff4!

准备...Rd4+，在白王四周布下将杀网，这是最直接的赢棋方式。

43.d6

白方很想走43.Q×b4，但这会使g1–a7斜线上的格子没有任何保护，并使得黑方可以走43...Rf2+ 44.Kc3（或者44.Kd3 Rc2!）44...Rc2+! 45.K×c2 R×c4+ −+。

43...Rd4+ 44.Ke3

44.Kc1会使白方在44...Rf1+ 45.Kb2 Rb1之后，被强制将杀。

44...Rfe4+ 45.Kf2 Rd2+ 46.Kf3 Red4 47.Q×b4 R×d6

这是最务实的续着，尽管黑方可能

会有更直接的赢棋机会。一旦 d 兵被吃，白方就毫无希望。

48.Qb8 Rf6+ 49.Ke3

白王在中心太过暴露了，即使走 49.Kg3 也无济于事，因为黑方可以走 49...R×a2 吃兵，然后再考虑其他选择。

49...Rd3+ 50.Ke2 Re6+ 51.Kf2 Bh5!

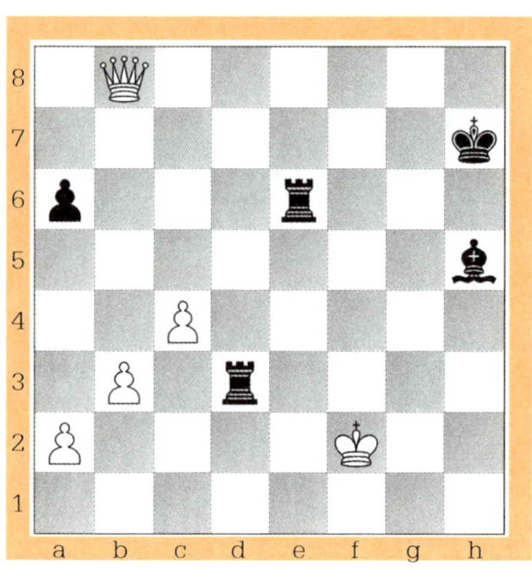

黑象换了一条斜线，敲下了白王棺材上的最后一颗钉子。现在白王已经无法从杀网中逃脱。

52.Kf1

52.Qb7+ Kh6 53.Kf1 改变不了结局，因为在 53...Rf3+ 54.Kg2 Rg6+ 55.Kh2 Rf2+! 56.Kh3 Bg4+ 57.Kg3 Bf3+ 之后，白方丢后。

52...Rf3+ 53.Kg2 Rg6+ 54.Kh2 Rf7

最简单的计划。黑方现在只需要把车放在 h 线，一切就都结束了。

55.Qe5 Rfg7 56.Qf5 Bg4 57.Qe4 Bd7 58.b4 Kh8 59.Qa8+ Rg8 0-1

规则规定如果双方慢棋打平需要快棋加赛决出胜负。丁立人在半决赛的快棋加赛中以 0 ：2 输给了法国新星瓦谢尔·拉格拉夫。法国人在决赛中以 1.5 ：0.5 击败了莫伊森科，最后赢得了冠军。

可能是因为丁立人学业的缘故，2013 年年底到 2014 年上半年是他国际象棋比赛的“平静期”。他代表自己的国家参加了几次团体赛，如 2013 年在土耳其举办的世界国际象棋团体锦标赛，中国队获得银牌，以及 2014 年在伊朗举办的亚洲国际象棋团体锦标赛，中国队战胜印度队，最终夺冠。丁立人在第一台和第二台（2750 分的表现分）的表现是中国队取得这两次团体赛成功的关键。事后看来，这只是中国队取得更大成就的序曲。

丁立人在缺席了 2013 年的中国个人锦标赛后，于 2014 年再次参加中国个人锦标赛。这次，他以 11 轮 7 分（4 胜 6 和 1 负）的成绩获得第二名，仅输给了世界棋后侯逸凡。

在加赛中，丁立人输给了2013年世界青年锦标赛冠军和2014年亚洲锦标赛冠军余泱漪。15岁的韦奕以11轮6.5分的得分并列第三名，他也开始向中国和世界国际象棋金字塔的顶端攀登——之后将详细介绍他在丁立人的棋艺生涯里扮演的角色。

如果从纯国际象棋的角度看，丁立人需要在一些方面加强才能使自己的棋艺更上一层楼。除了前面提到过的开局系统问题，他的局面性下法和残局技术也需要提升。此外在2012年至2014年，他因求胜心切，导致用白棋输了好几盘。想要提升成绩，他必须学会稳中求胜，下棋时不能过于激进，要以更耐心的方式赢棋。之后不久，他的残局技术有了明显的提高，这有助于他以更平衡的方式取得胜利。

结果显而易见。2014年的下半年，丁立人凭借几次出色的表现把等级分从2700分提升到了2750分。其中一次是在第五届儋州国际象棋超霸战中，他9轮6.5分，和卜祥志并列第一，表现分超过2800分。2014年8月，他以2742分的国际棋联等级分首次成为中国等级分最高的棋手！

国际象棋奥林匹克团体赛

2014年的巅峰赛事是8月在挪威特罗姆瑟举办的2014年世界国际象棋奥林匹克团体赛。中国队派出了一支由经验丰富（王玥在一台，倪华在四台）和年轻有为（丁立人在二台，余泱漪在三台，韦奕作为替补）的棋手组成的混合队伍，但这还不是他们的“最佳”阵容。由于各种各样的原因，几个等级分很高的棋手没有参与。“李超没有时间参加预选赛，卜祥志参加了预选赛但未能晋级，王皓未能就参赛条件与棋协达成一致。”一名随队人员告诉Chess.com网站的记者。当时中国队的初始等级分排名是第7位，队员平均等级分略低于2700分，与头号种子俄罗斯队相比逊色不少，俄罗斯各台棋手等级分都超过了2750分。

与两年前夺得金牌的亚美尼亚队一样，中国队在本届奥赛上证明了等级分并不能决定一支队伍的成败。凭借老将超强稳定的表现和年轻队员们的出色发挥，中国队在第8轮比赛后开始领先，并且一骑绝尘。在最后一轮开始前，他们以1分优势领先第二名匈牙利队，最后一轮他们战平或者战胜波兰队就能锁定金牌。

这种生死攸关的比赛总是令人无比紧张，丁立人作为团队的主力之一，他的任务是执白战胜著名开局专家、特级大师加耶夫斯基，为团队的胜利提供保障。

丁立人做到了。

第 32 局

丁立人（2742）— 格热戈日·加耶夫斯基（2659）

奥林匹克团体赛第 11 轮，特罗姆瑟，2014 年

卡塔龙开局

1.d4 Nf6 2.c4 e6 3.g3 Bb4+

加耶夫斯基选择了一个非常有意思的走子顺序来对付卡塔龙开局。更常见的变化是 3...d5 4.Bg2 Bb4+。在这个局面中，除了最流行的 5.Bd2，白方还可以选择 5.Nd2!?，黑方 5...d×c4?? 在 6.Qa4+ Nc6 7.B×c6+ 之后丢子。与 Nd2 这个变化相比，黑方在对局的发展过程中保留了更多的选择。

4.Bd2

如果是走 4.Nd2，黑方不会执着于上面提到的 ...d5 的局面，而是可以用 4...c5!? 攻击白方的中心。

4...Be7!?

这次狡猾的撤退的原因是白方“错放”在 d2 格的白象。

5.Bg2 d5 6.Nf3 0-0 7.0-0 c6 8.Qc2 Nbd7 9.Rd1 b6

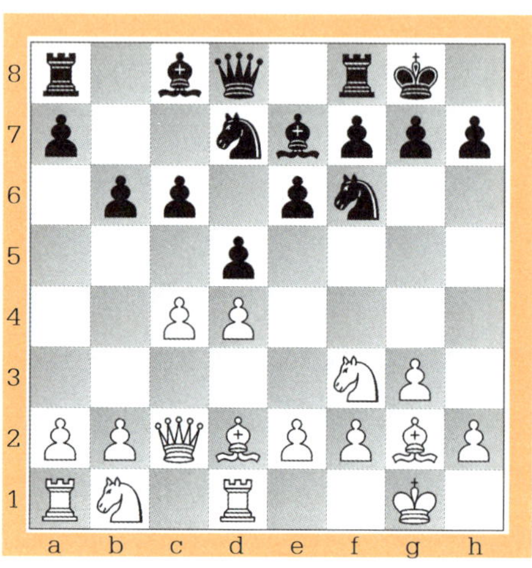

这些开局走子着法在封闭的卡塔龙开局里面都是“半自动的”。黑方依赖于其稳定的中心兵，可以不受干扰地通过 ...Bb7 或 Ba6、...Rc8 等完成后翼的出子。通过 ...Bb4+ 引白方走 Bd2，可以有效地延缓白方 e2–e4 的冲兵计划。如果白象仍旧在 c1 格，白方可以走 Nbd2 并且快速推进 e 兵。由于子力配合不协调，白方在这个局面需要花更长的时间才能实施冲兵计划。

在这个至关重要的对局中，丁立人走了一路分支变化：

10.b3!?

这着缓慢但十分合理。白方巩固了c4兵，使得他接下来可以根据黑方的应着用Nc3或者Bc3/Nbd2出子。

10.Bf4是最常见的着法，有很多相关的开局理论。主变是10...Bb7 11.Ne5 Nh5 12.Bd2 Nhf6 13.c×d5 c×d5 14.Nc6。白方赢得双象优势并且可以试图在接下来的50步棋中稳步取得更多的优势，然而这在实力相当的棋手对局时通常不会成功。

10...a5

加耶夫斯基从几种合理的着法中选择了一种。他的思路就是先走一步基本有用的棋，暂缓出动白格象。

1）10...Ba6是最自然的续着，因为它阻止了白方走Nc3。然而，白方在这里有一个较难对付的局面型计划：11.a4!?，旨在利用黑象略微暴露的位置冲兵a4–a5。这是一种经过充分研究的开局变化；

2）10...Bb7似乎不太吸引人，因为有11.Nc3，但是执黑棋手发现浪费一步先手走11...Ba6!，给c4兵造成不便是完全值得的。

11.Bc3!

丁立人利用对手同样深思熟虑的出子来改善自己最棘手的棋子。象在大斜线更好，马可以占据d2格。

11...Ba6

黑方又有很多选择。这一着导致了尖锐的局面。

1）11...Ne4!?是最合理的选择，在12.Bb2（在这步棋之前，黑方应该知道12.Ne5 N×e5 13.B×e4并不危险，这要归功于过渡着13...f5! 14.B×d5 c×d5 15.d×e5 f4 ⩲）12...f5之后，走向复杂的石墙防御的中局；

2）我的开局棋谱建议走11...Bb7 12.Nbd2 Qc7! 13.e4 d×e4 14.N×e4 c5，这是能让黑方接近均势的可靠着法。

12.Nbd2 b5!?

加耶夫斯基走了最重要的一着，试图利用白方布局的弱点，比如c3略显尴尬的象以及不受保护的e2兵。

12...c5是更“常规”的选择，在13.d×c5 b×c5 14.e3 Qb6 ∞ 等之后，局面可能转化成典型的“悬兵”中局结构。

13.e4

丁立人别无选择，但是不管怎样白方都想要走这步棋。这时中心局势变得紧张起来。

在其他情况下，可以考虑用13.c5封锁黑方，但是在这里这样走是错误的，因为在13...b4后，白方会丢掉e兵。

13...b×c4

这不是最精确的应着。13...d×c4 应该是较好的走棋顺序，因为如果白方以 14.e5 回应，黑马就有机会占据 d5 格。在 14.b×c4 b×c4 15.Rac1 之后，可以走到典型的卡塔龙开局的局面，白方弃兵以获得强大的中心兵作为补偿。黑方的局面依然稳固并且想要通过 ...c5 或者 ...e5 的突破来扳平局面。

14.b×c4

双方都直接兑子，但是 14.e5! 值得重视，因为白方在 14...Ne4 15.N×e4 d×e4 16.Q×e4 c×b3 17.a×b3 Bb5 18.h4 ± 或 14...c×b3 15.a×b3 Ne8 16.B×a5 Qc8 17.b4! ± 之后，可以获得不错的空间优势。

14...N×e4

黑方想要简化中心。14...d×c4 仍可行，会出现我们讨论过的 13...d×c4 之后的局面。

15.N×e4 d×e4 16.Ne5!

白方再次被迫下出了局面中最积极的一着。16.Q×e4?! 是糟糕的选择，因为 16...B×c4 17.Q×c6 Bd5∓。

16...f5?!

也许是因比赛形势或者是同样为争夺奖牌而战的波兰队的总体策略，决定了加耶夫斯基在这场比赛中需要冒一些风险。或许他只是认为 16...f5 是这个局面中最好的着法。不管怎样这着都太激进了，并且弃兵的回报也不明确。

16...N×e5 本应是最直接的应着，在 17.d×e5 Qc7 18.B×e4 g6 19.Qa4 之后，白方因为子力更加活跃而占优。黑方的局面非常稳固，在 19...Bb4!? 20.B×b4 a×b4 21.Q×b4 Q×e5 22.B×c6 Rab8 之后，有很好的机会形成均势。

17.N×c6 Qe8 18.B×a5

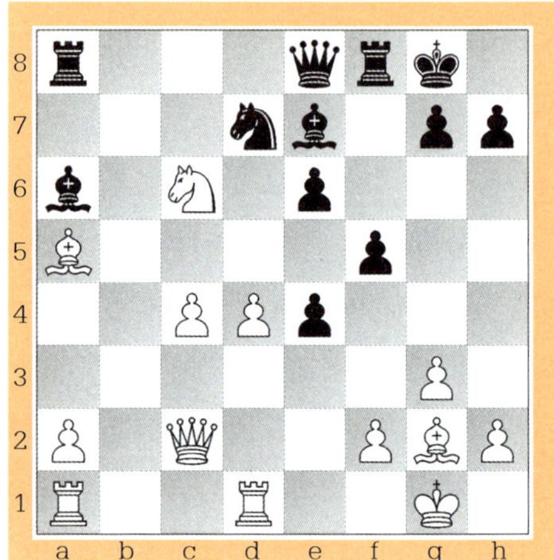

白方多出一兵，然而这还不能成为这个双方互有顾忌的局面的决定性因素。黑方依靠 e4 兵的力量封锁住了 g2 象并且确保 d3 和 f3 格将来成为潜在的中心前哨据点。如果黑方能阻挡白方后翼的兵并且在王翼发起进攻，他的弃兵就是合理的。但是加耶夫斯基马上就出现失误：

18...Nf6?!

黑方应该无视 c6 马，走 18...Bf6 以保住他的黑格象。让我们用下面这个合理的变化举例说明：19.Bb4 Rf7 20.Rac1 Rc8 21.d5 e×d5 22.c×d5 Ne5 ±。黑方可以用 d3 前哨马反击。

19.d5

这是合乎逻辑的续着，白方渴望推进中心兵，但是他还有更好的选择。

用 19.N×e7+ Q×e7 赢得双象优势看起来很诱人，但是丁立人不喜欢这样的兑子，有可能是因为这会帮助他的对手更快地调动子力。他可能没考虑 20.Bd2! Rfc8 21.Bf1! 会巩固其多兵优势，因为白方控制了所有重要的中心格并且可以通过 Be3、a2–a4 等着法平稳地改善局面。

19...Bb7?

感觉 c6 马让黑方很不舒服，黑方想要不惜一切代价强行换掉马。但是，这种被动的策略并不符合弃兵精神。

19...e×d5 20.c×d5 Bd6! 更主动。若白方现在走 21.Bb4 B×b4 22.N×b4 兑掉挡路的象，黑方可以 22...Bb5! ±，牢牢地封锁住白方在 a4 格和 d7 格的通路兵，并准备 ...f5–f4 冲兵反击。由于没有白格象，白方在这里想要利用多出的兵并不容易。

20.N×e7+ Q×e7

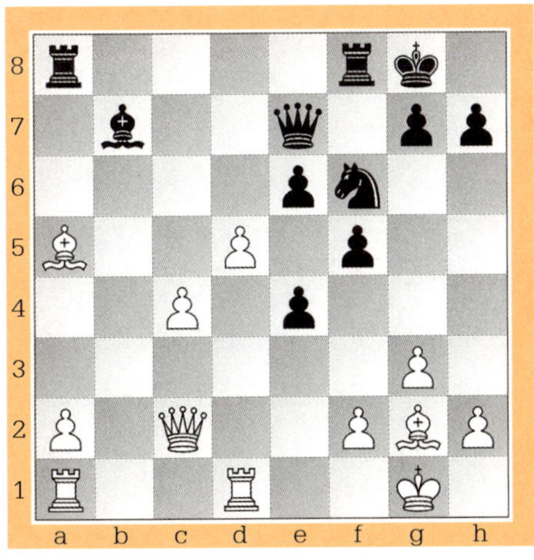

丁立人在获得双象优势之后拥有主动权，因为黑方少兵且几乎没什么补偿。然而，丁立人的下一步使转换优势的任务变得更加复杂：

21.Bc3?

很难说丁立人弃掉 d 兵是无意的，还是计算上的失误。丁立人有更好且更简单的选择，例如：

1）21.Qc3!? 威胁走 22.Bb4。如果 21...Qf7，丁立人可以简单地走 22.d×e6 Q×e6 23.Bb4，保留多出的兵和双象，从长远来看胜算很大；

2）引擎认为应该走 21.d6，白方在 21...Qd7 22.Bc3! Bc6 23.B×f6 g×f6 24.c5 之后是胜势！很难否认这可能是最直接的方法。然而，我们也能理解为什么丁立人拒绝了这个变化，因为白方如何突破对手的封锁是个难题。

21...e×d5 22.Rab1!

正确的续着——可能是丁立人事先准备好的。黑方必须应对 Bb4 的威胁和与 b7 象相关的潜在战术。22.B×f6?! Q×f6 23.c×d5，由于 23...B×d5!= 而不起作用。

22...Rf7

加耶夫斯基走了最安全的一着，过度保护轻子，并使他的王避免来自 a2–g8 斜线的将军。尽管如此，更勇敢的 22...Rfd8!? 可能会给他带来更多好处，因为白方无法保住多出的兵，就如以下这些变化所示：

1）在 23.B×f6 g×f6 24.c×d5 B×d5

之后，由于白方的远方通路兵和黑方脆弱的王翼，白方在实战中仍然更胜一筹，但这与白方几步棋之前拥有的优势相去甚远；

2）23.Qb3 Bc6 24.Qb6 也无济于事，因为 24...Be8!= 暴露了 a2 兵；

3）23.Bd4!? 可能是争取胜利的最佳方式。在 23...d×c4 24.Q×c4+ Nd5 25.a4 ± 之后，白方保持了双象优势并有一个远方通路兵，但这并不意味着黑方没有机会守和。

23.B×f6 Q×f6?

这个错误的回吃可能是因计算失误。黑方本应接受少兵的事实并走 23...R×f6 24.c×d5 Ba6 ±，用车牢固地封锁 d6 格。丁立人很难破解这种局面。

24.c×d5 Rd8?

加耶夫斯基继续吃 d 兵的计划，但他低估或错过了一些能帮助白方保住 d 兵的战术细节。

24...Qd6 是无奈之着，其他选择更糟糕。尽管黑后的封锁能力很差，但它能为黑方子力重组赢得时间，并提供比实战对局中更顽强的抵抗。例如，25.Bf1 h6 26.a4 Rc7 ±，黑方仍在抵抗。

25.d6!

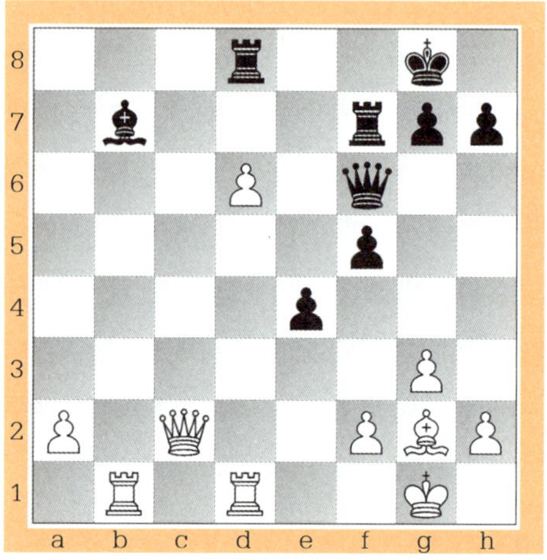

这个兵生龙活虎，黑方如果不能尽快除掉它，将会“如鲠在喉”。

25...Ba6

加耶夫斯基试图把他的象运到 d3，以拦截白方对 d 兵的防御。然而，丁立人会予以反击。25...R×d6 26.R×d6 Q×d6 的问题在于黑方会因为这个战术丢子：27.R×b7! R×b7 28.Qc8+。

26.Qc6! Bd3 27.R×d3!

这是关键。恼人的黑象被消灭掉了，白方终于可以让其无所事事的象加入战斗。

27.Rb6? 会让黑方用一个先手将车“解救出来”：27...Rfd7，白方突然无法获胜了。

27...e×d3 28.Bd5 Kf8

28...Q×d6 不行，因为在 29.Q×d6 R×d6 30.Rb8+ 之后，会出现底线闷杀。

29.B×f7 Q×f7 30.Rd1

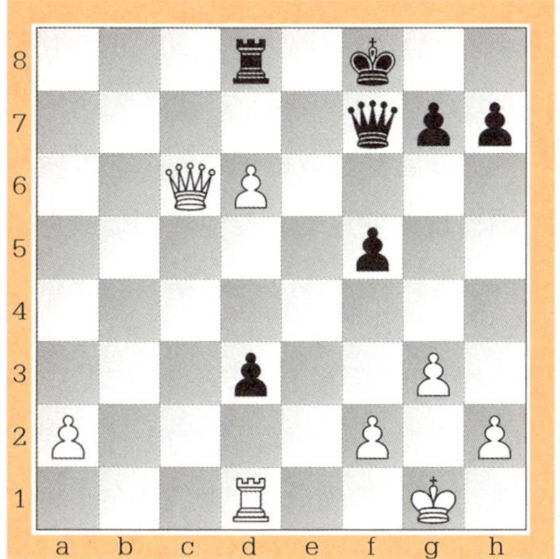

这是最简单的着法。白方只需要吃掉 d3 兵就能稳稳获胜。

30...Q×a2 31.Qc7!

这个精确的过渡着迫使黑后又陷入被动。

31...Qa8 32.d7 d2

32...Qb8 无济于事，因为在 33.Qc5+ Kg8 34.Qd5+ 之后，白方可以 R×d3。

33.R×d2

由于 d7 格多出的一兵，白方获胜只是时间问题。丁立人利用兵升变的威胁以及对王的进攻，把优势转化成胜利。

33...Qa1+ 34.Kg2 Qf6 35.Re2 f4 36.Qc5+ Kf7 37.Qh5+ Qg6 38.Qd5+ Kf8 39.Re5 f×g3 40.h×g3 1-0

这盘棋称不上丁立人下得最好的一盘棋，但无疑是最令人难忘的一盘棋！当 2900 分表现分的余泱漪击败 16 岁的波兰新星杜达时，中国队的庆祝活动开始了！

▲中国队的队员们在特罗姆瑟获得 2014 年奥赛冠军后激动地庆祝
（摄影：德克·扬·腾·古赞丹，*New in Chess* 杂志）

继 2006 年在意大利奥赛获得银牌之后，中国队在本届奥赛上又取得了好成绩，并实现了“四步走”战略的第三步。在闭幕式新闻发布会上，中国选手将团队精神和适应“欧美风格以及扎实的开局”视为成功的关键。他们在比赛中取得了令人印象深刻的 8 场团体胜利，并在与俄罗斯、荷兰和乌克兰的比赛中取得了 3 场平局。对获得 7.5 分（5 胜 5 和 0 负）以及 2831 分表现分的丁立人来说，胜利以后他更在意国际象棋在世界范围内的影响力，他说：“我相信会有更多的孩子开始喜欢这项运动。希望我们能成为像欧洲足球俱乐部那样的明星队！”

丁立人在奥赛中优异的个人成绩使他在 2014 年 9 月的国际棋联等级分榜上以 2754 分的成绩跃居第 15 位，创下了历史新高。遗憾的是，丁立人在一周以后的土耳其联赛中表现不佳，这导致他的等级分大幅下降，直到年底才重回等级分榜的前 20 名。尽管如此，他在 2014 年整体成绩的提升并没有被忽视，在接下来的几个月里，他收到了两场“超级特级大师”赛事的邀请。

第一个是 2014 年 11 月在莫斯科举行的彼得罗辛纪念赛，参赛棋手的国际棋联平均等级分为 2748 分。与 2013 年的阿廖欣纪念赛相比，丁立人的发挥明显不同。与中国队在奥赛中的表现一样，丁立人适应了精英棋手以稳健为主的棋风，7 盘棋全部和棋。更好的开局准备以及改进过的局面型弈法和残局技术助力他与强劲的对手平起平坐，尤其在执黑的时候。尽管丁立人的最终成绩并不理想，但他在比赛中的不败战绩表明他已经具备了参与最高级别比赛的基本素养。

引人瞩目

每个国际象棋爱好者都知道，每年年初的维克安泽大赛（也被称为“塔塔钢铁大赛”）是特别引人瞩目的超级赛事。主办方经常通过邀请国际象棋新星、风格激进的棋手以及荷兰顶尖棋手来让比赛更有看点。2015 年，丁立人首次收到邀请参加这一享有盛誉的第 77 届维克安泽大赛。在由世界冠军马格努斯・卡尔森领衔，以及法比亚诺・卡鲁阿纳和列冯・阿罗尼扬等几位重量级棋手组成的 14 人的参赛队伍中，丁立人的等级分 2732 分排序最低。

丁立人的比赛过程有喜有忧，第 1 轮输给卡鲁阿纳，但在这之后连胜 3 局，4 轮之后排名并列第二。

正如丁立人在下面的评注中解释的那样，他在第 4 轮对阵拉贾波夫的胜利是一场跌宕起伏、充满风险但最终取得成功的对局。

第 33 局

泰穆尔·拉贾波夫（2734）— 丁立人（2732）

维克安泽大赛第 4 轮，维克安泽，2015 年

王翼印度防御

1.d4 Nf6 2.c4 g6 3.Nc3 Bg7 4.e4 d6 5.Nf3 0-0

形成王翼印度防御。我从小就开始执黑棋下这个开局。

我的对手泰穆尔·拉贾波夫是这个开局的著名专家，经常会提出一些重要的理论。我仔细研究了他的对局，以加深我对这一开局的理解。

6.h3 e5 7.d5

我执黑执白都下过这个局面，得出的结论是先 7...Nh5，然后再 ...f5 的计划可能最符合局面精神。

7...Nh5

另一种流行的着法是 7...a5，思路是 ...Nb8–a6–c5 或 ...Nfd7–c5。

8.g3 f5

许多棋手更喜欢用 8...Qe8 先控制 e6 格。例如：8...Qe8 9.Be2 f5 10.e×f5 g×f5 11.Nh4 Nf6，局面不明朗。

9.e×f5 g×f5 10.Ng5 Qe8

这是由马克西姆·罗德斯坦因提出来的，在我看来是相当重要的一着。

11.Be2

如果是 11.c5，黑方走 11...Nf6。

如果是 11.g4，黑方在 10...Qe8 之后的重点是 11...Nf4。

11...Nf6 12.Be3

这里 12.g4 并不像前一个变化起作用：12...h6 13.Ne6 B×e6 14.d×e6 Q×e6 15.g×f5 Q×f5 16.Rg1 Kh8，而在 ...Nb8–c6–d4 之后，黑方就脱离了危险。因此，白方可以在 12...h6 之后走 13.Nf3，此时局面看起来相当平静。

12...Na6 13.Qd2

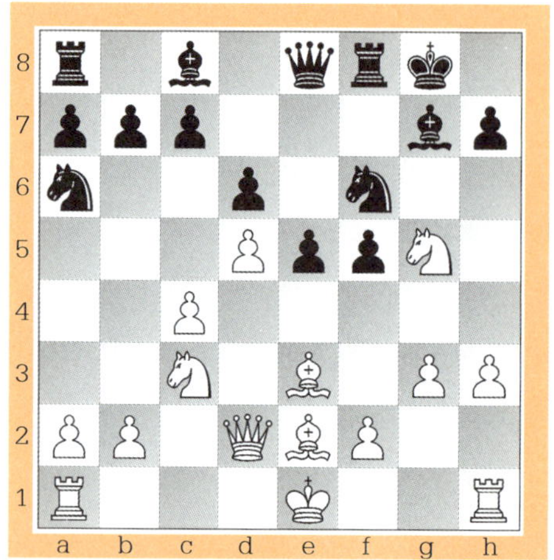

13...Bd7

这着不精确。我一直在计算 13...h6 或 13...Nc5 之后的变化，但都行不通。最后我下了一步我认为有用的等着。

我应该走 13...Nc5 14.b4 Na4 15.Nb5 Qe7!。我错过了这个简单却有力的变化。或者说，我不想把马留在 a4 格。此外，白方也无法为他的王找到一个安全的位置。

如果是 14.0–0–0 h6 15.Nf3 Nce4 16.N×e4 N×e4 17.Qc2，与实战对局相比，我可以立即在后翼采取行动：17...c6!，会出现非常复杂的局面；例如，18.d×c6 b×c6 19.g4 d5 20.g×f5 B×f5 21.Nh4 Bh7 22.Rhg1 Ng5 23.Qd2 Ne4，这可能会重复局面。

13...h6?! 不是好着，在 14.Nf3 Nc5（14...Kh7 15.Nh4）15.B×h6 Nfe4 16.N×e4 N×e4 17.Qc1! 之后，白方净多一兵（当然不能走 17.Qe3? f4 18.Q×e4 Bf5，会丢后）。

14.0-0-0 h6

我先走 14...h6，因为我想避免在 14...Nc5 15.g4 h6 之后可能出现的 16.Ne6!?。

15.Nf3

现在 15.Ne6 行不通了，因为有 15...B×e6 16.d×e6 Q×e6 17.B×h6 Ne4。

15...Nc5

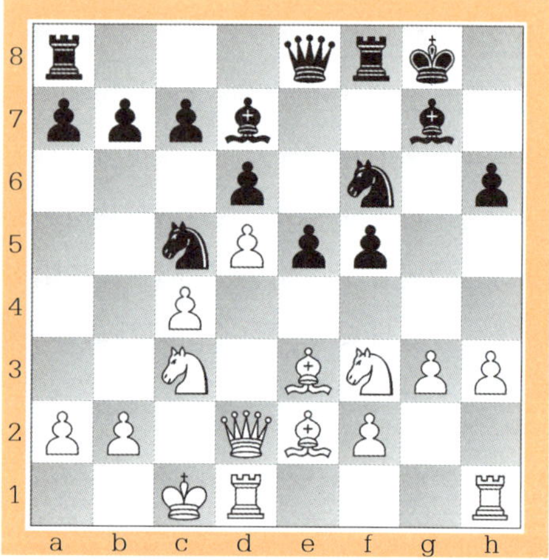

16.Nh4

现在白方威胁 17.g4。

1）在这里，我担心的是直接以 16.g4 开始的变化：16...Nce4 17.N×e4 N×e4 18.Qc2 N×f2 19.B×f2 f×g4 20.h×g4 e4 21.g5，这里 21...h5! 是一个非常重要的细节（21...e×f3 会碰到 22.Bd3）。黑方似乎可以稳住局面：22.Rde1 Bg4 23.Bd4 B×f3 24.B×f3 R×f3 25.B×g7 K×g7 26.R×e4 Qf7 27.Qe2 Rf2 28.Q×h5 Q×h5 29.R×h5 Raf8，局面大致相当。

22...Qf7 也有可能，但很难在实战中走出：23.Q×e4 Rae8 24.Qd3 Qf4+ 25.Qd2 B×b2+! 26.Kc2 Q×d2+ 27.K×d2 Bg4，局面相当；

2）我根本没想到引擎建议的着法：16.B×c5 d×c5。

16...Nce4 17.N×e4 N×e4 18.Qc2

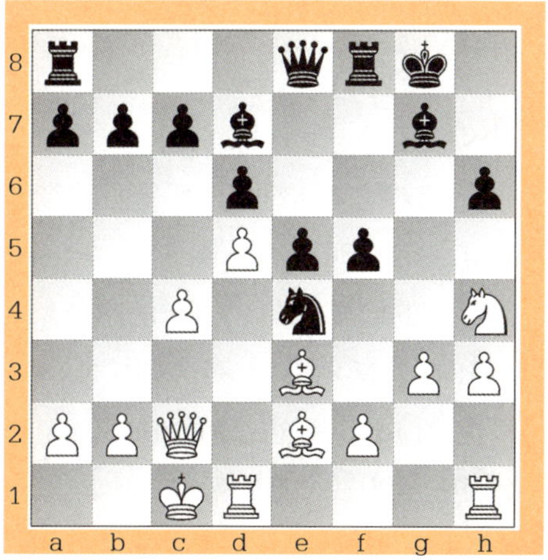

18...Ng5

唯一可行的着法。18...Qd8 失利于 19.Bd3。18...Nc5 可以用 19.g4 来回应。

19.Bd3

非常有趣的想法。对手想引我走 ...e4 并固定我的兵形。

19.Kb1 有点耽误时间：19...Ba4! 20.b3 Bd7 21.Bd3 Qf7，黑方可以沿着大斜线进攻。

19...e4

19...Qf7 更强：20.f4 e×f4 21.g×f4 Rae8 22.Rde1 Ne4 23.Rhg1 Kh7，此时黑方通过积极的下法保持局面平衡。

20.Be2

现在我们可以确定白方的局面略优。

20...Rc8

20...Rb8 是支持 ...c5 冲兵的另一种方式：21.Kb1 c5 22.d×c6 b×c6 23.Bd4 B×d4 24.R×d4 Rf6 25.Rhd1，白方稍好。

21.Kb1 c5 22.d×c6 R×c6

23.Qd2

对手在这里有很多选择，比如 23.Qb3 或 23.Bd4。

此外，23.c5 也值得考虑：23...d×c5 24.Bb5 Rc7（24...Ne6!?）25.R×d7 R×d7 26.B×c5 Rff7 27.B×a7 Qe5 28.B×d7 R×d7 29.Ng6 Qb5。白方多一兵，但黑方有典型的王翼印度防御式的反击。

23...Be6 24.B×g5

24.Bd4 是一种更安全的下法：24...Qf7 25.B×g7 K×g7 26.Qd4+ Kh7 27.b3，此时白方有稳固的优势，例如：27...f4 28.Bg4!。

24...h×g5 25.Q×g5 Ra6

我想我的弃兵肯定得到了足够的补

偿，但我没能找到最佳着法——那就是25...b5!：

1）26.Bh5 Qb8! 27.Ng6 b×c4 28.Ne7+ Kh8 29.Rd2 Rb6 30.Ng6+ Kh7 31.N×f8+ Kg8 32.Q×g7+ K×g7 33.N×e6+ Kh6 34.Rc1 K×h5 35.R×c4，这可能是均势，但黑方更容易下；

2）26.c×b5

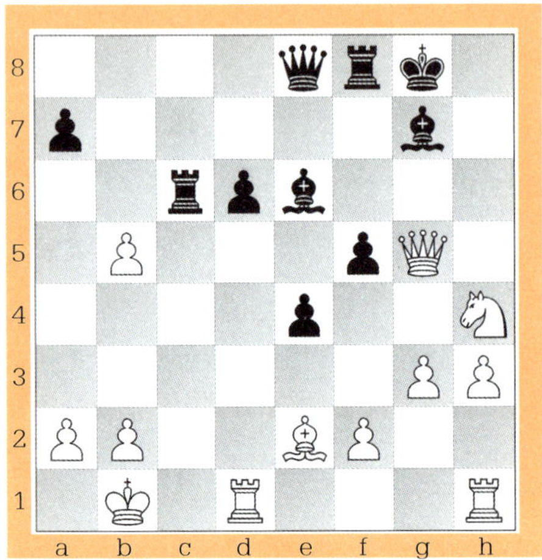

分析图

遇到了令人吃惊的26...Ra6!! 27.a3（27.b×a6 Qa4）27...R×a3! 28.b×a3 Ba2+! 29.Kc2 Qc8+。我想如果我能在棋盘上走到这个局面，我一定会赢得最佳对局奖（如果有的话）。

而25...R×c4（25...Rb6 26.Rd2）几乎是强行和棋：26.B×c4 B×c4 27.N×f5 R×f5 28.Q×f5 Qa4 29.a3 Qb3 30.Qc8+ Kh7 31.Qf5+ Kg8。

26.Rd2

如果26.b3，那么26...b5就更厉害了，因为27.c×b5?会被27...B×b3反击。

26...b5?

一步坏棋。

实战对局中，我在选择26...b5还是26...Qa4时犹豫不决。在26...Qa4 27.b3之后，黑方可以选择长将或者继续27...Rb6（27...Q×b3+ 28.a×b3 Ra1+ 29.Kc2 Ra2+，形成长将）28.Qe3 Qa5 29.Rc1。

27.Rc1

我和对方都错过了强有力的续着27.g4!，只想到了27.Rc1这着。当时我想的最好的结果是在27...Qd8 28.Q×d8 R×d8 29.N×f5 b×c4 30.N×g7 K×g7 31.Rc1 Rc8 32.Rc3 d5 33.f3之后，能走到少一个兵的残局。

27...Qf7

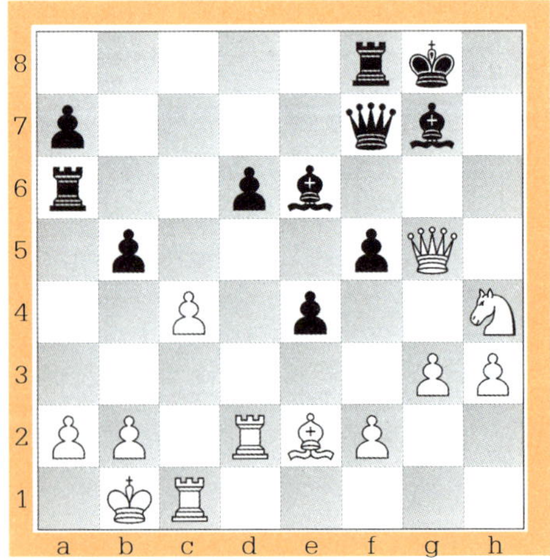

我无法看清形势，于是在这里向对手提和，我想愉快地享受休息日。

28.Ng6

28.b3非常自然，但不能给白方带来任何优势：28...b×c4 29.B×c4 B×c4 30.R×c4 Kh7! 31.Ng2 d5 32.Rcd4

B×d4 33.R×d4 Rd6 34.h4!?，局势复杂。

28.g4 就不那么有效了：28...f×g4 29.h×g4 Qf6!，黑方安然无恙。

引擎推荐的变化是 28.Qg6 Rc6 29.Rdc2 f4 30.Q×e4 d5，能看出处理这个局面有多难。

28...Bf6

我想把对手的后从 g5 格赶走，并且避免 Ne7 的可能性。

29.Qh6?

令人惊讶的是，这是一个致命性的错误。对手本应通过 29.Qh5 b×c4 30.N×f8 Q×h5 31.B×h5 K×f8 兑后，虽然黑方拥有强大的中心兵，但结局不会太糟。

29...Rb8

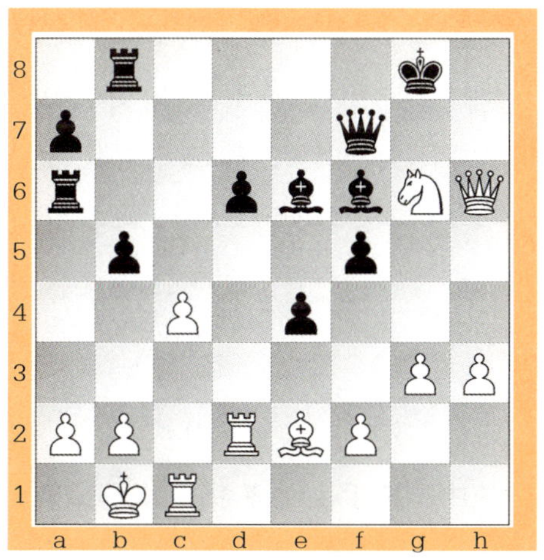

现在，我所有的棋子都摆放得恰到好处。

30.Nf4 B×c4 31.R×c4

31.B×c4 也要输：31...b×c4 32.Nd5 B×b2 33.R×b2 R×b2+ 34.K×b2 Q×d5 35.Qg6+ Kf8 36.Qf6+ Ke8 等。

31...b×c4 32.Nd5 Bg7

唯一且足够好的一着。当然不能走 32...B×b2? 33.Ne7+ Q×e7 34.B×c4+。

33.Qg5 c3

唯一且不难找到的取胜着法。

34.Bc4

最好的实战选择。如果 34.N×c3 Rc6 35.Nd5 Q×d5! 36.Q×g7+ K×g7 37.R×d5 Rbc8，白方的局面毫无希望。

34...c×d2

我认为 34...Kf8 可能更简单，但我没有走，因为有 35.Rc2 Rc6 36.Bb3，错过了巧妙的 35...Ra5!。

35.Nf6+ Kf8 36.Nh7+ Ke8 37.B×f7+ K×f7 38.Q×f5+ Kg8

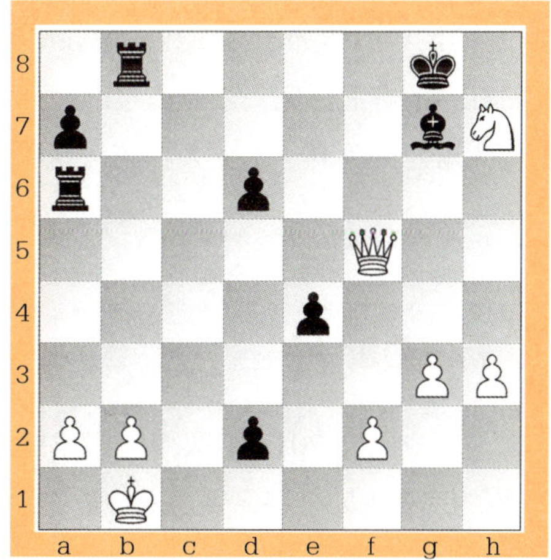

39.Kc2?

大漏着，也许对手漏算了我的第 40 步棋。关键是 39.Qd5+ K×h7（39...Kh8 40.Kc2）40.Q×e4+。我计算到这里，以为我肯定能把王藏在某个地方，但这并不容易：40...Kh8 41.Qh4+ Kg8 42.Qc4+ Kf8 43.Qf4+ Ke7 44.Qe4+ Be5 45.Qh7+ Ke6 46.Qg6+ Bf6（把象放在 f6 格很重要）47.Qe4+ Kf7 48.Qh7+ Kf8 49.Qh6+ Kg8! 50.Qg6+ Bg7 51.Qe6+ Kh8，白方已经没有将军的机会了：52.Kc2 R×a2，黑方获胜。

39...R×b2+ 40.Kd1 Rb1+

白方无法避免丢后（因为有 41.K×d2 R×a2+ 42.Ke3 Re1+ 43.Kf4 R×f2+），所以白方认输了。

丁立人的连胜受到了瓦谢尔·拉格拉夫和荷兰名将阿尼什·吉里的遏制。尽管如此，丁立人由于对阵低分选手多次获胜，直到倒数第二轮前，还是保持在并列第三位。倒数第二轮，丁立人首次对阵马格努斯·卡尔森，对局以和棋结束。在最后一轮比赛中，丁立人的王翼印度防御再次发挥了神奇的作用，丁立人在另一个不平衡局面中击败了阿罗尼扬。

最后一轮对局的胜利帮助丁立人与瓦谢尔·拉格拉夫、吉里还有苏伟利并列第二，成绩为 13 轮 8.5 分（7 胜 3 和 3 负）以及令人瞩目的超过 2850 分的表现分，仅落后夺冠的世界冠军卡尔森半分。进步神速的丁立人以其在精英赛中的优秀成绩一鸣惊人，在对局中充分展示了他在复杂局面中的高超技术。在与排名前 7 名的选手的较量中，丁立人仅得到了 6 分中的 1.5 分，这是他重返 2750 分唯一令人担忧的地方。几个月后，2015 年世界团体锦标赛在亚美尼亚举办，同是奥赛和亚洲团体赛金牌得主的中国队是该锦标赛的夺冠热门。丁立人当时已无可争议地成为中国头号棋手，他率队取得了又一次令人难忘的胜利。丁立人在第一台保持不败，9 轮得了 5.5 分，并且获得了高达 2800 分的表现分。

新生力量

与丁立人在 2015 年取得优异成绩一样，另一位中国选手也在 2015 年取得突破。16 岁的韦奕火力全开，先是在维克安泽大赛 B 组中以超过 2800 分的表现分一举夺冠，之后又在 2015 年世界团体锦标赛上代表中国队，在第三台以 2846 分的表现分成为表现最好的选手。

在 2015 年中国个人锦标赛上，韦奕延续了极佳的状态，11 轮比赛积 7 分半夺冠，领先丁立人半分，领先王皓和余泱漪 1 分。最关键的是，韦奕在第 4 轮与丁立人的直接交锋中获胜。丁立人走错了柏林防御的残局，柏林防御是丁立人新的执黑开局体系 1.e4 e5 中的一部分。在 2015 年第 6 期的 *New In Chess* 杂志上，丁立人谈到这盘棋时说：“这盘棋非常有趣。在我们比赛之前，我坐在他对面想：也许我只是他前面的一条小溪或一座小山，韦奕超过我只是时间问题，就像我以前超过其他棋手一样，是很自然的事。另外，很难说他是否有一天能够真正挑战卡尔森。但就目前而言，我看不出还有谁比他更有潜力。”

命运使然，丁立人与韦奕很快又在比赛中相遇了，但这次不是在中国的土地上。丁立人是 2015 年巴库国际棋联世界杯赛的前十名种子选手之一，在前 3 轮淘汰赛顺利过关后，他在第 4 轮对阵这位年轻的同胞。这是一场跌宕起伏的战斗，先是两盘慢棋双方各胜一局，进入快棋加赛，丁立人在第 4 盘中因过于冒险导致输棋，韦奕晋级四分之一决赛。

那一年，韦奕让许多“局外人”大开眼界。我记得那年年初看到他在对阵拉扎罗·布鲁松下出不朽的进攻对局时，我惊呼：“他是未来的世界冠军！”其实，韦奕从小就被寄予厚望。

据一位中国国际象棋领域的可靠人士透露，中国国际象棋协会通常在有国际象棋天赋的孩子年满 14 岁时才将他们招入国家队，“因为教练们认为 14 岁以上的孩子更加沉稳，知道自己想做什么”。但韦奕和侯逸凡是例外，他们被征召入队的年龄更小（韦奕 9 岁！），并“分别被当成未来的男女世界冠军来培养”。

也许是韦奕和丁立人在 2015 年上半年的成绩对比坚定了中国国际象棋协会的信念：2015 年的中国个人赛冠军（韦奕）将成为他们“四步走”战略中的最后一块拼图。这种务实的观点顺理成章：在中国这样的大国中，竞争更加激烈，需要合理、高效地配置资源。韦奕比丁立人小 7 岁，潜力巨大，还有足够的时间达到 2800 分。在当时，培养韦奕成为中国第一个世界冠军并选择丁立人作为他的陪练是合情合理的。

甜蜜的家

丁立人的家乡温州在 2015 年的下半年，举办了一场丁立人与鲍里斯·格尔凡德的 4 局对抗赛，两人的等级分都在 2750 分左右。时年 47 岁的格尔凡德曾是世界冠军的挑战者，现在仍然在顶级比赛中保持着很强的竞争力。这种实力相当的棋手之间的“训练赛”通常和棋较多。但这场比赛是个例外，丁立人雄心勃勃，以 3 ∶ 1（2 胜 2 和 0 负）的比分赢得了比赛，令人佩服。

第 3 局是比赛的转折点。

丁立人自评

第 34 局

鲍里斯·格尔凡德（2751）— 丁立人（2749）

对抗赛第 3 局，温州，2015 年

卡塔龙开局

1.d4 d5 2.c4 e6 3.Nf3 Nf6 4.g3 Bb4+ 5.Bd2 Bd6

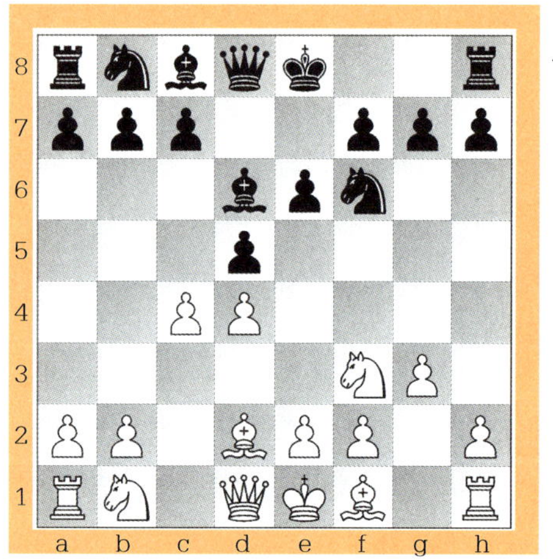

我想在开局给对手一个惊喜，因此选择了一个不常见的变化。

6.Nc3

另外一种可能性是 6.Bg2 0–0 7.0–0 c6 8.Qc2 Nbd7。

6...0-0 7.Bg5 c6 8.Bg2

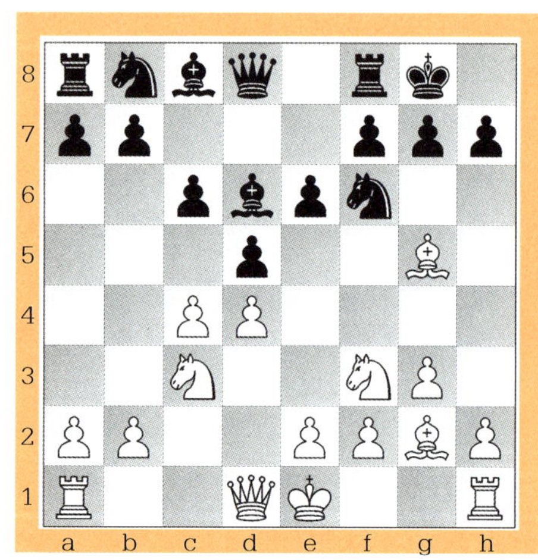

8...h6

这是我的思路。我想保留双象，并尝试在被动但灵活的局面中寻找机会。主变是 8...Nbd7 9.e4 d×e4 10.N×e4 Bb4+ 11.Nc3，e4 的突破使得白方拥有主动权。

9.B×f6 Q×f6 10.0-0 Bc7

退象的目的是避免在 e2–e4–e5 之后的捉双。

如果试图用 10...d×c4 11.Ne4 Qe7 12.N×d6 Q×d6 13.Ne5 b5 14.a4 Ba6 15.Rc1 来简化局面，对黑方不利。

如果 10...Rd8，白方走 11.e4，在 10...Qe7 11.c5 Bc7 之后的合理续着也是 12.e4。

11.e3 Nd7 12.Qe2 Qe7 13.Rfd1 Nf6

更精确的是 13...Rd8 14.e4 d×c4 15.Q×c4 Nb6 16.Qe2 a5。

14.e4 d×c4

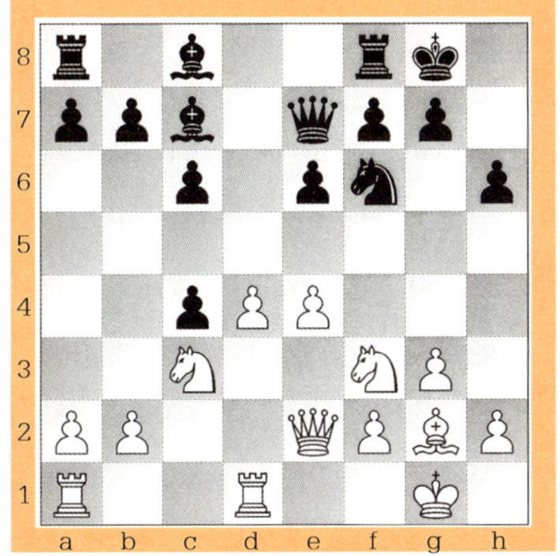

15.e5

如果白方想获得优势，必须冲 e5 兵。在 15.Q×c4 Rd8 16.Rac1 e5 17.N×e5 Be6 18.Qe2（18.Nd5 Qd6）18...B×e5 19.d×e5 Ng4 之后，双方机会均等。

15...Nd5 16.Q×c4 Rd8 17.Ne4 a5

另一种选择是 17...Bd7 18.Rac1 b6。

18.Rac1 Bd7

这里，19.Nc5 行不通，因为有 19...Bc8 20.a3 b6。更好的计划是 19.Qe2 Be8 20.Nfd2，威胁 Nd2–c4–d6。

19.a3

我在开局阶段下得很快，让对手有时间压力。

从这一步开始，我的对手不知不觉失去了方向。

19...Be8 20.Ne1 b6 21.Nd3

21.Qe2 更好。

21...Rac8 22.Qc2 Qf8

我本来打算走 ...Nd5–e7–f5，但 22...Bb8 23.Qe2 Rd7 24.Nd2（24.Qg4 Kh8）24...Qd8 25.Be4 Ne7 26.Nf3 c5! 更好，双方局面相当。

23.Qe2 Ne7 24.Ne1 Nf5 25.Nf3

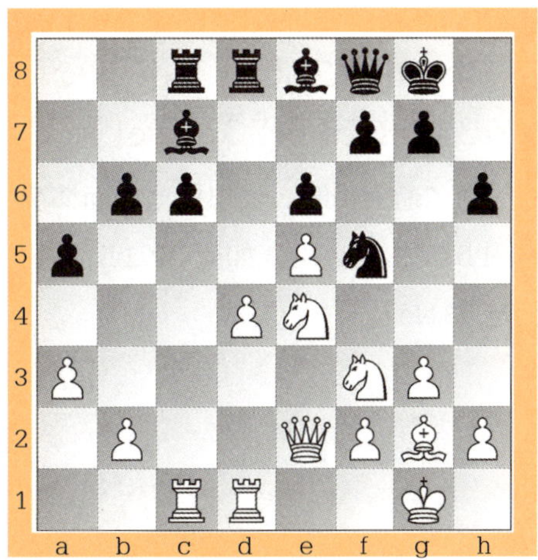

25...Qe7?

一个严重的错误。我高估了自己的局面，走棋前没有经过缜密的思考。

我应该走 25...Ne7 或 25...Bb8，此时白方可以继续 26.g4 Ne7 27.g5。

26.Rc3

这里对手错过了最好的机会：26.g4! Nh4 27.N×h4 Q×h4 28.Rc3 h5（白方在 28...f5 29.e×f6 Q×h2+ 30.Kf1 之后明显更好，如果 28...c5 29.Rh3 Qe7 30.g5 R×d4 31.Nf6+ 的话，白方还能发动致命的进攻）29.f4。

26...Qf8

我意识到了自己的错误。

27.h4

迫于时间压力，对手犹豫了。他应该走 27.g4! Ne7 28.g5 Nd5（28...h5 29.Nh4）29.g×h6 f5 30.h×g7 Q×g7 31.Nf6+ N×f6 32.e×f6 Q×f6 33.Re3，继续进攻并且白方略优。

27...Ne7

现在局面再次平衡。

28.Rcc1 Bb8 29.Qa6 Nd5 30.Nc3 N×c3 31.R×c3 Bc7 32.Rdc1 Rb8!

为了避免牵制。我想根据局面情况，以 ...b5 或 ...c5 突破。如果 32...b5，白方会走 33.Ne1。

33.Qe2

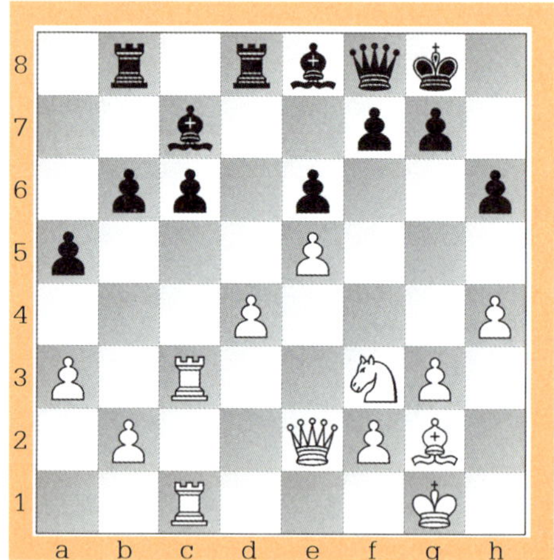

在这里，对手向我提和。我没有接受，因为我认为我已经没有任何危险了。

33...b5 34.Rd3

更稳健的是 34.Ne1 Bb6 35.B×c6 B×d4 36.R3c2 b4 37.B×e8 Q×e8 38.Nf3。

34...Bb6 35.Rcd1 Qe7

实战对局中，我不太确定是否能通过 35...c5 获得优势，因为局面非常复杂。可能的变化是 35...c5 36.d5 c4 37.R3d2 R×d5 38.R×d5 e×d5 39.R×d5 c3! 40.b×c3 Q×a3 41.e6 Q×c3 42.e×f7+ B×f7 43.Ne5! Re8 44.Q×b5 Qe1+ 45.Kh2，对黑方有利。

36.g4!? c5

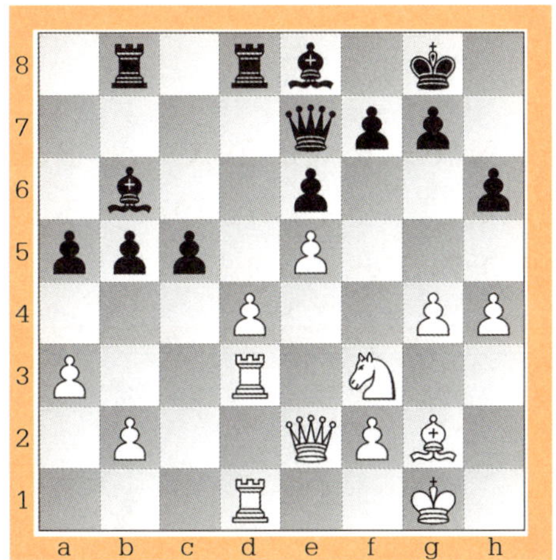

37.g5 c4 38.R3d2 h5!

若走 38...Bc6 39.g×h6 g×h6 40.Nh2 B×g2 41.K×g2 Q×h4 42.Ng4，白方可以在王翼上进行反击。

39.g6 f6!

控制关键的 g5 格。

40.Ng5!?

在 40.e×f6 g×f6 41.d5 B×g6 42.d6 Qf7 之后，黑方明显优势。

有意思的变化是 40.Qe4!? b4 41.a×b4 a×b4 42.d5 c3 43.b×c3 b×c3 44.Rc2（44.d6 Qb7）44...Bc6!，黑方保持攻势。

40...B×g6

41.Be4?

一步坏棋。也许对手算错了我的第 44 步棋。最好的着法是 41.e×f6 Q×f6 42.Be4!，继续在王翼施压。在 42.N×e6 Rd6 43.d5 Rc8 之后，黑方双象灵活，优势明显。

41...B×e4 42.N×e4 f×e5 43.Q×h5 B×d4! 44.Ng5 Qf6!

战斗结束了。我多两个兵，对手的进攻已不再对我构成威胁。

45.Qh7+ Kf8 46.Qe4 Ke7 47.Qc6 Qf5 48.Re1

若　走 48.R×d4 e×d4 49.Re1 Kf8 50.N×e6+ Kg8 51.N×d8 R×d8，不会给白方带来任何帮助，黑方通路兵将决定胜局。

48...Rdc8 49.Qg2 Rd8

最简单的是 49...c3 50.R×d4 c2。

50.Qc6 Rb6 51.Qg2 g6 52.Nf3 b4!

我找到了赢棋计划。

53.a×b4 a×b4 54.Rde2 c3 55.b×c3 B×c3 56.N×e5 B×e1 57.R×e1

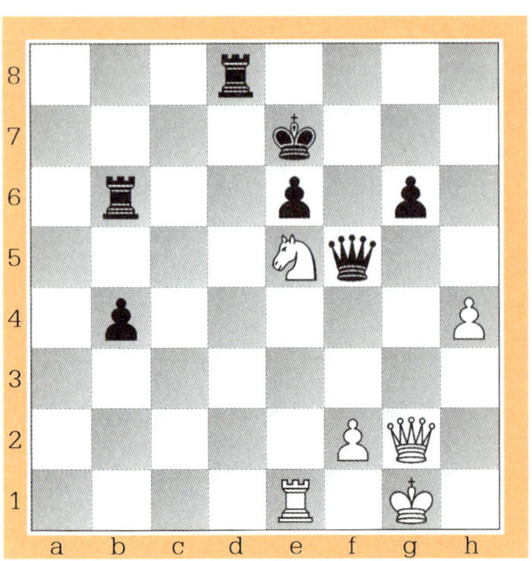

57...b3!

不能走 57...Kf6? 58.Re3 b3 59.Rf3，白方可能有机会长将。

58.Nc6+ R×c6 59.Q×c6 Rd2 60.Qc7+ Kf8 61.Qc8+ Kf7 62.Qc7+ Kg8 63.Qb8+

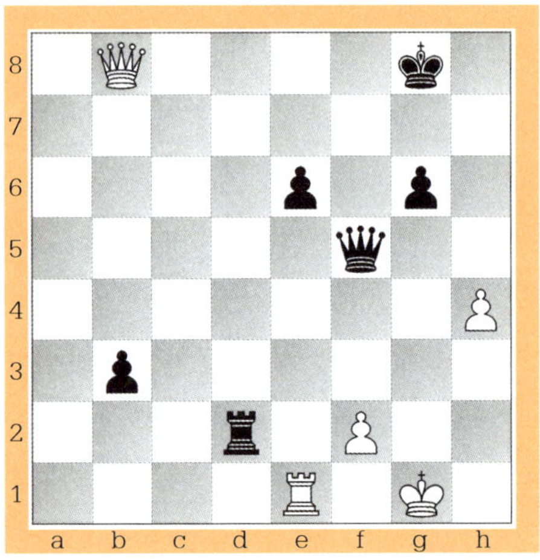

63...Kg7

不能走 63...Kh7，因为有 64.Qa7+ Kh6 65.Qe3+。

64.Qg3

最顽强的一步是 64.Qc7+，但在 64...Kh6 65.Qg3 Rd3 66.Qb8 Qf6! 67.R×e6 Qd4! 之后，黑方仍然能获胜。

64...Rc2

65.Qe3

在 65.Re5 b2 66.R×f5 b1=Q+ 67.Kh2 e×f5 68.Qe5+ Kf7 69.Qd5+ Ke7 70.Qe5+ Kd7 71.Qd4+ Kc8 之后，白方没有长将。

65...b2

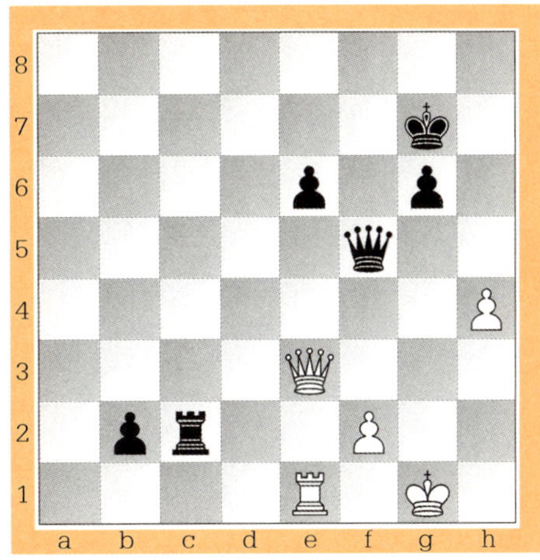

剩下的就简单了。

66.Qa7+ Kh6 67.Qe3+ Kh5 68.Kg2 e5 69.Qa7 Kh6

69...e4 会赢得更快。

70.Qe3+ Qf4 71.Q×f4+ e×f4 72.Rb1 Kh5 73.Kf3 K×h4 74.Rh1+ Kg5 75.Rb1 Rd2

白方认输。

这场比赛以及 2015 年其他几个引人瞩目的成绩表明，丁立人在跻身顶尖棋手最高梯队的道路上取得了重大的进展。事实上，在 2015 年 8 月，他以 2770 分的成绩进入国际棋联等级分榜前十位，并一直将这个成绩保持到年底。

然而，有些问题依然存在。丁立人能否获得更多超高水平赛事的邀请？他的表现会如何？他的棋力能否更上一个台阶，从而威胁到“无法被击败”的世界冠军卡尔森？还是会有其他中国棋手取代他？我们拭目以待。

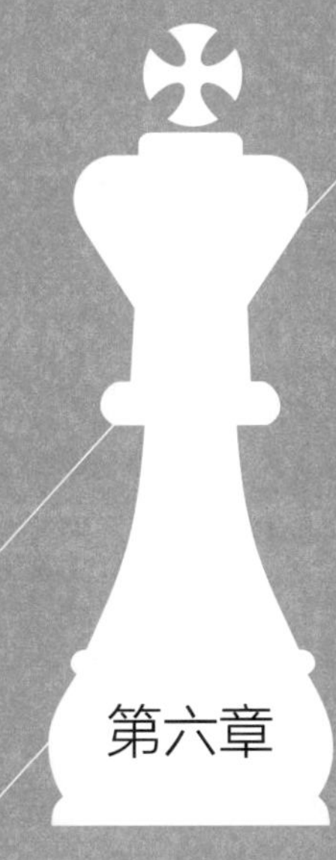

世界前十（2016—2018）

得益于在 2015 年首次参加维克安泽大赛的不俗表现，丁立人受邀参加了 2016 年第 78 届维克安泽大赛。在比赛的前 5 轮结束后，丁立人、法比亚诺 · 卡鲁阿纳在名次上暂时取得领先。

在第 5 轮比赛中，丁立人对阵“超级特级大师”阵营中防守最顽强者之一的谢尔盖·卡尔亚金，这位中国新星展示了世界级的残局技术。

第 35 局

丁立人（2766）—谢尔盖·卡尔亚金（2769）

维克安泽大赛第 5 轮，维克安泽，2016 年

后翼印度防御

1.d4 Nf6 2.c4 e6 3.Nf3 b6 4.g3 Ba6

与经典的后翼印度防御 4...Bb7 的变化相比，古老的尼姆佐维奇走法在白方走堡垒象结构时，给了白方更大的压力。

5.b3 Bb4+ 6.Bd2 Be7

我们已经在第 32 局（丁立人—加耶夫斯基，特罗姆瑟，奥赛，2014 年）中看到过把白象引到错误位置的计划。

7.Nc3 c6

这是卡尔亚金当时最喜欢的一步棋，用 c 兵支持 ...d7–d5。另一位后翼印度防御专家彼得·列科也偏爱这步棋。

大约两个月后，卡尔亚金赢得了 2016 年世界冠军候选人赛，在比赛中的相同局面下他改走了更具局面性的 7...d5!?，这通常会带来稳定的中心兵结构，并在 8.c×d5 e×d5 9.Bg2 0–0 10.0–0 等之后，进行大量子力调动。

8.e4

原则性的续着，但并非没有风险。白方需要格外小心，黑方会用 ...d5 和 ...c5 破坏他的大中心。

8...d5 9.Bd3!

这是局面中最好的一步棋。用 9.e5 抢占空间并不像一开始看起来那么有前景，因为这让黑方可以兑换子力，并用 9...Ne4 10.Bd3 N×c3 11.B×c3 c5 破坏白方的中心。

卡尔亚金之前遇到过 9.Qc2，但这没给他造成什么问题。9...d×e4 10.N×e4 Bb7 11.Bc3 Nbd7 12.N×f6+ B×f6

13.Bd3 c5 14.Be4 B×e4 15.Q×e4 0–0 16.0–0 Qc7（阿罗尼扬—卡尔亚金，斯塔万格，2014 年）。

9...d×e4 10.N×e4 Bb7 11.Qe2

如果我们将这一局面与阿罗尼扬—卡尔亚金那一局进行比较，白后在这里比在 c2 更活跃。

11...Nbd7

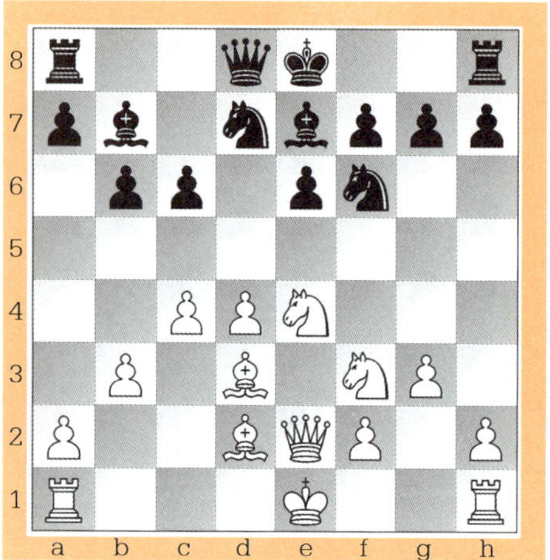

12.0-0-0!

丁立人这步非常规的新着展现了他一流的开局准备。当然，这种下法并不适合“胆小的人”，因为后翼对白王来说并不是最安全的地方。丁立人相信他的中心优势能让他在这种双方互有顾忌的局面中获得更好的机会。

两位棋手可能都很熟悉之前下过的着法 12.N×f6+ N×f6 13.0–0 c5 14.d5 e×d5 15.Rfe1 d×c4 16.B×c4 0–0，黑方最终取得均势（托帕洛夫—列科，北京，2013 年）。

12...N×e4?

面对新着，卡尔亚金马上就出了错。他的被动下法恰恰证明了丁立人的新着是成功的。

12...c5 强制性冲兵突破，给了黑方一些喘息的空间。卡尔亚金最初可能也想这样下，但他可能不喜欢 13.Bc3 0–0 14.d×c5 之后形成 d 线压力。也许他忽略了 14...Qc7! 可以解决出子问题，因为白方吃 b6 兵会给 a 线带来麻烦。虽然白方用 15.Rhe1! 仍能保持优势，但异向易位的开放局面会比对局中的被动局面给黑方带来的机会更多。

13.B×e4 Nf6 14.Bc2

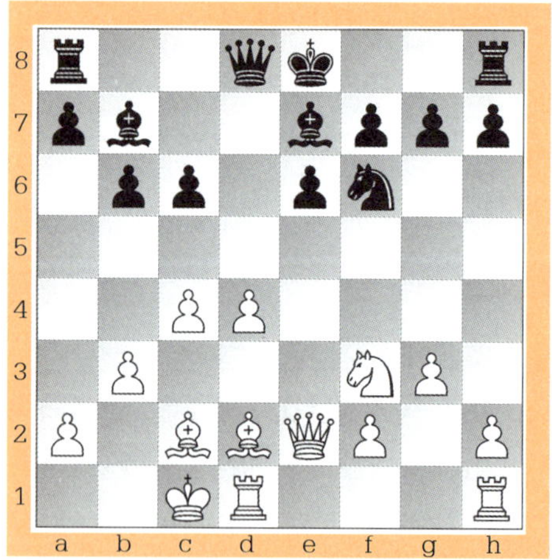

丁立人在开局下得很成功。白方的局面显然更胜一筹，因为他控制了中心，而且他的子力已经为攻击王翼做好了准备。

14...a5

卡尔亚金随机应变，试图创造一些机会。

黑方的主要问题是如果走主题性

的 14...c5 突破，会遭到猛烈的反击：15.d5! e×d5 16.Rhe1 d4 17.N×d4!! c×d4 18.Bb4，黑方会在 e 线上崩溃。

15.Rhe1 b5!?

当前情况下，冲后翼兵是黑方最好的机会。尽管如此，丁立人的下一步棋还是稳住了局面：

16.c5!

保持后翼封闭、中心稳固，确保了白方进攻的最佳条件。黑方虽然得到了 d5 格，但白方只是付出了很小的代价，为后续进攻免去了后顾之忧。

16...b4 17.g4!

强有力的主题性着法！丁立人毫不犹豫地以“卡斯帕罗夫方式”将 g 兵向前推进，意图驱赶 f6 马，加速他的王翼攻击。

17...Ba6

17...N×g4 是不明智的选择，因为 18.Rg1 Ba6 19.Qe4，黑方的 c6 兵和 g7 兵，至少会丢一个。

18.Qe5 0-0 19.g5 Nh5

无可奈何的可悲着法。黑马在这里将长时间脱离战场，但 19...Nd5 会让黑方面对白方 h2–h4–h5 兵风暴等手段时束手无策。

20.Qe4?!

丁立人直截了当的下法是一把双刃剑。这着捉双会得一兵，但没必要因为吃 c6 兵而给对手带来反击机会。相反，更稳妥的方法是 20.Qe3! Bb5 21.Ne5，然后是 h2–h4、Kb1 等，这样黑方的子力就会被压制。

20...g6 21.Q×c6 Ra7!

没有了 c6 兵，黑方的子力能够发挥作用了。卡尔亚金准备先手将象转移到大斜线上。对局突然变得更针锋相对。

22.Be4?!

丁立人走得激进。这步棋虽然化解了 ...Bb7，却让黑方可以迅速调动子力。不如马上用 22.Qb6 Q×b6 强行转入残局（黑方无法避免兑后走 22...Qa8，因为 23.Ne5 Bd8 24.Be4!）23.c×b6 Rb7

24.Be3±，与实战类似。

22...Bb7 23.Qb6 Q×b6?

卡尔亚金错失良机。与其在最多只能守和的残局中防守，不如走 23...Qa8! 保留后，如果白方走 24.c6 Rc8 25.Ne5，那么 25...a4! 会导致形势不明朗，因为白王的处势会变得暴露。

24.c×b6 B×e4 25.R×e4 Rb7

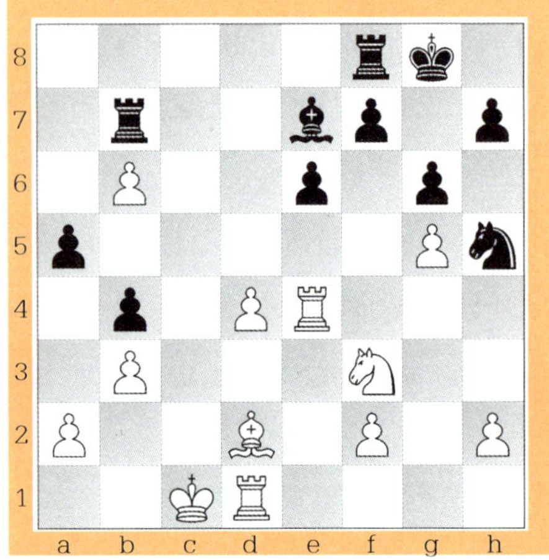

黑方将得回 b 兵并恢复子力平衡。然而，残局对他来说仍然很困难，因为他的 a 兵很弱，马的位置也不好。

卡尔亚金可能认为，凭借他在此类局面中的经验和技巧，在残局中守和的概率很大。

26.Be3

非常自然的一步棋。丁立人预料到...R×b6，并为 d5 突破做好准备。

26...Rc8+

卡尔亚金知道 c 线的重要性，尽管这步棋有缺点但还是要走。26...R×b6 可能更准确，因为 27.d5 Ra6 28.d×e6 R×e6，白方不能在 e6 兑车，因为打开 f 线会让黑方的 f8 车参与战斗。不过白方仍然能通过 29.Rc4! 保持着不错的局面优势。

27.Kb1 R×b6 28.d5 Rd6

这大概是 26...Rc8+ 背后的另一层含义：d 兵被牵制，因为 d1 车没有根。然而，丁立人同样找出了黑方局面中类似的战术问题：

29.Rd2!

黑方的 e 兵也被牵制，因此在 e6 兑子不可避免。

29...Kf8 30.d×e6 R×e6 31.R×e6 f×e6

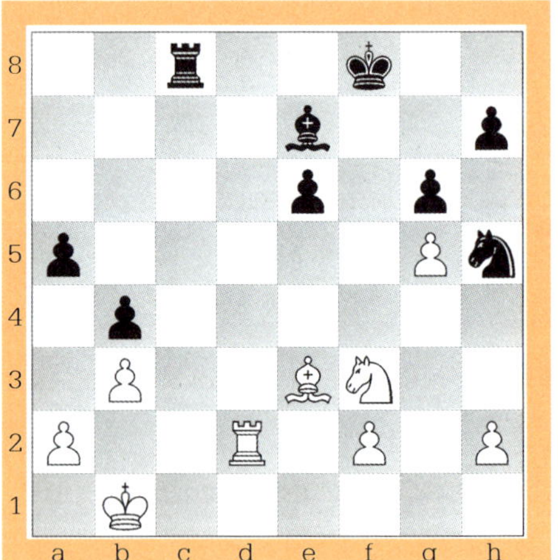

丁立人的优势转化是成功的。黑方仍存在着残局开始时同样的局面问题（a5 弱兵、Nh5 位置不佳），而且又多了一个 e 线孤兵。白方要考虑如何在下一阶段有效地利用黑方这些弱点。如果白方下得太缓，黑方就会重新把马调回到中心，将白方的优势最小化。

32.Rc2!

丁立人在几个有前景的着法中找到了一个强有力的续着，让他夺取了关键的 c 线。最明显的替代着法是 32.Rd7 Ng7 33.Ra7，但黑方可以用 33...Nf5! 及时进行反击。

32...Rd8

此时黑方必须放弃对 c 线的控制，因为 32...R×c2 33.K×c2 帮白方激活了王。33...Bd8 34.Kd3 Bc7 35.Ke4 Ke8 36.Ne5! 之后的轻子残局，黑方是要输棋的，因为他无法弥补自己的弱点。

33.Nd4 Ng7 34.Nc6!

丁立人又一次转换优势。消灭了黑方的黑格象，让他离吃掉黑方的后翼弱兵更近了一步。

34...Rd1+ 35.Rc1 Rd5 36.N×e7 K×e7 37.Rc7+

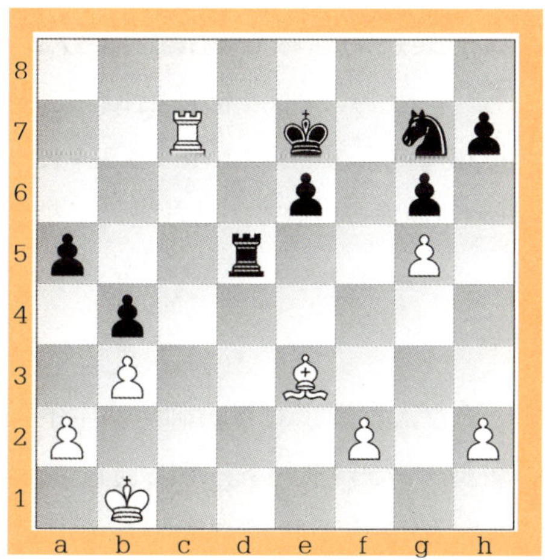

丁立人从第 32 步开始下得虎虎有生气，将局面简化成大优残局。第 7 横线上的车让卡尔亚金很难受，黑方的主要弱点是 a5 兵，如果它丢了，b4 兵很可能也会跟着丢。

37...Kf8 38.Rc5?!

很自然，丁立人想要消灭对手 a5 兵唯一的防守者，这样他就可以走 Bb6 吃掉 a5 兵。出乎意料的是，这一计划不能取胜。

想要打破黑方的防御需要复杂的调动。最好的续着是 38.Bc5+! Ke8 39.Bb6!，先手攻击黑马。在 39...Rb5 40.Be3 Nf5 的情况下，白方可以走 41.Rc5，强制兑换车！ 41...R×c5 42.B×c5，不给黑马走 e6 格的机会。白方有极好的取胜机会。

38...Ke7!

这是黑方最好的机会，只有国王活跃起来，才能挽救这盘棋。丁立人按照他的计划下了：

39.R×d5?!

白方仍有可能走 39.Rc7+，在车残局与轻子残局之间保留自己的选择。

39...e×d5 40.Bb6

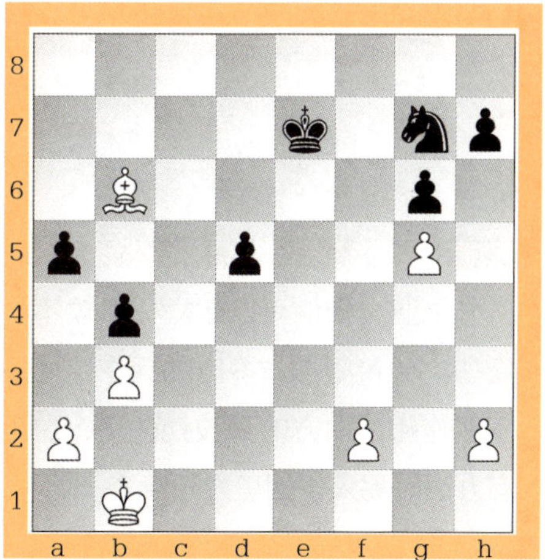

a 兵丢了。但这并不意味着黑方没有机会挽回败局。然而，在关键时刻卡尔亚金犯了一个致命的错误，他选择了被动防守：

40...Kd6?

相反，积极防御 40...Ne6! 41.B×a5 N×g5 42.B×b4+ Kd7 会奏效！乍一看白方似乎能凭借后翼通路连兵和进攻距离更远的轻子而获胜。然而，仔细分析会发现黑方能用 ...Nf3 遏制住白兵并组织王翼反击。

或者，如果白方用 41.h4 保护兵，黑方会得到一个比实战对局更有利的局面，因为 41...Kd6! 42.B×a5 Kc5 能捉死象，而白方只能接受不利于自己的简化 43.a3 b×a3 44.Ka2 Nd4=。

41.B×a5 Kc5 42.Bd8 Nf5

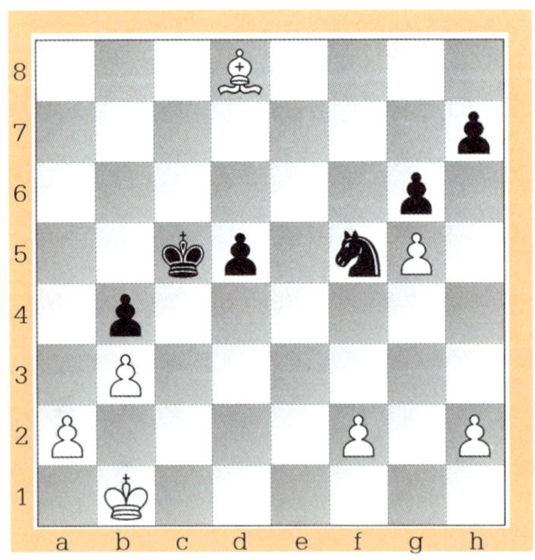

卡尔亚金相信可以建立一个攻不破的堡垒。他希望白方多出的兵在这里发挥不了作用，白方的兵被挡住了，白王没有办法轻易入侵到黑方阵营。

理论上是这样，但现在让我们看看实际情况如何。

43.Kc2 Nd4+ 44.Kd3 Nf5 45.Bc7 Kc6 46.Bf4 Kc5

黑方满足于被动地维持他理想中的防御结构，以不变应万变。丁立人找到了入局办法：

47.Be3+! Kb5

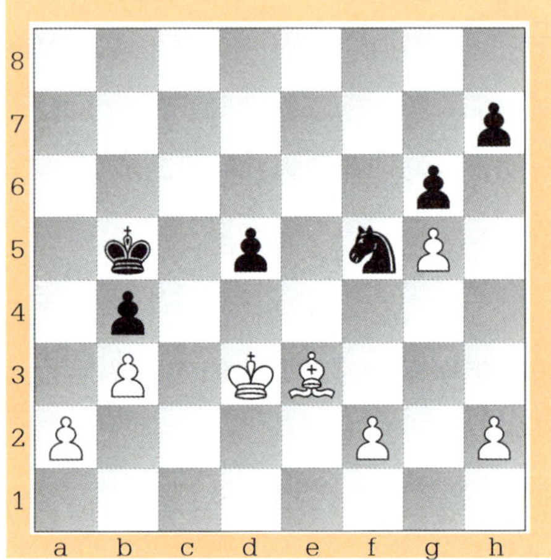

黑方交换轻子是不可行的，因为少一兵的兵残局意味着输棋，而 47...d4 也不行，因为会把 e4 格让给白方。白方打破堡垒：48.Bd2 Nd6 49.Bf4 Nb5 50.Be5! Kd5 51.Bg7!，黑方陷入了楚茨文克。

48.Ke2!

丁立人发现了对手防御结构中的一个漏洞——e5 格。白王可以通过 f3 和 f4 奔向那里，因此黑方需要重新排兵布阵。

48...Nh4

卡尔亚金试图直接阻止白王的入侵，但还有更顽强的防御计划，比如 48...Kc6 49.Bd2 Kc5 50.Kf3! Nd4+ 51.Kf4 Nc6 52.Ke3! Kd6 53.Bc1 Ke6，黑方转换了两个棋子的防守角色，王盯住白方的王翼，马则保护后翼。尽管如此，在 54.f4 Kf5 55.h3 之后，白方应该像对局中那样调整他的象到 c5 格并制造楚茨文克局面，逐步取胜。

49.Bd2!

一次巧妙的后撤，为国王扫清了 e3–f4 的道路。同时，象监视着黑方的主要弱点 b4。

49...Nf5 50.Kf3 Nd4+ 51.Kf4 Nc6

卡尔亚金重整旗鼓，不让白王进入 e5。他的堡垒看起来仍然坚不可摧，但丁立人用以下精确的行棋次序攻破了他的堡垒。

52.Be3!

第一步：白方优化象的位置。

52...Ka6 53.Bc5 Kb5 54.Bd6 Ka5 55.Ke3!

第二步：王给 f 兵让出一条路。

卡尔亚金认输了，因为他无法阻止白方用 f2–f4、h2–h4 等着法在王翼上制造通路兵。

在这盘棋中，尽管丁立人的残局技术有一些小瑕疵，但还是令人佩服的。以这样的方式战胜世界上最好的棋手之一，一定会让他信心倍增。

可惜的是，卡尔森在比赛半程开始以他惯常的方式发力，丁立人尽管在对托马舍夫斯基和耶里亚诺夫的比赛中取得了两场令人印象深刻的胜利，但还是没能追上卡尔森。最终，他以 13 轮 8 分（4 胜 8 和 1 负）的成绩与卡鲁阿纳并列第二，落后冠军卡尔森 1 分。

连续两届在世界最负盛名的比赛中取得成功，巩固了丁立人在“超级特级大师”中的地位。除了对亚当斯和卡尔亚金的胜利证明了丁立人的残局技术之外，丁立人的开局调整也受到了人们的关注。这是丁立人第一次在重大比赛中彻底改用坚实的 1...e5 布局体系对付 1.e4，以及用尼姆佐印度防御和半斯拉夫防御对付 1.d4，以适应顶级国际象棋赛事的强度。

2016 年 5 月，丁立人在上海举行的 4 局对抗赛中以 2.5 ： 1.5 击败了等级分 2775 分的苏伟利，延续了年初时的极佳状态。在前两局稳扎稳打的棋局之后，丁立人执白在第 3 局开局后开始冒险，在复杂的局面中，苏伟利出现失误，让丁立人这一大胆举动获得了回报。在与顶尖棋手的较量中，丁立人越来越善于将战果最大化，他的棋力不断地提高，前途一片光明。

令人失望的半年

不幸的是，从 2016 年下半年开始，情况悄然发生了变化。2016 年 7 月，丁立人在第七届儋州国际象棋特级大师超霸战中表现不佳。这次比赛选手的平均等级分为 2727 分，除了韦奕和几位受邀的外国棋手外，还有很多优秀的中国棋手参加了此次比赛。比赛伊始，丁立人执黑先后输给涅波姆尼亚奇和哈里克里什纳，但他表现出了顽强的心理承受力，在与余泱漪（第二章第 12 局）和卜祥志的对局中取得了两场胜利，最终以 9 轮 4.5 分位列中游。

大约两天后，丁立人长途跋涉近 2000 公里回到温州，与俄罗斯特级大师亚历山大·格里修克进行 4 局对抗赛。尽管丁立人因其等级分比对手高约 30 分以及作为东道国选手而被认为是取胜热门，但比赛还是以格里修克 2.5 ： 1.5 的比分获胜而告终。中国棋手终于遇到了一位棋艺高超且爱下复杂、不平衡局面的顶尖棋手。他们在比赛中下出了非常精彩的对局，但像这样的对局绝不会是最后一局（见本章后面的第 40 局）！

2016 年 8 月，一连串令人沮丧的比赛结果仍在继续上演。丁立人第一次收到邀请，参加在美国圣路易斯举行的辛格菲尔德杯国际象棋超级巡回赛，这是他当时参加过的实力最强的比赛，选手平均等级分为2778分。这次比赛中，丁立人执白赢的棋太少，执黑时又接连受挫。最后他以9轮4分的成绩排名第八，落后状态出色的冠军苏伟利1.5分。

同年9月，丁立人作为中国队成员参加了在巴库举行的2016年世界国际象棋奥林匹克团体赛。中国队作为上届冠军是“第三号种子”，选手平均等级分达到2740分。出人意料的是，这次比赛中国队没有拿到奖牌，美国队获得了冠军，他们以微弱优势力压乌克兰队。中国队最终获得第13名。丁立人是队中唯一一个表现分超过自己等级分的棋手，他坐镇第二台在10局比赛中得到7.5分（5胜5和0负），表现分为2775分。

丁立人因年初表现不错，在2016年6月的国际棋联等级分榜上排名第7位，达到了职业生涯的最好排名，但年终等级分2757分，世界排名第16位。不过，如果说我们从他的职业生涯中了解到什么，那就是他通常会在一两次挫折后更坚强地站起来。

恢复状态

2017年2月，丁立人凭借前一年的高平均等级分，参加了在阿联酋沙迦举行的国际棋联大奖赛。比赛中，他在9盘棋中得到了5分，表现分稳定在2750分。不过，要想获得2018年世界冠军候选人赛的资格，需要他在剩下的两站国际棋联大奖赛中有出色发挥，或者在当年晚些时候的国际棋联世界杯赛上有特别好的表现。

2017年3月，丁立人参加了“读特杯”深圳龙岗国际象棋大师赛，在选手平均等级分为2756分的双循环赛中展现了出色的状态。在强手如林的赛场上，他以10轮6.5分的成绩（3胜7和0负）和2863分的表现分脱颖而出，帮助他在即将到来的国际赛事之前重拾信心。

在第二章中，我们已经看到了丁立人在比赛第3轮对彼得·斯维德勒时取得了胜利（第10局），对局中他巧妙地利用了微弱的双象优势。本次比赛中，丁立人在第6轮对阵余泱漪的“杰作”又一次证明了他处理局面的能力日益精进。

第 36 局

丁立人（2759）— 余泱漪（2750）

"读特杯"大师赛第 6 轮，深圳，2017 年

列蒂开局

1.Nf3 d5 2.g3

丁立人选择了列蒂开局，这表明他希望与自己非常熟悉的对手下一盘策略性较强、开局理论性较少的棋。

2...Bg4

在众多合理的选择中，如 2...g6、2...c5，甚至还有流行的 2...Nd7!?，余泱漪选择了稳健的反向的托雷攻击。

3.Bg2 c6 4.0-0 Nd7 5.h3!?

在确定自己的中心结构之前，丁立人试探对手是否愿意兑掉白格象，这也是如今开局专家们所提倡的一种方法。

5...B×f3

简洁。黑方兑子抢一步先手出子，他认为白方的双象优势在这种封闭局面中并不重要。在 5...Bh5 的情况下，主变是 6.d4 e6 7.c4 Ngf6 8.c×d5 e×d5，这时白方往往会利用黑象的位置走 9.Ne5 或 9.Nh4，接着走 g3–g4、f2–f4 等。

6.B×f3 Ngf6 7.d3

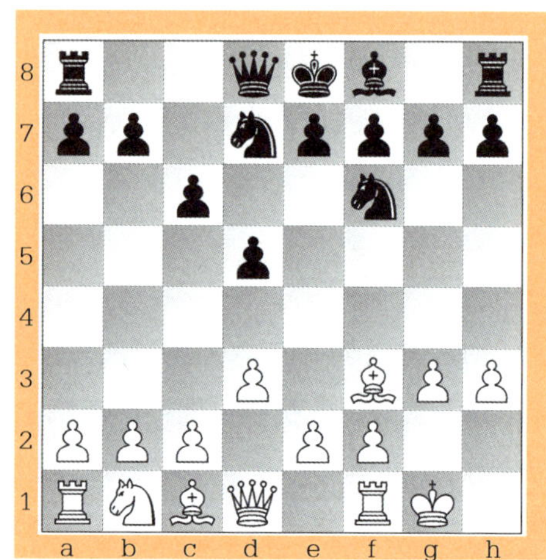

白方灵活的布阵使他能够选择最合适的方法来攻击黑方异常稳固的中心结构。丁立人准备走 e2–e4。

7...e5 8.e4 d×e4

黑方迟早要解除中心紧张状态。几个月后，面对同样的对手，余泱漪试图用 8...Bc5 加以改进，在 9.Nc3 d×e4 10.N×e4 N×e4 11.d×e4 之后，获得同样的中心结构，但少了一对马。尽管如此，在 11...0–0 12.Qe2 Qe7 13.Rd1 之后，黑方遭遇了略微不愉快的局面（丁立人—余泱漪，儋州，2017 年）。

9.d×e4

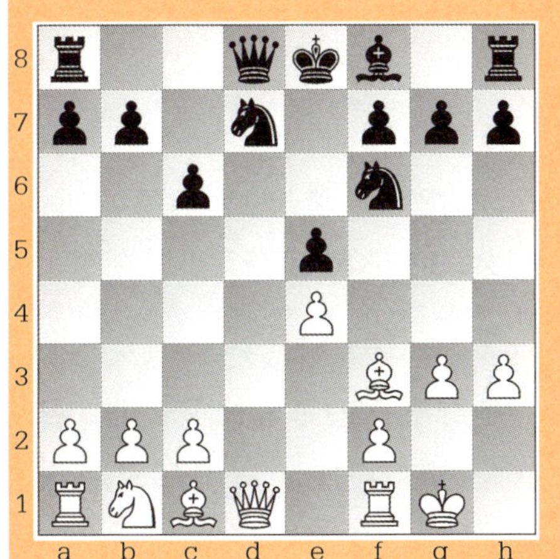

如果执白或执黑都下列蒂开局，那么棋手熟悉这种对称结构是有好处的。乍一看，黑方的局面舒适而稳固，没有明显的弱点。他的马有合理的前哨格。而且白方的双象感觉在有固定中心兵的中局里，作用也有限。虽然客观上讲双方局面差不多是均势，但由于白方有更好的调动子力的潜力，因此在实战中白方好下一些。如果你想学习如何将子力作用发挥到极致，不妨坐下来，喝杯茶，学习一下丁立人的这盘棋。

9...Bc5

批评这步自然而积极的棋似乎并不合适，但在这种结构中，c5 格更适合马。因此，9...Be7 值得关注。如果白方继续按照对局中的计划走 10.Qe2 0–0 11.Nd2，黑方可以走 11...Nc5，黑方的局面比实战中稍微积极一些。

10.Nd2 0-0 11.a4 a5 12.Qe2 Qe7

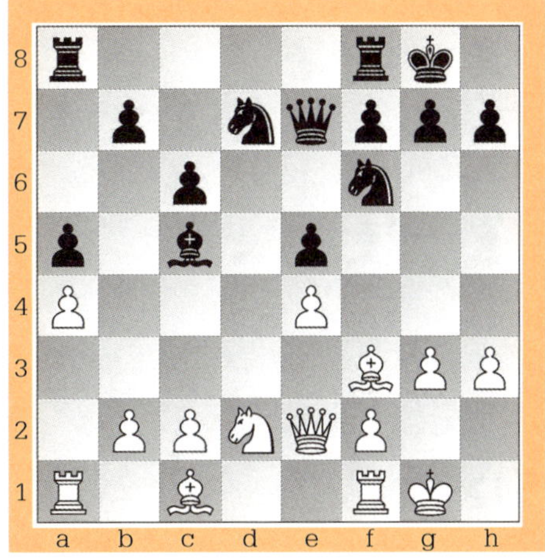

这步棋明显不够精确，因为后通常走到 c7，能管住 b6 和 a5 格，要把 a3–f8 斜线留给象。

13.Rd1!?

丁立人在决定是将马走到 b3 还是 c4 之前，先走了一步很有用的等着。

13...Rfd8?!

很明显，余泱漪对这种结构不太熟悉。他的前几步棋都欠考虑，这一步棋让他陷入了困境。

13...Rfc8 是车的正确走法，因为黑方可以用 14...Nb6 回应 14.Nc4。同时，黑方准备将马转移到 e6。例如 14.h4 Nf8 15.Nc4 Ne6! 16.c3 Qc7，看起来黑方子力位置调整得不错，尽管白方仍然略占优势。

14.Nc4!

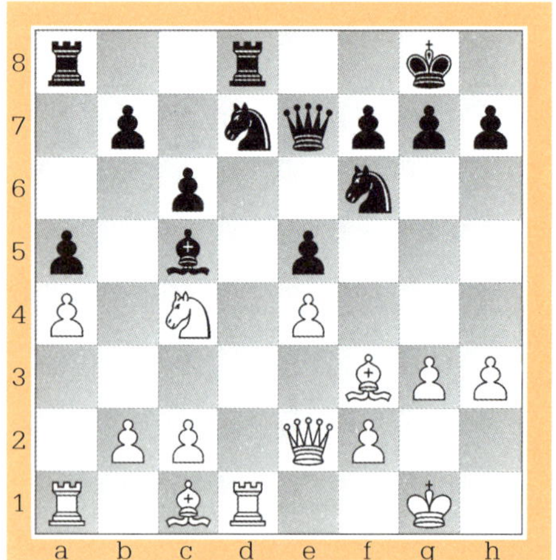

丁立人立刻利用了黑方子力不协调的弱点。黑方如果想用 14...Nb6 兑马，15.R×d8+ 会让他丢掉 a5 或 e5 兵。这就意味着白马将继续留在 c4 这一有利的前哨位置。

14...b6?!

余泱漪的着法给人留下了粗糙的印象。把兵放在 b6 也许能解决 a5 兵的问题，但造成了两个新的弱点：b6 和 c6。有更好的办法保护 a 兵：14...h6 15.Bd2 Bb4! ±。

15.Kg2 h6 16.Rd3

丁立人的开局选择非常完美，因为对手走得不精确，给了他大量的局面资本。他可以从容地加强局面，而黑方仍在努力找出一个建设性的计划。

16...Qe6

现在还不清楚黑方想要达到什么目的。其实 16...Ne8!? 比对局的续着更有目的性，计划通过 ...Nd6 兑掉强有力的白马。尽管如此，白方在 17.b3 Nd6 18.N×d6 B×d6 19.Bb2 之后，仍能保持优势。

17.b3 Bd4

黑方看到了挑起白方后翼结构弱点的机会，他不介意浪费几步棋的时间。

18.c3 Bc5 19.Qd1

争夺唯一的开放线很合理，尽管 19.Be3! 更好一些，目的是立即利用 b6 的弱点。在强制性变化 19...B×e3 20.Q×e3 Nc5 中，21.Rdd1! ± 这步退车很有力。不能走 21...N×b3?，因为有 22.R×d8+ R×d8 23.Q×b6 +−。

19...Be7 20.Be3

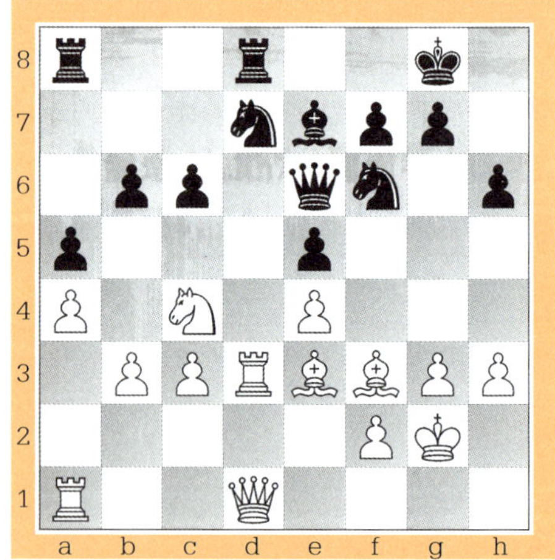

白方已经出动所有子力，在几乎完全对称的兵形结构中拥有稳定的优势。可以说，b3 和 e4 白兵与 b6 和 e5 黑兵同样脆弱。但白方有更多的机会来利用对方的弱点。

20...Nc5 21.R×d8+ R×d8 22.Qc2

22...Bf8!

余泱漪展现了良好的战术意识。若用 22...Rb8 防守 b 兵，会遇到 23.N×e5! 和 24.Bf4。

23.Rb1

丁立人继续改善局面。23.N×b6?!，会让黑方用 23...N×b3 24.Rb1 Nc5 简化局面。

23...Rb8

如果 23...N×a4 24.b×a4 Q×c4 25.R×b6±，由于白车活跃，白方比在 23.N×b6 的变化中兵形结构更好。

24.Rd1!

巧妙地调动子力使得丁立人控制了开放线。黑方没有办法反击，因为他的子力不如白方协调。24.N×e5 在这里行不通，因为有 24...Q×e5 25.Bf4 Qe8!。

24...Ncd7?

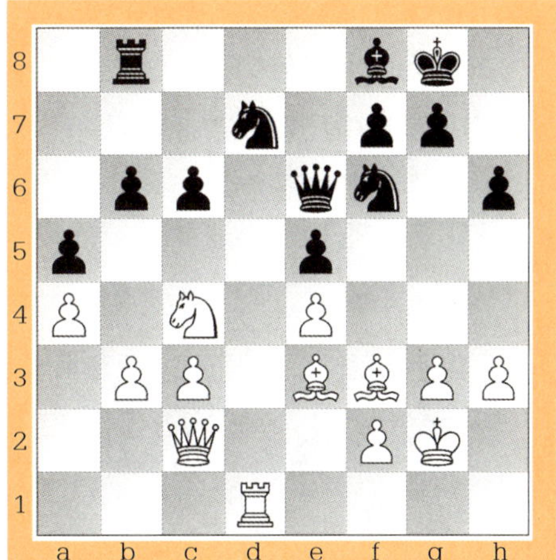

余泱漪的一系列子力调动说不上好，但这步棋简直是糟糕透顶。也许他失去了耐心，想在某些特定变化中用 ...b5 或 ...Bc5 改变一下阵形。如果只是需要走一步等着，那么 24...g6 或类似的灵活的着法比撤回他最活跃的棋子更好。

25.Be2!

丁立人毫不犹豫地利用了对手的最后一步棋。没有了 e4 的压力，这个象终于可以自由活动了。一旦把象调到 c4，黑方就会感受到他少了白格象会有什么影响。

25...Nc5?!

黑方承认错误，但他不会因此而脱困。他本有机会通过 25...Bc5 兑掉一象。但在 26.Qd3 B×e3 27.Q×e3 Qe7 28.Nd6 Nc5 29.Bc4 之后，白方掌握主动权，这或许足以成为黑方拒绝走 25...Bc5 的理由。然而事实证明，走 29...Kh7! 黑方还能下。

26.f3

当然。e4 兵不再是弱点，这让白方子力的机动能力成倍增加。丁立人在接下来的几步棋中巧妙地重新排兵布阵。反观黑方却只能袖手旁观。

26...Ncd7 27.Bf2!

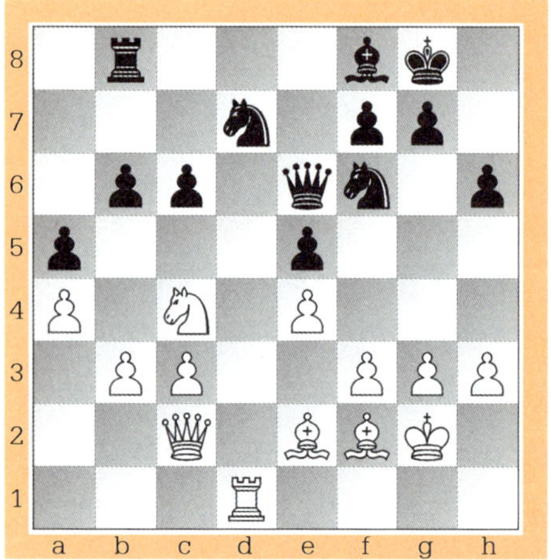

首先，腾出 e3 格给马，准备 Bc4 和 Nf5，进一步对黑方施加压力。

27...g6

余泱漪预料到了丁立人的上述计划，先控制住了 f5 格。现在可以用 28...Bc5 来对付 28.Ne3。

28.Be1!

绝妙的一着。白方准备 b4 突破，用 e2 象超保护 c4 马。黑方的唯一希望是挺兵 ...b6–b5。结论还是一样的：尽管局面是对称的，但由于白方子力的位置和协调性更好，所以白方拥有局面的主动权。

28...h5 29.h4 Ra8 30.b4

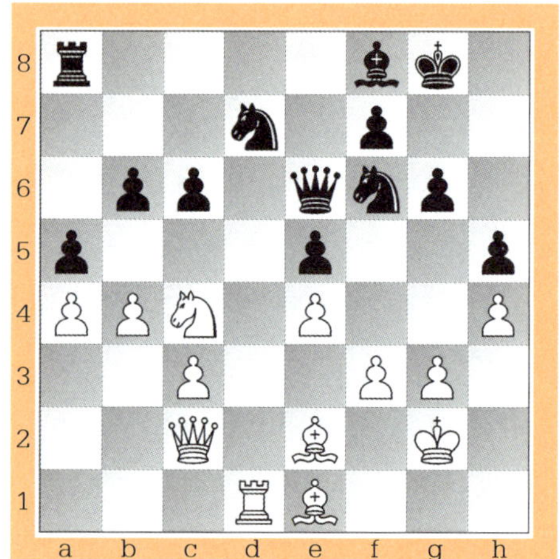

黑方现在压力很大。打开局面只能让黑方的情况变得更糟：

30...a×b4?!

黑方应该沉稳防守，走 30...Kg7，不给白方新的可利用的目标。当然，说起来容易做起来难。

31.c×b4 b5 32.Na5!?

一个有趣的决定。丁立人选择了一个更不平衡的局面，以最大限度地发挥子力作用。32.a×b5 c×b5 33.Na5 是一种更“教科书式”的转换优势的方法，因为从长远来看，b5 兵迟早要丢。

32...b×a4 33.Bc4! Qe8 34.N×c6 a3 35.b5 Nb6 36.Ba2

这就是丁立人走 32.Na5 时想要的局面。黑方的 a 兵并不可怕，因为白象在攻击 f7 兵的同时还能轻松地封锁住 a 兵。c6 马是白方的骄傲。从对这个局面的取舍中，我们可以窥见丁立人的棋力：他明白有时必须付出一些东西，才能有更大的收获。

36...Nfd7 37.Ba5

白方的黑格象也加入了战斗，完全压制住了黑方。丁立人的局面型弈法下得很漂亮。

37...Bc5 38.Rd3 Kg7 39.Bc3 Kh7 40.Qd2!

丁立人已调整好全部的子，准备完成最后一击。后完美地放在 d2 格，给 d7 马施加压力，并瞄准了王翼。黑方只能坐以待毙。

40...Bf8 41.Ba5 Kg7 42.g4!

时机已到！黑方尽量维持后翼现状，但被困的子力无法在两线作战。

42...Be7

42...h×g4 43.f×g4，白方可以用 Rf3 攻击 f7 弱点，从而更快地结束战斗。

43.g×h5 B×h4 44.h×g6 f×g6

虽然双方王的位置因为兑兵而变得更加开放，但谁的王更难受？这是显而易见的。丁立人利用黑方白格象的缺失，发动了致命性的攻击：

45.Rd6! Bf6 46.Re6 Qf8 47.Bb4

看到丁立人这般行云流水地运子对准敌王，真是赏心悦目！

47...Qh8

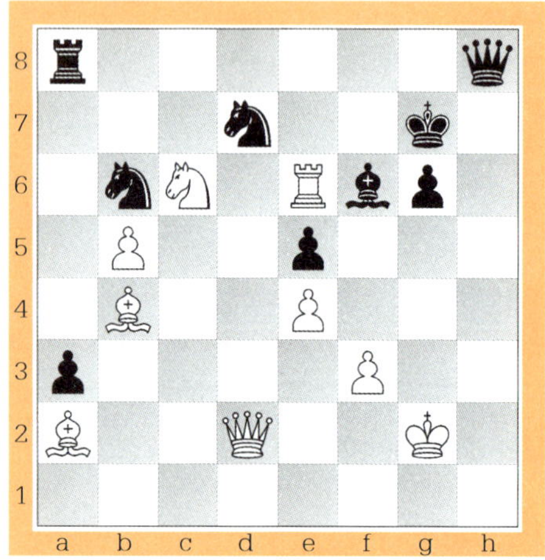

丁立人用一个漂亮的战术组合为自己出色的局面弈法画上句号：

48.N×e5! N×e5

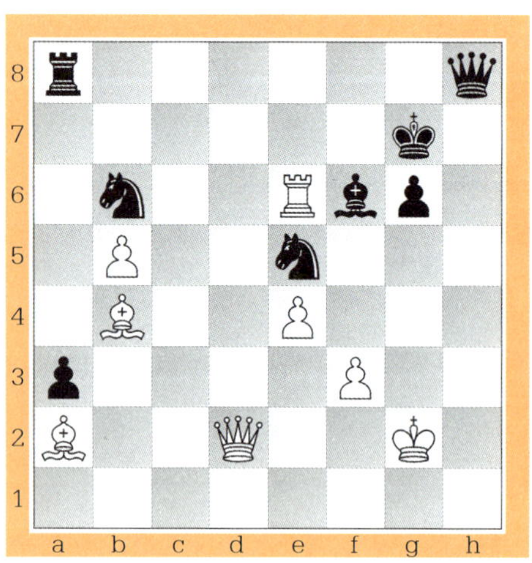

49.R×f6!

富有诗意的一步棋。黑方无法抵挡白方双象的威力。

49...Qh5

在e5弃子之前，丁立人必须要看到49...K×f6会失利于50.Qf4+ Kg7 51.Q×e5+ Kh7 52.Qh2+! Kg7 53.Bc3+。

50.Bc3!

象走到大斜线上，一切都结束了。

50...Ra7

50...K×f6 51.Qd6+ Kg7 52.B×e5+ Kh6 53.Bf4+ +−.

51.Qf4

黑方认输。

2017 年国际棋联大奖赛的第二站比赛定于 5 月在莫斯科举行。这一次，丁立人开局强势，连胜伊纳尔基耶夫和侯逸凡，在比赛中早早取得领先。最后一轮，丁立人执黑击败格尔凡德，以 9 轮 6 分（3 胜 6 和 0 负）的成绩夺冠，领先第二名马梅季亚洛夫 0.5 分，领先中村光、瓦谢尔·拉格拉夫和吉里等顶尖高手整整 1 分。连续两次 2850 分以上的表现分帮助他在 2017 年 6 月以等级分 2783 分重新跻身世界前十。

在汉特曼西斯克举行的 2017 年世界团体锦标赛中，丁立人代表中国队坐镇第一台保持不败战绩（2 胜 7 和 0 负）。这支亚洲的国际象棋强队令人佩服地重返胜利的轨道：由丁立人、余泱漪、韦奕、李超和温阳组成的年轻队伍在比赛中无一败绩！

▲丁立人在北京大学校园

（照片：北京大学新闻网）

丁立人在世界团体锦标赛结束回国后，等待他的还有另一个重要时刻。2017 年 7 月，他从北京大学法学院毕业。毕业前夕，丁立人曾表示，“在北大的学习生活让他丰富了知识，开阔了视野，强化了思维能力和意志品质，结识了许多优秀的同学和师长，也进一步增强了不懈奋斗为国争光的动力和使命感。”

完成了大学学业的丁立人，现在可以全身心地投入到自己的国际象棋事业中了。而他为国争光的承诺也在一步步实现。

2017 年世界杯赛

由于在年初的国际棋联大奖赛莫斯科站中夺冠，丁立人因此获得 2018 年世界冠军候选人赛的参赛资格，世界冠军候选人赛是一项八人赛事，比赛获胜者将获得向当时的世界冠军马格努斯・卡尔森的挑战资格。在国际棋联大奖赛中取得好成绩，是获得参加世界冠军候选人赛资格的“简单”方法。2017 年 8 月，国际棋联在格鲁吉亚第比利斯举办了世界杯赛，这是一项淘汰赛，128 名参赛者中只有 2 人有资格参加世界冠军候选人赛。要想进入世界杯赛的决赛，必须在残酷的小型对抗赛中淘汰六个强劲的对手才能过关，而在这些对抗赛中，一个失误通常就意味着要打道回府。

相比之下，通过国际棋联大奖赛获得世界冠军候选人赛资格，似乎更“安全”一些，但丁立人渴望提高他在世界杯赛的成绩。在世界杯赛中，2011 年他在第 1 轮被苏伟利淘汰，2015 年在第 4 轮被韦奕淘汰。为备战世界杯赛，他参加了儋州第八届国际象棋特级大师超霸战，以 9 轮 5.5 分与黎光廉并列第二（比小分后排名第三），落后韦奕 1 分，之后在温州与阿尼什・吉里的 4 局对抗赛中以微弱劣势告负，他在第 2 局中的失利具有重要的历史意义，这将在后面详述！

2017 年国际棋联世界杯赛的参赛棋手的实力非常强，世界上等级分最高的 20 位棋手中有 19 位参加了比赛，其中包括世界冠军马格努斯・卡尔森。赛前丁立人以等级分 2777 分排名第 11 位，前 3 轮分别淘汰了哈杜奇、克拉夫西夫和维迪特。令人震惊的是，卡尔森在第 3 轮被丁立人的同胞卜祥志以 1.5 ： 0.5 的比分淘汰出局。

按上下半区划分，丁立人在决赛时才可能与卡尔森交手，但现在卡尔森和卡鲁阿纳、克拉姆尼克、马梅季亚洛夫等几员大将都出局了，这让丁立人的“第一名”之路变得轻松了一些。

但丁立人必须在第 4 轮战胜另一位实力强大的中国棋手——“超级特级大师”王皓。丁立人在慢棋阶段做到了，执白出色地取得了胜利。

第 37 局

丁立人（2771）— 王皓（2701）

世界杯赛第 4 轮，第比利斯，2017 年

卡塔龙开局

1.d4 Nf6 2.c4 e6 3.g3 d5 4.Bg2 Be7 5.Nf3 0-0 6.0-0 d×c4

在两局制的淘汰赛中，执黑棋的棋手应是“稳字当头”。不出所料，王皓以开放变例迎战丁立人的卡塔龙开局，这是黑方最安全的选择。根据我收集的资料统计，等级分 2700 分以上的棋手下成这个局面的慢棋对局数有 200 多盘，其中和棋的比例约为 75%。这说明这个变例对黑方来说是个不错的选择。

7.Qc2 a6

黑方打算在白方吃掉 c 兵时，走 ...b7–b5，抢先出动白格象。

8.a4

这步预防性的棋如今几乎只有在顶级比赛中才能看到。它的缺点是削弱了 b4 格，但从有利的方面看，它使黑方的后翼出子变得更加困难。

8...Bd7

象不能出到 b7，只能退而求其次，走到这里。

9.Q×c4 Bc6

黑方的象走到重要的大斜线上，控制着关键的中心白格。白方现在处于一个重要的十字路口。丁立人选择的是：

10.Bg5

准备用象换掉位于 f6 的马，来争夺中心控制权。同年早些时候，丁立人曾在国际棋联大奖赛沙迦站对阵阿罗尼扬的比赛中，以 10.Bf4 赢下一盘漂亮的对局：10...Bd6 11.Qc1 a5 12.Nc3 Na6 13.Bd2 Nb4 14.Qb1 B×f3 15.B×f3 c6 等。

10...h6

这步棋很合理，尽管现在不太流行。在 2020 年前后，顶尖棋手更喜欢走 10...Nbd7 11.Nc3 h6 12.B×f6 N×f6，将马转到 f6。这使得白方更难挺兵 e2–e4。

11.B×f6 B×f6

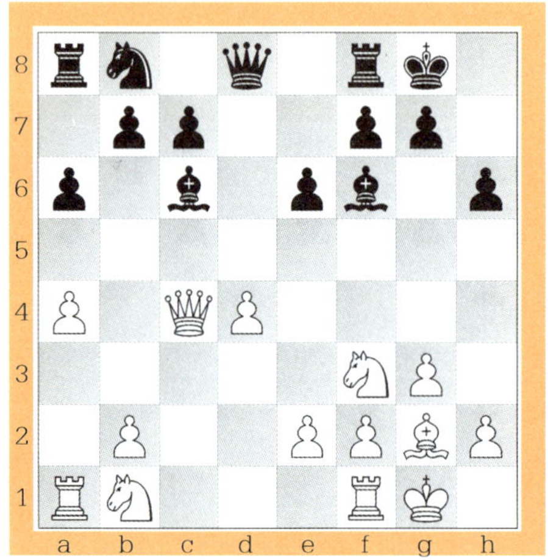

黑方的想法是通过对 d4 兵施压来延缓白方的出子。然而，丁立人对其置之不理：

12.Nc3!?

几年后的比赛中，丁立人面对卡尔森走了 12.Rd1 守兵，并在 12...a5 13.Nc3 Bd5 14.N×d5 e×d5 15.Qb3 Ra6 16.Ne5 之后，获得了微弱的主动权（丁立人—卡尔森，快棋，2021 年）。

12...B×f3 13.B×f3

在这路变化中，交换 f3 马是黑方的标准下法，因为如果白方将兵推进到 e4，象在 c6 就会变得笨拙。王皓接着下了一步稳健的棋。

13...c6

13...Q×d4 会给黑方带来更加积极的局面。在 14.Q×c7 Nc6 15.Q×b7 Na5 16.Qc7 Qd8 之后，黑方对失兵有足够补偿（马梅季亚洛夫—韦奕，维克安泽，2018 年）。不过，当前的这种比赛形势，王皓下得较为稳健是完全可以理解的。

14.e3 a5

黑方希望通过 a6 将马转移到 b4，从而在中局获得不错的局面。丁立人绝不允许这种情况发生：

15.b4! a×b4 16.Q×b4

打开 b 线会暴露出 b7 落后兵，成为潜在弱点。然而黑方可以通过攻击白方的 a 兵来寻求反击。目前，白方在局面上略占优势。

16...Ra7 17.a5 Na6

王皓决定先手出子。这步棋的缺点是让白方可以利用 b6 前哨格。同年晚些时候，卡尔森在与丁立人的快棋对局中走了 17...Nd7，对局以平局告终。

18.Qb6 Qa8

在b6兑后对黑方来说是不可行的，因为进入残局后黑方会有一个令人头疼的b7兵。尽管后摆在角落里不是太好，但王皓仍然打算通过走 ...Bd8 赢得 a5 兵来证明这步棋的合理性。

19.Ne4 Bd8 20.Qb2 Nb8?!

黑方的下法虽然很有目的性，但显得过于花哨。在试图吃掉 a 兵的过程中，王皓忽略了子力的协调状况。应该走 20...Nc7 延迟吃掉 a 兵，在 21.Nc5 Nd5 之后，给马留一个较好的位置。

21.Nd6 B×a5

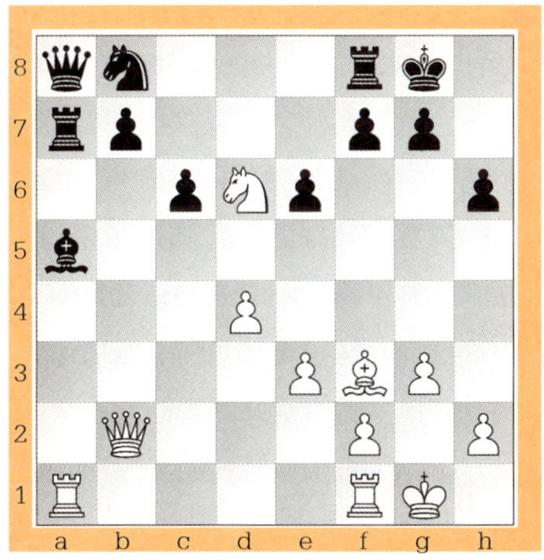

丁立人用最自然的一步棋重新夺回了兵：

22.N×b7?!

相反，22.Rfb1! 是更好的着法。白方在 22...b6 23.Rc1 之后，有长期补偿。

22...Q×b7?!

王皓错失确保能进入快棋加赛的机会。此局的 5 年前，法国特级大师克里斯蒂安・鲍尔用 22...R×b7 23.R×a5 R×b2 24.R×a8 c5! 强制走成均势局面。25.d×c5 Rc2 26.Rb1 Nd7 27.R×f8+ K×f8! 28.c6 Ne5=（特卡奇耶夫—鲍尔，2012 年）。

23.Q×b7 R×b7 24.R×a5

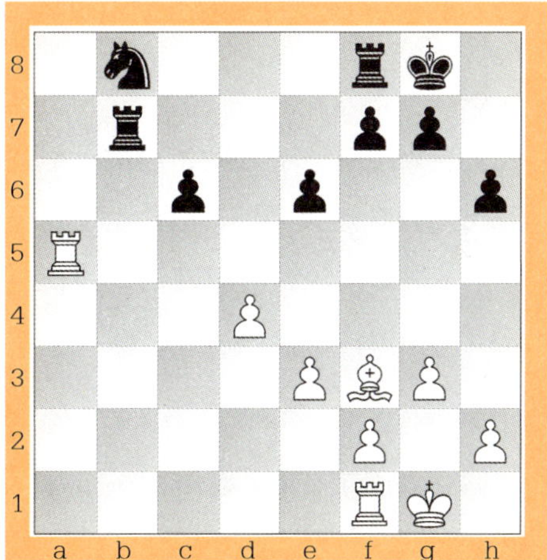

经过一系列换子，双方走到了这个残局，我认为等级分 2700 分以上的黑方棋手大概率能够取得和棋。黑方在 c6 有一个孤立无援的落后兵令人不快，但在大多数情况下，一个超级特级大师应该能守住这个残局。从这个层面上说，王皓并没有偏离他为这盘棋选择的安全道路。但丁立人不会让他那么容易得逞，黑方仍需精确防守才能获得和棋。

24...Rc8 25.Rc1 Rbc7

稍有一点不精确。如果把车留在 b 线，走 25...Kf8 较好，如果 26.Rac5，那么 26...Rb6，对黑方来说这样走比对局中更积极。

26.Ra8!

丁立人将黑马困在一个被动的位置

上，因为 ...Nd7 会让白方在 c8 兑子后得 c6 兵。

26...Kf8 27.h4!

黑方只有 c6 兵的一个弱点不足以使白方赢棋，因此丁立人的目标是在王翼通过扩张地盘，给黑方制造出第二个弱点。

27...Ke7

王皓采用了一个直截了当的计划，把王走到 d6 过度保护 c 兵，然后走 Nd7。尽管如此，针对白方前一步棋走 27...g6 仍然值得考虑。

28.h5

丁立人固定住 g7 兵作为一个潜在弱点。这步棋看似不起眼，却暗藏玄机！

28...Kd6 29.e4!

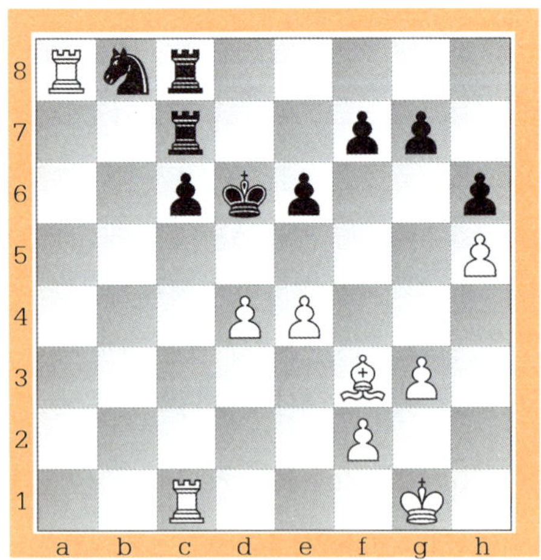

丁立人继续一点点施加压力。这步棋使黑方解放局面的计划变得更复杂。

29...Ke7!

想要摆脱被动局面，黑方需要以退为进，重新组织子力。若黑方走 29...Nd7，由于有 30.e5+ Ke7 31.R×c8 R×c8 32.R×c6±，所以行不通，而试图用 29...e5 阻挡白方 e 兵会遇到 30.d×e5+ K×e5 31.Bg4!，这使黑方之后的局面更加尴尬！ 31...Rf8 32.f4+ Kd6 33.e5+ Ke7 34.Rca1!，准备 Ra7，白方锁定残局优势。

30.e5

白方在之前五步棋中获得了很大的空间，但这是以兵走得太“高”为代价的。王皓注意到白兵可能是反击的目标，但他选错了兵：

30...Rd8?!

如果黑方不瞄准 d4 兵，而是盯住 e5 兵，走 30...Kd8!，准备走 Nd7 之前先走 ...c5，用兵突破，可以获得更好的机会。例如：31.Kg2（31.Rc5 Rb7）31...c5! 32.d5（32.d×c5 Nd7=，利用了走得太“高”的 e5 兵）32...e×d5 33.B×d5 Nd7 34.R×c8+ R×c8 35.f4 Ke7=，黑方得到了比实战中更好的局面。

31.Kg2 Rb7?!

又一个不精确之着。激活车是明智之举，但王皓给了白方关键的一先来巩固中心控制。应该走 31...f6，必须立刻削弱 e5 兵。如果是 32.Re1，黑方终于可以出马 32...Nd7!，因为在 33.R×d8 K×d8 34.e×f6 N×f6 35.R×e6 Rd7 36.R×c6 R×d4 之后，形成的三兵对二兵残局，黑方应该很容易守和。

32.Rc4

简单的一步对白方极为重要。除了保证d4兵的安全和看住黑方c兵之外，车在第4横线也是非常有用的。

32...f6

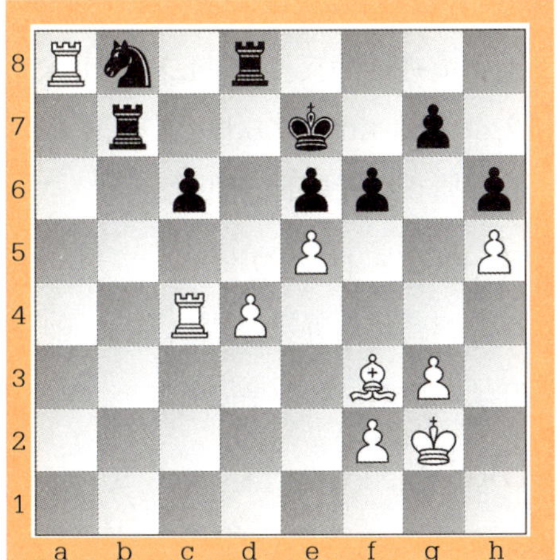

33.Be4!

漂亮的一步棋。让出f兵前进的道路，同时盯着被削弱的g6格。几步棋之前局面已经很接近和棋了，但转眼间王皓的局面就急转直下。...c5突破已经没用了，黑方的局面仍然被动，而白方在王翼上取得了重大进展。丁立人的成功之处在于他从这个简单的残局中“榨取”了最大的利益，使对手难以挣脱。

33...f×e5?

这是一个致命的错误。没有必要消除掉白方d4兵弱点，给白车打通第4横线。33...Nd7是黑方守住残局的最后机会。虽然在34.Ra5!之后，黑方仍将面临痛苦的防守（不清楚34.R×d8 K×d8 35.B×c6得兵是否能提高白方的赢棋概率，因为35...Rc7），34...Nb6 35.Rb4±等。

34.d×e5 Rb2

牵制住f兵，希望赢得e5兵。丁立人有一个优雅的办法来解决问题：

35.Bg6!

白方攻守兼备，腾出第4横线，并准备用Rc4–f4–f7入侵次底线。

35...Nd7 36.Ra7

当然，用积极的车换d8被动的车不合理。对黑方来说，次底线上的牵制非常讨厌。王皓想吃e兵，走了：

36...Re2

在白方走f4保兵之前走这步。

37.Re4!

丁立人说这是“赢棋最重要的一步”。他必须仔细评估兑车后的残局，因为黑方保留了c兵。他正确地判断出，兑掉黑方唯一活跃的棋子比用直接手段赢棋更为重要。

丁立人有几种诱人的选择，但都不能带来明显的优势：

1）37.Rf4 R×e5 38.Rf7+ Kd6 39.R×g7 Re2!⇄.

2）37.Be4 Kf8!，黑方摆脱牵制并赢得 e5 兵，有很好的守和机会；

3）37.R×c6 R×e5 38.g4±，由于牵制，黑方仍然不愉快，但消除关键的 e5 兵对黑方来说是一种解脱。

37...R×e4 38.B×e4 Rc8 39.f4 Kd8 40.Kf3 c5

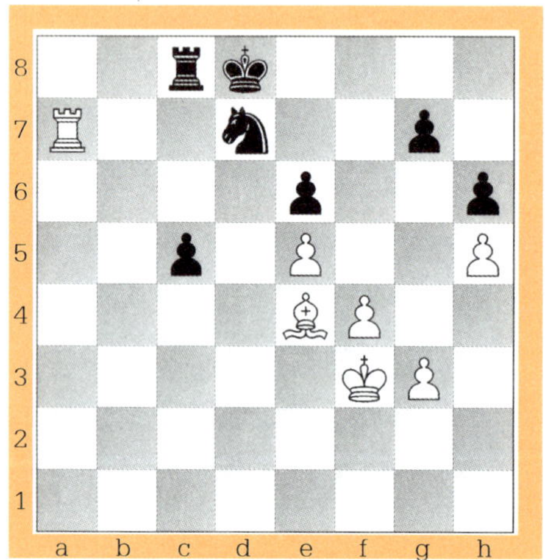

过了第 40 回合时限后，是时候对局面进行总结了。

e5 兵还在，它很安全，并且压制着黑方。丁立人决定走第 37 步棋是意识到黑方的 c 线通路兵并不危险。兵可以推进到某一格，但随后就会被封锁，而且由于黑方子力位置比较消极，无法支持兵前进。丁立人为此把白王中心化：

41.Ke3 Rc7 42.Ra8+ Rc8 43.Ra6

白方想要留住车，利用黑方 e6 和 g7 的弱点，增加黑方动马的难度。

43...Ke7 44.Ra7!

丁立人运子非常娴熟。44...Rc7 现在不可能走了，这为白方改善王的位置争取了时间。

44...c4

厌倦了被动防守的王皓，在 c5 兵被封锁之前开始冲兵。在 44...Kd8 45.Kd3 Ke7 46.Kc3 Kd8 47.Bd3 c4 48.Bc2 之后，丢掉 c 兵只是时间问题。

45.Kd2 c3+ 46.Kc2 Kd8

王皓希望用几步跳马给对手制造一些麻烦。但这一切都是徒劳的。

47.Bd3!?

丁立人知道自己的局面已经获得胜势，所以并不着急，一直在防止对方反击。47.Ra3 也是可行的，白方在 47...Nc5 48.Bg6 之后，也应该能够获胜。

47...Rc5

47...Nc5 不可行，因为 48.R×g7! N×d3 49.K×d3 c2 50.Rg8+ +−。

48.Ra8+ Ke7 49.Ra7

遵循“不要着急”的策略。白方急于走 49.Bg6? Nb6 50.Rg8 是错误的，因为这样就给对方 50...Nd5 的反击机会。

49...Kd8 50.Ra3

白方得兵。丁立人最后需要检查的是四兵对三兵的轻子残局是否能取胜。结论是：可以。

50...Nb6 51.R×c3 R×c3+ 52.K×c3

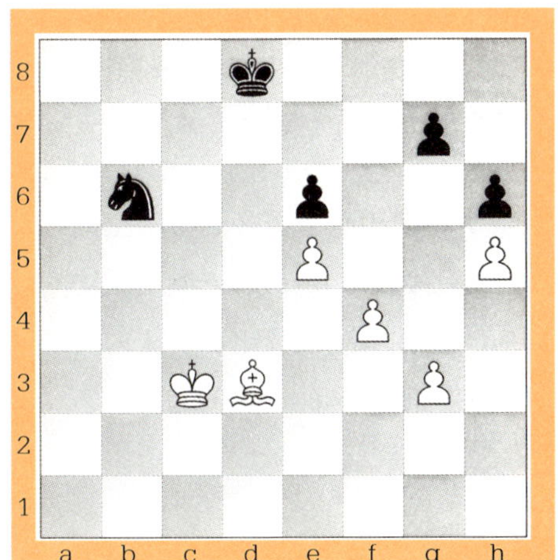

黑方有两个问题导致他没能守和这个残局。首先是他无法兑兵；其次是他的马没有很好的前哨格。王皓试图下得积极一些：

52...Nd5+

被动的防御 52...Nd7 53.Bb5 Nf8 54.Kd4 Ke7 更顽强，但在 55.Kc5 Nh7 56.Kc6 Nf8 57.Ba6! 之后也注定失败。白方准备了决定性的 f4–f5 突破，将象转移到 c8：57...Nh7 58.Bc8 Nf8 59.Kc5! Nh7（或 59...Kd8 60.Kd6! K×c8 61.Ke7 Nd7 62.K×e6+–）60.Kd4 Nf8 61.f5! e×f5 62.B×f5+–。

53.Kd4 Ke7 54.Be4 Nb4

马在后翼会被捉死。

55.Kc5 Na2 56.Kc4 Nc1 57.Bd3!

马无路可走，兵残局黑方必败，王皓认输。

丁立人此前从未晋级过世界杯赛四分之一决赛。此次四分之一决赛丁立人的对手是一位名将，进步神速的理查德·拉波尔特，他已经在比赛早些时候淘汰了丁立人的队友韦奕和李超。出乎所有人意料的是，这位以激进的棋风而闻名的匈牙利人（我们可以在第 31 局和第 51 局中看到），执白早在第 11 步就提出和棋！丁立人认为自己已有心理优势，在第 2 局执白时下得积极主动，在中心强行突破之后转入优势残局，最后战胜拉波尔特。

丁立人进入世界杯赛半决赛，棋下得非常出色。他还有一步就能进入决赛，但在本届比赛中，他第一次碰到等级分比他高的选手。他的对手苏伟利是所有棋手中等级分最高的，等级分达到了 2810 分。这看起来是丁立人难以逾越的障碍。事实上，苏伟利在第 1 局就取得了胜势，丁立人勉强守和。第 2 局，丁立人在开局阶段走出新着，从而掌握了主动权，但由于苏伟利的精确防守，丁立人未能把稍优残局带向终局胜利。尽管如此，苏伟利还是在赛后称赞道："丁立人通常在开局阶段会有很多出人意料的招数，所以针对他进行开局准备非常困难。"

快棋加赛呈现一边倒的局面，丁立人下的 4 盘中，有 2 盘黑棋都获得了胜势，其中 1 盘获胜，2 盘白棋为和棋，以总分 3.5 ： 2.5 的比分获胜，晋级决赛！这一结果也使他获得了参加 2018 年世界冠军候选人赛的资格。丁立人决赛的对手是等级分超过 2800 分的列冯·阿罗尼扬，不管最终输赢如何，他都可以参加世界冠军候选人赛。

与之前的淘汰赛相比，决赛中的 4 盘慢棋意味着两名棋手有了更多的冒险空间和休息时间，当然这取决于棋手的策略。在第 3 局比赛结束后接受 ChessBase 网站采访时，丁立人表示是之前参加国内的小型对抗赛帮助他适应了这种赛制以及比赛的压力。丁立人说："这对我来说并不陌生，因为我在家乡温州参加过很多这种一对一的对抗赛。中国有很多棋迷和媒体都在关注这场比赛。"

在慢棋 4 盘和棋后，阿罗尼扬在快棋加赛中以 2 ： 0 酣畅淋漓地击败丁立人，当之无愧地夺得了 2017 年世界杯赛的冠军。尽管丁立人最终屈居亚军，这位中国新星完全有理由为自己在国际象棋职业棋手最具挑战性的比赛中取得的成绩感到高兴。

不朽之作

在 2017 年世界杯赛获得亚军以及锁定参加 2018 年世界冠军候选人赛的资格后，丁立人在 2017 年 11 月参加国际棋联大奖赛马略卡站之前，有一段休息时间。在此期间，他只在欧洲联赛和中国甲级联赛下过慢棋比赛。在 2017 年 11 月 4 日，丁立人在与中国特级大师白金石的对局中，下出了可能是他职业生涯中最精彩的一盘棋。

如果你还没有看过这盘绝佳的对局，我就闲话少说。请欣赏他自评的"不朽之作"。

丁立人自评

第 38 局

白金石（2585）— 丁立人（2759）

中国甲级联赛第 18 轮，天津，2017 年

尼姆佐印度防御

这盘棋出自中国甲级联赛，这个联赛有越来越多的外国强手参加。我的对手白金石，是出生于 1999 年的天才少年。我很了解他，他研究棋很刻苦，在开局方面很有想法。我很清楚，他执白棋想赢我。

1.d4 Nf6 2.c4 e6 3.Nc3 Bb4 4.Nf3 0-0 5.Bg5 c5 6.e3 c×d4

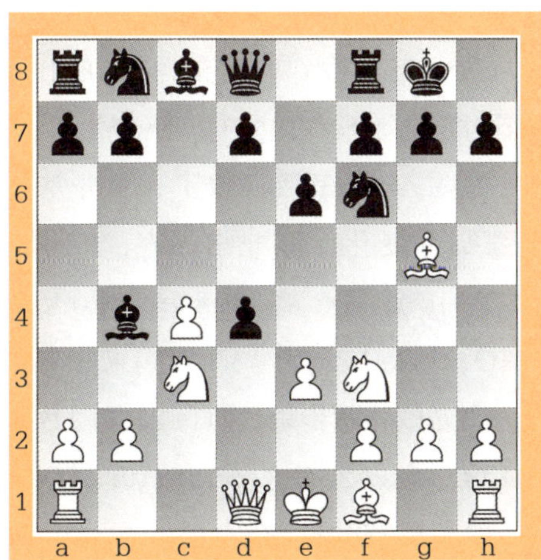

7.Q×d4

在尼姆佐印度防御这路变化中，这步续着不是那么流行。棋手通常会走 7.e×d4，用 e 兵吃回。在 7...d5 之后卡尔森曾走 8.Be2 来对付我（圣路易斯大赛），结果下成和棋。

7...Nc6 8.Qd3

另一个计划是 8.Qf4，但在 8...B×c3+ 9.b×c3 h6 10.B×f6 Q×f6 11.Q×f6 g×f6 之后，黑方布局没问题。

8...h6 9.Bh4 d5 10.Rd1

这步棋令我感到惊讶。我预期的是 10.a3，在 10...B×c3+ 11.Q×c3 g5 12.Bg3 Ne4 之后，黑方很不错。

10...g5 11.Bg3 Ne4

假若我知道白金石走的下一步，我可能会选择更安全的 11...Qa5 12.a3（在 12.Be2? Ne4 之后，白方丢兵）12...B×c3+ 13.Q×c3 Q×c3+ 14.b×c3 Ne4，这样会有一个大致均等的局面。

12.Nd2

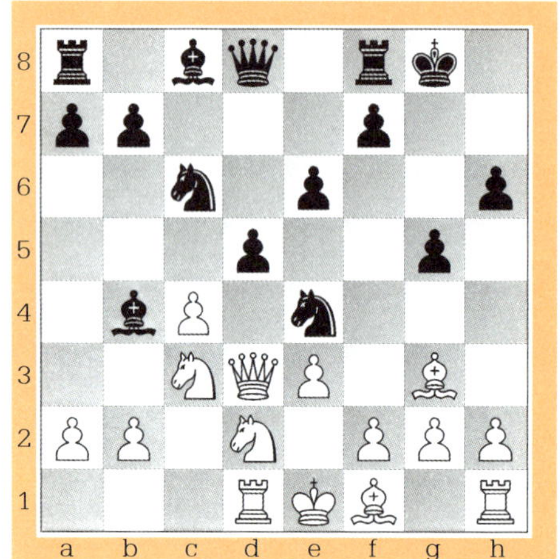

这是一步好棋，我没有预料到。现在情况变得复杂了。

12...Nc5

这是一步令我着迷的、有趣的续着。我不想在12...B×c3 13.b×c3 N×g3 14.h×g3 Kg7之后，形成被动的局面，而12...f5也是错误的，因为在13.c×d5 e×d5 14.Nd×e4之后，我不能走14...d×e4? 用d兵吃，因为有15.Qc4+。

13.Qc2

这一着白金石走得很快，说明仍然在他准备之中。我希望他走13.Qb1，那我就可以走13...d4 14.e×d4 Q×d4，这也是非常复杂的局面，需要分析。

13...d4 14.Nf3 e5

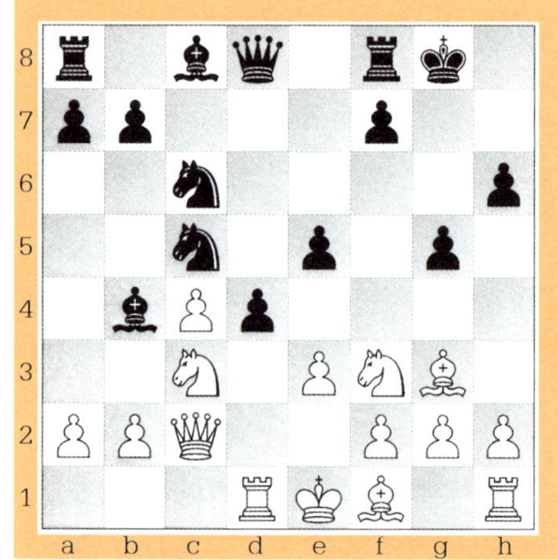

幸亏我有这步棋，不然就要丢一兵。现在对手陷入了长考，花了25至30分钟，我在之前也已经耗费了差不多一样的时间。

15.N×e5

另一个办法是用象吃：15.B×e5 N×e5 16.N×e5。对弈时，我曾担心这个局面，直至找到非常有力的16...Re8一着才放心。现在白方有两路变化：

1）17.Nf3虽然导致了一个非常长的强制性变化，但非常漂亮：17...Bf5 18.Q×f5 d×c3 19.Rd8 c2+ 20.Ke2 c1=Q 21.Ne5。这个局面看起来非常危险，白方威胁两步杀，但有21...Q×b2+ 22.Kf3 Q×e5 23.Q×e5 Ra×d8 24.Qb2 a5，给予黑方足够多的补偿，局面均势；

2）17.e×d4 Ne6（这一着和下一步在d4吃兵的着法不易被发现）18.Qe4 N×d4 19.Q×d4（明显比19.R×d4? Qf6 20.Rd5 Be6 21.Rb5 Bd7好一些，这样的话白方麻烦很大）19...Qa5，局面均等。

15...d×c3

弃后吃马。当我决定弃后的时候，并没有看清整个变化，但当我看到18...Na4 之后，我就意识到黑方局面将会好一些。

16.R×d8

倘若走 16.N×c6，黑方有厉害的16...Bf5，赛后交流得知，双方都看到了这个变化，都认为黑方即将赢棋。

16...c×b2+

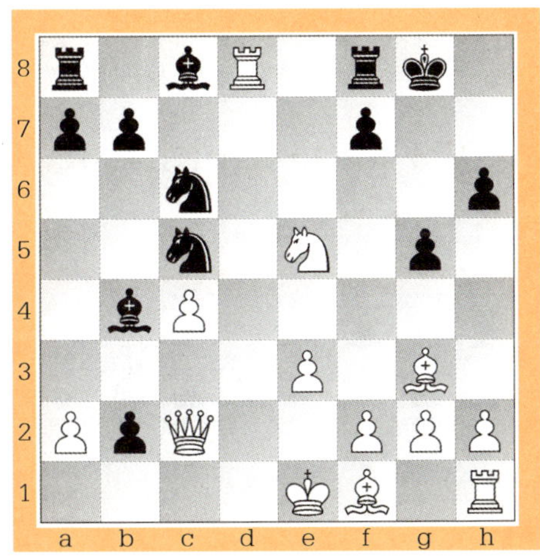

17.Ke2

这是一个严重错误，之后白金石再也没有机会挽救对局了。

另一个选择是 17.Rd2，事实证明这是一步好着，但黑方走得精确的话，仍然可以形成均势局面：17...Rd8 18.Nf3（18.Bd3 看起来很诱人，但双方都漏看了 18...N×e5，在 19.Bh7+ Kf8 20.B×e5 Rd2 21.Q×d2 B×d2+ 22.K×d2 Be6 23.B×b2 B×c4 之后，简化形成一个均势局面）18...Bg4。

19.Q×b2（唯一着法。19.a3 不好，因为 19...B×f3 20.a×b4 R×d2 21.K×d2 Rd8+ 22.Kc3 Na4+! 23.Kb3 Bd1!）19...B×f3（我本意是走 19...Ne4，但漏看了 20.Q×b4 N×b4 21.Rb2，现在是白方稍好一点）20.g×f3 R×d2 21.Q×d2 B×d2+ 22.K×d2 Rd8+，这里黑方有足够的补偿。

17...R×d8 18.Q×b2

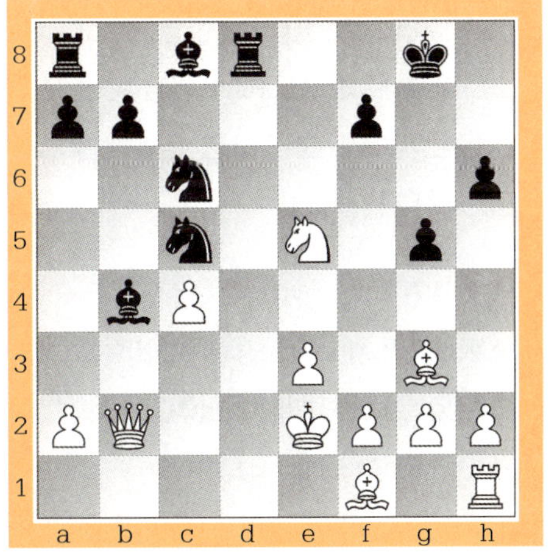

18...Na4

我猜想对手是漏看了这一着。在18...Rd2+ 19.Q×d2 B×d2 20.N×c6 之

后，白方略优。

19.Qc2

别无选择。

19...Nc3+ 20.Kf3 Rd4

关键的一着，也是非常优美的一着。我是在对手走完 18.Q×b2 后，反复检查 18...Na4 时发现它的。我看到可以走这一步时非常兴奋，而当我真正走出这步棋的时候，许多棋手就开始蜂拥到我们棋桌周围。我也可以先走 20...h5，并在 21.h3 之后走 21...Rd4，但我已经无法让自己再等下去了，这步棋就像瓜熟蒂落一样自然。

21.h3 h5

威胁 22...g4+ 造杀。我知道我的局面是胜势，我必须非常谨慎。

22.Bh2 g4+ 23.Kg3

对手希望白王吃 h5 兵逃生。兑兵没改变多少：23.h×g4 h×g4+ 24.Kg3 Rd2 25.Qb3 Ne4+ 26.Kh4 Be7+ 27.Kh5 R×f2，威胁 ...Rf5+。

23...Rd2

这是黑方为了取胜所走的一步关键着法。在走 20...Rd4 时我就发现了它。

24.Qb3 Ne4+ 25.Kh4 Be7+ 26.K×h5 Kg7

为车进入 h 线清理道路。

27.Bf4

白方阻碍我的计划的唯一着法。27.N×c6 Bf5 28.Nb8 不行，有 28...Rd8，现在另一个车参与造杀进攻。

27...Bf5 28.Bh6+ Kh7 29.Q×b7

在29.N×c6 Bg6+ 30.K×g4 f5+之后，白王被将杀：31.Kf4 Bd6+ 32.Kf3 R×f2。

29...R×f2

现在我威胁 30...Ng3 将杀。

30.Bg5 Rh8

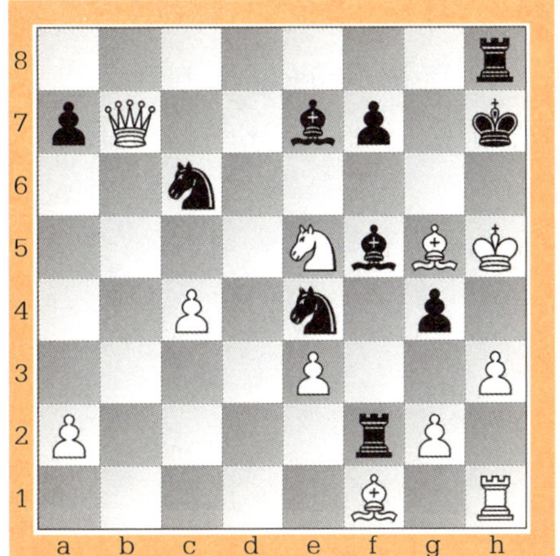

每走一步，我的人马都在靠近白王，它们全都参与造杀。

31.N×f7

31.Q×c6 Kg8+ 32.Bh6 Ng3，同样将杀。

31...Bg6+ 32.K×g4

32.Kh4 将形成“优美”的杀王：32...Kg8+ 33.N×h8 B×g5+ 34.K×g4 Ne5，将杀。

32...Ne5+ 0-1

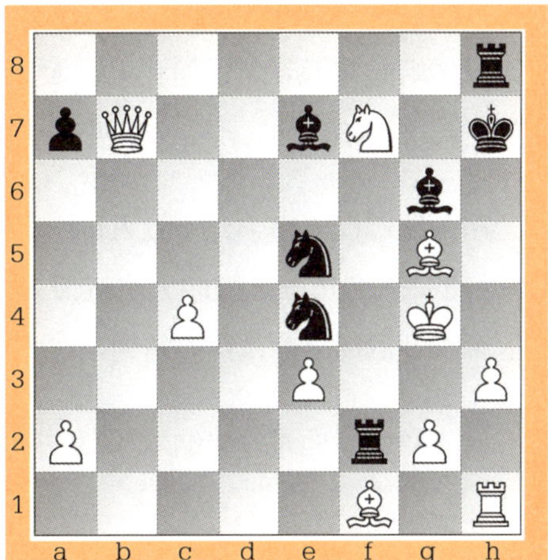

白方认输，因为有 33.N×e5 Bf5+ 34.Kh5 Kg8+ 35.Bh6 Ng3# 或 33.Kh4 Kg8+ 34.N×h8 B×g5#。

在这个美好的时刻过后不久，丁立人马不停蹄地飞往美国圣路易斯市，参加了快棋和超快棋冠军对抗赛，在那里同世界冠军卡尔森进行了比赛。卡尔森最终以 67 ：25 的总比分取得了压倒性的胜利。在 2017 年 Chess.com 网站发布的一篇文章中，丁立人将这一失利的主要原因归结于缺乏对超快棋的练习、时差的问题以及对对手的过度敬畏。

尽管如此，丁立人依然乐观且斗志昂扬。在我的印象中，对国际象棋的极度热爱能够帮助丁立人克服类似这样的失败，并能让他不断打磨棋艺，成为最好的自己。最后一句话可能听起来很老套，但我见过太多棋手沉溺于好成绩、高等级分和头衔的争夺，却忽视了对比赛的热情。丁立人似乎很少出现这样的情况。

在传统慢棋比赛中，丁立人再一次取得佳绩，完美结束一年的征程。在西班牙马略卡举行的 2017 年国际棋联大奖赛最后一站比赛中，丁立人以 9 轮积 5 分的成绩，仅落后冠军阿罗尼扬半分，获得并列第三名。

第 4 轮中，他对阵伊纳尔基耶夫的精彩对局是本次比赛的亮点。

第 39 局

埃内斯托·伊纳尔基耶夫（2683）— 丁立人（2774）

国际棋联大奖赛第 4 轮，马略卡，2017 年

西班牙开局

1.e4 e5 2.Nf3 Nc6 3.Bb5 a6 4.Ba4 Nf6 5.0-0 Be7

在前几年短暂尝试过走柏林防御（3...Nf6）以及开放变例（5...N×e4），丁立人在 2017 年确定以马歇尔弃兵去应对西班牙开局。

6.Re1 b5 7.Bb3 0-0

2016 年欧洲冠军埃内斯托·伊纳尔基耶夫是一位理论功底深厚的棋手，棋风更是充满活力和战斗力。预估丁立人会在 8.c3 后应对马歇尔弃兵变化，他选择走复杂的反马歇尔弃兵变化应对：

8.a4

这是法比亚诺·卡鲁阿纳的最爱。8.c3 d5!? 9.e×d5 N×d5 10.N×e5 N×e5 11.R×e5 c6，进入被深度分析的马歇尔弃兵变化。

8...b4 9.d4

伊纳尔基耶夫走出反马歇尔变化的最常见着法。另外一种选择是 9.a5 d6 10.d3，会进入一个更平稳的局面。

9...d6 10.d×e5 N×e5

黑方乐意在 e5 格交换一对马，因为在西班牙开局中 c6 马通常是个不好处理的棋子。

11.N×e5 d×e5

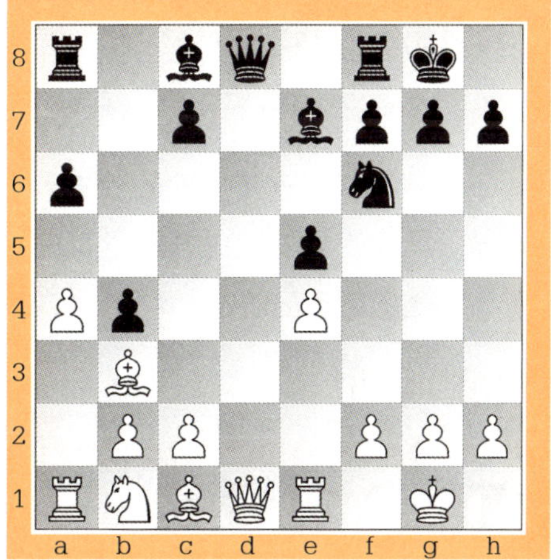

你有可能还记得第 36 局中的类似的对称结构（丁立人—余泱漪，深圳，2017 年）。这里的关键区别在于黑方 b 兵的位置。一方面，由于这个兵的位置，黑方在后翼占据了更多的空间；另一方面，它给白方提供了 c4 永久前哨格。我们已经看到了这个前哨格在这类结构中的重要性。

现在伊纳尔基耶夫有好几个选择，他走了：

12.Qf3!?

很难说这步棋比其他着法好或不好。这是目前最积极的着法，虽然白方在这路变化中的走法通常基于局面中的细微变化。在 12.Q×d8 R×d8 形成残局后，对黑方来说没有太大问题。丁立人在 2019 年对阵涅波姆尼亚奇的一盘快棋中，双方走的是 13.Nd2 Bc5 14.Nf3 Ng4 15.Be3 B×e3 16.f×e3 Rd6 17.Rad1 Be6 18.R×d6 c×d6=。

12.Qe2 是首选谱着，丁立人在 2017 年已经走过几次 12...a5!?，并执黑在对阵吉里以及哈里克里什纳的两盘对局中取得了 1.5 分的成绩。

12...Bc5 13.h3 Bb7

丁立人选择了一步争胜的着法，没有选择 13...Be6 去抵消白方的“西班牙象”，决定激活自己的象。

14.Nd2 Kh8!?

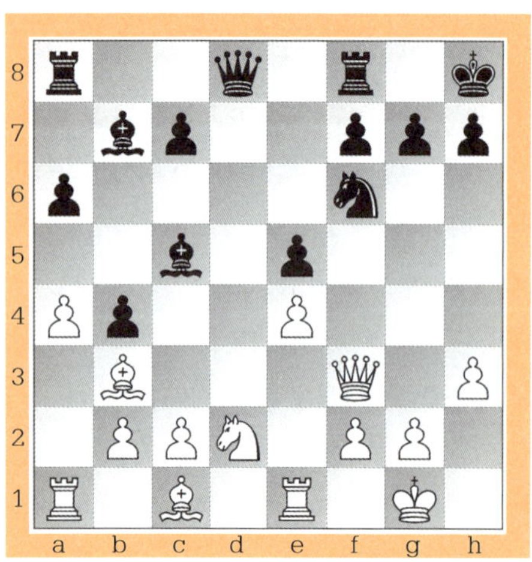

一步聪明的预防性着法。丁立人准备了周密的反击计划，以应对伊纳尔基耶夫将要把马放到 c4 格的计划。另外的选择是 14...a5，但在 15.Nc4 Re8 16.Bg5 Ra6! 17.Rad1 Qa8 后，导致静态平衡的局面。

15.Qg3?!

面对意想不到的着法，伊纳尔基耶夫将后从 h1–a8 斜线移开，以便他的马可以出动。然而，他忽略了丁立人走 14...Kh8 而可能产生危险影响。

15.Nc4? 不好，因为有 15...N×e4! 16.R×e4 f5，这是来自丁立人第 14 回合的着法要点！白方本可以走 15.Qf5! Qe7 16.Nc4 解决问题，在 16...Rae8 17.Bg5 h6 18.B×f6 Q×f6 19.Q×f6 g×f6 等之后，形成白方略优，但大概率是和棋的残局。

15...Qe7 16.Qh4?

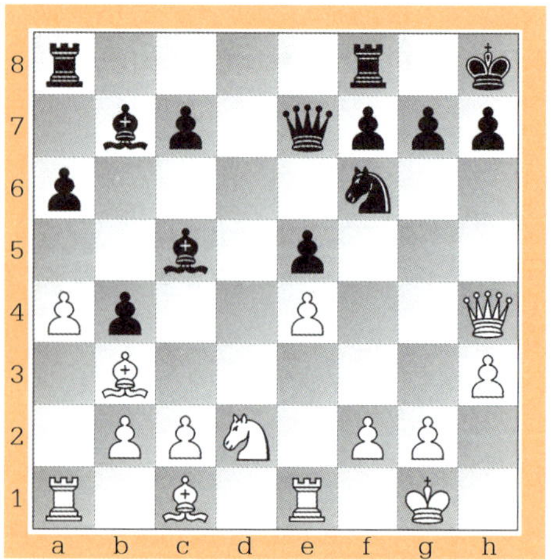

伊纳尔基耶夫完成了后的调动，让后去了一个看起来比 f3 格更安全的位置，继续保护 e4 兵。之后白方可续走

Nd2–c4 或者 Nd2–f3，争取在静态的中局中“榨取”一点局面优势。然而，这个看起来平淡无奇的局势欺骗了他，他漏看了一个充满活力的绝妙计划：

16...g5!!

现在我们看到了 15...Kh8 的另一个作用。丁立人的高明之处在于他能提前构想出这样的局势，而不像大多数棋手意识到时已经太晚了。无论如何，黑车都会走到 g8 格，伊纳尔基耶夫除了接受弃兵而无其他选择。

17.Q×g5 Rg8 18.Qf5 Rg7!

丁立人精确的计算能力显露无遗。起初，黑方看起来无论如何叠车都没有区别。然而，走 18...Rg6!? 却没有那么好，因为 19.Nf3 Rag8 20.g4!，白方依然可以坚守。黑方如走 20...N×g4 21.h×g4 Bc8??，白方有 22.Q×e5+! +– 的着法。这就是为什么黑车必须要走到 g7 格，白方就没有将军了。

19.Nf3

19.Nf1 Rag8 20.g3 可能会是更顽强的防守着法，但在 20...Bc8 21.Qf3 B×h3 22.Be3 Bd6! 之后，黑方不仅得回兵，还可继续进攻。

19...Rag8 20.Bg5

就像几步棋前白后 f3–g3–h4 的调动，伊纳尔基耶夫再次完成了一个位置合理、看起来不错的子力调动计划，却又将遭受一个绝妙的战术打击。

在 18...Rg6 的分析中提到的另一种防守着法 20.g4，此时就不再适用了，因为会遭到：20...N×g4! 21.h×g4 Bc8! 22.Q×e5 B×g4! 23.Q×e7 B×f3+，白王陷入杀网。

20...N×e4!!

算上与白金石的那盘不朽对局，丁立人仅在当年 11 月份中的弃后着法已经比很多棋手一生中下出的都多了！

21.h4

认输的表现，但白方也没有别的办法了。如 21.B×e7 吃后将导致被杀，21...R×g2+ 22.Kf1 R×f2 或者 22.Kh1 N×f2。

走 21.R×e4 也会输棋，21...R×g5 22.N×g5 R×g5 23.R×e5 R×f5 24.R×e7 B×e7，黑方在残局中净多一子。

21...N×g5 22.h×g5 R×g5!

丁立人也可以先吃掉 f3 格的子，但这步棋更美观也更有效。

23.N×g5 R×g5

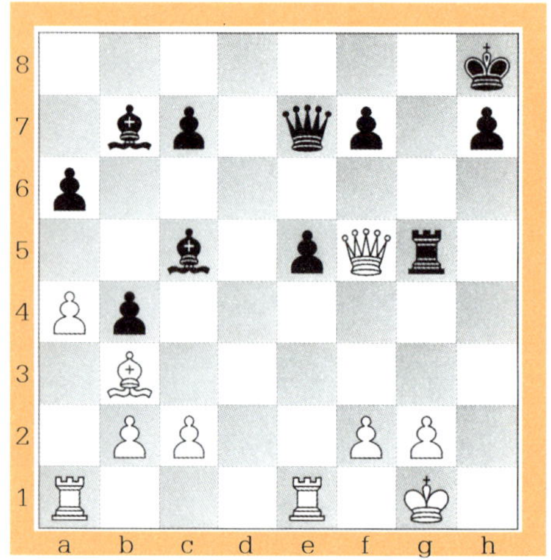

不是头一次看到丁立人用双象以及一对重子进攻，当然也不会是最后一次。

24.Qh3 Qf6 25.Re3

黑方前一步的作用就是为了迫使白方走出这步主动送子的着法。

25...R×g2+ 26.Q×g2 B×g2 27.K×g2 B×e3 28.f×e3 c5

丁立了精彩的进攻为他赢得了绝对的子力优势。如果伊纳尔基耶夫在此认输，没有人会责备他，但他还是决定再走十几个回合。

29.Bc4 Qg6+ 30.Kf3 Qf5+ 31.Kg3 Qe4 32.b3 Q×e3+ 33.Kg2 Qd2+ 34.Kh1 f5 35.Rg1 Qh6+ 36.Kg2 Kg7 37.Rd1 Qg5+ 38.Kf2 Qf4+ 39.Ke2 Qh2+ 40.Ke3 f4+ 41.Ke4 Q×c2+ 42.Rd3 Kf6 43.B×a6 Qg2+ 44.Rf3 Ke6 0-1

丁立人在 2017 年全年的国际棋联大奖赛总积分榜上排名第 4，不过这也并不那么重要，因为他已获得 2018 年世界冠军候选人赛的参赛资格。

2017 年，丁立人的棋艺成熟度和创造力都达到了一个新的高度。他可以走出充满活力的对局（如第 38 局与白金石的对局和第 39 局与伊纳尔基耶夫的对局），可以在局面战中获胜（如第 16 局与马拉霍夫的对局和第 36 局与余泱漪的对局），也可以在残局中通过技巧获胜（如第 35 局与卡尔亚金的对局和第 37 局与王皓的对局），均令人印象深刻。他以 2777 分的等级分结束了这一年的比赛，巩固了自己世界前十以及中国最佳棋手的地位。

世界冠军候选人赛

2018 年世界冠军候选人赛是引人瞩目的超一流特级大师赛。柏林的春日，似乎形成了某种气氛，激励着棋手在这样高风险的对抗中下出各种充满战斗性的棋局。在众多激动人心的战斗中，阿罗尼扬 — 格里修克以及克拉姆尼克 — 卡鲁阿纳的对局尤其令人印象深刻。

丁立人非常适应整个比赛的氛围。丁立人和格里修克在两盘棋的交手中针尖对麦芒。让我们来看其中一盘对局。

第 40 局

亚历山大·格里修克（2767）— 丁立人（2769）

世界冠军候选人赛第 4 轮，柏林，2018 年

斯拉夫防御

这盘棋不是丁立人的最佳对局，但我也把它选入书中，因为它能完美体现出丁立人在比赛中的战斗精神。

1.d4 Nf6 2.c4 e6 3.Nf3 d5 4.Nc3 c6 5.Bg5 h6 6.Bh4 d×c4 7.e4 g5 8.Bg3 b5 9.Be2 Bb7 10.0-0 Nbd7 11.Ne5 Bg7

在反莫斯科弃兵（6.Bh4 d×c4）变例的一个著名理论局面中，格里修克选择弃子进攻：

12.N×f7!?

大约 10 年前，在与克拉姆尼克下的一盘棋中，保加利亚超级特级大师韦塞林·托帕洛夫就走出过这步创新着法。“正常”的续着是 12.N×d7 N×d7 13.Bd6 a6 14.a4，依然十分复杂。

12...K×f7 13.e5 Nd5 14.Ne4 Qb6 15.Nd6+ Ke7

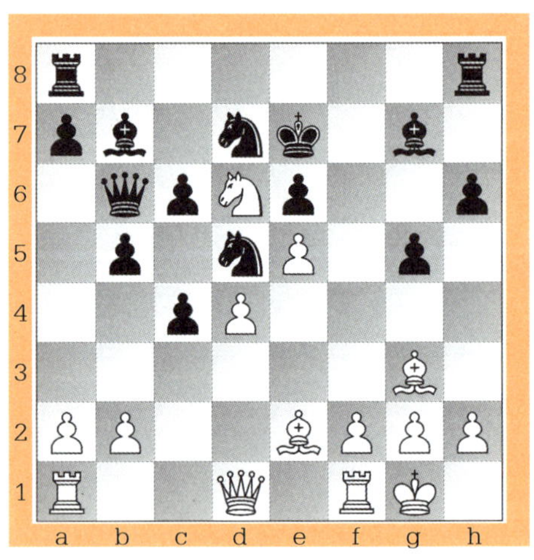

16.a4!

这是格里修克准备好的新着，也是此时局面中的最佳着法。白方打开 a 线，让自己的后翼车能够参与攻王。

16.Bg4 是 2008 年维克安泽大赛中托帕洛夫 — 克拉姆尼克（1–0，45 回合）对局的着法。但格里修克的着法更好。

16...Raf8 17.Bf3 a6 18.B×d5 c×d5 19.a×b5 a×b5 20.Kh1 Bc6 21.f4 g×f4 22.R×f4 R×f4 23.B×f4 Kd8 24.Qg4

如此激烈的局面中，很难避免出现失误。最后几步棋中，两位棋手都错失了一些机会。尽管如此，局面依然是双方互有顾忌，胜、负、和都有可能。丁立人试图把王藏在后翼，而格里修克则继续利用对方子力缺少协调性的弱点。

24...Rf8

这是针对白方 Q × g7 威胁的有效应对，同时激活黑车。

25.Bd2!

现在黑方必须要考虑对手 Bd2–a5 的威胁。令人吃惊的是，丁立人没有理会，迎难而上：

25...Kc7!

1）试图保住黑象走 25...Bh8?，失利于 26.B × h6；

2）25...b4!?，看起来阻止对手 Ba5 的着法更安全一些，但在 26.Q × g7 c3!? 27.b × c3 b3 之后，一切都可能发生。

26.h3

格里修克解决了底线问题，并威胁走 27.Ba5 吃掉黑后。走 26.Ne8+!?（引离黑车）也能达到效果，如果 26...R × e8，那么在 27.Ba5 Q × a5 28.R × a5 之后，会导致一个不合理且难以评估的局面。实战中什么更重要？一个后还是三个轻子？

26...b4!

几种应着中的最佳着法，丁立人迫使对方走出如下应着。

27.Q×g7 Q×d4 28.B×b4 Q×b2 29.Ba5+ Kb8 30.Rg1

几步都是逼着。白方夺回弃子，并且依然在给脆弱的黑王制造麻烦。另外，黑方让子力恢复协调，并多了一个兵。

30...c3!

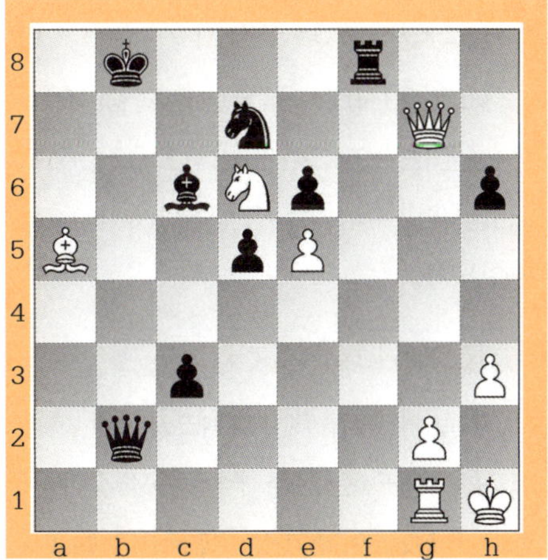

丁立人力求争胜，毫不犹豫地让“主力”小兵投入战斗。

30...d4 也是一步有趣的着法，打开白格象线路，威胁白方的王。白方可以走 31.Qe7!（31.N×c4?，会遭遇 31...Qb3! 得一子，因为有 ...Qh3 将杀的威胁。）31...Rg8 32.N×c4 B×g2+ 33.Kh2。

31.Qe7?!

这步自然的着法让后可以更接近黑王，但是不精确。31.Qg6 不那么直观，却是更好的着法，避免出现战术问题。

31...c2?!

丁立人走出最符合逻辑的着法。他迫使对手的象撤退，并阻止 Rb1+，同时还攻击 e5 兵——这样的一步棋会有什么问题吗？

引擎告诉我们，31...Qa3!! 才是最正确的着法。从棋手的角度来看，让对手有机会将军的棋不会去考虑。然而在 32.Bc7+ 之后（或 32.Rb1+ Ka8 33.B×c3 Q×c3 34.Ne8 Ka7!−+），32...Ka8 33.Q×e6 c2 34.Q×h6 d4，黑王在角落里足够安全，且兵即将升变，黑方占据上风。

32.Bd2 Q×e5 33.B×h6

如走 33.Nf7，黑方可应对强有力的弃半子着法：33...R×f7! 34.Q×f7 Qe4∓，随后可推进中心兵，并沿着 h1–a8 斜线施加压力。

33...Rg8 34.Nf7 Qc3?!

看起来最常规的着法却不是最好的。后放在这个格子能够有效避免 Qb4+ 的威胁，同时攻击 h3 兵（在 ...d5–d4 后变得重要），并且支持 c 线通路兵的挺进。

然而，34...Qf6! 能对白方位置不好的轻子进行施压。丁立人可能不喜欢或并未考虑这步棋，因为这会导致他的王失去保护。在 35.Qb4+ Kc8 36.Qd6 之后，黑方需要防着白方一连串的将军和进攻。然而，引擎指出这样的情况是没有问题的，36...Kb7 37.Qb4+ Nb6 38.Nd6+ Kc7 39.Qc5 Nc4! 40.Nb5+ Kd7 41.Qa7+ Ke8 42.Nc7+ Kd8∓，的确是这样！

35.Qd6+ Kb7 36.Q×e6

一步聪明的过渡着法，现在有 Nf7–d6 将军的威胁。

36...d4!?

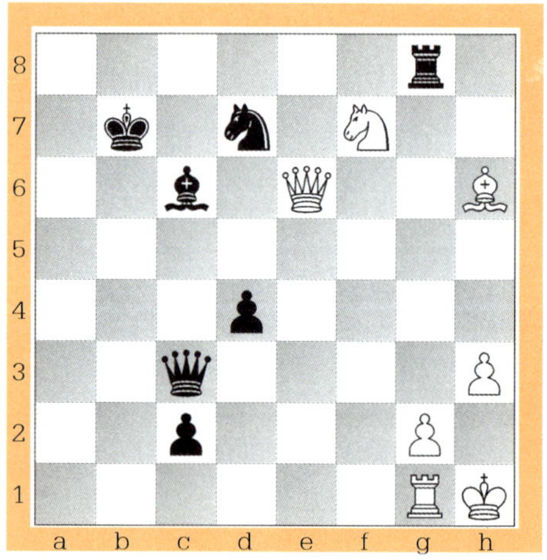

36...Ra8，计划 37...Ra1，是另外一种可能性。

这个局面达到了临界点。双方的王都不安全，稍有不慎满盘皆输。

37.Nd6+ Kb6 38.Ne4 Nc5!

丁立人可能在推进 d 兵前就已经看到了这个反击。另外一种选择是 38...Qd3 39.Q×g8 Q×e4 40.Qb3+ Kc5，但是白方可在此强制取得和棋，且黑马比对局中更被动。

39.Q×g8!?

两位棋手互不相让，在悬崖峭壁上妙着不断，令人目不暇接。格里修克本可以在这里通过 39.Q×c6+ K×c6 40.N×c3，强行和棋，但他决定在这个疯狂的局面中寻求机会。

39...N×e4 40.Kh2 d3

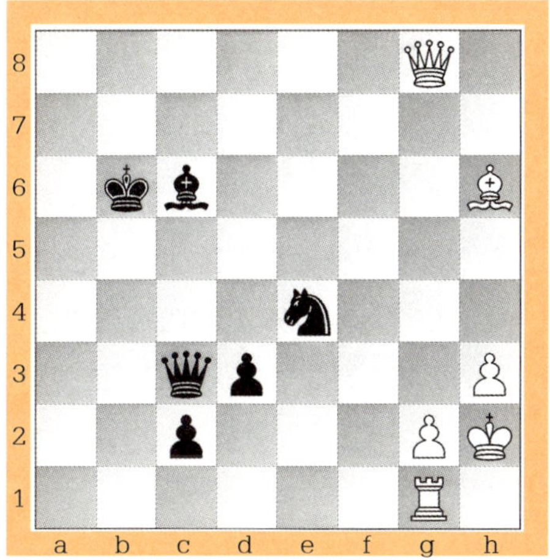

尽管黑方少半子，且王也更为暴露，因为通路连兵的存在，感觉黑方还是有更好的机会。格里修克在这样一个棘手的局面中，连续走出几步精确的着法稳住了局面。

41.Be3+

另外一种攻王方式是 41.Qb8+ Kc5 42.Rf1。以下的变化只是双方多种选择中的一种：42...d2! 43.Rf5+ Bd5 44.Qa7+ Kb4 45.Bf8+ Nc5 46.R×d5 c1=Q 47.B×c5+ Q×c5 48.Q×c5+ Q×c5 49.R×d2，形成单后对单车加两兵的残局局面，理论上是和棋。

41...Kb5 42.Qb8+ Kc4 43.Qc7!

唯一一步好棋！格里修克在此时恐怕是找到了能够和棋的办法。

43...Qf6

丁立人最后一次考验对手。如果对手找不到最佳着法，那么黑方将获胜。此时的另外一种着法，可以彰显出这个局面有多么疯狂：43...Kb3!? 44.Qb6+ Ka3 45.Ra1+ Q×a1 46.Qa7+ Kb2 47.Bd4+ Nc3 48.B×c3 K×c3 49.Q×a1+ Kd2=，尽管多出一后，如不谨慎，白方可能会是失利的一方！

44.Rf1!

格里修克在关键时刻没有掉链子。如果没有这步棋，黑方在 d6 格兑后之后便能进入一个胜势残局，因为他有通路连兵。然而，白方走了：

44...Qd6+ 45.Q×d6 N×d6 46.Rf6 Kd5

将局面转入异色格象残局，形成和棋局面。

47.R×d6+! K×d6 48.Kg3 Kd5 49.Kf2 Kc4 50.Bd2!

格里修克避免在最后一刻出现失误，50.Ke1?? Kc3 51.Bc1 B×g2 52.h4 Bf3。

50...Kb3 51.Ke3 B×g2

双方同意和棋。

如果黑方走 51...Bb5 防守兵，那么白方可以走 52.Bc1，阻拦对手推进兵。

一场引人入胜的战斗！

令人惊讶的是，丁立人能在世界冠军候选人赛中保持不败！在 2020 年 Chess.com 网站的一篇采访报道中，丁立人被问及此事时说，他觉得 14 盘棋中有 13 盘棋下和“非常奇怪”，因为“很多棋局都是一波三折，至少有三四盘差点输棋，也有三四盘差点赢棋”。他总结道“在这个级别的比赛中，每位棋手都不想输棋”。最终，他以 7.5 分的成绩落后冠军法比亚诺・卡鲁阿纳 1.5 分，获得第四名。卡鲁阿纳则获得当年挑战世界冠军马格努斯・卡尔森的资格，向国际象棋最高峰继续攀登。在这场世界冠军候选人赛中，丁立人取得了不错的成绩，这也是中国男子棋手在“世界冠军赛周期”中获得的最佳战绩。

有本事就来打败我

当一个拥有一定水平的特级大师状态正佳时，他能够做到在三四个锦标赛中不被击败。这些比赛总计可能会下 30 盘对局。这种感觉虽然很棒，但通常情况下不会像想象中的这么容易。不可避免的是，他可能会有状态不佳的一天，或者他的对手表现出色。他可能会陷入对手的开局准备，在一个优势局面下出现战术失误，或者在残局中没能找到和棋的办法，总之输棋的方式有很多种。然而，自从在 2017 年 8 月儋州特级大师超霸战中输给阿尼什・吉里后，丁立人已经在连续 59 盘对局（慢棋）中保持不败，这其中包括世界冠军候选人赛中的对局，这可是除了世界冠军赛以外最大的挑战！

之后丁立人依然延续了他不败的战绩，先是在 2018 年中国国际象棋甲级联赛中取得 5 战全胜的佳绩，随后又在 2018 年加西莫夫纪念赛（参赛棋手平均等级分 2768 分）中以 9 轮 5.5 分的成绩获得亚军，仅落后冠军卡尔森半分。在这时，人们开始意识到想要击败丁立人是非常困难的！

一连串的成功使得丁立人不断刷新个人纪录，他的等级分已接近惊人的 2800 分。2018 年 8 月份，在温州与世界冠军韦塞林·托帕洛夫进行的 4 局对抗赛中，丁立人以总比分 3 ：1（2 胜 2 和 0 负）获胜，并创造历史。在 2018 年 9 月的国际棋联等级分榜上，丁立人以等级分 2804 分成为首位突破 2800 分大关的中国棋手，并且也是当时世界上等级分第四高的棋手。或许中国国际象棋协会还没有这么快考虑过中国棋手成为世界棋王的可能性，韦奕的成绩已经很好了，而丁立人的战绩更加辉煌。

在 2018 年 9 月巴统举行的世界国际象棋奥林匹克团体赛前，丁立人已经连续 80 盘不败。然而，这次比赛却是他将首次作为第一台棋手代表国家队出战，可能会对阵像卡鲁阿纳、阿罗尼扬、瓦谢尔·拉格拉夫或者吉里等顶尖棋手，而这些棋手在过去的比赛中都证明了他们有能力击败丁立人。不得不提的是，丁立人由于在奥赛开始的几个月前骑自行车不慎摔倒，导致腿部严重受伤，还处于养伤期的丁立人参赛全程仍需依靠拐杖行走。

在比赛 11 轮过后，中国队（由丁立人、余泱漪、韦奕、卜祥志和李超组成）凭借微弱的小分优势击败另外两支国际象棋强队——美国队和俄罗斯队，继 2014 年后再度获得奥赛冠军！丁立人在中国队夺冠的过程中立下了汗马功劳，8 盘棋中得到 5.5 分（3 胜 5 和 0 负），表现分达到 2873 分，获得台次金牌。在倒数第二轮中，丁立人战胜波兰头号棋手扬·克日什托夫·杜达对中国队夺冠至关重要，同时也下出了他的最佳对局之一。

丁立人自评

第 41 局

丁立人（2804）— 扬·克日什托夫·杜达（2739）

奥林匹克团体赛第 10 轮，巴统，2018 年

接受后翼弃兵开局

在第 10 轮中，我们碰到了排名榜首的波兰队，我执白对阵杜达。赛前我觉得我不一定要赢，因为全队四盘棋中赢一盘就可以。

1.d4 Nf6 2.c4 e6 3.Nf3 d5 4.Nc3 d×c4 5.e4 b5

杜达又走了这路比较冒险的变化。2018 年的波兰锦标赛中，他对阵同胞沃伊塔泽克时也采用过这个变化。

6.e5 Nd5 7.N×b5 Nb6 8.Be2 Nc6 9.0-0 Be7

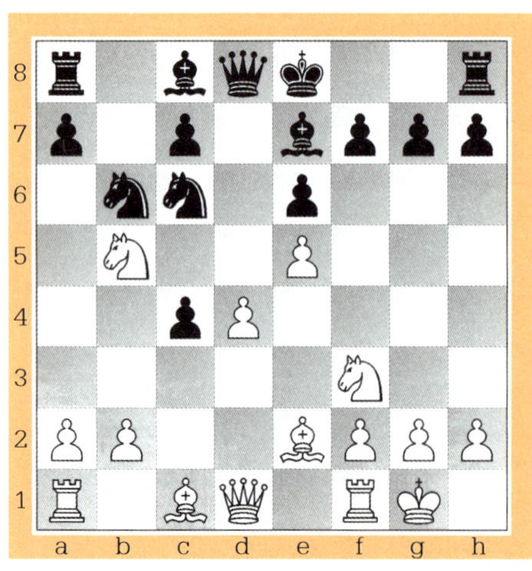

10.Qd2

这是我准备的新着，意图通过 f4 格把后调到王翼。目前为止，10.Be3 是主要谱着。但这样的选择会让战斗主要集中在后翼，且黑方如应对精确的话将获得均势局面。我认为在 d4 和 e5 的兵形情况下，白方应力图进攻王翼。10.Qd2 也是引擎的选择。

10...0-0 11.Qf4 Rb8 12.Nc3

截至目前，我们双方落子如飞。此时，在思考了 3 分钟后，杜达走出了让我吃惊的棋。我猜想这仍是在他的准备之中。

12...f5

我之前只准备了 12...Nb4 的着法，因此在此思考了 20 分钟。

13.Qg3

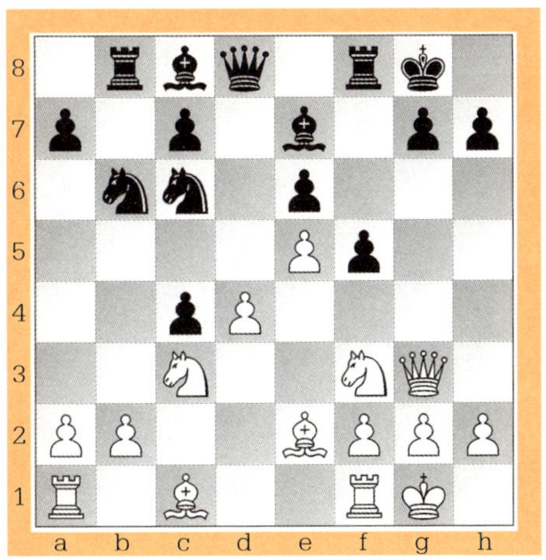

我计算了另外一种情况：13.e×f6 R×f6 14.Qe4 Bb7 15.Bg5 Rg6 15.B×e7 N×e7 之后，黑方没有问题。

我明白我要保持中心紧张，同时也要改善我的子力位置。在 13.Qg3 之后，我威胁走 Bh6 以及可能的 Ng5。除此之外，对手不能吃 d4 兵：13...N×d4 14.N×d4 Q×d4 15.Bh6 Rf7 16.Bh5，白方得子。

13...Kh8 14.Rd1 Nb4 15.b3

当我走 13.Qg3 时就算过这步棋。

15...c×b3 16.a×b3 a6

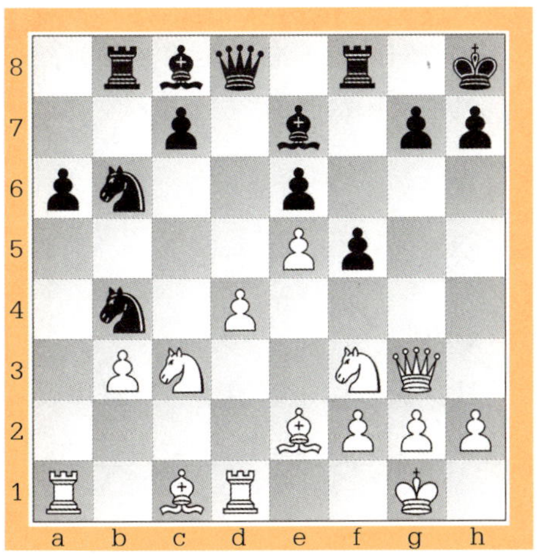

走到这里，杜达的用时也赶了上来——我们基本上都用了 25 分钟。我觉得我有一个不错的局面，但是我要想好继续进攻的计划。如果之后在后翼还有子力兑换的话，可能会导致局面趋向和棋。因此，我感觉像 17.Na4 或者 17.Ba3 的着法不那么有力，所以我走了：

17.Bc4

阻止 ...Bb7，计划走 Ne2 和 Nf4（或许下一步是 Nh5），我对这一步棋很满意。对手信心十足，走出一步我没有预料到的着法，我感觉是想跟我提和。

17...Nc2

若对手吃象，17...N×c4 18.b×c4，我会得到一个有力的兵中心。例如，18...Bb7 19.Ne2 Qd7 20.d5 e×d5 21.Bb2，白方有明显优势。

18.Ra2

更好但又很难决定的着法是 18.Rb1 N×c4（18...Qd7 19.d5 很有力）19.b×c4 R×b1 20.N×b1 Bb7，现在我必须要看到 21.d5 e×d5 22.c×d5 B×d5 23.Nc3 c6 24.e6，确保白方有某种优势。客观地说，这是最好的续着，但在实战中却不容易找到。

18...Nb4 19.Ra1 Nc2 20.Ra2 Nb4

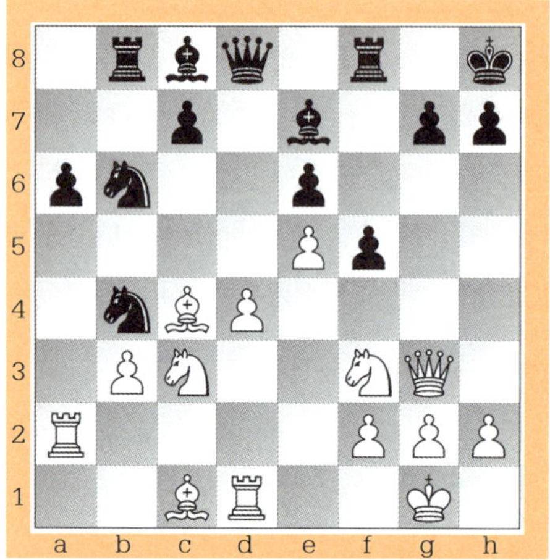

重复着法的过程中，我也看了中国队其他对局的情况。但我看不到第 4 台李超那盘棋的情况（没有拐杖，我不能迅速起身走到那里），在看到另外两盘棋大致是均势的情况下，我决定继续战斗。

21.Re2

把车放到 e2 格的原因是我要关注 d5 格的突破。

21...a5

一步自然的应着。在吃掉 c4 象后，对手再走 ...Ba6。因此，我必须要立即行动。在把车走到 e2 格时，我就在计算着d5 格的突破。当我在计算的过程中，我不确定是否有足够的补偿，但是我知道有两个选择：重复局面和棋还是继续对局？这不是走不走 d5 突破的问题，而是是否和棋的问题。如果我不想走重复着法获得和棋的话，我就必须要走 d5 兵，看看会发生什么。但我很有信心，因为我至少会形成一些攻势。

22.d5

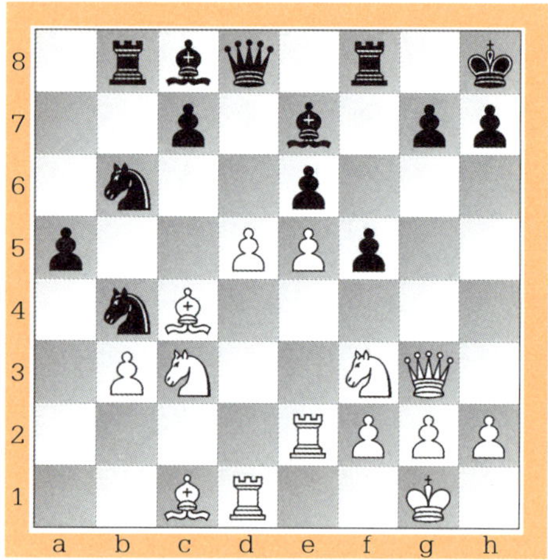

经过长时间的思考，我走出了这步棋。不得不说，这是一步非常冒险的着法。

22...e×d5

在我看来，用马吃更好一点，因为这会避免白兵冲到 e6 格。所以，在 22...N4×d5 23.N×d5 N×d5 之后，白方有几个选择，但都不能形成优势：

1）24.Ra2 c6.

2）24.B×d5 e×d5（24...Bb7 会更好）25.e6 R×b3 26.Bb2 R×b2 27.R×b2 B×e6，对黑方有利；

3）24.Nd4 Rb6（关键着法，保护 c6 格）25.Red2（准备走 N×e6），或许能够形成均势局面。

23.e6

突然间，白方打开线路。

23...Bd6

杜达这步棋走得很快。引擎建议走 23...Rf6!?，但是我们都没有想这步棋。

24.Qh3

其实，在这步棋之前我并没有仔细计算过每一步棋。我虽然能预估到黑方的下一步棋，但我也同样漏算了一些着法。

在这里我最先想走的是 24.Bf4，但在 24...B×f4 25.Q×f4 Qe7 之后，我就停止了计算，因为我觉得局面过于平淡，并且看不到战术机会。其实，在 26.N×d5 N6×d5 27.B×d5 N×d5 28.R×d5 R×b3 29.h4 之后，白方更好，黑方如走 29...Rb4，白方可应对 30.Qg5。

24...Qf6

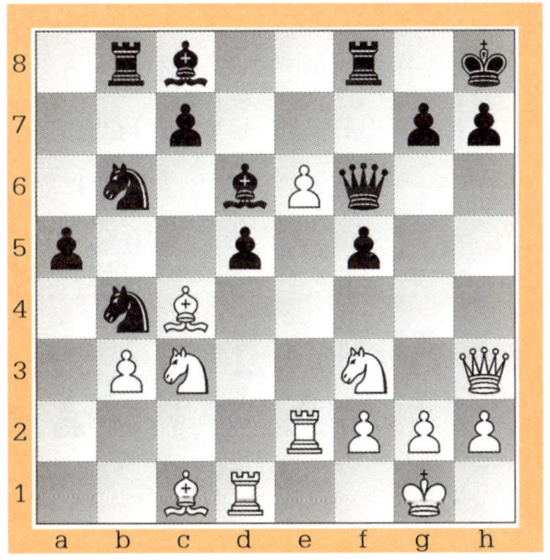

25.Nb5

因为我在计算时发现了一个漏洞，所以我不得已花 30 分钟去思考这步有难度的棋。但在找到这步棋后，我还是非常高兴的。此时，我也有些紧张。我忽略的是 25.Ng5 h6 26.Nf7+，对手可以吃掉马走 26...R×f7（26...Kh7 27.Bg5）27.e×f7 Q×f7，黑方没有问题。接下来我计算出 25.Bg5，但我突然意识到对手可以简单走 25...Qg6，黑方就会好很多。如果黑方吃马走 25...Q×c3，我走 26.Rc1 可以抓死黑方的后。

25...d×c4 26.N×d6

这不是一步好棋。客观地说，最好的是 26.Ng5 h6 27.N×d6 c×d6 28.e7，但这里我担心的是 28...Bd7，对方弃还一车，29.e×f8+ R×f8。我必须要找到 30.Ne6（实际上没有找到），30...B×e6 31.Bb2 Qg6 32.R×d6 f4，引擎判断局面均势。

26...c×d6

这正是我一开始担心的，事实证明这是一个关键的错误着法。我也考虑了对手没有看到的棋，26...B×e6 27.Ng5 Bg8 28.Re6，我认为这步棋很关键，但在 28...Qa1 29.N×f5 N6d5 30.Nh4 Nf4 之后，黑方可以取胜。（作者注：不走 27.Ng5，白方应走 27.N×c4 N×c4 28.b×c4，局面复杂。）

27.e7 Re8

在 27...Bd7 28.e×f8=Q+ R×f8 29.b×c4 N×c4 之后，白方有一着有力的 30.Rd4，可获胜。

28.Ng5

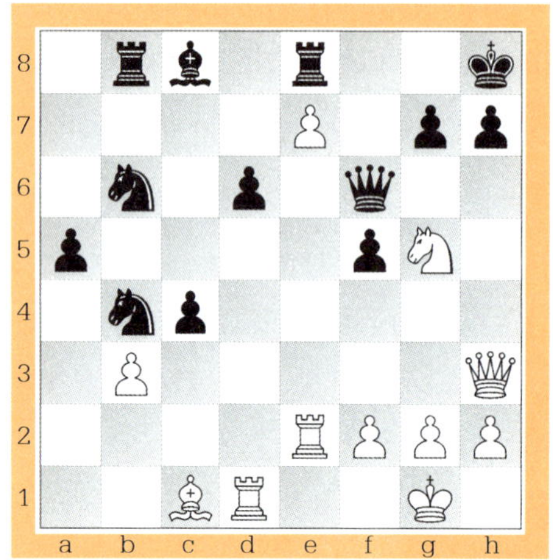

28...Qg6

在这里我担心 28...h6，直到我找到非常重要的一步 29.Qh5（我的初步打算是 29.R×d6，但在 29...f4 30.Qh5 之后，对手有一步惊人的 30...Bg4，会扭转局势），当 29...Bd7 时（29...R×e7 30.Qe8 将杀），我有 30.R×d6 的着法，可以获胜。在走 25.Nb5 前我就计算到这里的所有变化，当我发现它们时，我非常兴奋，并对结果充满信心。

29.R×d6 f4 30.Qh4

赛后，韦奕告诉我，他看出了白方可强制性获得和棋的着法：30.R×g6 B×h3 31.Nf7+ Kg8 32.Nh6+ Kh8，虽是和棋但足以帮助我们队获胜。但我当时完全按照自己的计算去考虑，并没有看到和棋的可能性。或许这是好事，因为最终我们夺得金牌是按照索尼伯恩伯格分的规则获胜的。（作者注：丁立人暗示，他战胜杜达可能是中国队在最终排名破同分获胜的关键。）

30...Qb1

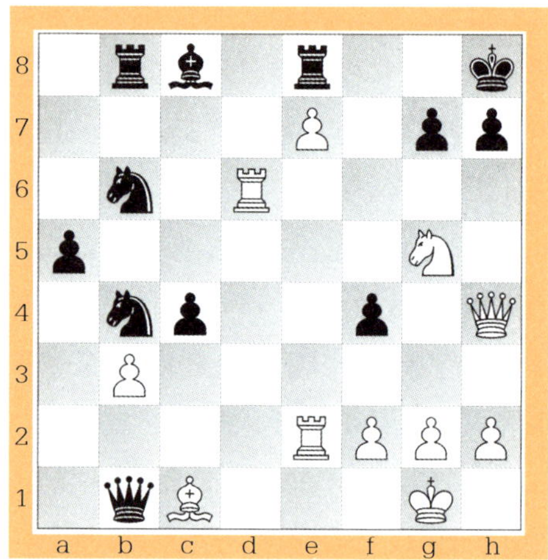

31.Re1

实战中一步好的着法。我的首选是走 31.Q×f4，但发现在 31...Bd7 之后，必须要走出 32.Rf6!! 这步妙棋：32...g×f6（32...Kg8 33.R×b6 R×b6 34.Qf7+，随后将杀）33.Q×f6+ Kg8 34.Qf7+ Kh8 35.Rc2!!。

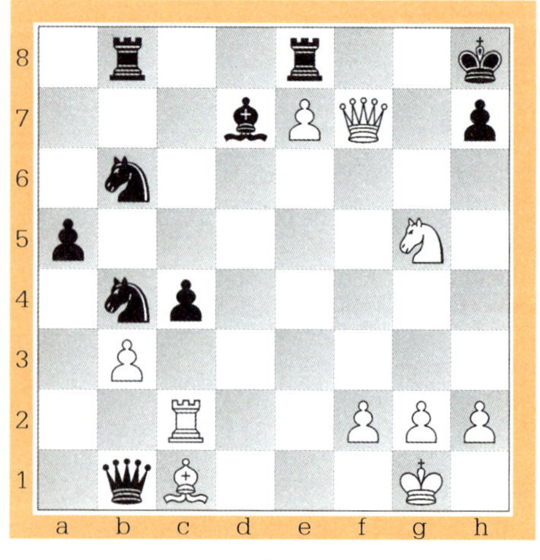

分析图

需要计算到 35.Rc2，这步棋非常漂亮，但感觉就像排局似的。之后是 35...Q×c2 36.Bb2+ c3 37.B×c3+ Q×c3

38.Q×h7#。

31...Bf5

这是一步坏棋，让我的应对变容易了。对手应该走 31...Bd7 阻止 Rd8。现在，在 32.Bd2 之后，引擎推荐 32...Qf5 33.Qh5 c×b3 34.Rh6。事实上，这很难找到这步。34...g×h6 35.Nf7+ Q×f7 36.Q×f7 N6d5 37.Rc1 Bd3 38.Q×d5 N×c1 39.Qe5+ Kg8 40.R×c1 b2 41.Rb1，白方获胜。

32.Rd8 Bg6

如走 32...Nc6，34.Q×f4，白方获胜。

33.R×b8 R×b8 34.Q×f4

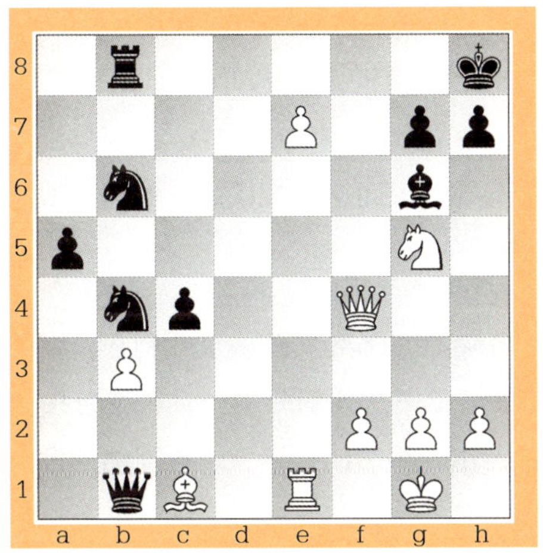

或许杜达忽视了这步棋。这里，他意识到他肯定要输棋了（波兰队也要输），我能感受到他的沮丧。剩下的就简单了。

34...Rg8 35.Nf7+ B×f7 36.Q×f7 Nd7 37.e8=Q Nf6 38.Bg5

黑方认输。

奥赛结束之后，丁立人参加了欧洲俱乐部杯赛。在第一台的 6 轮棋中获得 4.5 分和 2849 分的表现分，差点击败马格努斯·卡尔森！根据 2018 年 Chess.com 网站的一篇文章显示，丁立人这位风云人物将自己的不败纪录提升到 94 盘，仅需 1 盘就能追上米哈伊尔·塔尔在 1973 年 10 月至 1974 年 10 月创造的连续 95 盘不败纪录。丁立人在接受采访时说，他偶尔会去想这个持续增长的不败纪录，但不会在比赛中去考虑。这也体现了他“过程优于结果”的心态，这是在顶级水平比赛上取得成功的关键。

万物有始有终

2018 年 11 月，丁立人在深圳第二届“读特杯”中又取得了优异的成绩，这是一场有六位棋手参与的双循环比赛，参赛棋手平均等级分有 2766 分。丁立人的不败战绩进一步延续，使得观众的胃口更大了，媒体也一直在关注。事实上，丁立人在第 2 轮对阵瓦谢尔·拉格拉夫的平局刷新了塔尔的纪录。第 6 轮中同阿尼什·吉里下成平局后，使得这一不败纪录达到了 100 盘。然而遗憾的是，就在下一轮中，瓦谢尔·拉格拉夫终结了丁立人的神话，在拉格拉夫喜爱的意大利开局中，通过...g5 的着法取胜。万物有始有终。

尽管如此，丁立人在连续 100 盘传统慢棋中取得了惊人的 29 胜 71 和的战绩，创造了历史，并且他的对手的平均等级分达到 2699 分。在顶级水平的棋手中，只有马格努斯·卡尔森在 2018 年至 2020 年间超越了丁立人的成就，而这个战绩是其他棋手很难企及的。

丁立人没有让失利影响他太多，第 8 轮对阵余泱漪的比赛又获得了胜利，最终以 10 轮 5.5 分（2 胜 1 负 7 和）的成绩和瓦谢尔·拉格拉夫并列积分第一，表现分接近 2800 分。与此同时，大家期待已久的马格努斯·卡尔森和法比亚诺·卡鲁阿纳的世界冠军赛也同期进行，最终卡尔森在快棋加赛中卫冕成功。

2018 年年底，丁立人达到了个人最好成绩——等级分 2816 分。丁立人将自己与卡尔森之间的等级分差距缩小到不到 20 分。他如果能继续保持出色的状态，很有可能就是下一位挑战卡尔森的棋手。事后看来，丁立人在 2016 年接受《中国青年报》采访时说的话正在变为现实：“高处不胜寒。一同走这条路的人越来越少了，而我正在众目睽睽之下。”

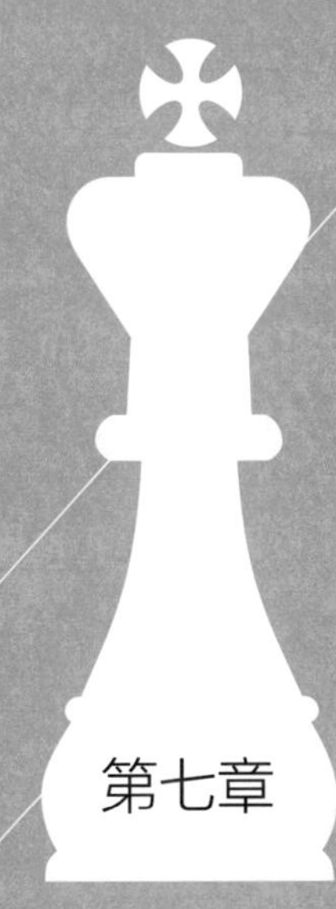

突破 2800（2019—2021）

进入 2019 年，丁立人等级分世界排名仅次于卡尔森、卡鲁阿纳和马梅季亚洛夫，位居第四。这一年也是新一轮“世界冠军赛周期”的开始之年，马格努斯・卡尔森和世界冠军候选人赛的冠军将争夺棋王桂冠。丁立人有很多途径可以获得世界冠军候选人赛的参赛资格，但如果他的等级分保持在 2800 分左右，他几乎可以成为等级分最高的选手直接参赛。丁立人相信自己可以延续 2018 年以来的出色状态，决定参加 2019 年国际象棋超级巡回赛（GCT），比赛包括了一系列分站赛，有包括世界冠军卡尔森在内的世界顶级选手参加。

丁立人还参加了 2019 年 1 月份举行的维克安泽大赛，当时这个比赛是有史以来参赛选手最强的一届比赛，选手平均等级分为 2753 分。丁立人恢复了像以前一样超级稳定的状态，在 13 轮比赛中得到 7.5 分（2 胜 11 和 0 负），是除了冠军马格努斯・卡尔森之外唯一保持不败的棋手。本届比赛标志性事件：伊恩・涅波姆尼亚奇的崛起，他与丁立人并列第三；沙赫里亚尔・马梅季亚洛夫从 2018 年的出色的状态中回落；世界冠军弗拉基米尔・克拉姆尼克决定退役，这则消息令人震惊。

丁立人将“不败的”状态带入到 2019 年 3 月举办的 2019 年世界团体锦标赛，他在第一台获得了 8 轮 5 分（2 胜 6 和 0 负）的好成绩。

在第 8 轮与英国队的比赛中，丁立人的残局技术尤其赏心悦目。

第 42 局

丁立人（2812）— 迈克尔·亚当斯（2708）

世界团体锦标赛第 8 轮，阿斯塔纳，2019 年

列蒂开局

1.Nf3 d5 2.g3 Nf6 3.Bg2 c5 4.0-0 g6 5.d4 c×d4 6.N×d4 Bg7 7.Nb3 0-0 8.Nc3 e6 9.e4

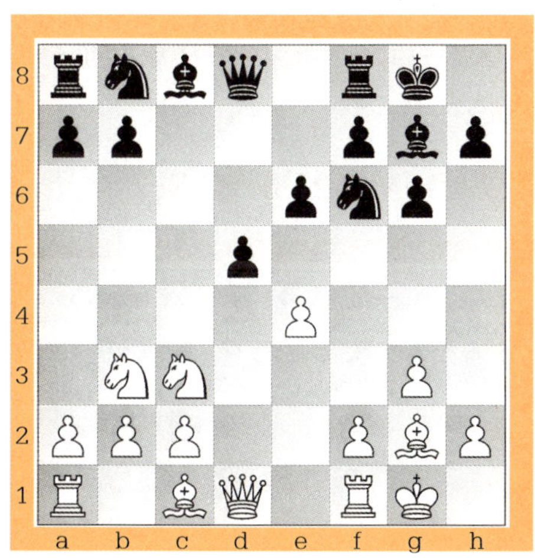

这本质上是一种反向的堡垒象格林菲尔德防御，黑方落后一先。丁立人经常下这种富有创意的开局，以丰富他用白棋对抗世界顶尖棋手的开局库，这些顶尖棋手往往会提前准备主流开局。而在这盘棋中，我们在下述着法后获得了一个有趣的 d 线孤兵中局：

9...Nc6 10.e×d5 e×d5 11.Bg5 h6 12.Be3 Re8 13.Qd2 Ng4 14.Bc5

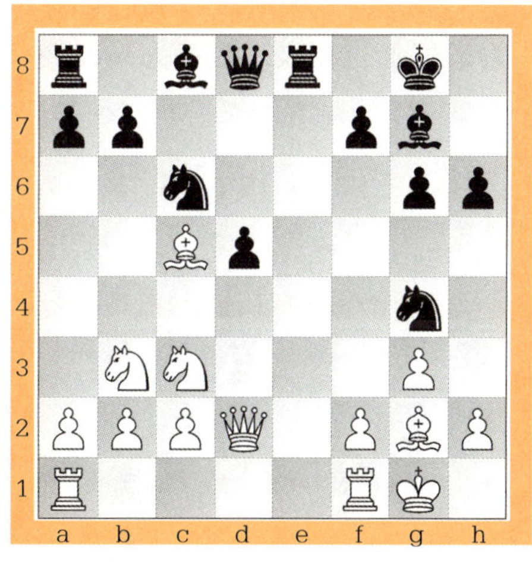

14...Be6

这步合乎逻辑的出子有点不太准确，因为它让白方在有利的情况下赢得了 d 兵。相反，14...Nge5! 重新把马向中心集结，但在 15.Q×d5（或者 15.N×d5 Bh3!）15...Be6 16.Q×d8 Re×d8 之后，黑方会失兵，但有足够的补偿。

15.N×d5 B×b2 16.Rad1

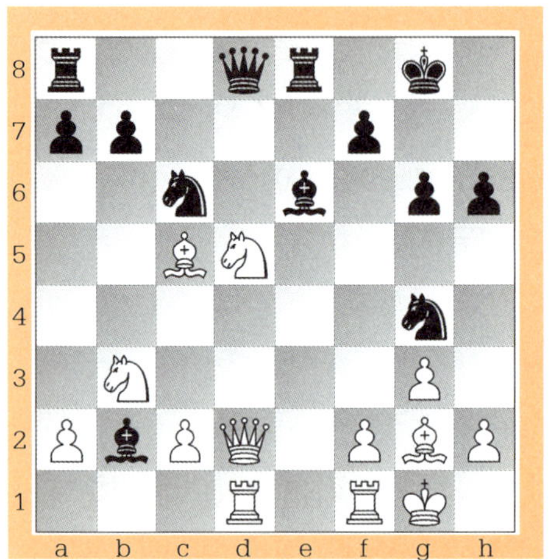

白方在中心有明显的压力，亚当斯认为最好通过兑换一些子力来减轻压力。

16...B×d5 17.B×d5 Qg5 18.Q×g5 h×g5

丁立人应该对开局的结果感到满意。在两翼有兵的残局中，双象通常能保证微弱的优势。他继续下了一步自然的棋：

19.c4

然而，引擎指出反直觉的 19.B×c6! 是一步很好的可以转换优势的棋，因为它分割了黑方的后翼兵。在 19...b×c6 20.Rfe1 Ne5 21.Kg2 g4 之后，这个兑换的优势可能并不明显，因为黑方在白格上有一些反击。然而事实证明，由于 a7 兵和 c6 兵很弱，22.Re3! 让白方在残局获得了稳固的优势。

19...Rac8!

亚当斯阻止了上述计划，现在的残局双方已经势均力敌了。

20.h3 Nf6 21.Be3 g4

黑方很高兴能摆脱叠兵。丁立人利用这次兑兵让自己的白格象换了一条线路：

22.Bg2 g×h3 23.B×h3 Rc7

亚当斯成功地化解了白方双象的威胁。当然，在这种残局中拥有双象的一方总是更容易下一些，但是黑方也没什么好担心的。黑方没有弱点，而且他的双马掩护了中心的很多区域。

由于缺乏直接的计划，丁立人耐心地改善着自己的局面，希望能让这位经验丰富的对手出现失误。

24.Kg2 Ne5 25.c5 Kg7

亚当斯也采用了类似的等待策略。当你的子力位置已经很好时，只有在特定情况下，你才会想要移动它们。尽管如此，还有一种更具活力的走法：25...Ne4!? 26.Rfe1 f5，截断白格象，双方大致均势。

26.Bf4 Rce7 27.Rd2

白方认为把黑象从大斜线上挤走是一个小小的成就。黑方的这步应着是逼着，因为走 27...Bc3 会被 28.Rc2 回击。

27...Ba3 28.Rd4!?

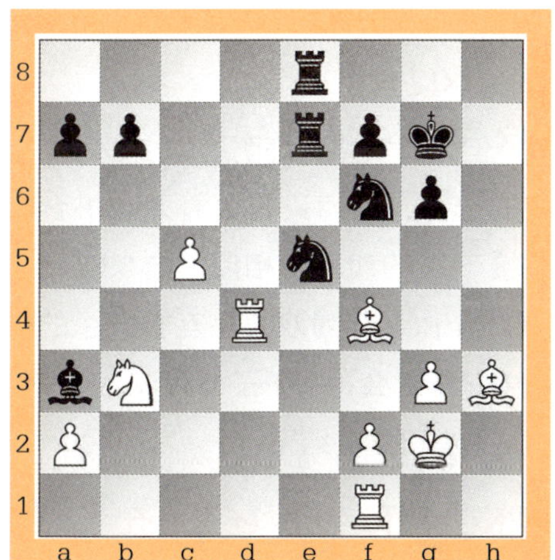

丁立人找到了在均势残局中保持紧张局势的方法。在一段平静的子力调动之后，对手最终不得不解决具体问题，因为 Rd4–a4 威胁要赢得一个兵。

28...Nc6 29.Ra4 Bb4 30.Bd6!

接下来，丁立人利用双象的威力，诱使对手下出最积极的一步棋：

30...Re2

30...Re4 是一种更平稳的走法，黑方打算在 31.a3 Bc3 32.R×e4 N×e4 之后兑换车，以获得一个均势残局。

不出所料，亚当斯下出了最有原则的一步棋，这也给他带来获胜的机会。

但这正是丁立人所希望的，因为他终于可以打破局面了：

31.Nd4! N×d4

亚当斯又一次在关键局面下出了最有原则的一步棋。不那么令人兴奋的 31...Rb2 32.N×c6 b×c6 33.R×a7 Rc2 也很好，因为黑方的车很活跃，足以补偿丢掉的兵。

32.R×b4 Nc2

黑方即使在更稳妥的走法 32...Nc6 33.R×b7 R×a2 之后，也不会差到哪里去，但亚当斯在放弃象之后有了更大的野心，这是可以理解的。

33.R×b7 Ne3+ 34.Kf3 N×f1 35.B×f1

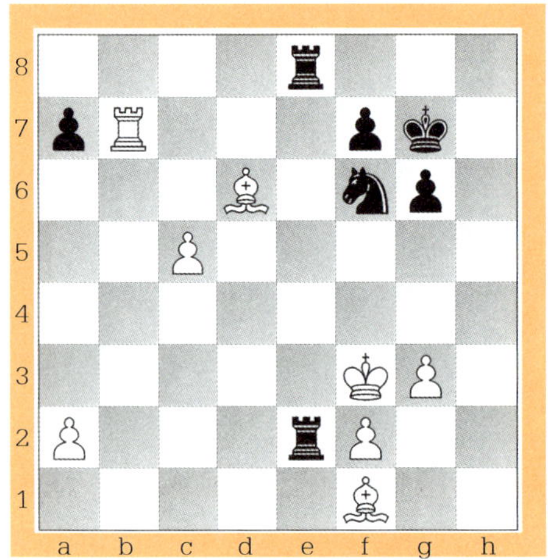

由于从 31.Nd4! 开始的一系列强制性走法，丁立人凭借他活跃的子力和 c 线通路兵，在弃半子后获得了可观的补偿。双方局面仍然保持着动态平衡，但犯错的余地变小了。

丁立人从均势的残局中最大限度地获得了战胜超级特级大师的机会，这不禁让人联想到马格努斯·卡尔森在这种情况下发挥出的高超棋艺。

35...Rc2

下得漂亮。走 35...R×a2?! 让白方有机会走 36.Bc4，黑方将无法守住 f7 兵。没关系，丁立人找到了另一种方式来活跃他的白格象：

36.Bb5! Re6 37.R×a7

虽然再吃一兵也不错，但黑方子力相当活跃，而且有先手来攻击白王。

37...Ne4 38.Bd7

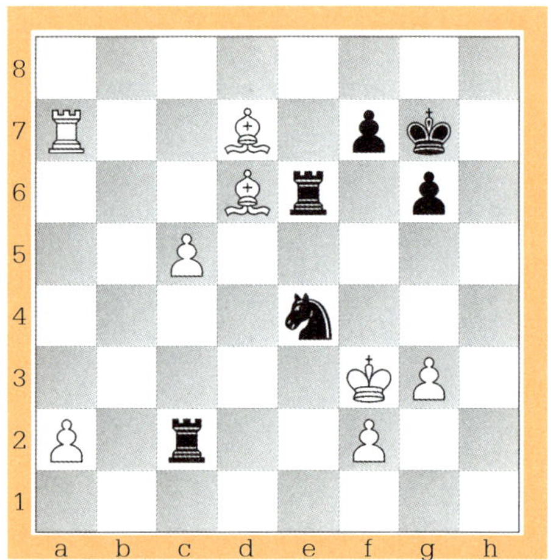

关键时刻。双方都最大限度地提高了子力的活跃度，黑方现在必须决定是“保持紧张”还是“解除紧张”。亚当斯选择了后者：

38...R×f2+?!

但是事实将会证明这步棋是一个较差的选择，因为只有白方才有机会赢得接下来的残局。相反，走 38...Nd2+ 39.Kg4 Re2 会为双方在互有顾忌的残局中保留机会，由于子力有限，和棋仍然是最有可能的结果。

39.Ke3 Rff6 40.B×e6 R×e6

亚当斯的想法是还回半子，以迫使局面简化，并在技术性更强的残局中争取和棋。

41.Bc7 N×c5+ 42.Kd4

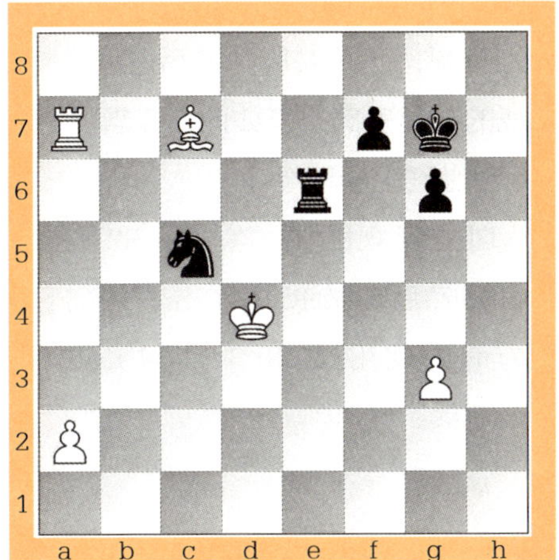

客观地说，黑方应该能守住这个残局。然而，在开放的棋盘上，“短腿马”通常很难对抗具有机动性的象，再加上白方有一个远方通路兵和一个更加活跃的王。我们能判断出黑方面临的形势并不简单。亚当斯在接下来一步棋中误入歧途，证实了这一判断。

42...Na6?

马放在这个位置不对。亚当斯应该走 42...Nd7，将马转向中心。也许他在下面的变化中遗漏了什么：43.Bf4 Re1! 44.Bd2 Rd1 45.Ke3 Nf6 46.Bc3 Rd6 47.a4 g5，黑方逐渐摆脱了牵制，有很好的和棋机会。

43.Be5+ Kf8 44.a3!

这步静着凸显了黑马的尴尬位置，是丁立人在这个残局中最强的一步棋。

44...Ke8?

这步坏棋导致输棋。走 44...Nc5 让马重新回到中心是至关重要的。即使在 45.Bf4 Ne4 46.a4 之后，要守住 a 兵也是一项挑战，但这是黑方最好的机会。

45.Kd5?

“投桃报李”，而另一步静着 45.Bf4! 决定了马的命运。白方威胁要以 Kd5 和 Bd6 截断马的去路（在 ...Re6–b6 的情况下还有 a3–a4–a5），而黑方对此没有很好的防御手段。

45...Nc5!

马又活了下来，黑方仍有机会守住。

46.a4 Nd7 47.Bc7

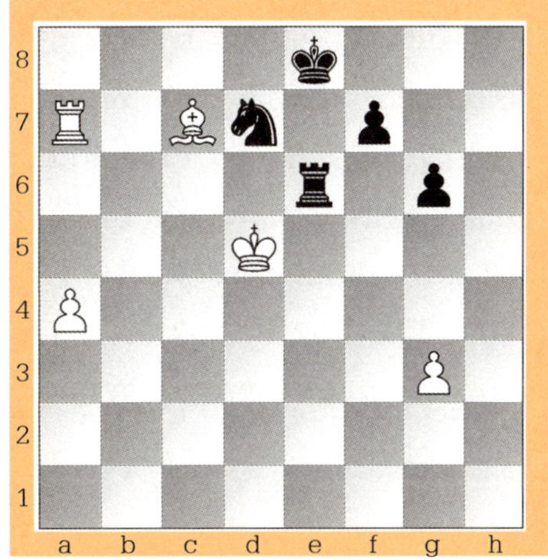

丁立人的子力位置绝佳，使对手很难协调自己的子力。尽管如此，由于棋盘上只剩下几个兵，黑方只要防守得当，仍会有不错的和棋机会。

诱人的 47.Bd6? 会走进马的攻击范围：47...Nb6+ 48.Kc6 R×d6+! 49.K×d6 Nc8+，白方通过 50.Kc7 N×a7 51.Kb7 Kd7 52.K×a7= 来挽救危局。

47...Nf6+

这步棋很冒险，因为马离危险的白方通路兵太远了，马还没有对局面造成破坏。走 47...Nb6+! 会更好，如果 48.Kc5 Nc8，马在 c8 可能会看起来很尴尬，但好处是黑方可以在兵走到 a7 时，弃马换兵。与此同时，黑方将尝试用 49.Rb7 g5 50.a5 f5 等，来兑换白方最后一个兵。

48.Kc4 Rc6+ 49.Kb5 Rc2

亚当斯使用了正确的残局技巧，将车置于通路兵之后。

50.a5 Kd7?

一个失误！亚当斯一定以为他来得及活跃国王，但他没有看到白方一个巧妙的取胜走法。在动王之前，先将一军让白王的位置变差：50...Rb2+ 51.Kc4（51.Kc6 Rc2+ 52.Kb7，会让黑方走 52...Kd7=）51...Rc2+，如果白方走 52.Kd3，那么在 52...Rc6 53.Kd4 之后，53...Ke7! 成为可行的着法。黑方有很好的和棋机会。

51.Be5+! Ke6 52.Rc7!

丁立人凭借完美的子力位置赢得了决定性的先手。兑换成马对象的残局对白方有利，而在对局中随后走的 B×f6 形成的车兵残局也是如此。亚当斯一定意识到他在这里已经输了。

白方若立即在 f6 兑换，52.B×f6? K×f6，然后走 53.Rb7。在这种情况下，黑方有时间用 53...Rc3 54.g4 Kg5= 来消灭 g 兵。

52...Ra2

在 52...R×c7 53.B×c7 之后，黑方无法通过 53...Kd7 54.Bf4 Nd5 来挽救局面，因为有 55.Be5! f6 56.Kc5!+-；也不能走 53...Nd5，因为有 54.Bb8! Kd7 55.Kc5 Ne7 56.a6 Nc6 57.Bf4+-。

53.B×f6 K×f6 54.a6

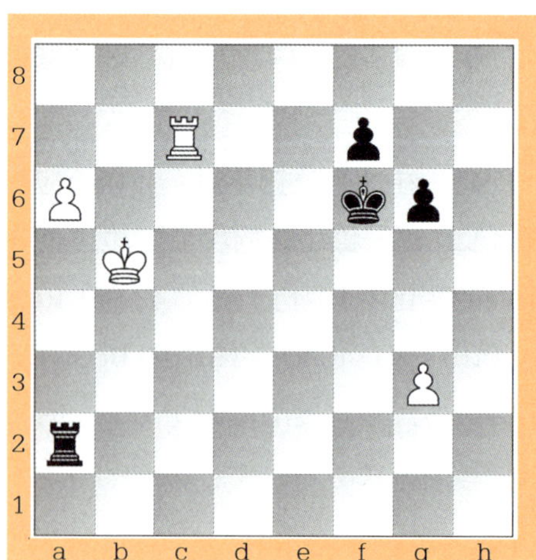

正如丁立人在对局最后部分所展示的，黑方没时间吃 g 兵，因为 a 兵的位置太靠前了，而白方的获胜计划非常清晰、直接。

54...Rb2+ 55.Kc6 Ra2 56.a7 Kg5 57.R×f7 Kg4 58.Rg7 g5 59.Kb7 1-0

黑方认输，因为他没有办法阻止兵的升变，例如：59...Rb2+ 60.Kc8 Ra2 61.Kb8 Rb2+ 62.Rb7 Ra2 63.Rb3，下一步走 64.a8=Q。

受宠若惊

2019 年 4 月，丁立人参加了两场循环赛制的邀请赛，分别是在阿塞拜疆沙姆基尔举行的第六届加什莫夫纪念赛和在国内举行的第三届“读特杯”深圳龙岗国际象棋大师赛。在这两场比赛中，他都输掉了一盘棋，在加什莫夫纪念赛上成绩仅次于卡尔森而获得亚军，在深圳的比赛成绩仅次于吉里和哈里克里什纳获得季军。我们在第二章第 9 局中研究了他在深圳的比赛中战胜德米特里·雅科文科的对局，极富有教育意义。

当你以相当大的优势成为世界排名第三的棋手时，超级特级大师赛的邀请就会纷至沓来。2019 年 6 月，丁立人参加了一项顶级赛事——2019 年挪威国际象棋锦标赛。这项比赛的规则很特别，它的规则是慢棋时限中打平的棋手，加赛“末日决战”（一种特殊时限的快棋赛）来决出胜负。如果只计算慢棋时限的比赛，丁立人以 9 轮 5.5 分（2 胜 7 和 0 负）和 2864 分的表现分与卡尔森并列第[illegible]。然而，丁立人在“末日决战”的对局中 7 局仅得 2 分，严重影响了他的综合得分，因此最终排名第 6。尽管如此，丁立人还是为自己在“末日决战”中的唯一一场胜利感到骄傲。

丁立人自评

第 43 局

丁立人（2805）— 苏伟利（2754）

挪威锦标赛“末日决战”第 1 局，斯塔万格，2019 年

拒后翼弃兵开局

到目前为止，我在“末日决战”比赛中取得了 1 胜 9 负的成绩。这是我目前赢得的第一场，也是唯一一场“末日决战”。

1.c4 e6 2.Nc3 d5 3.d4 Nf6 4.c×d5 N×d5 5.e4 N×c3 6.b×c3 c5 7.Rb1 Be7 8.Nf3 0-0 9.Bc4 a6 10.a4 Qc7 11.Be2

这步棋（以及接下来几步棋）我以前都下过。大约两年前在对阵克拉姆尼克时，我走了 11.Bd3。

11...b6 12.0-0 c×d4 13.c×d4 Bb7 14.Bd3 Nc6 15.Rb3

这步棋是我为 2018 年在柏林举行的世界冠军候选人赛准备的，找到这步棋时我非常高兴。引擎低估了这步棋的威力，它为白方制造出很强的威慑力，而这种时限下对手是很难处理的。

关键点在于，在某一时刻车可以调转到王翼。与此同时，腾出 b1 格给白格象，另一个象可以走到 b2 格。

15...Na5 16.Rb2

这是另一个关键点。从这里开始，车将前往 d2，发挥很大的作用，我们很快就会看到。

16...Nc6 17.Rd2

在白方走 17.Rc2 的情况下，黑方将走 17...Qd7，这让白方很难办。

17...Rfd8 18.Bb2 Rac8 19.d5

一步好棋。我在这里看不到任何其他有用的着法，于是决定立即进攻。现在，在 19...e × d5 20.e × d5 Nb4 之后，白方将有 21.Be4，所以对手下了：

19...Nb4 20.Bb1

我也可以下 20.d × e6，但我觉得在 20...f × e6 之后，我的进攻机会可能会减少，我想保持紧张的局势并弃掉一个兵。

20...e×d5 21.e5 g6

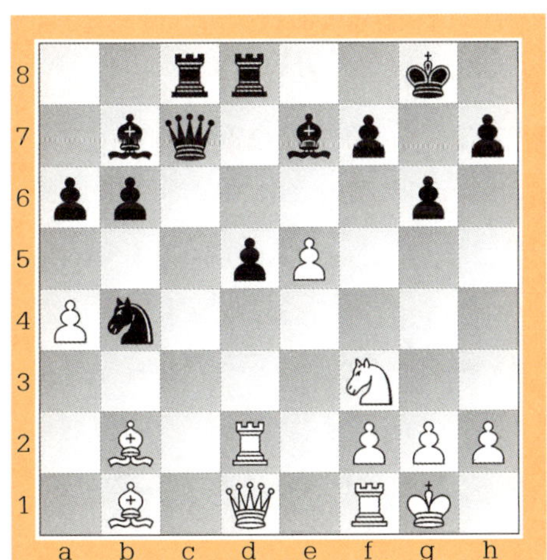

一步强有力的防守着法。

22.Re1

这步走得有点不准确。我本应该走 22.e6，因为在 22...f × e6 23.Nd4 e5 之后，24.Qg4 非常强（24...e × d4 25.Q × d4）。

22...d4

好棋，送还一个兵。

23.e6

23.N × d4? 会失利于 23...Bg5。

23...f6?

这是一步坏棋。对手应该吃掉这个兵，23...f × e6 24.R × e6，这样局面就不明朗了（24.N × d4 之后又是 24...Bg5）。

24.N×d4 Nc6 25.Nf5!

思考这步精彩的着法，我花了大约2分钟。

25...R×d2

25...g×f5之后，我计划走26.Rd7，这是一步非常漂亮的棋。但实际上，26.Qh5会更强：26...R×d2 27.Qf7+ Kh8 28.B×f5，白方获胜。

26.N×e7+

黑方的黑格象被吃掉之后，黑方王城变得很空虚，尤其是黑格。

26...Q×e7 27.Q×d2 Kg7

若黑方走27...Ne5，我会走28.Ba2。

28.Qf4

盯住f6兵并准备走h4。

28...Rf8 29.h4

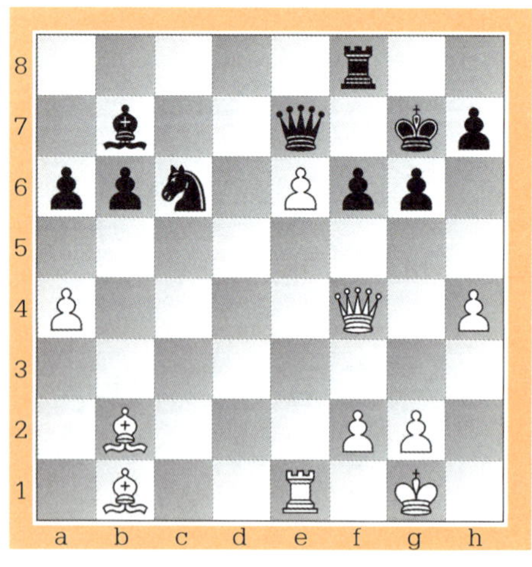

29...Bc8

也许在这里对手应该尝试用29...Qb4 30.Qc7+ Kg8 31.Rf1 Q×b2制造一些反击，但在32.Q×b7 Nd4 33.Qd7 Qd2 34.Ba2 Q×a2 35.e7之后，白方还是会获胜。

30.h5 Ne5

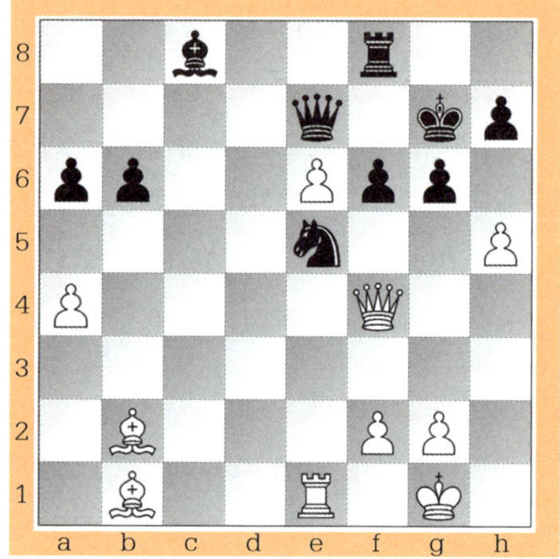

30...B×e6之后，最简单的是走31.h×g6 h×g6 32.Qe4（或者更强的32.Qg3）。剩下的就很简单了。

31.R×e5 f×e5 32.Q×e5+ Kh6 33.h×g6 h×g6 34.Qh2+ Kg5 35.Qg3+ 1-0

国际象棋超级巡回赛

2019 年 7 月，丁立人参加了在克罗地亚萨格勒布举行的国际象棋超级巡回赛的第二站比赛（第一站是在科特迪瓦阿比让举行的快棋和超快棋比赛）。这可能是当年参赛选手实力最强的慢棋时限比赛，参赛选手平均等级分为 2781 分。卡尔森以 11 轮 8 分的成绩夺冠，表现分达到了 2948 分，令人叹为观止。而丁立人只得到 5.5 分（2 胜 7 和 2 负）。7 月晚些时候，丁立人在温州举办的一场 4 局对抗赛中，出人意料地以 1.5 ： 2.5 的比分输给了等级分比他低了近 100 分的俄罗斯特级大师德米特里・安德烈金，丁立人的状态似乎在走下坡路。

然而，丁立人的国际象棋生涯是一个经历挫折后重新站起来的故事。你永远不能轻视他。大约一个月后，丁立人飞往美国圣路易斯，参加国际象棋超级巡回赛第四站（快棋和超快棋）和第五站（慢棋时限的辛格菲尔德杯）的比赛。在超快棋赛中，他以 18 轮 11.5 分的成绩与余泱漪和谢尔盖・卡尔亚金并列第一。在快棋赛中，他与余泱漪并列第三，为自己赢得了关键积分。

在几天后举行的辛格菲尔德杯中，丁立人的起步有点慢。但在第 5 轮比赛中，他战胜了吉里，取得了一场重要的胜利。

丁立人自评

第 44 局

丁立人（2805）— 阿尼什·吉里（2779）

辛格菲尔德杯第 5 轮，圣路易斯，2019 年

后翼弃兵开局

前4轮比赛，我和了4盘。这盘棋中，我的对手是一位开局专家，尤其是在各开局的主变方面，因此我想给他一个惊喜。

1.d4 Nf6 2.c4 e6 3.Nf3 d5 4.Nc3 Bb4 5.Bg5

我选择了拉戈津防御的主变，2019 年在沙姆基尔我曾与吉里下过这个主变，当时我在最后一轮很快就取得了和棋。

5...h6 6.B×f6 Q×f6 7.Qa4+ Nc6 8.e3 0-0 9.Rc1 Rd8

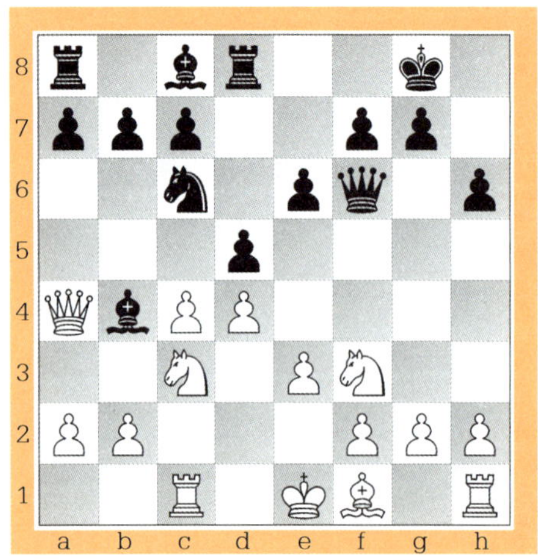

10.Be2

这与我在 2017 年深圳对哈里克里什纳的对局有所不同，当时我看到 10.a3 B×c3+ 11.R×c3 e5，黑方很轻松就取得了均势。但经过两年的时间，我不断研究开局，所以也许我的对手没有料到我会走这路棋。至少从他花的时间来看，他似乎不熟悉这个局面。

10...d×c4 11.B×c4 B×c3+

这里的主变是 11...Bd7。

12.b×c3

最好用兵而不是用车吃回兵，因为在 12.R×c3 e5 之后，黑方获得均势。

12...Bd7 13.Be2

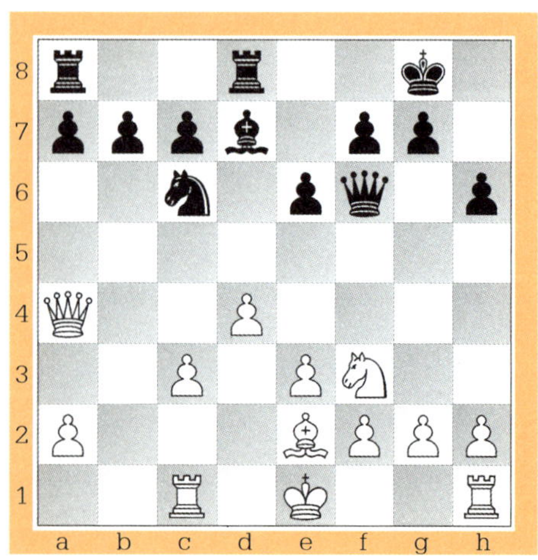

在这里，对手思考了一段时间。黑方有两个基本计划：走 ...c5 或者走 ...e5。

...e5 会导致局面不明朗，而 ...c5 则是更稳妥的走法。

13...e5

黑方也可以走 13...b6，在 14.Qc2 Na5 15.Ne5 c5 之后，双方接近均势。

14.Qc2 Bf5 15.Qb2 e4 16.Nd2

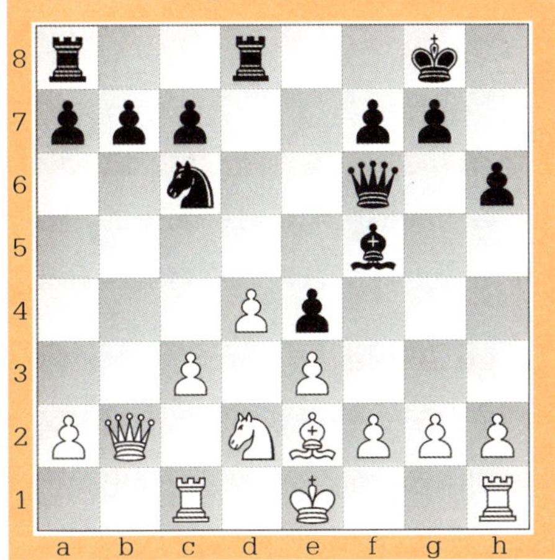

现在我得到了想要的局面。我认为白方在这里已经略优了。

16...Na5

对手必须走这步棋，因为走 16...Qg6 会碰到 17.g4，白方的局面很不错。但现在，由于黑兵在 e4，而非在 e6，所以它成了白方的目标。

17.0-0 c5 18.Rfd1 Rac8 19.Nf1

这里我有两个计划，但我更喜欢那个更为复杂的计划，马正在前往 g3 的路上。另一个计划是 19.Nb3，但是在 19...N × b3 20.a × b3 a5 之后，我看不出有什么明确的着法来改善我的局面。

19...Bg6?!

这步棋是不准确的。对手应该先走 19...b6，在 20.Ng3 之后，再走 20...Bg6，此时局面是正常的。

20.Ng3?!

这步棋我走得太快了。在这里，我错过了走 20.Qb5 b6 21.Qa6 的机会。我没注意到这个计划，因为把后放在棋盘边缘看起来很奇怪，但实际上，这给黑方的阵形带来了一些问题。黑方来不及保护所有的兵：21...Qe7 22.d × c5 R × c5 23.R × d8+ Q × d8 24.Q × a7 Nc6。白方净多一兵，但黑方的马走到 e5 时会有很好的反击。

20...Qg5?!

我的对手也回应得太快了。他本应该走 20...b6 的。

21.Qb1?!

一个失误，我走得太过草率，想要挑动对方走 ...f5。如果我在这里集中精力，就会找到正确的下法：21.Qb5 b6 22.Qa6 Qe7 23.h4，或者更好的走法

21.d×c5，在21...Q×c5 22.h4之后，我在王翼有了更多的空间，这对对手来说是非常困难的局面。

21...f5 22.d×c5

我必须走这步棋，因为我没有其他可行的着法了。

22...R×c5 23.Rd4

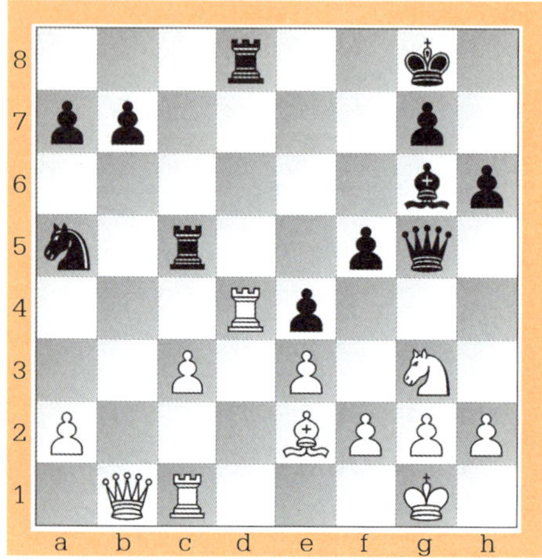

23...Bf7

这是一个小错误。

对手必须让后回来，走：23...Qe7 24.Rcd1 Nc6，Nc6是重要的一步棋，兑换了一对车，接着是25.R×d8+ N×d8 26.Bb5 Nc6，黑方局面稳固。我的车没有格子可以入侵到黑方阵营中。

24.Rcd1 Rdc8

现在白方控制了d线，并为进攻保留了足够的子力。

在对局中，我非常害怕对方走24...Nc6，但白方可以最大限度地利用这步棋：25.R×d8+ N×d8 26.Qb4 b6 27.Qa4 Nc6 28.Rd6，黑方无法防守整个后翼。

25.Bb5

这一步棋可能是对手漏算了。随着Bd7的逼近，他的f5兵变得脆弱不堪。

25...g6 26.Ne2

子力于f4格重新集结，凸显了黑方王翼的弱点，而a5格的马已经出局了。

26...Qf6 27.Ba4

计划交换掉b3象。白方的局面更容易下，客观地说，也许白方已经好很多了。

27...Qe5 28.Bb3 N×b3 29.a×b3

29...R5c7

更有弹性的一步是 29...a5，引擎显示的其中一个变化是：30.h4 Kg7 31.g3 g5 32.h×g5 h×g5 33.Rd7 R8c7 34.c4 b5 35.c×b5 R×b5 36.Kg2，白方要好得多。

30.c4

又是一个失误，下得太匆忙了。我应该继续下 30.h4 或 30.Qa2 a6 31.g3，逐步改善局面，而不是刚开始就进攻。

30...a6

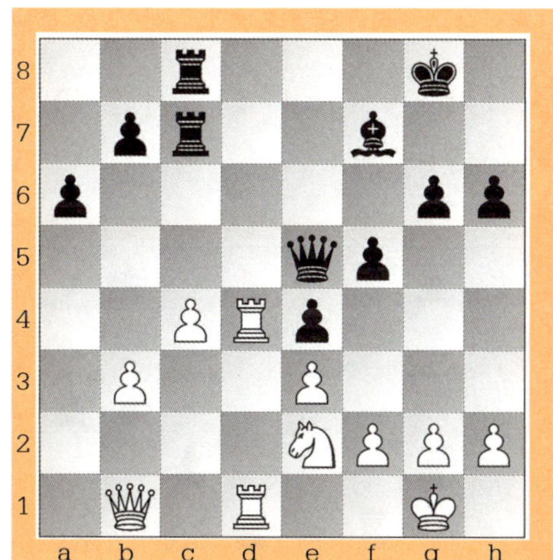

对手错过了 30...b5 31.c×b5 Q×b5 32.Rd8+ Kh7 33.Qb2 R×d8 34.R×d8 Bg8 惩罚我的机会，因为在兑换掉兵和一对车之后，黑方的子力已经加入了战局，而且也足够活跃。

31.Nf4 b5 32.Nd5 Rc6

引擎的建议是 32...Ra7 33.h4 Kh7，与对局中的走法相比，对黑方更有利，但却是非常反棋手直觉的下法。

33.c5

这就是我之前走 31.Nf4 时的计划。由于有 Nd5–b6–d7 的捉双，黑方无法吃掉 c5 兵，这是一个非常重要的马的调动，会影响后面很多的变化。

33...a5

在 33...b4 34.Nb6 R8c7 35.Nd7 Qe7 36.Nb8! Re6 37.Rd8+ Be8 38.c6 的情况下，马的跳跃令人印象深刻，黑方陷入了大麻烦。

34.b4

一步好棋，目的是兑换一对兵，并让我的后参与攻击。

34...a×b4

在 34...a4 之后，35.Nc3 非常强，如果黑方走 35...Rb8，则有 36.Rd8+ Kh7 37.R×b8 Q×b8 38.Rd7 Rc7 39.Qd1 a3 40.c6 R×d7 41.Q×d7 Qe8 42.Qa7，白方获胜。

35.Q×b4 Rb8

黑方必须守住 b 兵。还是不能用

35...R×c5 来吃掉 c 兵，因为有 36.Nb6 R8c7 37.Nd7。

36.Nb6

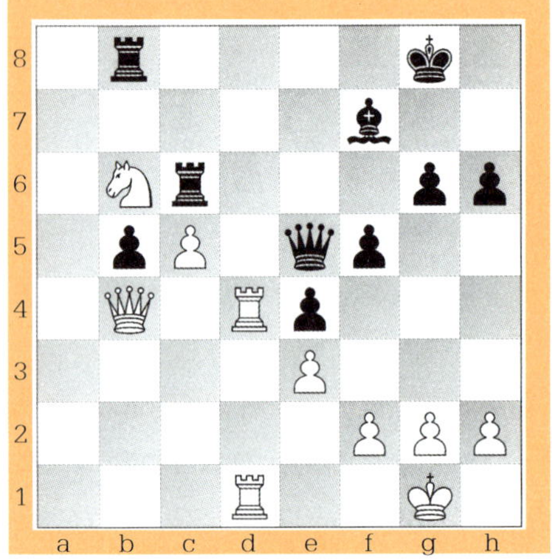

马正在前往 d7 的路上。我在思考这步棋时花了 8 分钟，发现这样走是能够获胜的。

36...Be6

这步棋在我意料之中。如果走 36...Rb7，引擎给出了以下不错的变化：37.Qa5 Rbc7 38.Nd7 Qe7 39.Nb8 R×c5 40.Na6 Ra7 41.Qd8+ +−。

37.Nd7 B×d7 38.Rd5

很好的过门着法。38.R×d7 R×c5 也能取胜，但不如对局中那样容易。

38...Qe7 39.R×d7 Q×c5

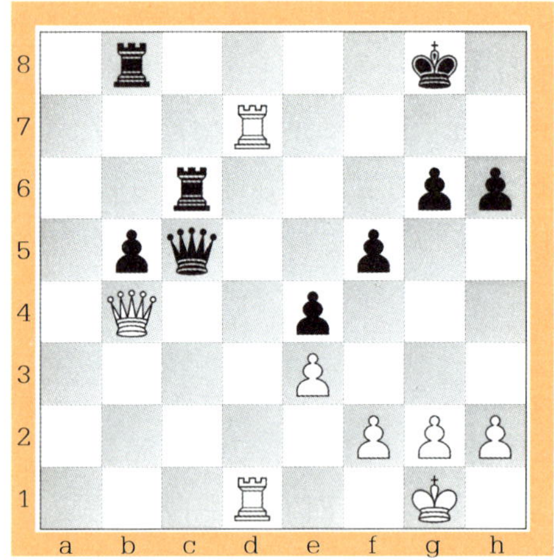

黑方赢得一兵，但我可以调动我的后来攻击他的王，进入一个获胜局面。

40.Qb3+ Qc4 41.Qb2 Qc3 42.Qa2+ Rc4

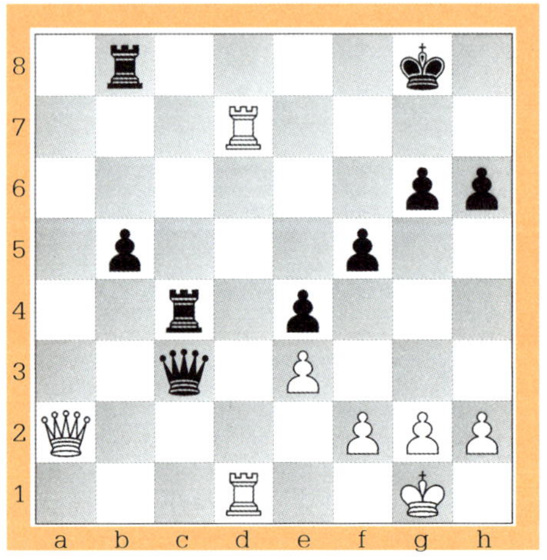

黑方的后必须守住 g7 格，因此他不能走 42...Qc4，因为有 43.Qa7。

43.g3

我总是乐于用这样的“小着法”。在这里，43.g3 为我的王腾出了一些空间，现在白方有太多威胁了。位于 d1 的车将加入进攻，而黑方面对白方的三个重子无能为力。剩下的就很简单了。

43...Rbc8 44.R1d6 Kf8 45.R×g6 b4 46.R×h6 f4 47.g×f4 1-0

这盘棋并不完美，充满了不确定性，我虽然可以执行我的计划，但下法有点太直接了，不应该那么匆忙。我找到了一个好计划，让我的马发挥关键作用。从 d2 这个不太理想的位置开始，马成了这盘棋的英雄。

丁立人在赛后说，这盘棋给了他很大的信心，因为他觉得刚开始时自己的状态不是很好。在第 8 轮与卡尔森的疯狂对局中，丁立人执黑与对手战平，随后在下一轮对阵世界排名第二的法比亚诺·卡鲁阿纳。丁立人在最后两局中均取得和棋，以 11 轮 6.5 分的成绩与马格努斯·卡尔森并列第一。

丁立人与卡尔森的决胜局将决出比赛的胜利者，在他们两盘快棋打成平手后，将进入激动人心的超快棋决胜赛。丁立人带着上一周超快棋比赛中获得的信心，在与卡尔森的对局中将多一兵的优势保持到残局。不知何时，卡尔森耗尽了时间，这使得丁立人在下第 2 盘超快棋之前以 1 分的优势领先。接下来发生的事情就让主人公自己来描述吧！

▲丁立人与卡尔森握手

（摄影：伦纳特·奥特斯）

丁立人自评

第 45 局

马格努斯·卡尔森（2882）— 丁立人（2805）

辛格菲尔德杯加赛第 4 盘，圣路易斯，2019 年

西班牙开局

第 1 盘超快棋我赢了，这盘棋只需执黑下和就能获胜，但是我知道这将是一个非常困难的考验。

1.e4 e5 2.Nf3 Nc6 3.Bb5 a6 4.Ba4 Nf6 5.0-0 Be7 6.d3 b5 7.Bb3 d6 8.c3 Na5 9.Bc2 c5 10.d4 c×d4 11.c×d4 0-0

12.h3

虽然 e5 的兵“会被吃掉”，但用 12.d×e5 d×e5 13.N×e5 吃掉它并不是一个好计划，因为在 13...Bb7 之后，黑方出子更快。

如果对手走 12.d5，我会走 12...Bg4。

12...Re8 13.d5

这是卡尔森先走 12.h3 的意图，所以我现在不能走 ...Bg4 了。局面是双方互有顾忌的，但我找到了一个很好的方法来安排我的棋子：

13...Bd7 14.Nc3 Qb8 15.Bd3 Rc8

16.Ne2

我们飞快地走出了这些棋。很明显，白方想在王翼进攻，而我将在后翼战斗。

16...Nb7 17.g4

这步棋让我大吃一惊。我本以为会是 17.Ng3 Nc5 18.Bc2 b4。

17...Nc5 18.Ng3 N×d3

兑掉象是因为我不想让卡尔森走Bc2，再Be3和Rc1。

19.Q×d3 b4 20.Re1 Qb5 21.Qd1 Rc7

在这里，我觉得我的局面非常好，因为我控制了c线，而对手的王翼进攻毫无进展。

22.Be3 Rac8 23.Nd2

卡尔森改变了计划，将马转移到了后翼。

23...g6 24.b3

24...Qb7

突然，我意识到我的局面有点不舒服，因为Nc4就要来了，于是我将后退了回来。

25.Nc4 Bb5 26.Na5 Qb8 27.Qd2 Rc3 28.a3 b×a3

我必须吃掉a3兵，因为我没有时间走...Bd8。但这让对手赢得了半子。或者更确切地说，我有几种弃子的方法，因为由此产生的局面对我并无不利。

29.Nc6 B×c6

另一种方法是29...R8×c6 30.d×c6 R×c6，由于有...d5，卡尔森无法吃掉a3兵，但可以继续走31.Bg5。我不想被动防守，而且由于象在b5，无法发动进攻，所以29...B×c6吃掉马改变了对局的走向。

30.Q×c3 B×d5

31.Qa5

这让我大吃一惊。起初，我以为走 31...B×e4 是不可行的，因为有 32.g5，但后来我发现了其中隐藏的想法。我原本以为对手会走 31.Qd3，而 31...Bb7 看起来是最好的，可以保留王后。我最初的想法是走 31...Q×b3 32.Q×b3 B×b3 33.R×a3 Bc4，但我认为这个残局我稍差一些。

31...B×e4 32.g5

这步"合乎逻辑"的棋，完全没有考虑到我的回应。更好的走法是吃掉象，32.N×e4 N×e4，然后走 33.Q×a3，而引擎给出了如下的变化：33...Bh4 34.Q×a6 d5 35.Ba7 Qc7 36.Rac1 Q×c1 37.R×c1 R×c1+ 38.Kg2 Rc2 39.Qb5，白方略优。

32...Ba8!

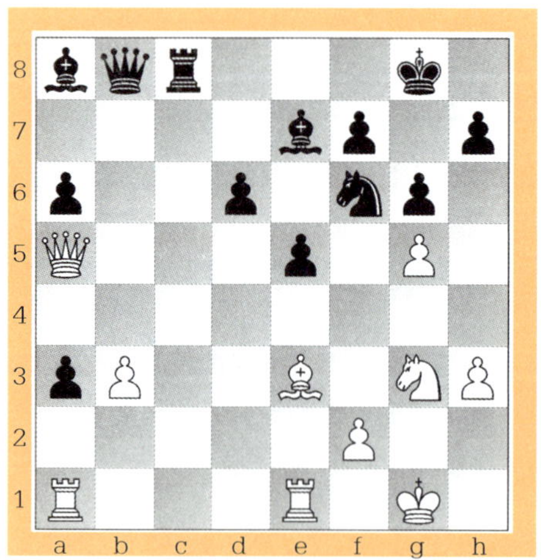

充分利用了白方在 a8–h1 大斜线的弱点。我下完这步棋后，卡尔森开始摇头，并没有下出最佳的棋。

33.Q×a6

卡尔森必须吃马：33.g×f6 Qb7 34.Kf1，黑方必须找到 34...Qg2+（因为 34...Rc2 根本行不通：35.Re2 Qg2+ 36.Ke1 Qg1+ 37.Nf1）35.Ke2 Qf3+ 36.Kd2 Bd8（重要的一步棋，为黑方提供了 d5 格）37.Q×a3 Qd5+ 38.Ke2 Rc2+，然后将杀。

33...Nd5

现在黑方明显优势。

34.Ba7 Qc7 35.Rec1

35...Q×c1+

这步棋我下得很快，因为我在对局中没有看到其他着法，但这步棋是个错误。事实上，我有两种避免兑换的方法。一种是走 35...Bc6，此时白方面临太多威胁（...Nf4、...B×g5、...Qd7），白方的形势非常差。35...Nc3 则是另一步好棋，因为白方无法攻击我的马。

36.R×c1 R×c1+ 37.Kh2 Bc6 38.Q×a3

我突然意识到，如果对手在下一步棋之后吃掉 d 兵，我可能会赢。

38...B×g5

39.Q×d6

而卡尔森也的确这么走了，让我漂亮地结束了对局。

引擎显示，白方唯一可行的走法是 39.Ne2，而我必须找到 39...Re1 40.Q×d6 以及 40...Ne7，对子力进行以下重组计划：41.Q×e5 Nf5 42.f3 Be7 43.Bf2 Bd6 44.Q×d6 N×d6 45.B×e1 B×f3，当然，这对白方非常不利。

39...Bf4 40.Bc5

现在我仔细计算了一下，发现在走了下面这步棋之后，卡尔森已经无法防守了：

40...Ne7!

大约 10 秒钟后，卡尔森微笑着认输了。

▲丁立人夺冠

（摄影：伦纳特·奥特斯）

在巅峰时期击败等级分 2882 分的世界冠军，无疑是丁立人在当时取得的最好的成绩。即使在圣路易斯稍稍不在状态，卡尔森仍然是慢棋时限赛、快棋赛和超快棋赛中等级分最高的棋手，也是 2018 年世界超快棋锦标赛和 2019 年世界快棋锦标赛的冠军。最重要的是，丁立人在圣路易斯击败卡尔森之前，卡尔森已经有十多年没有在快棋加赛中输过棋了！据 2019 年 Chess.com 网站的一篇文章称，马格努斯·卡尔森欣然接受了失败，卡尔森称赞丁立人说："丁立人今天比我强多了，所以丁立人赢得实至名归。"

2019 年世界杯赛

留给丁立人庆祝的时间并不多，因为在大约 10 天之后，众多国际象棋高手就将齐聚俄罗斯城市汉特曼西斯克，参加 2019 年世界杯赛。作为等级分最高的 2811 分棋手和该赛事 2017 年的亚军，丁立人是本届比赛的热门选手之一。在晋级四分之一决赛的过程中，他先后淘汰了普雷斯、莫夫谢西扬（见第 7 局）以及两位年轻有为的希望之星阿里雷扎·菲罗贾和基里尔·阿列克森科，后三人都是丁立人通过快棋加赛打败的。丁立人在此次比赛的第 1 轮之后，第一次在慢棋时限的对局中取胜，最终战胜亚历山大·格里修克，这帮助他连续第二次在世界杯赛上以 1.5 ： 0.5 的比分晋级半决赛。

在半决赛中，丁立人遇到了中国二号种子棋手余泱漪。慢棋比赛中，双方下得都很谨慎，最终打平，双方在快棋加赛中争夺决赛的席位。

在此，我将为你带来第 2 盘快棋加赛的精彩片段。

第 46 局

丁立人（2811）— 余泱漪（2763）

世界杯半决赛快棋加赛第 2 盘，汉特曼西斯克，2019 年

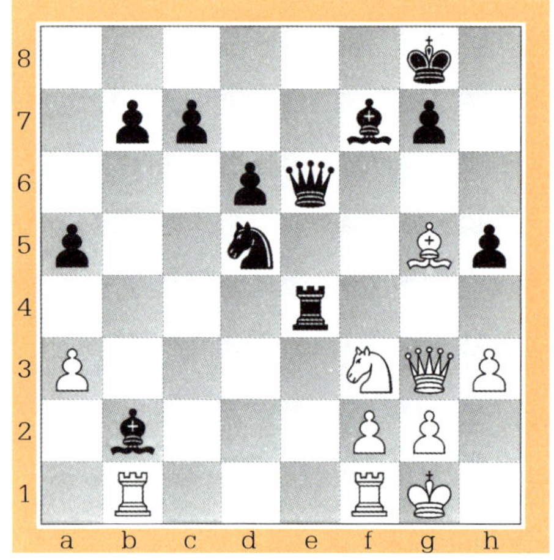

黑先

局面很不平衡，一方的任何失误都可能使对手一方取得优势。

余泱漪以一步有原则的、犀利的续着，使本已紧张的局面变得更加紧张：

29...Re2!?

29...B×a3 风险较小，在 30.R×b7 Nc3! 31.Nd4! R×d4 32.Q×c3 Bc5 之后，形成动态平衡局面。

30.Bd2 Qf6! 31.B×a5 Nf4!?

丁立人和余泱漪在快棋中能准确地处理复杂局面，令人钦佩。

31...b6!? 值得注意，这样走是为了保护后翼兵。

32.B×c7!

当对手准备在 e2 捉双抽后时，丁立人的这步棋并不是粗枝大叶地送子。

32...Rc2

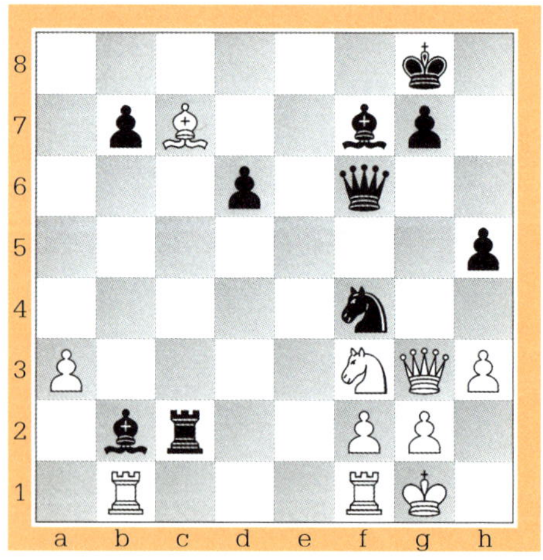

33.Kh2!

这是丁立人准备好的一步棋，在如此微妙的局面下走出如此平静的一着棋，非常高级。决定权又回到了余泱漪的手中，他犯了一个错误：

33...h4?

33...N×g2! 才是正确的，34.K×g2

（走 34.B×d6 会输给 34...Ne3!，在时间压力下很容易漏算这步棋）34...R×c7 之后，特级大师阿尼什·吉里说：“黑方以车换得一兵和双象，白方的王也不再那么安全了，因此双方局面在这里大致平衡。”走 33...R×c7?! 吃掉 c7 是比较差的一步，因为有 34.R×b2! Q×b2 35.Q×f4±。

34.Qg5!

丁立人在几种可能性中找到了最佳走法。余泱漪可能低估了兑后减少的补偿。黑方不会介意走 34.Q×h4 Q×h4 35.N×h4 Be5!?⇄，或者是 34.Qg4 Be6!?⇄。

34...R×c7?

余泱漪在走了一长串精确的着法后突然崩溃，这并不罕见。34...Ba2!，在 35.Q×f6 g×f6 36.R×b2 R×b2 之后，黑方仍然有得下，而现在无论是走 37.B×d6 还是 37.N×h4，都给白方带来了更好的残局。

35.R×b2!

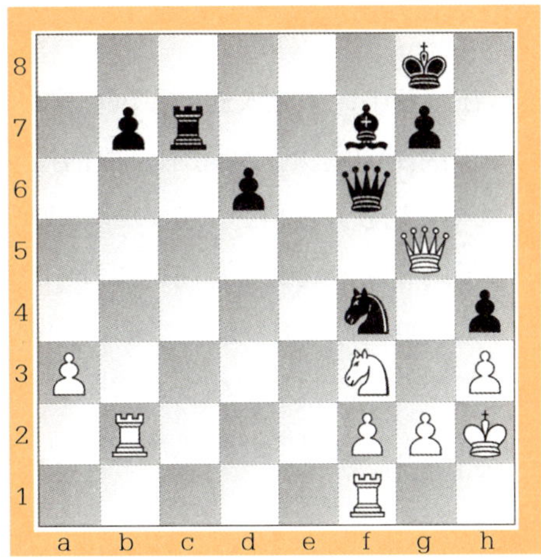

35...Q×g5

正如吉里在他的评论中所指出的，余泱漪失误的唯一合理解释是他期望白方用 36.Q×f4± 来回应 35...Q×b2，但他却忽略了 36.Qd8+ 可以抽掉 c7 车。

36.N×g5+-

白方以多半子的优势轻松赢得残局。

36...Bc4 37.Re1 g6 38.Re4 Nd3 39.Rc2 Rc5 40.Rc×c4 R×g5 41.Re7 Nc5 42.R×h4 Rf5 43.f3 1-0

就这样，丁立人连续两次闯入世界杯赛决赛，成为国际象棋史上第一位实现这一壮举的人。这一成绩也确保了他在 2020 年世界冠军候选人赛中的一席之地。

在决赛中，丁立人遇到了阿塞拜疆超级特级大师泰穆尔・拉贾波夫。拉贾波夫在另一场半决赛中淘汰了瓦谢尔・拉格拉夫。在 4 局小型对抗赛中，前 2 局丁立人取得了 1.5 ： 0.5 的领先优势，丁立人看起来已经做好了拿下比赛的准备。然而拉贾波夫完美地赢得了第 3 局，迫使双方在第 4 局中决出胜负。第 4 局双方下和，最终战成 2 ： 2 平。4 局快棋加赛均和棋，双方需要再进行一次超快棋加赛才能决出胜负。这一次，丁立人没有延续在辛格菲尔德杯上对卡尔森的成功。拉贾波夫以 2 ： 0 获胜，并以总分 6 ： 4 战胜丁立人，赢得了世界杯赛冠军。

尽管如此，丁立人对自己的整体表现还是很满意，他在 2019 年接受媒体采访时承认，要在这样一项大型赛事中夺冠非常困难：“我已经付出了一切，取得了超出预期的成绩。笑到最后是很难的，毕竟大多数人都是带着失望离开的。”

超级巡回赛总决赛

2019 年的最后一项重大赛事是 12 月在英国伦敦举行的国际象棋超级巡回赛总决赛，这是一场四人淘汰赛，包括慢棋时限赛、快棋赛和超快棋赛。丁立人以总积分第二的身份参与，这主要归功于他在圣路易斯取得的优异成绩，他在半决赛中的对手是列冯・阿罗尼扬。丁立人以 5.5 ： 2.5 的比分赢得了小型对抗赛，证明了自己的出色状态。在决赛中，他的对手是瓦谢尔・拉格拉夫，拉格拉夫以微弱优势淘汰了马格努斯・卡尔森。在慢棋时限赛和快棋赛中，丁立人以 15 ： 5 领先，在 4 局超快棋赛丁立人只走了个过场，因为超快棋赛在计分中的比重较低。最终丁立人以 16 ： 12 战胜了拉格拉夫。你可以通过丁立人的评注来欣赏比赛中令人激动的第 2 盘慢棋时限对局。

第 47 局

丁立人（2801）— 瓦谢尔·拉格拉夫（2780）

超级巡回赛总决赛第 2 轮，伦敦，2019 年

英国式开局

在决赛的第 2 盘棋中，我精心准备了英国式开局。

1.c4 c5 2.g3 g6 3.Bg2 Bg7 4.Nc3 Nc6 5.Nf3

这是马格努斯在与瓦谢尔·拉格拉夫的决胜局中的下法，他们也用这个变化下了一盘慢棋时限的对局。

5...e5

瓦谢尔·拉格拉夫在一段时间前已经下过这步棋。卡尔森和瓦谢尔·拉格拉夫的两盘对局都是走 5...d6 6.0–0 Bf5 7.h3，局面新颖而独特，带有新思路。拉格拉夫可能想避开我的赛前准备，但我在这里也有一些想法。这不是我为这盘棋准备的，而是为另一场比赛准备的。

6.0-0 Nge7 7.d3 d6 8.a3 a5 9.Rb1 0-0

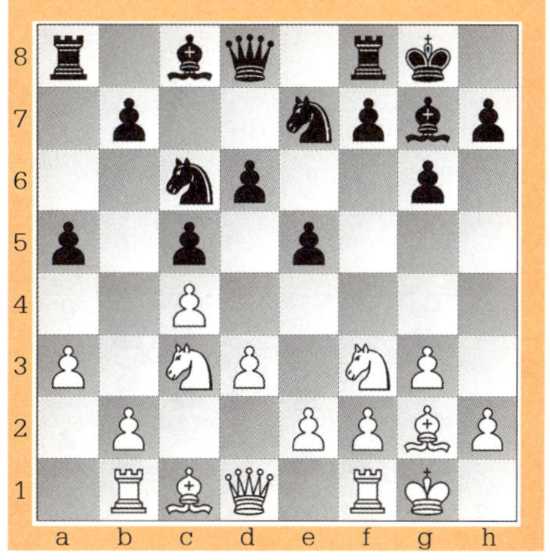

目前都是自然出子。

10.b3

这是我的计划。通常，白方的思路是推进 d4，但是这里却来不及，因为黑方可以先下 ...d5：10.Ne1 Be6 11.Nc2 d5。但我喜欢 10.b3。我不再想下 d4，而是想先出子，看看会发生什么。

10...Rb8

这看起来很正常，但 10...h6 也值得注意：11.Nd2（在 11.Bb2 Be6 12.Nd2 之后，黑方会有 12...d5），现在黑方有 11...e4，而由于 ...f5，我无法用其中一个马吃掉兵，所以我应该走 12.Nb5 e×d3

13.e×d3，局面很有趣。

11.Bb2 h6 12.Nd2 Be6 13.Nd5

现在，白方控制了 d5 格。

13...b5 14.e3 Qd7

看来黑方下得很好。他成功地冲起了 ...b5，局面似乎也没有弱点。但是在准备对局分析类似的局面时，我发现黑方的局面并不那么乐观。

15.Re1

保护白格象不被兑换。如果黑方走 15...Bh3，我会走 16.Bh1。

15...Bg4

16.Qc2

其实，我的想法是走 Bc3，威胁吃掉 e7，并吃掉 a5 的兵。黑方的 a5 兵是一个弱点。

16...Rfc8 17.Ne4

结合我的第 19 步棋，这步棋就是我所看到的，也是对手所忽略的。

17...N×d5 18.c×d5 Ne7

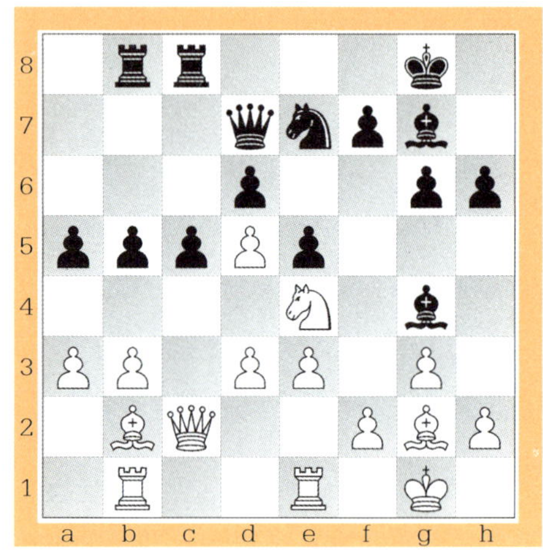

19.Nd2

马往回跳是一步有力的着法。也许对手一直在看 19.f3 Bh3 20.B×h3 Q×h3 21.N×d6 Rd8 22.Q×c5 Qd7 23.Ne4 N×d5，此时他少兵，但有很好的反击。

在谱着之后，对手的车不幸被置于 b8。如果车在 a8，对手可以在这里下 ...a4。对手无法阻止我走 a4，我可以为马取得强大的 c4 格。而对手在 a5 和 d6 的兵已经成为弱点。对手花了很长时间才继续走出下面的棋：

19...Bh3 20.Bh1

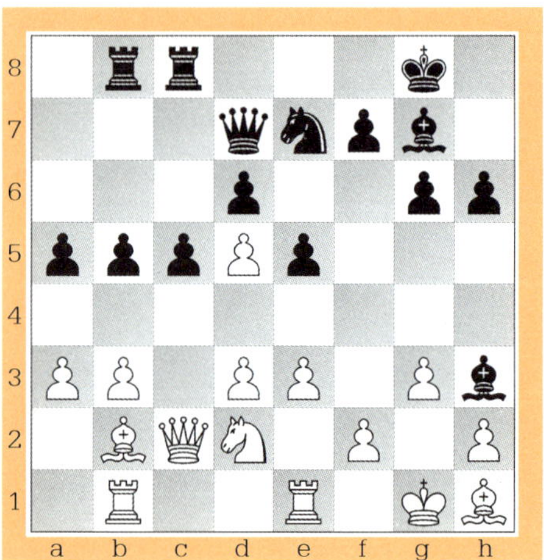

这是我的一种选择。在另外一种选择 20.e4 之后，我不喜欢 20...B×g2 21.K×g2 f5 22.a4 f4，因为黑方会用...g5、...Ng6 等发起典型的王翼印度防御进攻。我选择把兵留在 e3，这样在可能的...f5–f4 之后，我总是可以用 e×f4 来回应。

20...Nf5

又是想了很久才走的棋。对手的马没有什么好位置。马在 f5 格的作用不大，但对手可能希望采用涉及...N×e3 或...Nd4 的一些战术。对局中，我以为对手会走 20...Qe8，在 21.a4 b×a4 22.b×a4 的情况下接着走 22...Bd7，此时我可以走 23.Nc4 B×a4 24.Qd2 Qd7 25.N×a5，白方略优。

21.a4

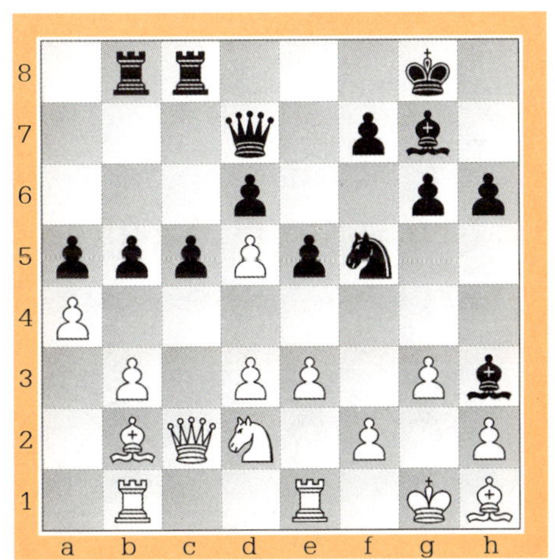

按照我的计划，为马获得 c4 前哨格。

21...h5

我以为拉格拉夫会走 21...b×a4 22.b×a4 Rb4，此时引擎推荐走 23.Ba3!（我计划走 23.Bc3，但结果稍差）23...Q×a4 24.Q×a4 R×a4 25.Nc4，黑车完全被控制，白方就有用 Bf3 和 Bd1 吃掉它的想法。

22.a×b5 R×b5 23.Ra1 h4 24.Bc3

我想把马留在 d2（而不是放在 c4），因为在需要的时候马可以走到 e4 加入进攻。我还想保留 Ra4 并把车转移到王翼的选择。

24...Ra8

如果黑方在这里走 24...Nd4 的话，我想走 25.Qd1（而 25.Qa2!? 更强，黑方必须走 25...Nf5，将马退回来），但是在 25...Bg4 26.f3 Bf5 27.e×d4 c×d4 28.B×a5 h×g3 29.h×g3 B×d3之后，黑方有很好的反击手段。

25.Ra4 Qd8 26.Bf3 Rab8 27.Rea1 Bh6

28.Re1

我不再盯着a5兵，而是想防守e3兵，并准备在王翼发动进攻。吃掉a5兵非常危险：28.R×a5 R×a5 29.B×a5，因为有29...N×e3 30.f×e3 B×e3+ 31.Kh1，黑方在31...Qf6之后有很好的反击。

28...Qg5 29.Ne4

白方看起来仍然可以吃掉a5兵：29.B×a5 h×g3 30.h×g3 N×g3，因为有31.Kh2，但这看起来很可怕。

29...Qd8 30.Ra3 Ne7 31.Nd2 Nf5 32.Qd1

这步棋包含两个计划：Bg4和g4。

32...Bg7 33.g4

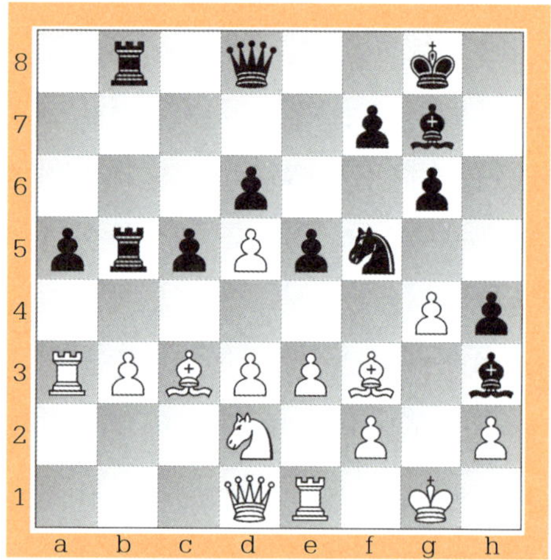

这是对局中最重要的一步棋，它完全改变了局面的性质。这步棋之后，我在王翼有明显的优势，因为不再有...N×e3的威胁，而且a3的车也可以通过a4或a1和g线来加入进攻。

起初我想稳妥地走33.Bg4 B×g4 34.Q×g4。但是在34...Bh6之后，d5兵可能有点弱，如果黑方用...Ne7攻击它，就不容易守住。这就是我想把白格象留在棋盘上的原因。

33...Nh6 34.Kh1 f5 35.g×f5 g×f5 36.Rg1

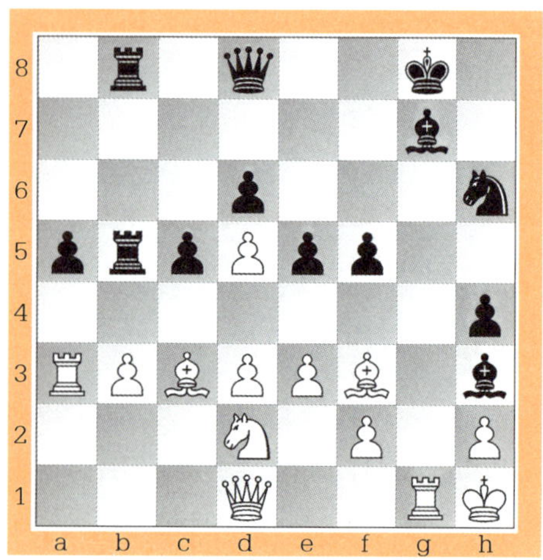

下法变得非常直接。黑方如果走 36...Ng4，我会用 37.Qe2 接着走 e4 来保持局面紧张。

36...Qd7 37.Qe2

如果现在走 37.Ra4，黑方可以走 37...Ng4 38.Qe2 R×b3!。

37...Kh8 38.Ra4

我很高兴能找到这个计划。

38...R×b3

黑方如果走 38...Ng4 或 38...Bg4，我会下 39.Rc4，计划是 39...Bf6 40.B×g4 f×g4 41.f3，c4 车将加入对王翼的攻击。如果黑方走 38...Bf6，我有 39.Rg6 R×b3，现在引擎显示 40.R×h4 B×h4 41.R×h6+ Kg7 42.R×h4 R×c3 43.R×h3，白方将取得胜势局面。

39.R×h4 R×c3 40.R×h3

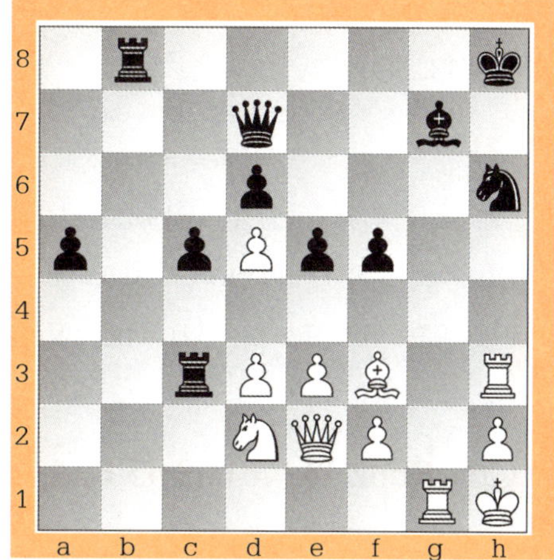

现在白方的两个车都在王翼。但在实战中，我还不能确定局面是稍微好了一点，还是我已经快赢了。

40...a4

我有点担心 40...Rb2，然而 41.Qe1（我没看出来）非常有力：41...R×d3 42.Nc4 Rb4 43.Qf1，白方获胜。

41.e4

这是一步非常自然的着法。我想让我的后走到 e3。在 41...f×e4 之后，42.Bg4 很重要。

41...Rc2 42.Rh5

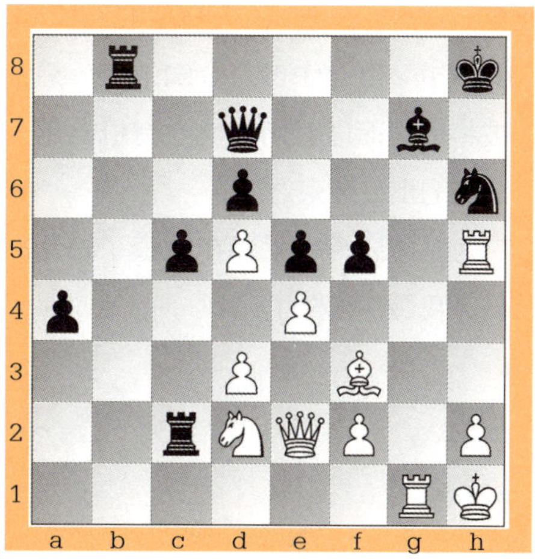

不好的是 42.e×f5 Q×f5 43.Bg4，因为有 43...Qf4。

42...f4

逼着。关键在于 42...Rbb2 之后，有 43.e×f5 R×d2 44.Qe3，黑方无法避免被将杀：44...R×f2 45.R×h6+ Kg8 46.f6。

43.Qd1 Rbb2 44.Nc4 a3 45.Bg4

白方下法的一个要点。杀王的进攻比黑方的 a 线通路兵来得更快。

45...Qd8 46.N×b2 R×b2 47.Be6 a2

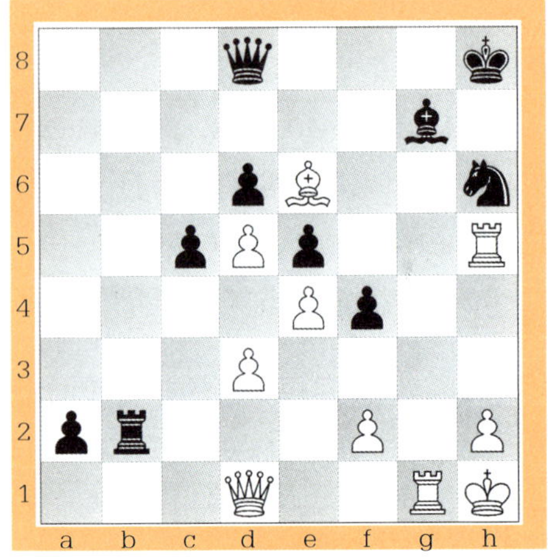

如果黑方走 47...Qf8，白方会走 48.Qa1。我一直在考虑 48.Qa4 a2 49.Qa7 R×f2 50.Bf5 Qf6 51.Bg6，黑方会被将杀。而谱着则让白方有机会用一步漂亮的棋来结束对局。

为了能赢得稳妥，在检查了好几次之后，我最终选择了：

48.R×g7 K×g7

在 48...Rb1 之后，有一步关键的棋 49.Rg1，在 49...Qf8 50.Qg4 之后，白方获胜。

49.Qg1+ Kf8

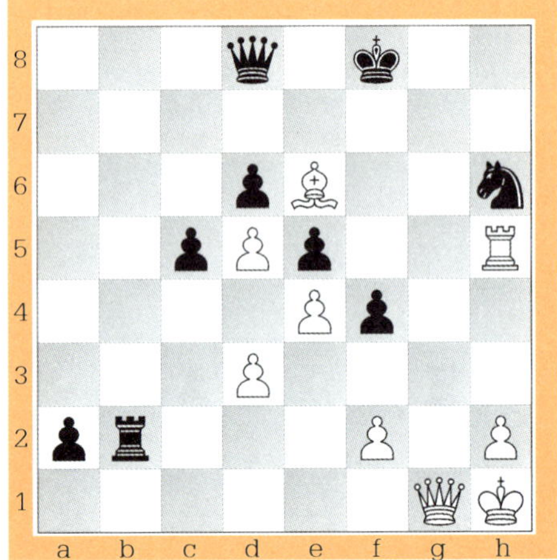

现在走 50.R×h6 是非常差的一步棋，因为在 50...Rb1 51.Rh8+ Ke7 52.Rh7+ Kf8 之后，白方只能获得和棋。而我走了：

50.Rf5+

因为黑方无法避免被将杀（最漂亮的是 50...N×f5 51.Qg8+ Ke7 52.Qf7#），所以对手认输了。

这局的胜利为丁立人职业生涯中成功的一年画上了完美的句号。这一年丁立人延续了 2017 年和 2018 年的辉煌，丁立人的经验变得更为丰富，心理也更加稳定。阿尼什·吉里认为，丁立人在 2018 至 2019 年下出了“丁立人最好的棋”，这一点很难让人不认同。2019 年在接受媒体采访时，丁立人提到自己仍有进步空间，尤其是他的开局系统不够丰富，他不确定自己能否挑战世界冠军卡尔森，他说：“当我状态好的时候，我可以和他一较高下，比如美国的那次比赛。不过当我状态不好时，他能看到的一些着法，我就可能看不到。”

然而要攀登这座山峰，丁立人必须要先赢得 2020 年世界冠军候选人赛，而这一赛事就在眼前。在采访中，他承认自己不应该再躲在阴影里了：“这一次，卡鲁阿纳和我都被认为是热门候选人……我可能会给自己一点压力，因为这次机会确实很重要。”

2020 年世界冠军候选人赛

大约在 2020 年初，新冠肺炎疫情使得包括国际象棋比赛在内的大型活动难以组织，甚至被禁止。原定于 2020 年上半年举行的一系列比赛被取消或推迟。尽管如此，国际棋联还是决定继续执行计划，于 2020 年 3 月在俄罗斯叶卡捷琳堡举办 8 人双循环的世界冠军候选人赛。2019 年世界杯赛冠军泰穆尔·拉贾波夫以“可能存在健康风险”为由，请求国际棋联推迟比赛，但未获成功，他因此拒绝参赛，由瓦谢尔·拉格拉夫取而代之。

整个比赛的情况都不正常。这似乎影响到了丁立人，他不得不在俄罗斯接受为期 14 天的隔离。在第 1 轮与王皓的对局中，他执白自毁长城，第 2 轮中又被瓦谢尔·拉格拉夫痛击。在这两盘棋中，他看起来都不在状态，表现比平时差得多。在那一刻，想着赢得整个比赛已经毫无意义，当务之急是停止连败。

在接下来一轮的比赛中，丁立人将面临另一个严峻的考验，他的对手是上一届世界冠军赛的挑战者。

第 48 局

丁立人（2805）— 法比亚诺·卡鲁阿纳（2842）

世界冠军候选人赛第 3 轮，叶卡捷琳堡，2020 年

斯拉夫防御

1.d4 d5 2.c4 c6 3.Nf3 Nf6 4.Nc3 d×c4 5.a4 Bf5

卡鲁阿纳已经有近十年没有在正式比赛中下过经典斯拉夫防御了，这表明他为这盘对局准备了一些特别的东西。

6.Ne5 e6 7.f3 Bb4 8.N×c4 0-0 9.Kf2

丁立人并没有过早地发现任何异常情况，而是重复了第28局在对阵马克·帕拉瓜时，我们详细讨论过的他最喜欢的着法。然而，卡鲁阿纳的新着让丁立人大吃一惊：

9...e5!?

一些棋评家将这步棋评价为“?!”，因为客观来说，这并不是黑方较好的三四种选择之一。不过，我更倾向于给这步棋打个“!?”，因为这步棋在这盘棋中具有实用价值。考虑到丁立人在比赛前两轮的不稳定状态，卡鲁阿纳认为这可能是一个好时机，可以尽早用一个略显可疑但犀利的弃兵让丁立人陷入困境。在这种情况下，最关键的优势在于你比对手更了解可能出现的变化。在前两轮比赛中，丁立人只得到了令人沮丧的 0 分，第 3 轮又要面对对手深度的准备，丁立人不得不使出浑身解数，以避免灾难再次发生。

10.N×e5

由于丁立人必须考虑许多合理的可能性，这使他的任务变得更加复杂。最终他决定下这步棋，可能在一定程度上是出于直觉，因为这步棋可以让他保留一个强大的兵中心。

或者在 10.d×e5 Nfd7 11.Bf4 之后，黑方也不会那么快吃回这个兵。但白方在 e 线的兵是叠兵，黑方可以通过 c5 格进行一些反击，因此，相比之下丁立人的走法在局面上更为“简洁”。

走 10.e4 可能更尖锐一些。丁立人避开这个走法是可以理解的，因为 10...e×d4 11.Na2 Bc5 会导致他处于非常不利的局面。例如：12.b4（或 12.e×f5 b5 13.Na3 d3+）12...b5 13.b×c5 b×c4 14.B×c4 Be6 15.Be2 N×e4+! 16.f×e4 d3，黑方有补偿。

10...Bc2!

上一步棋的“战术理由”。否则，白方就白多一兵。

11.Qd2

这是唯一能继续保持优势的棋，因为 11.Q×c2 Q×d4+ 12.e3 Q×e5 或者 11.N×f7 Ng4+!，都给了黑方至少能取得均势的机会。

11...c5

黑方继续令人不快地走兵，使白方的出子变得艰难。丁立人需要做出另一个重大决定，经过一番思考，他选择了最雄心勃勃的续着：

12.d5!?

在这种情况下，白方必须勇敢地走出这一步棋。我可能会选择更安全的 12.e3。然后黑方可以退象至 12...Bg6（12...Bb3 13.Nd3!），在 13.d5 Nbd7 之后，引擎称白方稍好，尽管在实战中黑方的出子优势不应被低估。

12...Bb3 13.e4 Re8 14.Qf4

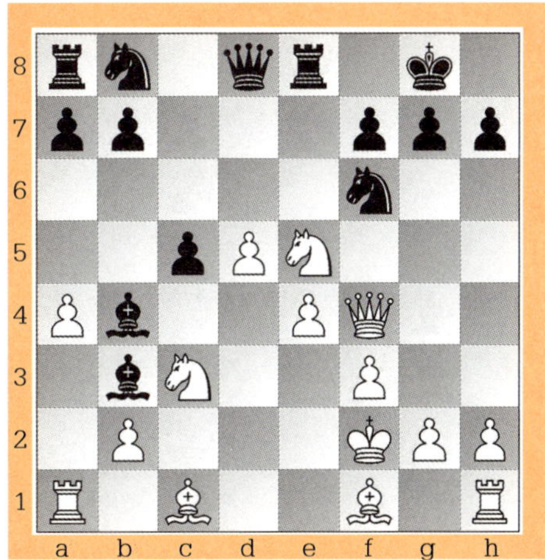

丁立人在走 12.d5 之前，肯定已经准备好了这步冒险的走后的着法，因为这是唯一能让他守住局面的着法。如果不是 14...R×e4! ∓ 利用了 Kf2 和 Qd2 的尴尬位置，14.Nc4? 应该是一步妙棋。

14...c4!

卡鲁阿纳飞快地走出一步强有力的棋，这表明他在赛前就曾看到过这个局面。丁立人说自己在开局时非常沮丧，因为对手下得太快了。丁立人耗费了大量时间才走到这一步；距离第一时限只剩下大约 25 分钟，这意味着他必须以平均每步约 1 分钟的速度下棋，直到第 40 步。在这种情况下可非易事！

15.N×c4

正确的吃子方式。15.B×c4?! 出动了象，却使白方子力过载，容易受到战术打击，例如 15...Bd6 16.Qe3 Nbd7! ⇄。

15...Nbd7

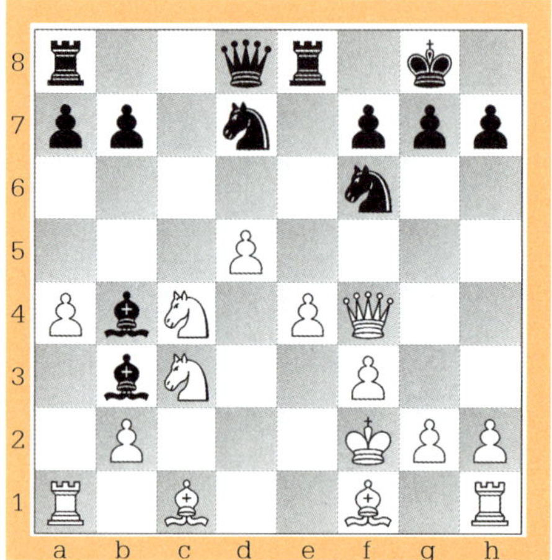

由于白方的王不安全，后的位置也很尴尬，卡鲁阿纳完全可以补偿弃掉的两个兵。如果不是白方多出的两个兵为黑方制造了中心屏障，白方的窘境会更加糟糕。在棘手的局面中，丁立人不断寻找最好的手段来控制局面。

16.Be3! Nf8!

即使是这步艰难后退的棋，显然也是卡鲁阿纳赛前准备的一部分。乍一看，16...B×c4 17.B×c4 Ne5 18.Be2 Ng6 19.Qf5 Re5，似乎更能赢得几个先手，但白方化解了所有威胁，并在 20.Qh3 Rh5 21.Qg3 Bd6 22.f4! 之后，保持了更好的局面。

17.Bd4 Ng6?

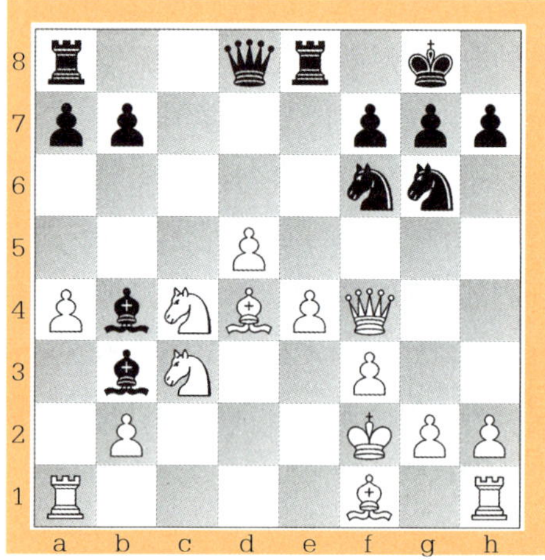

要么是卡鲁阿纳没有准备到这里，要么是他搞错了走棋顺序。他应该先下 17...Rc8，迫使白方回应 18.Ne3，这样白方就不可能在 18...Ng6 后走 Qc1。丁立人将不得不在 19.Qf5 Bc5 20.B×c5 R×c5 和 19.Qg3 B×c3 20.b×c3 R×e4! 之间做出选择，从而形成尖锐、动态平衡的局面。

18.Qf5?

这是在时间恐慌的情况下快速下出的一步棋。全知全能的引擎称，后退的顺序应该是 18.Qc1! N×e4+ 19.f×e4 Rc8 20.Nd2! B×d5 21.Qd1!，白方几乎获得了绝对优势。

18...B×c4

这是卡鲁阿纳在对局中的第一个独立决定。他决定兑换几个棋子来利用白方的黑格弱点。他也可以用 18...Rc8!? 保持局面紧张，白方可以在 19.Nd2 Ne7! 20.Q×c8! N×c8 21.N×b3 ∞ 和 19.Ne3 之间进行选择，转入 17...Rc8 之后的评注。

19.B×c4 Qc7 20.Be2 Bc5 21.B×c5 Q×c5+ 22.Kf1

卡鲁阿纳正确地判断出，他在这个局面中掌握的主动权足以补偿白方多出的两个兵。白方的子力配合很不协调，白方的黑格十分空。

丁立人在赛后说，对于多出的两个兵，他认为黑方有很多补偿，这让他对自己的局面感到担忧。但是当他看到黑方没有明显的取胜途径时，他受到了鼓舞。在这个关键局面中，卡鲁阿纳犯了错：

22...h6?

正如丁立人所说的，这步棋太“慢”，让他有时间把后走到更好的位置。黑方在出子速度上有巨大的领先优势，但这样放弃先手是黑方无法承受的。

卡鲁阿纳似乎想下 22...Qb4，但他看到白方可以用 23.Qg5! Q×b2 24.Qc1 救出白后，因此设计了 22...h6 来防止这一调动。然而，还有一个更有效的走法：22...Re5 23.Qh3 Qb4 24.Rb1，尽管白后在 24...Nf4 25.Qg3 N6h5 26.Qe1 之后“回家”了，黑方还是可以用 26...f5!⇄ 强制走出关键的中心突破。

23.Rd1!

我喜欢这步巩固局面的棋。丁立人并不急于退后，而是先确保中心格子的稳定。

23.g3 是一个自然的选择，可以预防恼人的 ...Nf4 跳马，并准备通过 h3–g2–f2 将后调回。

23...Qb6?!

卡鲁阿纳又走了一步影响进攻速度的棋。由于中心已经封闭，他应该毫不犹豫地在后翼与对手交战：23...a6!，如果白方试图用 24.Qh3 Qb4 25.Rd2 b5 26.Qg3 b×a4 27.Qe1 重新把后调到中心，黑方可以走 27...a3 进行反击。由于多了一个兵，白方仍然稍优，但黑方的机会比对局中要好得多。

24.Rd2 Qe3 25.Rc2

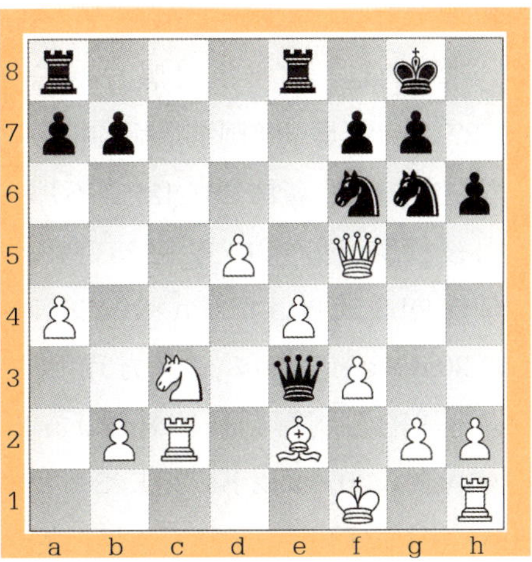

丁立人在后翼保持了完美的子力协调性。现在，他只需将后退回去，就能大获全胜。

25...a6!

迟胜于无！王翼的行动 25...Re5 26.Qh3 Nf4 27.Qh4 Rg5，会被 28.Nd1! Qb3 29.Rc3! 反击。

26.Qh3 b5 27.Qg3

此时，丁立人说他认为自己的局面要好得多，因为他的后又回到了阵营中。不过，卡鲁阿纳也并非一无所获。

27...b4?

不幸的是，这步棋对黑方毫无帮助。27...Rec8! 是卡鲁阿纳最后的机会，因为白方的最佳着法 28.Qf2! 并不那么容易被找到（如果白方走 28.Qe1 b4 29.Nd1 Qb3 或 28.a×b5 a×b5 29.Nd1 Qb3 30.R×c8+ R×c8，黑方可以凭借对 c 线的控制得到一些补偿）。在 28...Q×f2+ 29.K×f2 b4 30.Ke3 b×c3 31.b×c3+ 之后，白方有一个强大的兵中心作为子力的补偿，并且在残局有很好的获胜机会，但黑方可以通过在黑格设置封锁给白方制造困难。

28.Nd1 Qb3

黑方为他的困难局面赢得一个兵，但与白方引以为傲的兵中心相比，有些微不足道。

29.Rd2 Q×a4 30.Qf2

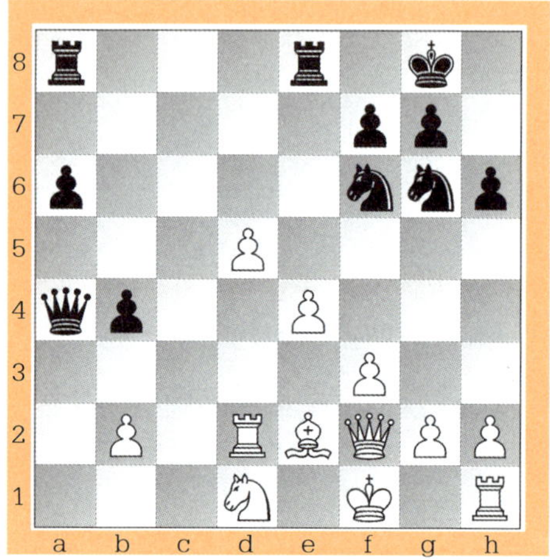

丁立人巩固了自己的优势，他即将获胜。卡鲁阿纳在对局的关键阶段却停滞不前，他只动了后，而几乎没走其他棋子。

30...Qd7

看到白方想用 g3 和 Kg2 完成出子，卡鲁阿纳试图阻止。在 e4 弃子不会有用，用 30...Rac8 31.g3 Rc1 占据 c 线，在 32.Kg2+– 再 Ne3 之后，意义不大。

31.g3!

无论如何，黑后不会在 h3 格停留太久。

31...Qh3+ 32.Kg1 a5

卡鲁阿纳试图在后翼进行反击，但是没有成功。

33.Qd4!

白方占据主动。

接下来是 Nf2 和 Kg2，面对白方兵中心的压力，黑方束手无策。卡鲁阿纳不得不试图利用丁立人的时间压力制造一些麻烦，但他成功的概率微乎其微。

33...Nh5 34.Nf2 Qd7 35.f4 Nh×f4

黑方感到绝望，但还能怎样？否则黑方将在中心被碾压。

36.g×f4 N×f4 37.Kf1!

为车攻击 g7 腾出空间。

37...Qd6 38.Rg1

白后居高临下的位置和 f2 马的保护使黑方所有的反击都成徒劳。丁立人稳健地将他多出的一子转化为胜利：1–0（59 回合）。

然而，当伊恩・涅波姆尼亚奇在第 6 轮击败丁立人，巩固了自己在比赛中的领先优势后，丁立人显然不得不再次等待挑战世界棋王宝座的机会。第 7 轮结束后，国际棋联叫停了第二部分的比赛，国际棋联主席阿尔卡迪・德沃尔科维奇在信中表示，“无法保证棋手和官员安全及时地回国”。就这样，丁立人在前 7 轮比赛中仅积 2.5 分，落后并列第一的瓦谢尔・拉格拉夫和涅波姆尼亚奇 2 分。

2021 年 4 月，比赛在更好的条件下继续进行。丁立人在第 11 轮令人失望地输给阿尼什・吉里后，在最后三轮比赛中取得全胜！最后一轮战胜了比赛的冠军、世界冠军挑战者伊恩・涅波姆尼亚奇。丁立人以 14 局 7 分（4 胜 6 和 4 负）的成绩排在第五名，结束了这场不寻常的比赛。同年晚些时候，卡尔森在阿联酋迪拜举行的 2021 年世界冠军赛中以 7.5 ： 3.5 击败了涅波姆尼亚奇，成功卫冕。

当时，由于新冠肺炎疫情，未来并不明朗，很难知道何时才能恢复正常的国际象棋活动。在 2020 年至 2021 年，国际象棋的比赛逐渐转移到了网络上。很多顶尖棋手会通过参加线上快棋赛来保持敏锐的棋感，如 Meltwater 冠军巡回赛或 Chess.com 网站的快棋锦标赛等。丁立人尽管在疫情期间没有取得重大成绩（他在线上精英赛中唯一夺冠是 2022 年的 Meltwater Chessable 大师赛），但他认为自己“当时的实力相当强”。

丁立人在 2021 年国际棋联网络奥林匹克团体赛中大胜扬・克日什托夫・杜达，确实体现了丁立人的实力。

第 49 局

丁立人（2799）— 扬·克日什托夫·杜达（2756）

网络奥林匹克团体赛八强战第 1 回合，2021 年

拒后翼弃兵开局

1.d4 Nf6 2.c4 e6 3.Nf3 d5 4.Nc3 a6

白方已经将马出到了 f3，杜达走了拒后翼弃兵开局，旨在将对局引向卡尔斯巴德结构（在 5.c×d5 e×d5 之后）。

5.c×d5

大多数人都会下这步棋，因为几乎没有更好的办法来避免黑方吃 c4 兵的威胁。例如，最自然的走法 5.Bg5，可以让黑方获得有利的半斯拉夫防御鲍特维尼克变例局面，即 5...d×c4 6.e4 b5 7.e5 h6 等，因为这里 h1–a8 大斜线对黑方的象是敞开的。

5...e×d5 6.Bg5 Be6

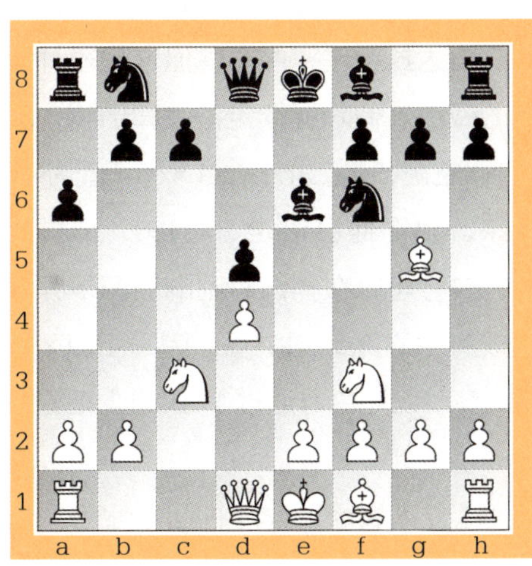

这是该开局变化的另一步标志性的棋。事实证明 ...a6 这步棋有助于出动通常比较被动的白格象，因为黑方可以在 Qd1–b3 的情况下，用 ...Ra7（甚至 ...b5）来保护被削弱的 b7 兵。

7.e3 Nbd7 8.Bd3

丁立人选择了主变，按照卡尔斯巴德结构的经典理论来出子。

8...h6

这与主变略有不同，主变是 8...Bd6 9.h3 c6。丁立人有一盘棋走了 10.Bf4! Qc7 11.Qd2 0–0 12.0–0（丁立人—维迪特，慈善杯快棋预赛，2022 年），白方优势微弱，黑方的局面非常稳固，黑方有几个具体的取得均势的计划。

9.Bf4!?

这是对局中第一个有趣的选择。丁立人将他的黑格象换到另一条斜线上以防止 ...Bd6。最流行的是 9.Bh4，保持牵制，但由于黑方可能会走 ...Bd6、...c6、...Qc7，白方的象最终可能还是要走到 h2–b8 斜线上。

9...Be7

杜达走了经典的出子着法，接下来冲 ...c5。另一种选择是 9...g5 10.Bg3 Nh5，这也是特级大师德米特里・安德烈金最喜欢的变化。之后形成一个战略上更加不平衡的局面，因为黑方获得了双象，但是其代价是削弱了自己阵营中的一些白格，并在出子上处于落后状态。

10.h3

这步棋很有用，可以保护象不被 ...Nh5 交换，并控制 g4 格。

10...c5 11.a4!?

丁立人的新着。在之前的对局中（丁立人—涅波姆尼亚奇，Chess.com 快棋赛，2019 年），丁立人用 11.d×c5 解除了紧张局势，但现在他想在中心形成更复杂的情况。

11...0-0 12.0-0 Rc8 13.Qe2 Qa5

这步棋本身并没有错，但这是杜达对中心结构犹豫不决的第一个迹象。如果说有什么不对的话，这步棋可能预示着他想用 ...c5–c4 来封锁中心，然后在后翼战斗。这可能是丁立人下 11.a4 时所希望的，因为这步棋减缓了黑方 ...b7–b5 的扩张速度。

相反，黑方可以通过将马从一个被动的格子调出来争夺中心：13...Nb8! 14.Rad1 Nc6，如果白方用 15.Bb1 建立象后组合，15...Qb6 会在 d4 上施加足够的压力，来阻挠白方的进攻计划。

14.Rfd1 Rfe8 15.Bc2!

一步有力的且有多重目的的棋。除了建立后象进攻组合和亮出 d1 车之外，这样走还能预防 ...c4。

15...c4?!

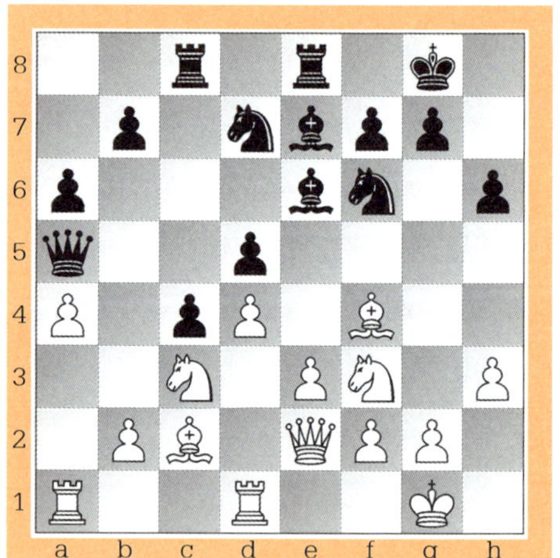

杜达封锁住了中心，但这是一种冒险的做法。他想继续走拉戈津结构，利用 b4 空虚，走 ...Bb4、...B×c3 等。事后看来，也许他应该走 15...Nb6，那样的话，白方可以在稍微有利的情况下强制走成有中心孤兵的中局，因为 16.d×c5 B×c5 可以让白方通过 17.Be5! ± 把象调到 d4。

丁立人展示了教科书般的回应：

16.g4!

开始王翼进攻是非常明智的：中心封闭，h6 兵让 g5 成为突破点。也许杜达只想到了 16.Ne5，后续的 16...Bb4 17.Rdc1 N×e5 18.B×e5 Nd7，会给他带来一个合理的局面。

16...Bb4

杜达继续自己的冒险计划，可能是因为其他选择并不多。16...Nh7 阻止了 17.g5，但将马从中心移开会面临 17.e4!↑，丁立人无疑会利用这一点。

17.g5 B×c3??

有点太冒险了。杜达如果在没有时间压力的情况下，肯定会走不同的着法。无论如何，17...h×g5 是必须要走的。白方在 18.N×g5 Rc6 19.Kh1! 之后，有很好的进攻前景，但是最终谁能取胜还很难说。

18.g×f6 B×b2 19.Rab1 Ba3 20.f×g7 B×h3

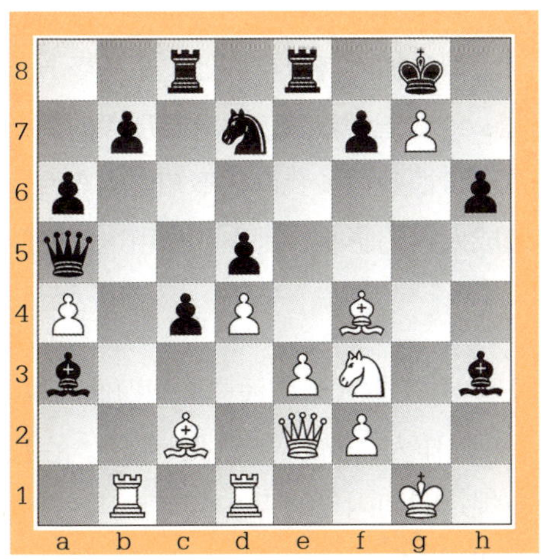

杜达的下法过于冒险，他将受到应有的惩罚。

21.Ng5!

丁立人以漂亮的弃子发动了制胜的进攻。也许黑方在吃掉 h3 兵时希望白方会走 21.B×h6?，那样的话，黑方就能以 21...Rc6! 扳平局面。

21...h×g5 22.Qh5 K×g7 23.Qh7+ Kf6

24.B×g5+!

丁立人紧接着准备在 g5 弃掉第二个棋子！但黑方却不能吃掉白象。

24...Ke6

走 24...K×g5，会导致在 25.Qg7+ Kh5 26.Q×f7+ Kh4 27.Qh7+ Kg5 28.Qg6+ Kh4 29.Qh6+ Kg4 30.f3+ K×f3 31.Qf4+ Ke2 32.Qf2 之后被将杀。

25.Q×h3+ Kd6

黑王在棋盘中心有了一些安全感，但持续不了太久。

26.R×b7

白方继续进攻。在这个局面中，即使白方少一子都很可能会赢，在子力相等的情况下，黑方局面崩溃只是时间问题。

26...Re6 27.Qf5

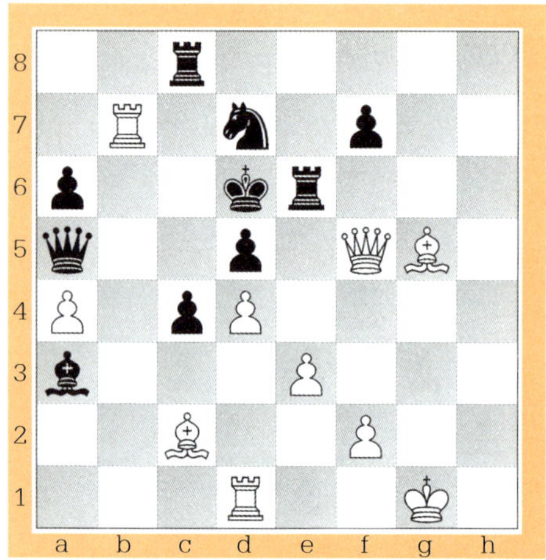

丁立人开始编织杀网，让自己的子力更接近黑王。现在黑方的 d5 和 f7 兵都受到了压力。

27...Rf8 28.Rdb1 Kc6 29.e4!

白方包括兵在内的所有子力都加入了对可怜的黑王的围攻。

29...Bd6

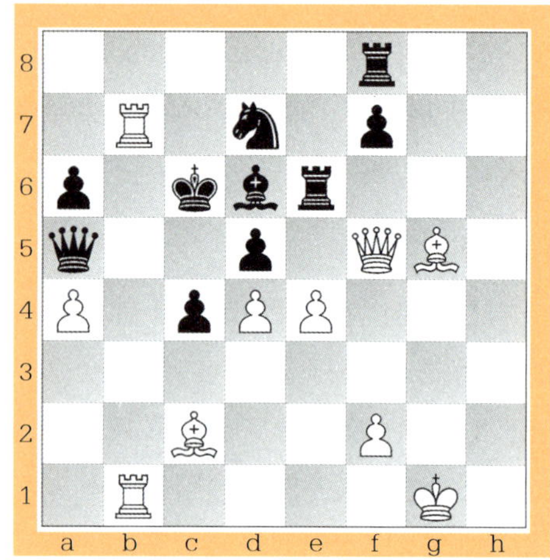

30.R1b5!

这是拼图的最后一块。通过在第 5 横线拦截黑方的后，白方准备在d5绝杀。杜达在认输前又将了一次军。

30...Qe1+ 31.Kg2 1-0

国际象棋的“新家”

在新冠肺炎疫情期间，丁立人发现一整年不用出国参加比赛也有好处。在接受 *New in Chess* 杂志 2023 年第 4 期的采访时，他回忆道：“我记得我真的很享受那段时间，因为那是我对国际象棋产生浓厚兴趣的时期。我发现了很多很多我以前不知道的东西。这就是为什么我说新冠肺炎疫情其实并没有对我造成太大的影响，因为我利用这段时间提高了自己的棋艺水平，提高了自己的上限。”

这种提高发生在中国杭州，在2023年的一篇报道中，丁立人亲切地称杭州为他的“第二故乡”。2021 年 3 月，丁立人被中国棋院杭州分院作为“高水平人才”引进。在没有线下国际象棋比赛的情况下，“丁立人每天会在规定时间内与助手在棋院下棋，并进行其他训练”。不难推断，随着又一轮“世界冠军赛周期”的临近，丁立人得到了中国国际象棋主管部门的全力支持。

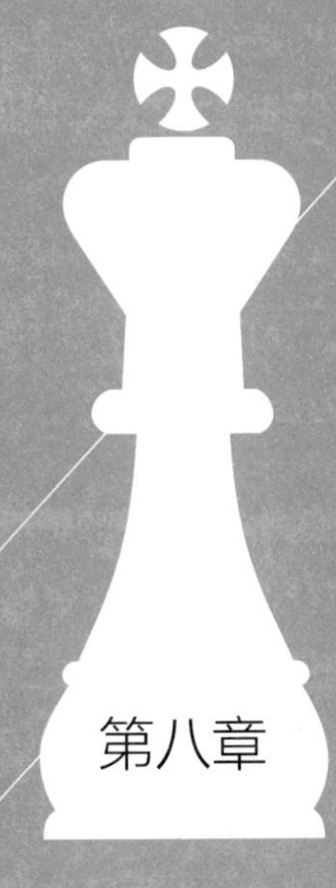

第八章

世界冠军挑战者（2022）

在我的母语克罗地亚语中有一句谚语，翻译过来是：“生活写下了最美好的故事。”的确，有时现实中发生的事情连想象力丰富的编剧都无法构想。丁立人成为 2023 年国际象棋世界冠军挑战者的道路就是一个跌宕起伏的故事。

第一幕　困难重重

在 2021 年世界冠军赛卡尔森战胜伊恩・涅波姆尼亚奇之前，国际棋联就开始忙于下一届世界冠军候选人赛的组织工作。由于受新冠肺炎疫情的影响，2020 年和 2021 年的大部分比赛都延后举办。新一届的世界冠军候选人赛延到 2022 年夏天才举办。此时距离 2021 年叶卡捷琳堡的世界冠军候选人赛结束大约过去了一年时间，国际棋联做了一个有争议的决定，就是给在上一届世界冠军候选人赛前退赛的泰穆尔・拉贾波夫一张外卡，使其成为首位进入 2022 年世界冠军候选人赛的参赛棋手。这一带有政治性的决定立刻产生舆论分歧：如在 2021 年 Chess.com 网站上的一篇文章中提到，克拉姆尼克认为这样的决定“非常有倾向性”，而卡尔森则认为这很“荒谬”。

国际棋联的赛程调整意味着几场 2022 年世界冠军候选人赛的资格赛竟然要在 2021 年世界冠军赛前就开始进行，这听起来无疑是天方夜谭。首场“资格赛”是 2021 年 7 月在俄罗斯索契开始的国际棋联世界杯赛，其中分获冠、亚军的波兰特级大师扬・克日什托夫・杜达以及俄罗斯特级大师谢尔盖・卡尔亚金拿到 2022 年世界冠军候选人赛的资格。第二场“资格赛”是 2021 年 10 月底至 11 月初在拉脱维亚里加进行的国际棋联大瑞士制比赛，竞争非常激烈，18 岁超级新星阿里雷扎・菲罗贾在此次比赛中脱颖而出，以半分的优势超过法比亚诺・卡鲁阿纳夺冠。

菲罗贾和卡鲁阿纳同拉贾波夫、杜达和卡尔亚金一起，成为 2022 年世界冠军候选人赛的参赛者。2021 年 12 月，伊恩・涅波姆尼亚奇在世界冠军赛中挑战卡尔森失败，也自动获得资格，成为候选人赛的第六位参赛者。候选人赛还仅剩下两个参赛名额了，而作为当时世界排名第三的丁立人情况如何呢？

受新冠肺炎疫情的影响，丁立人在 2022 年 Chess.com 网站的采访中承认“甚至没有尝试去争取参加以上两站‘资格赛’的签证”。国际棋联又取消了这一周期等级分最高排名的参赛资格，因此获得最后参加“资格赛”的名额只剩下参加国际棋联大奖赛的机会了。大奖赛在被调整在 2022 年 2 月—4 月举行，共有三站比赛，第一站是 2 月在柏林举行。不幸的是，根据 2022 年 ChessBase 网站的一篇文章报道指出，丁立人因为“收到出境许可证过晚”，没能获得德国签证。国际棋联首席营销及传播官大卫・拉达解释说：“尽管国际棋联和德国棋协加快了办理速度，事实证明在开赛前一周才申请签证是根本来不及的。”

这意味着这位优秀的棋手将无缘参加 2022 年世界冠军候选人赛。即使丁立人能赶到贝尔格莱德参加国际棋联大奖赛第二站比赛并夺得冠军，依然没有足够的大奖赛积分来获得参赛名额。很多人觉得这很不公平，因为国际棋联将一张外卡给了拉贾波夫，而一位有资格参赛的棋手却因不可抗的原因连参加“资格赛”的机会都没有。但是规则就是规则。在 2022 年线上接受视频采访时，马格努斯・卡尔森对丁立人的窘境表示同情：“如果大家真想让像丁立人这样的优秀棋手参加世界冠军赛，那么设置这些条件苛刻的资格赛来获得晋级资格不是太理想。就我个人而言，我期待看到他参加资格赛。他的参与将提升赛事整体的竞技水平。”丁立人一如既往地以谦虚、坚毅的态度接受现状，说道：“国际棋联和世界国际象棋界已经尽了他们最大的努力来帮助我。”

第二幕　有如神助

奇迹般的转折通常出现在小说作品中，在现实之中幸运之神在丁立人最意想不到的时候眷顾了他。

2022 年 3 月 21 日，就在国际棋联大奖赛第三站比赛开始之际，特级大师谢尔盖・卡尔亚金被国际棋联禁赛 6 个月。国际棋联道德与纪律委员会认为卡尔亚金的言论违反国际棋联道德准则，“损害国际象棋以及国际棋联的声誉”，2022 年 Chess.com 网站的一篇文章中对此有明确报道。

6 个月的禁赛期意味着卡尔亚金将无法参加当年 6 月份举行的世界冠军候选人赛，这时需要选出一位新的参赛棋手来顶替他的空缺。这对丁立人来说是一个“既好又不好”的消息。好消息是，国际棋联在之前颁布的世界冠军候选人赛竞赛规程中规定了“如果有递补情况发生，应邀请 2022 年 5 月份等级分最高的选手……”。不好的消息是，规程同时规定“……前提是他 / 她在 2021 年 6 月至 2022 年 5 月计算等级分的慢棋对局数达到至少 30 盘”。

因为丁立人在此期间只有 4 盘有效对局，所以他需要在随后的约 1 个月中不停歇地下至少 26 盘对局，且还要保证等级分超过他的竞争者马梅季亚洛夫、阿罗尼扬和苏伟利等。想要达成这样的理想情况无疑是很困难的，丁立人需要完善的后勤保障、良好的竞技状态以及超乎寻常的耐力。

2022 年 4 月，中村光和理查德·拉波尔特在国际棋联大奖赛中获得前两名，因此获得世界冠军候选人赛的另外两个参赛资格。丁立人奇迹般地拥有了获得最后一个参赛名额的机会，他需要全力以赴。

第三幕　与时间赛跑

幸运的是，中国国际象棋协会迅速组织了一系列比赛，以确保丁立人能够在 5 月份国际棋联颁布的等级分列表中达到所需的比赛对局数。在卡尔亚金被禁赛后，丁立人先在杭州参加了 4 人四循环赛。他的起步并不顺利。不知道是长时间没有比赛变得生疏还是纯粹的紧张，前两轮的比赛中他都有过必输或者非常被动的局面。然而，当他进入状态后，就没有给其他 2550—2600 分等级分的棋手任何机会。最终，他以 12 轮 10.5 分的成绩以及超过 2900 分的表现分赢得了冠军，并且收获了宝贵的 12 分等级分。

仅仅几天后，丁立人又迎来了与韦奕的 6 局对抗赛，这是一场更加严峻的挑战。韦奕在中国被认为是未来的世界冠军，但后来很多事情都发生了变化。丁立人无疑是中国目前最强大的棋手，韦奕则扮演了冲击世界冠军棋手的陪练角色。不出所料，这是一场艰难的对抗赛。在连和 5 局之后，丁立人在最后的一盘棋中把握住了胜利的机会。

第 50 局

丁立人（2799）— 韦奕（2729）

对抗赛第 6 局，杭州，2022 年

卡塔龙开局

1.d4 Nf6 2.c4 e6 3.g3

在丁立人的职业生涯中，曾多次采用卡塔龙开局获得重要对局的胜利。我们已经看到他在这个开局中战胜了加耶夫斯基（第 32 局）以及王皓（第 37 局）。

3...d5 4.Bg2 Be7 5.Nf3 0-0 6.0-0 d×c4

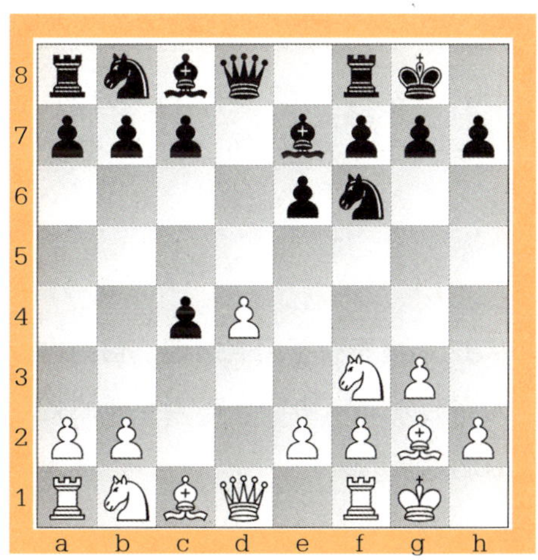

和王皓一样，韦奕也青睐稳健的古典开放变例。丁立人使用了他在 2017 年世界杯赛第 4 轮中获胜时的开局着法。

7.Qc2 a6 8.a4 Bd7 9.Q×c4 Bc6 10.Bg5 Nbd7

韦奕准备在对手吃到 f6 时用马吃回。第 37 局中，我们看到的是 10...h6。这里丁立人采用了一个有趣的应着：

11.Rd1!?

这步细腻的走法不如“明显的”11.Nc3 流行。白方在决定是把后翼马放到 c3 还是 d2 格前，先走了一步有用的着法。

11...a5 12.Nbd2

丁立人认为马在此格会更灵活。的确，当黑方交换掉白格象并走兵 c7–c6

之后，白马在 c3 格将会受到一定的限制。

12...h6 13.B×f6 N×f6 14.Rac1

丁立人针对 c 线半开放线上对手的落后兵，走出了一步合理的着法。同年晚些时候，丁立人在与格里修克下快棋赛时，在相同情况下选择了不同的着法：14.Qd3!? Bb4 15.e4，并在 15...B×d2?! 16.N×d2 Qe7 17.Nc4 后，获得开局优势。韦奕以巧妙的新着回应：

14...Qe8!?

这步棋迫使白方走 15.b3，随后 b3 格就不能被白方其他子利用了。同时，这样走也增加了黑方黑格象的活动范围，...Ba3 成为一个选择。在 2020 年直布罗陀公开赛切帕里诺夫与埃斯彭科的对局中，白方利用 b3 格，在 14...Bd6 15.Ne5 B×g2 16.K×g2 c6 17.Bd3 Qb6 18.Qb3! Q×b3 19.N×b3 之后，获得稍好的残局。

15.b3 Rc8 16.Ne5

丁立人邀兑换白格象，以便能够更好地控制中心格。这是白方在此类局面中经常采用的标准走法。

16...B×g2 17.K×g2 c5

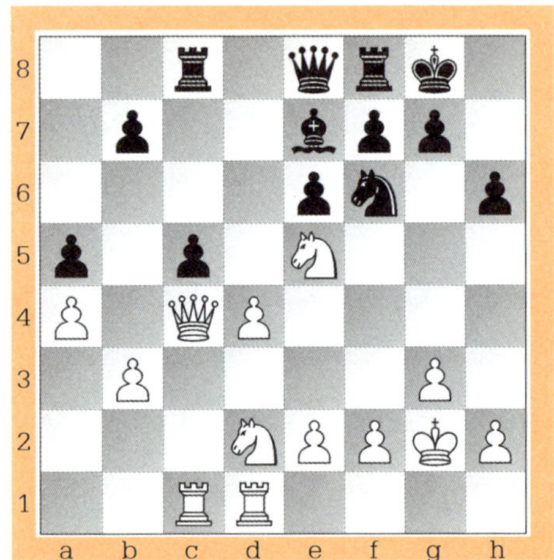

韦奕走得直截了当。这步突破能够让他轻松获得均势，但也会在后翼产生长期弱点，如 b5、a5 格。现在走这步棋较合理，因为白马不能通过 c3 格去利用 b5。

更谨慎的 17...c6!? 会导致局面略微被动，但是后翼的弱点更少，例如：18.Ndf3 Ba3 19.Rc2 Qe7。白方拥有空间优势，局面好走，但黑方也没什么劣势。

18.Ndf3

d2 马终于有了用武之地。目前白方子力看起来非常协调，韦奕要谨慎处理中心的紧张局势。

18...Bd6!?

韦奕开始进行合理的子力调动，对白方最积极的 e5 马施加压力。走 18...c×d4 也可释放压力。在 19.Q×d4 后，白方在对称局面中保持微弱的局面压力，如 19...Bb4 20.Rc4!? R×c4 21.Q×c4 Qc8 22.Rc1 Q×c4 23.R×c4，白方计划把马放到 d3 和 b5 格（通过 d4 格）。黑方的黑格象在这样的残局中可能会成为累赘，正如 2006 年在波恩进行的克拉姆尼克对阵深弗里茨 10 中的最佳对局所展现的那样。

19.h4!?

在所有子力均处于不错的位置时，丁立人又在王翼走了一步有用的进兵，随后他可在中心进一步行动。作为等着策略，推进这个兵没有任何坏处。在某些时刻，这步棋可以帮助兵 g3–g4–g5 的推进或者是在对手马离开 f6 格后推进兵到 h5 格。现在，韦奕开始实施 ...Bd6 之后的一系列兑子：

19...c×d4 20.Q×d4 R×c1 21.R×c1 Qb8

黑后在底线为车腾出移动空间，同时保护后翼兵群，又可对 e5 马施加压力。此时，丁立人走出了安静而有力的局面性着法：

22.Rc4!

白车走到这个格上堪称完美，即不会轻易受到攻击，也能控制住第 4 横线的很多重要格子。22.Nc4 初看也是一步不错的着法，但对手可应以 22...Rc8!，随后挺进 ...b7–b5 便可获得均势局面。

22...Rd8

23.e4?!

丁立人罕见地走出不精确的着法。这步棋使黑方有机会进行有利于他的兑车。与之对比，23.g4!? 就会好一些，因为黑方唯一能简化局面阻碍白方王翼进攻的方法是 23...B×e5（如走 23...Bb4，下一步走 24... Rc8 是行不通的，白方有 24.Qf4! 的着法，黑方 f7 兵出现问题。）24.Q×e5 Nd5，白方子力更活跃，在 25.e3 之后，白方保持微弱优势。

23...Ne8

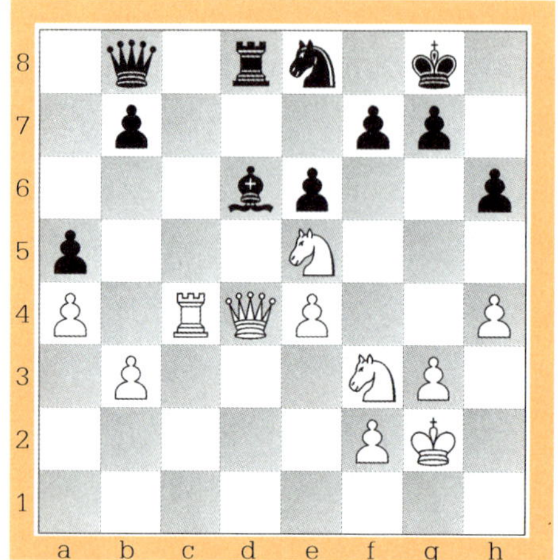

这步看起来很有创造力的着法却不是最佳着法，黑方有更好寻求均势的手段：23...Bb4 24.Qb6 Rc8!，黑方在兑掉车之后会有很好的和棋机会，因为黑后是一个既能防守又能进攻的子。对局中，黑马在 e8 格后，根据白方的应着可以选择走 ...Rc8、...f6 或者 ...B×e5 等着法。但丁立人再一次通过简单而有力的着法予以回击：

24.h5!

可以肯定的是，韦奕并没有想到丁立人会这样回击。现在黑方不能走 ...f7–f6，让白马走到 g6 格将使黑王极易受到将杀攻击。黑方需要重新调整计划，但韦奕却让局面变得更差了：

24...Nf6?

的确，白方 h5 的兵要被吃掉了，但这步棋让白方在后翼换来更为重要的一兵。黑方此时还有多种选择：

1）贪心的 24...f6? 25.Ng6 B×g3 并不好，因为白方有 26.Qb6!，“连本带利”吃回一兵；

2）24...Bb4!? 25.Qb6 Rd6!，黑方看似笨拙却能够保护住后翼兵群。白方只能走 26.Qe3，保持微弱优势；

3）尝试兑车的着法 24...Rc8，依然是黑方获得均势的最佳选择。但黑方要确保能看到：25.Qb6 R×c4 26.N×c4 Bc7 27.Qb5 Nf6! 28.N×a5 Qa7!，计划随后走 ...Ng4，黑方有很好的反击机会。

25.Qb6!

精彩！白方不用担心己方 e5 马，因为他在攻击对手的 d8 车。白方终于开始进攻黑方的后翼弱点了。

25...N×h5

很难说黑方还有什么更好的着法。黑方很难守护住己方 a 兵。25...Bb4 并没有用，因为白方有 26.Rc7，而 25...Qa8 26.Rd4 Be7，白方有 27.Ng6! f×g6 28.Q×e6+ 的战术手段。黑方采用战术手段也会对白方有利，25...B×e5 26.N×e5 Rc8，然后 27.Qd6! Q×d6 28.R×c8+ Qf8 29.R×f8+ K×f8 30.Kf3 N×h5 31.Nc4，白方在马兵残局占据优势。

26.Q×a5 Nf6

如果不是一个小巧的“卡帕布兰卡式”走法使黑方局面暴露弱点，不然黑方局面看上去似乎没有问题。

27.N×f7! K×f7 28.e5 Nd5 29.e×d6 Q×d6 30.Qe1!

一番战斗后，白方并未获得任何子力优势，而是增加了局面优势。简而言之，就是黑方目前是三个兵岛对阵白方的两个兵岛，且三个兵岛中的两个是孤立且虚弱的。除此之外，黑王的防守阵地也被削弱，白方可以针对对手的弱点进攻（如虚弱的 e6 兵）并推进后翼的兵。

30...Kg8 31.Qe4 Re8 32.b4

白兵开始往前推进。虽然黑方目前还未遇到任何明显的危险，但防守这种局面最大的阻力之一就是己方缺乏主动的着法。像卡尔亚金这样的棋手能够在类似的局面中坚持 30 回合以上，但对多数棋手来说这是非常有挑战性的。韦奕同样做得不是很好。

32...Nb6?!

这步是在浪费时间。32...b6 更有目的性，可以延缓白兵的挺进。

33.Rd4 Nd5 34.Ne5

白马觊觎这个绝佳的位置已经很久了。在这个格子上，白马可以根据对局形势任意跳到左右两翼。作为应对，韦奕试图在 f 线进行反击：

34...Rf8 35.a5 Rf5?

不能对防守方过于求全责备。然而，丁立人早已为受攻击的马找到更好的退路。这里黑方走 35...Nc3! 或许是抵消白方优势的更好着法。白方如走 36.R×d6?，就会让黑方有好的反击机会， 如 36...N×e4 37.R×e6 R×f2+，所以白方要走 36.Qe3 Nd5 37.Qe1±，以避开黑马令人不悦的骚扰。当然，黑方仍将面临困难的防守局面。

36.Nd3! Qe7 37.Nc5

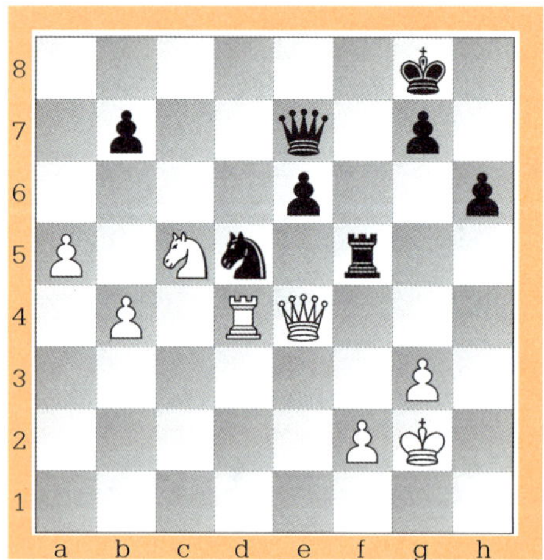

前面 10 个回合中，丁立人的表现让人感受到了卡尔波夫的“回归”。他慢慢碾压对手，让对手逐渐感受到痛苦。白马占据 c5 格绝佳位置，对黑方两个弱兵施加压力。此时黑方的局面变得困难起来。

37...Kf7

一步“悲伤”的着法。黑王在这个位置将会受到攻击。如走 37...Nb4 拔掉强有力白马的“根”会失败，白方将应对 38.N×e6，会产生多重威胁。

38.Rd2!

又一个有力的子力调动。白车重新走到 e2 格后，继续对 e6 兵施加压力。如黑方走 38...N×b4，将失利于 39.Rd7。

38...b6?

重大的错误，但并没有遭到惩罚。

39.Nd3?

第 40 回合到来之前，很可能是迫于时间压力，双方都错失了 39.R×d5! R×d5 40.a×b6 的可能性，白方随后有威胁走 b6–b7 挺兵以及 Qf4 的着法，b 兵升变无法阻拦。例如：40...Rd8 41.Qf4+ Qf6 42.Qc7+ Kg8 43.Nd7! Qe7 44.b7+–。

39...Qb7?

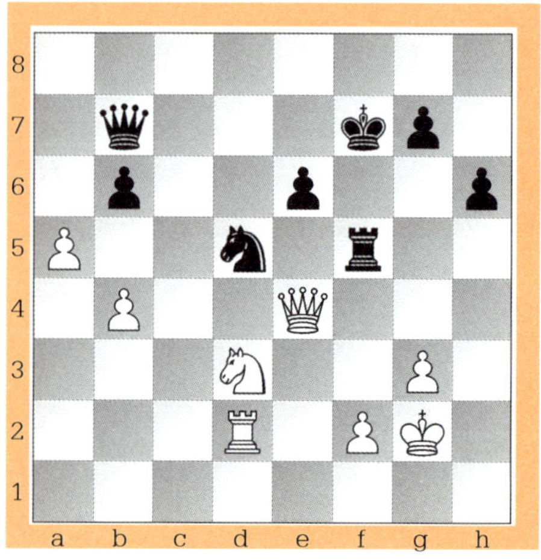

又一步软着，证明之前我对时限情况的猜测是正确的。黑方威胁走40...Ne3+ 或 40...Nf4+，闪将得后，但这个计划是错的。黑方应走 39...b×a5 40.b×a5 Qd6±，还是能够继续防守。

40.Re2!

丁立人以这样一步四两拨千斤的着法彰显出优异的局面感觉。既守住 e4 后阻止对手的闪击，又攻击 e6 兵获得一步先手。

40...Rf6 41.a×b6 Qa8

如果对局记录没错的话，黑方走出这步棋后就认输了。虽然这看起来并不符合逻辑，但是白方的局面已经足够获胜了（41...Q×b6 后，白方会有将杀的进攻手段，如 42.Ne5+ Ke7 43.Qh7! 等）。另外一种走法是 42.Kh2 N×b6 43.Ne5+ Kg8 44.Ng4!，黑方丢子。

丁立人尽管在整个比赛中损失了一些等级分，但还是一直在接近目标。因为之前在杭州四人循环赛中的良好表现，他只需要在 4 月举办的亚运会选拔赛中正常发挥即可。这个比赛同样也在杭州进行。万众期待下，他同中国特级大师马群以 10 轮积 6.5 分（3 胜 7 和 0 负）并列获得冠军。整个比赛过后，丁立人等级分仅损失 4 分。最终，丁立人完成了目标——在 4 月份下了 28 盘对局且等级分上升了 7 分。在 5 月份的等级分榜上，他以 2806 分的等级分成为世界上等级分第二高的现役棋手，仅次于马格努斯·卡尔森。凭借等级分排名，丁立人取代谢尔盖·卡尔亚金获得了 2022 年世界冠军候选人赛的参赛资格！

第四幕　2022 年世界冠军候选人赛

2022 年 6—7 月，在西班牙首都马德里举行了一场近年来最不寻常的世界冠军候选人赛。作为唯一一位等级分超过 2800 分的棋手，丁立人同年轻新秀阿里雷扎·菲罗贾以及曾经参加过世界冠军赛的法比亚诺·卡鲁阿纳和伊恩·涅波姆尼亚奇一起，被认为是这场八人双循环赛的夺冠热门人选。

然而，丁立人首轮比赛失利。就像 2020 年候选人赛第 1 轮输给王皓一样，丁立人在擅长的英国式开局中，执白输给伊恩·涅波姆尼亚奇。在后来的 2022 年 ChessBase 网站的采访中，丁立人对这盘棋解释道：“我很累，没有得到充足的休息。赛前我的情绪也很低落。”这对志在夺冠的他来说无疑是巨大的打击，让他极为痛楚。

在接下来的几轮中，情况并没有好转。尽管丁立人在比赛前半段表现不错也没有出现更差的局面，但他依然不能将与拉波尔特以及拉贾波夫对局中的优势转化为胜势。8 轮过后仅积 3.5 分。他认为“对自己的计算能力没有信心”是主要问题。与此同时，竞争者涅波姆尼亚奇和卡鲁阿纳分别以 6 分和 5.5 分的成绩遥遥领先，在比赛还剩 6 轮的情况下其他棋手几乎提前退出争冠行列。

然而，若不是丁立人戏剧性地为自己创造出赢得比赛的机会，这本书肯定出不了，至少不是在现在出。他先是在第 9 轮，展现出漂亮的残局技术，力克杜达。下一轮，他又取得胜利，这一局可以称为是整个比赛最经典的对局。

让我们一起来看胜利者的自评！

丁立人自评

第 51 局

理查德·拉波尔特（2764）— 丁立人（2806）

世界冠军候选人赛第 10 轮，马德里，2022 年

西班牙开局

这是整个候选人赛中，我下的最精彩的一盘棋，结果对我来说也是好的。赛后，我认为我已经下得很好了，但当我借助引擎分析时，才发现还有很多着法走得不是很精确。本局双方都发挥得不错，下出了高质量的对局，只不过对手在最后出现一个失误。我很幸运。

1.e4 e5 2.Nf3 Nc6 3.Bb5

这步走得让我有些惊讶，因为在前一轮拉波尔特走的是他喜欢的 3.g3。显然我对此有所准备。

3...a6 4.Ba4 Nf6 5.d3 b5 6.Bb3 Bc5 7.Bg5

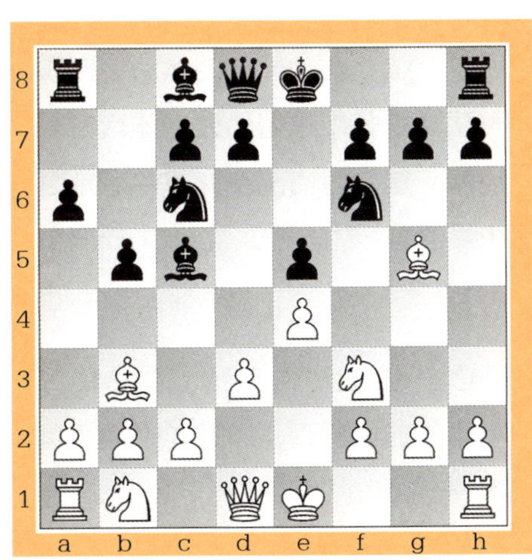

对手选择的这一路变化，我在候选人赛前准备过。

7...h6 8.Bh4 d6 9.c3 Ba7

这步棋不太常见。通常情况下，黑方会选择走 9...g5 10.Bg3 0–0 11.0–0 Bb6 12.a4 Rb8。我有另外的想法：首先，我撤回象，这样我可以走 ...c5；其次，我想为车打开 b 线。这样当对手走 a4 时，我可以推进兵到 b4 格。

10.0-0 Na5 11.Bc2 c5 12.Nbd2

如果对手选择走 12.d4，我可以走 12...c×d4 13.c×d4 Nc6。对手若走 14.d×e5，我可以用马吃回 14...N×e5，均势。这是我推迟走 ...g5 的一个原因，因为在 Bg3 后就不能到达上述的目标了。另外，如果对手走 12.a4，我会走 12...b4。

现在，我必须要走 g 兵了，否则被牵制我将会非常难受。

12...g5 13.Bg3 Nh5

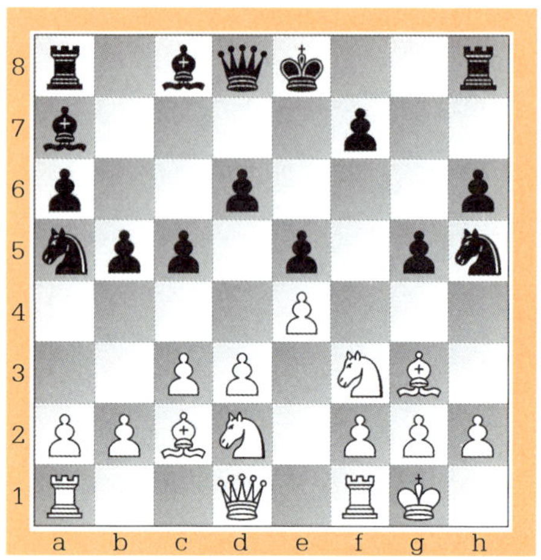

14.a3

这步棋有那么一点不精确。同样不好的是 14.Re1?! N×g3 15.h×g3（在这种局面中，通常都想用 f 兵吃过来，但这不是好的选择）15...h5 16.Nf1 h4，再走 ...c4 将黑格象线路打开后，黑方会有进攻威胁。

最好的着法可能是 14.Kh1 0–0 15.h3 Nc6 16.Nh2 Nf4 17.Ng4 Kg7 18.Ne3，白方重新调整子力，把马放到一个有用的格子中。

14...Rb8

这是一步好的着法。此外，如走 14...N×g3 15.f×g3 h5 16.h4 或者 14...0–0 15.Re1 N×g3 16.h×g3，也都不错。

15.Kh1 Rb7

这看起来是“聪明过头”的着法。黑方想在某个时刻把后翼车调到中心甚至是王翼，但这步棋却不太自然。我应该简单地走 15...0–0 16.h3 Nc6 17.Nh2 Nf4 18.Ng4 Kg7 19.Ne3 Qf6。在 a3 和 ...Rb8 之后，我没有什么可担心的了。

16.b4 Nc6

17.Bb3

一步正常的着法，却有些耽误时间了。这里白方错过一个强制性手段，对手应该走 17.b×c5 B×c5 18.d4，弃掉一兵，随后走 18...e×d4 19.e5，再弃一兵走 19...N×g3 20.f×g3。这里我有很多应对着法，但只有一种能够保持均势：20...d3（20...d×e5 会遭遇 21.Be4；而 20...N×e5 则会遭遇 21.Ne4）21.B×d3 N×e5 22.N×e5 d×e5，然后按照引擎的着法是一长串逼着，最后能获得长将的局面。这样的情况在实战中肯定是看不出来的。

17...Rc7

这里也是一样，走 17...0–0 更好。在不易位的情况下，黑王在中心还是有些不安全。

18.Bd5

对于白方来说，更好的着法是 18.b×c5 B×c5 19.a4，黑方最好的着法是 19...0–0，随后白方可以走 20.a×b5 a×b5 21.Ra8。

18...g4

我试图让局面更加清晰一些，但是对手下一步的走法完全出乎我的意料。如果 18...Ne7，我担心会有 19.B×f7+ K×f7 20.N×e5+ d×e5 21.Q×h5+ Ng6 22.B×e5。所以我先走出 ...g4，然后再考虑退马。

像之前分析的一样，这里短易位依然是一个不错的选择。

19.Bh4

19.Nh4 也是一个不错的选择：19...Ne7 20.c4 0–0 21.Nf5 N×f5 22.e×f5 B×f5 23.Ne4，白方虽失兵却有补偿。

19...Ne7 20.Ng1

对手想把有力的象保留在 h4 格，马从 e2 格调到 g3 格。此外，冲兵 f3 或者 f4，随时打开 f 线。

20...c×b4

按照一般原则，我要在后翼进行反击，但现在短易位太危险了，因为我已经走了 ...g4。但 20...Qd7 可能是更好的着法，解决牵制问题的同时，可以准备走 ...Ng6。对手如果走 21.f3，那么我可应对 21...Rg8。

21.a×b4 R×c3

吃掉对手的兵，同时为黑格象创造一个不错的 d4 格，但是在对局中，我低估了对手进攻的可能性。有趣的是，在赛后对手说感觉自己此时已经接近赢棋了，但是在我看来此时我更好一些。事实上，此时引擎给出 0.00 的评估，双方完全均势。

22.Ne2 Rc7 23.f4

赛后，对手认为他错过了走 23.f3 Qd7 24.B×e7（当然不能走 24.f×g4 N×d5 25.e×d5 Q×g4）24...Q×e7

25.f×g4 Nf6 的机会。这种局面当时我认为我可能更好。然而，若白方能找到很难想到却极其精妙的等着 26.Qe1!，双方局势就完全平分秋色了。真是令人难以相信。

23...f6

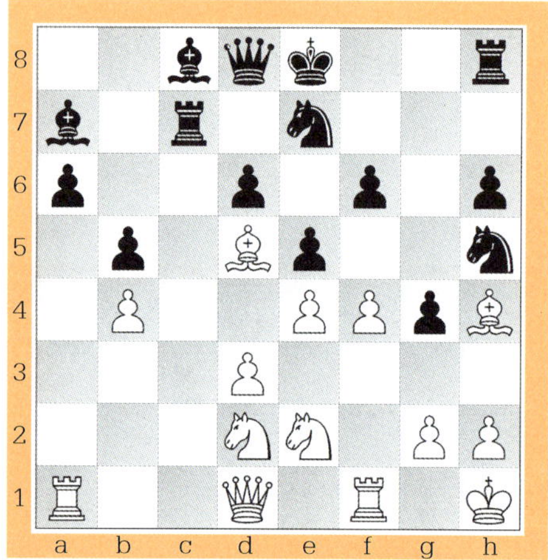

走 23...0–0 看起来非常危险，在 24.f5 后，g 兵非常容易受到攻击。

24.f×e5

当你进攻时，很自然地会打开线路，但是这里走 24.f5 同样很有趣。尤其是在黑方应对 24...N×d5（象威力太大，必须消灭）25.e×d5 0–0 26.Ne4 时，白方在 e4 格拥有一个威力巨大的马。有趣的是，这样的局面引擎也显示为均势。

24...d×e5 25.Ng3 N×g3+ 26.h×g3 Rf8

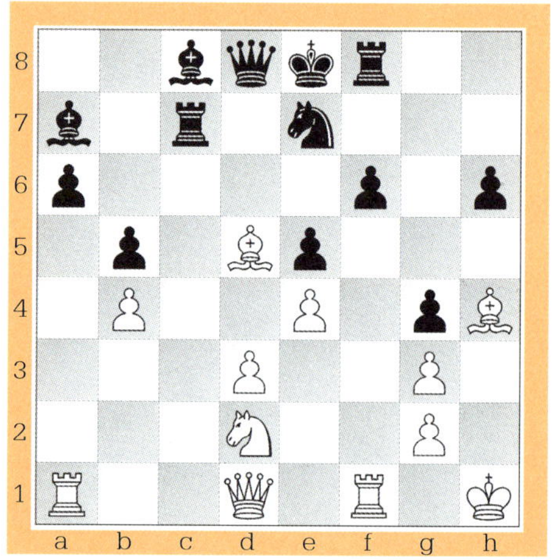

在走 23.f4 时，对手没有想到我能走出这步棋。我必须控制住他的马。现在，轮到我去争取获得优势了。实战中的着法是唯一正确的选择。如走 26...N×d5 27.e×d5 0–0 28.Ne4，根据引擎判断，白方将拥有接近获胜的局面。

27.R×f6

对手不能用象吃兵走 27.B×f6，因为 27...R×f6 28.R×f6 N×d5 29.R×h6 之后，我有 29...Qf6! 的妙着！白方不能吃后，否则会被黑方沿着 h 线将杀。

引擎指出，看起来并不显眼的 27.Rc1 是更好的着法。在 27...Qd6 28.R×c7 Q×c7 29.Nb3 N×d5 30.e×d5 之后，局面均势，因为白王较为安全且白方还有后，此外白马也能走到 c5 格。但在实战中，我觉得白方很难能走出这样的棋。

27...R×f6 28.B×f6 Qd6

我想把子力中心化。

29.Qf1

好棋。

此时，我的棋钟还剩 50 分钟，而对手要在不足 20 分钟内走满最后 10 个回合。因此，我对自己的局面十分乐观。下一步棋我花了近 20 分钟的时间，想要找到一击制胜的着法，但是却并不如我所愿。我低估了对手的进攻能力。我以为我只需要避免白马参与进攻，就能很快获得胜利，但事实并非如此。

29...Bd4

又一个子放到了中心。我计算过 29...Nc6，幸运的是我没有走出这步棋：30.Rc1 N×b4 31.Bf7+ Kf8 32.R×c7（我认为对手会走 32.Bc4 Ke8 33.Bf7+ Kf8，重复局面）32...Q×c7 33.Bg6（实战中没有看到这步有力的棋）33...Kg8 34.B×e5，我将会陷入困境。

30.Bf7+

对手立刻将军，不给我时间走 30...N×d5 31.e×d4 Q×d5，黑格象在 d4 格将会非常有力。

30...Kd7 31.Rd1

31...Rc2

我依然认为我有优势，但真实情况并非这样。很快我就走出这步棋，希望能让王过渡到后翼并且威胁走 ...Q×b4。或许这里最好的着法是走 31...Q×b4，但是我没有时间仔细计算了。引擎给出这样的走法：32.Bh4 Kc6 33.Nb3 Kb7 34.N×d4 Q×d4 35.B×e7 R×e7 36.Bd5+ Ka7 等，形成评分 0.00 的均势局面。

32.Bb3

这里，我突然觉得我可能会有麻烦，如走 32...Rb2，白方有 33.Rc1 弃子攻击的着法：33...R×d2 34.B×e7。幸运的是，我的车还能走回 c7 格。

32...Rc7

我正在思考如何继续应对时，对手走出了一步令我震惊的、极其精彩的弃子着法：

33.Nc4

当我看到这步棋时，我感到不可思议，我正在想如何限制对手的马时，对手却牺牲了这个子力，打开了线路给他的象和车，也让他的 d 兵获得了移动能力。

在 33.Bh4 Kc6 34.Rc1+ Kb6 35.R×c7 Q×c7 36.Qf6+ 之后，黑方有 36...Qc6 的手段，对手不能吃掉我的马，因此形成均势。

我没有多加思考，直接吃掉了马，因为我找到了一种防守方法能把王送到一个更为安全的地方。

33...b×c4 34.d×c4 Rc6 35.Ba4 Kc7

此时最佳的着法。

36.B×c6 N×c6 37.b5 Nb4

这样的局面中，我最起码不差。引擎建议走 37...a×b5 38.c×b5 Na5，我没有想到这样的着法。经过 39.Rc1+ Kb7 40.Bh4 Be6 41.Kh2，形成接近均势的局面。

38.c5

先手挺进一步兵是比较令人满意的着法。

38...Qe6 39.Bh4 B×c5

一个好的决定。这里，我评估局面基本均势，并做好将多余子力回撤的打算。如果走 39...a×b5 40.Q×b5 Nc6，看起来我的王是安全的，但在 41.Rf1 后，对手的车可以入侵我的阵地。

40.Rc1 Qd6

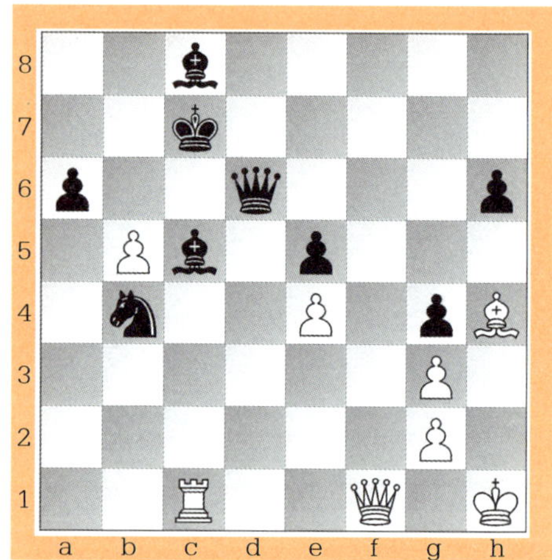

第一时限过后，我很高兴我的局面还不错。对手在接下来的几步棋上花了很多时间，也走出了我认为必走的着法。但事实证明这只会导致输棋！他应该尝试尽可能地保留子力，特别是后。这样他才能有足够的反击机会。

41.Qc4

更好的着法是 41.Rd4 Bd4 42.Qf7+ Kb6 43.Be7，把象投入进攻。经过 43...Qc7 44.b×a6 N×a6 45.Kh2，双方局面均势。

41...Nd3 42.Rc3

对手错过了保留王后的最后机会：42.Be7 Q×e7 43.Q×d3 Kb6 44.b×a6 B×a6 45.Qd5 Bb5 46.Kh2 h5 47.Rb1 h4 48.Qa8 h×g3+ 49.K×g3 Qd6 50.K×g4。

虽然我有双象，但是我的王过于暴露，对手能够用车和后进行反击，从而获得和棋。

42...a×b5 43.Q×d3

43.Q×b5 不行，因为有 43...Nf2+ 44.Kh2 N×e4。

43...Q×d3 44.R×d3

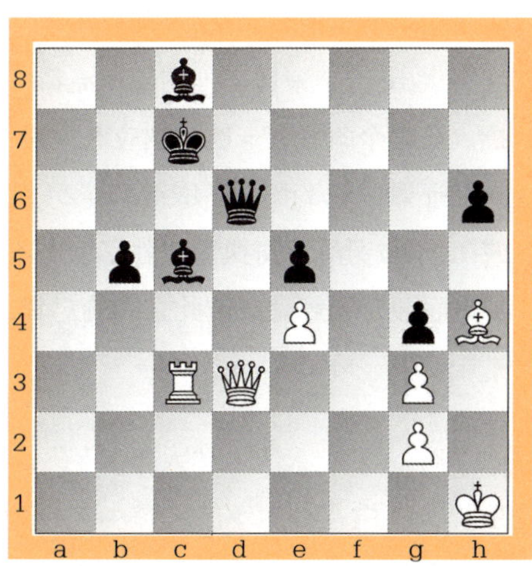

令双方都吃惊的是，走到这个局面白方就要输棋了。

44...Bd4

唯一能获胜的着法。例如，如果我不想让对手有在d4格弃还半子的走法，走 44...Be6 就太耽误时间了：45.Bf6 Bd6 46.Kg1，白王能够及时赶到主战场。

45.Bf6

对手认为，他通过弃还半子的走法可以及时阻拦 b 线即将升变的黑兵，但事实并不是这么简单。根据引擎分析来看，最好的着法是走 45.Rd1，但经过一个冗长的走法后依然无法挽救白方：45.Rd1 Kb6 46.Bd8+ Ka6 47.Rb1 Bb7 48.Bc7 B×e4 49.Re1 Bc6 50.B×e5 B×e5 51.R×e5 b4，黑兵升变不可阻挡。

45...Kb6 46.R×d4 e×d4 47.B×d4+ Ka5 48.Kg1 b4 49.Kf2 Ka4

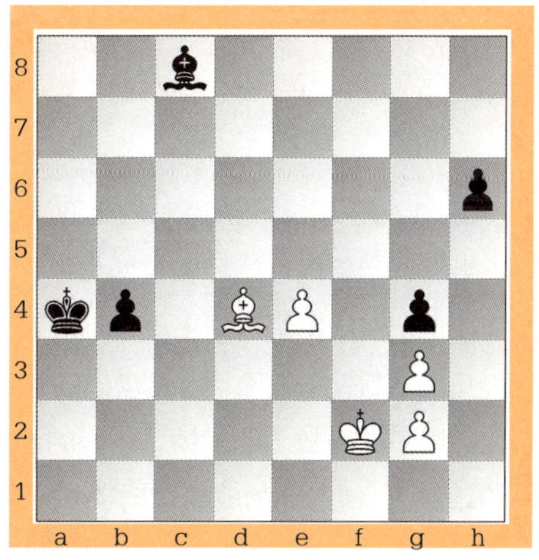

50.Ke3

若走 50.Ke1 Kb3 51.Bc5 Kc3 52.Kd1 b3 53.Kc1 b2+ 54.Kb1 Ba6，也是黑方获胜。

50...Kb3 51.Kf4

白方试图反击，但是已经太晚了。白方被动防守同样不能挽回败局：51.Kd2 Ka2 52.Kc1 b3 53.e5 Be6 54.Bc3 h5 55.Bd4 Bd5 56.Bc3 B×g2。吃掉这个兵之后，黑方在控制 e 兵的同时，创造出另外一个通路兵。白象无力在两侧同时进行有效防守：57.e6 Bc6 58.e7 h4 59.g×h4 g3 60.Kd2 g2 61.Bd4 b2，黑胜。

51...Kc2

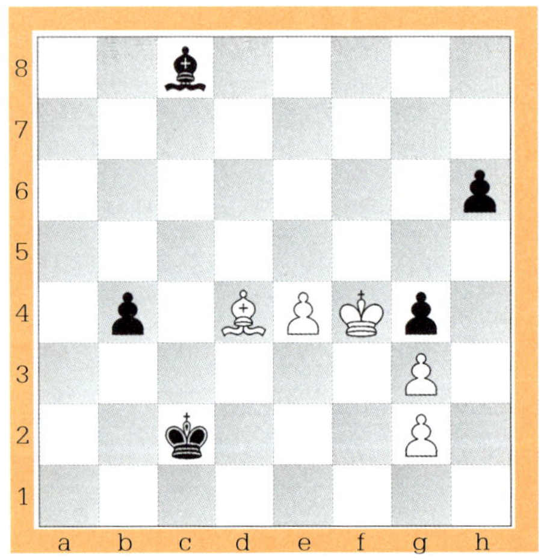

52.Ke5 b3 53.Kd6 Kd3 54.Ba1 K×e4 55.Kc5 Kd3

白方认输。

很有意思的是，当我认为我有很大优势时，局面是均势的；而当我认为局面是和棋时，突然间我又取得了胜利。

第 11 轮，丁立人执黑对法比亚诺·卡鲁阿纳，这是一场艰巨的挑战。在候选人赛的下半程，卡鲁阿纳已经输掉两盘棋，这局他无疑要绝地反击。来自美国的超一流特级大师在整个对局中都占据主动，但是丁立人见招拆招。在某个阶段，卡鲁阿纳应对失误，仅仅几步之后就一败涂地。这盘棋的胜利使得丁立人在还剩 3 轮的情况下取得了 +2（胜局比负局多的局数）的成绩。不好的消息是同一轮中，涅波姆尼亚奇执黑战胜了状态不佳的菲罗贾，使得他的成绩达到了 +5。丁立人与涅波姆尼亚奇已经完成彼此之间的对弈，因此丁立人赶超涅波姆尼亚奇的机会微乎其微。

紧接着的一轮又传来坏消息。在与拉贾波夫的比赛中，丁立人因为“太想赢了”，正如他后来面对 ChessBase 网站采访时所描述的那样，执白在与对手的较量中，开局走得特别糟糕，而让对手走了一步关键的弃车着法，导致仅仅 26 回合就被迫认输。在赛后丁立人接受采访时说道：“国际象棋是公平的。”这暗示着过去两轮他出人意料的对局结果。

第 12 轮的失利使得丁立人回到 +1 的成绩，而涅波姆尼亚奇在同中村光战平后，保持了 +5 的成绩，中村光的成绩同样是 +1。这意味着在最后两轮中表现出色的涅波姆尼亚奇只需要获得一盘和棋就可以夺冠。随后，涅波姆尼亚奇在倒数第二轮中轻松弈和，提前一轮获得 2022 年世界冠军候选人赛的冠军，获得了在 2023 年世界冠军赛再次挑战卡尔森的机会。另一位超级特级大师阿尼什・吉里评价涅波姆尼亚奇这次的表现时，说他“堪称疯狂”。

第五幕　再次有如神助

涅波姆尼亚奇尚在庆祝之时，一个重要的新闻也随之发布。就在涅波姆尼亚奇成为世界冠军挑战者后的几个小时，就出现了爆炸性新闻——马格努斯・卡尔森有很大可能放弃卫冕！其实，早在 2021 年世界冠军赛之后，就有类似的消息产生。

在 2021 年的《马格努斯・卡尔森的故事》的纪录片中，卡尔森本人就暗示 2021 年世界冠军赛将是他最后一次参加该赛事。在他与涅波姆尼亚奇的世界冠军赛赛后，卡尔森再次肯定了他的暗示，并在 Chess24.com 网站于 2021 年 12 月发表的文章中称：“如果不是菲罗贾赢得候选人赛，我不太可能会参加下一次的世界冠军赛。”在 2022 年世界冠军候选人赛的最后一周，卡尔森前往马德里，同世界棋联的负责人们秘密会晤，并告知他们“我不会在下一次的世界冠军赛中继续卫冕”。在之后的一期“马格努斯效应”播客中卡尔森给出了他这样做的解释。

卡尔森放弃卫冕尽管已经是板上钉钉的事情，但尚未得到官方证实，所以世界冠军候选人赛的参赛棋手还是要全力以赴。如果卡尔森真的放弃卫冕，那么根据赛制规则将由获得世界冠军候选人赛冠军和亚军的棋手进行世界冠军赛。这就意味着，世界冠军候选人赛中获得亚军等同于获得并列冠军！

第六幕　钢铁意志

奇迹再次出现。幸运从天而降，丁立人获得了参加世界冠军赛的机会，但想抓住这次机会并不容易。中村光在第 13 轮中击败杜达，跃居第二名，领先丁立人半分。对丁立人来说，好消息是他要与中村光在最后一轮狭路相逢！这意味着丁立人一旦击败对手，就将同涅波姆尼亚奇携手进入世界冠军赛。

第 52 局

丁立人（2806）— 中村光（2760）

世界冠军候选人赛第 14 轮，马德里，2022 年

塔拉什防御

1.d4 Nf6 2.c4 e6 3.Nf3 d5 4.Nc3

在必须要获胜的情况下，丁立人选择了尖锐的变化，而非 g3 走成卡塔龙开局。

4...c5

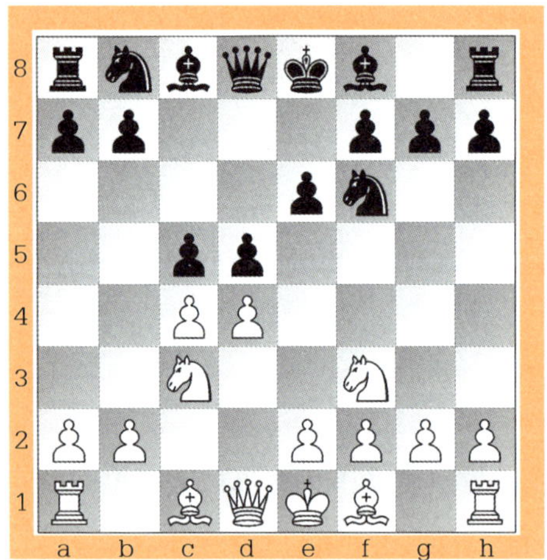

对局中第一个惊喜时刻已提前到来。中村光很少走半塔拉什防御。他是使用后翼弃兵开局 4...Be7 变化的顶尖高手之一。赛前准备时，丁立人可能将大部分时间都花在了这步走象上。

5.e3

一步合理的着法，能够有效避免进入对手的家庭准备中。比起 5.c×d5，这步棋会使局面更加平稳。针对这步棋，中村光如果走出 5...c×d4 6.Q×d4 e×d5，白方将很难获得优势。

5...Nc6 6.a3

在对称的塔拉什防御四马变例中，这步棋最为灵活。白方准备吃掉 c5 兵后再走兵 b2–b4。同年早些时候，丁立人在 Chessable 大师赛对阵范弗雷斯特时选择的是另外一路变化：6.c×d5 e×d5 7.Bb5 a6 8.B×c6+ b×c6 9.0–0 Bd6 10.d×c5 B×c5，对局至第 35 回合，丁立人获胜。

6...d×c4 7.B×c4 a6

中村光一直采用现代主变，此时局面转入类似接受后翼弃兵开局的局面。

8.Bd3!?

丁立人走出一步少见的着法，这着由拉斐尔·瓦加尼扬在 1973 年时首次走出。这着棋的目的是，吃 c5 兵后避免对手在 d 线兑后。

主变是 8.0–0 b5 9.Ba2，白方用 a2–a3 保持对 a2–g8 斜线的压力。

2018 年的世界冠军候选人赛中，丁立人走过这个着法。所以为了避开中村光的家庭准备，丁立人选择了实战中的着法。在 9...Bb7 10.Qe2 Qc7 11.Bd2 Be7 12.Rac1 c4 13.e4 之后，双方很快进入了复杂的混战（丁立人—格里修克，世界冠军候选人赛，2018 年）。

8...b5

中村光选择最直截了当的着法。另外一路变化，黑方可以采用 8...c×d4 9.e×d4 然后再走 9...b5，转入有 d 线孤兵的中局。考虑到当时的比赛形势，美国棋手的选择很合理。

9.d×c5 B×c5 10.b4 Be7

一步明智的后退着法，因为象在 d8–h4 斜线上会起到防御作用。现在中心紧张的问题已经解除，双方也都完成了子力出动。

11.0-0 Bb7 12.Bb2 0-0

局面几乎完全对称，丁立人只有白方的先手之利以及位置更好一些的象。丁立人很好地利用了这些微弱优势。

13.Ne4 N×e4 14.B×e4 f5!

中村光迅速限制白方象的活跃度。如走其他着法，也可达到相同目的 14...Na5!? 15.B×b7 N×b7。在 16.Nd4 后，因为双方马的位置不同，白方局面会更容易下，但黑方只要应对正确就能够获得均势局面。

15.Bb1

丁立人很快利用了 e6 兵的弱点，准备进行 Be4–b1–a2 的调动。然而在后续的残局中，这并不是那么重要的局面要素。

15...Q×d1 16.R×d1 Rfd8 17.Ba2 Kf7

即使最乐观的棋手恐怕也不会认为白方有多大的优势。黑方 e6 兵被很好地保护着，在 e5 格进行子力交换也不会给白方带来什么好处。像中村光这样技术精湛的棋手完全不会在意下出这样一个局面，因为只要和棋他就可以获得亚军。有鉴于此，看丁立人如何在势均力敌的残局中保持赢棋的可能，这就很有意思了。

18.h4

我们之前已经看到丁立人在侧翼挺起了一个边兵，现在白方威胁走 Ng5+，随后获得双象优势。对此，中村光当然要有所防范。

18...h6

在赛后中村光“对自己不满意”，因为在这里他错过了走 18...R×d1+ 19.R×d1 Rd8，再在对手走 20.Rc1 后走 20...h6，取得均势的机会。

19.Rdc1!

丁立人意识到己方不会在 d 线上有太多收获且交换只会对黑方有利，所以放弃了原来的计划，转而寻求在 c 线上给中村光制造难题。20.R×c6 再 21.Ne5+，就形成迫在眉睫的威胁。

19...Bd6

一步有趣的着法。虽然没有产生什么恶果，但是 19...Bf6! 显然更好。这步棋能够促使子力的兑换：20.Nd4（20.B×f6?! K×f6，对黑方有利，因为黑方可以通过 d3 格入侵白方阵营）20...N×d4 21.Rc7+。或许中村光不喜欢被车将军，但其实并无大碍：21...Kg6 22.B×d4 B×d4 23.e×d4 Bd5，形成一个和棋概率较高的车兵残局。

20.Rc2 Ne7

中村光继续调动子力寻求兑换掉令人不悦的 a2 象，他准备走 ...Bd5。20...a5!? 也是一个不错的选择。如果白方吃掉 a5 兵，那么黑方可以让黑车投入战斗，通过对 a3 的进攻形成反击。然而，中村光恐怕不喜欢 21.Rac1!? a×b4 22.R×c6 b×a3，形成双方互有顾忌的局面，胜负难以预料。

21.Nd4!

丁立人找到了继续保持紧张局面的最佳着法。在象不可避免地被交换后，马可跳往后翼进攻 c6、a6 兵，同时也可以阻止 ...a5 的突破。如果走 21.Ne5+ B×e5 22.B×e5，在 22...Rac8 以及 ...Bd5 之后，白方双象优势难以发挥。

21...Bd5 22.B×d5 N×d5 23.Rac1

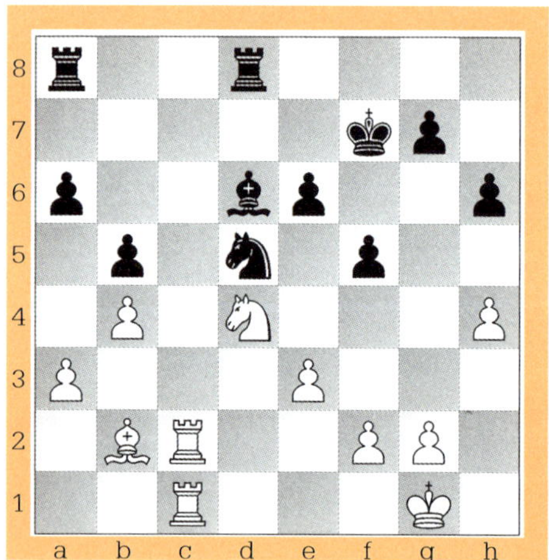

局势有所简化，白方的局面并没更接近真正的赢棋，而黑方也不敢说增加了和棋概率。双方依然势均力敌，丁立人唯一的优势是具有主动意识，中村光不像他那样急于取胜。

23...Rd7 24.Nb3!

丁立人正在进行子力的重组（如 Bd4、Bc5/Nc5 或者 Na5），意在黑格中寻求机会。

24...Be7

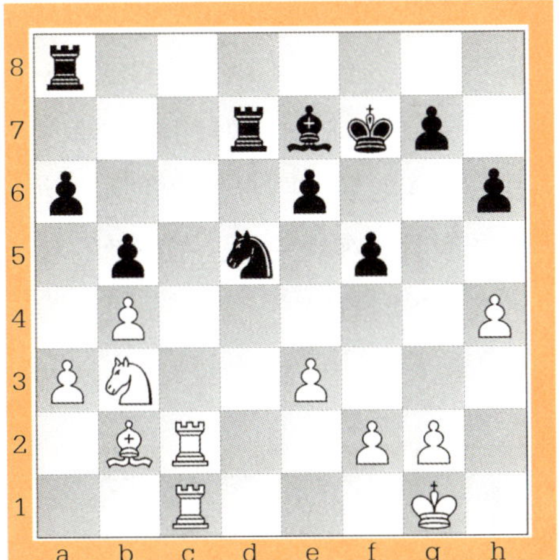

一步诱人的着法。黑方通过攻击对手 h 兵，先手把象转移到 f6 格。引擎建议走让人意想不到的 24...g6!? 25.g3 h5，先把王翼锁住，然后再在 c7 格兑车。

25.h5?!

丁立人自认为的最佳着法却不是很精确，因为这个兵在 h5 格容易遭到对手的进攻。走 23.g3! 更为有力，既能够确保阵形的完整，也能把 g2 格腾出来给白王。如果黑方走 25...Bf6 26.B×f6 N×f6，白方走 27.Nd4 即可确保一定优势，因为白方控制了整个 c 线。

25...Bf6 26.Bd4!?

一步合理的着法。中村光的防守非常到位，虽然这步棋并没有增加白方的赢棋概率，但是依然保持了必要的紧张局面。

直截了当的 26.B×f6 N×f6 27.Rc6 N×h5 28.Nc5 Re7 29.R×a6 ±，可能是丁立人的最初想法。然而黑方可以下得更积极，经过 27...Rad8! 28.R×a6 Rd1+ 29.R×d1 R×d1+ 30.Kh2 Ng4+，在王翼可以有很多反击的机会。

26...e5 27.Bc5

局势依然均势。如果不出任何重大错误的话，中村光有望取得和棋；而丁立人则要竭尽全力才能转入对他有利的局面。

27...Bd8

中村光走出了一步有些疑问的着法。他的计划很有野心，准备走 ...Nf6 去吃白方突得太前的 h 兵，但代价是牺牲了子力的协调性。

更多人感觉这里应该走之前一直无所作为的黑车，如 27...Rc8 28.Rd2 Rdd8= 等。客观公正地讲，白方真的没有太多获胜的可能性。

28.Rd2 Nf6 29.R×d7+ N×d7 30.Rd1 Nf6

无法守护 h 兵，但是丁立人找到了补偿的办法：

31.Bd6!

鲍里斯·格尔凡德曾经简明扼要地指出："每一步棋都有好的一面和坏的一面。"27...Bd8 好的一面是给马腾出了空间，坏的一面是削弱了对 e5 兵的保护。丁立人看到了这些情况，并予以利用，给他的马腾出 c5 格，毕竟象在 c5 格作用不大。

31...Ng4!

中村光作为超一流的棋手，针对新产生的问题能迅速找到合理的解决办法。他并没有急于吃 h5 兵，而是让马占据了一个强有力的前哨格。无论是 31...N×h5 32.B×e5 Bf6 33.B×f6 N×f6 34.Rc1 Rd8 35.Nd4，还是 31...e4 32.Nd4 N×h5 33.N×f5，白方在残局都稍优。

32.Bc5 Bh4

虽然算不上是一步坏棋，但是依然让人不解，为什么不重复走 32...Nf6？白方没有比 33.Bd6 更好的棋，黑方应对 33...Ng4 之后，白方必须要想其他办法才能取胜。客观来讲，在正确的应着下，双方势均力敌。

33.Rd7+

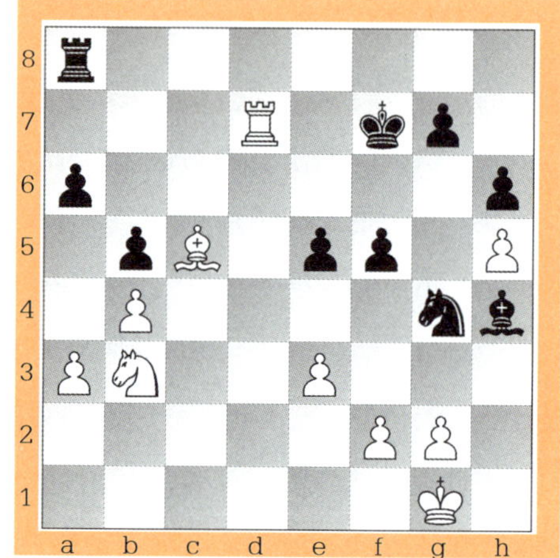

33...Kg8!

中村光再次走出一步违反常规但又精确无比的着法。把王往中心移动是更合乎逻辑的着法，但走 33...Ke6 让白方获得一步先手来改善子力位置：34.Rd6+ Kf7 35.g3 Bg5 36.Bb6!，黑方无法在 d8 格进行车的兑换，白方给黑方带来压力。

34.g3 Bg5

退象没有问题，黑方依然能够把控局势。但是，走 ...34.Rd8! 更有力，因为白方如走 35.Ra7，黑方有 35...Rd1+ 36.Kg2 Bg5 37.R×a6 Rb1!，黑方能获得很多反击机会。而 35.R×d8+ B×d8，则如同下面 35.Kf1 Rd8! 变化中分析的那样，将转入容易和棋的轻子残局。

35.Kf1!?

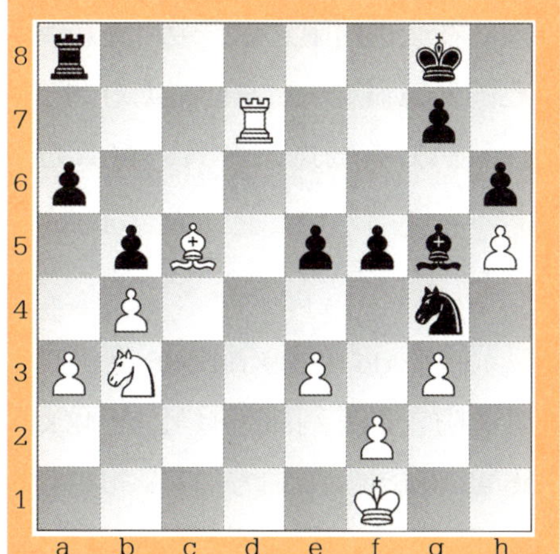

我看过一篇有关特级大师达尼尔·杜波夫的采访报道，杜波夫说中国国际象棋棋手有一种特别的风格：有时候他们会走出一步出人意料的着法，客观来说当下这步着法并不是最好的或者最合理的，但是随后就能发现这步着法比最初看上去更有用。丁立人的这步着法正是如此。

35.Bd6 看起来更直接一些，准备走 Nb3–c5–e6 的入侵。但如果中村光能够找到 35...Rd8!，就能守住趋向和棋的局面。然而现在这步棋给了中村光犯大错的“机会”：

35...Bd8??

d8 格对这个象来说是不幸的位置。中村光计划将 f6 格留给马（现在不能立即走 35...Nf6，会有 36.Re7），就像第 27 回合那样。但今非昔比，白方此时已经有一个车在第 7 横线，使得黑方的局面非常艰难了。

因此，35...Rd8! 是必须要走的。黑方在 36.R×d8+（36.Ra7 不好，因为有 36...Rd3）36...B×d8 37.Bd6 之后，得以兑掉白方危险的车。此时 a6 兵是非常重要的，有可能让中村光开始走下坡路。然而，如果黑方能够走出 37...Kf7 38.Nc5 Be7!（38...e4!? 39.N×a6 Ke6，同样均势）39.B×e7 K×e7 49.N×a6 Kd6，可以及时保护 b5 兵。下一步黑方再走 ...Nf6，吃掉白方 h 兵，可确保能够和棋。

36.Rb7!

丁立人悄无声息地避开中村光 36...Nf6 的先手，使得对手的车被牢牢固定在看守 a6 兵的位置上。

36...f4!

最好的实战着法。如走 36...Nf6，白方可以进行熟悉的象的调动：37.Bd6 N×h5 38.B×e5+–。

37.g×f4 e×f4

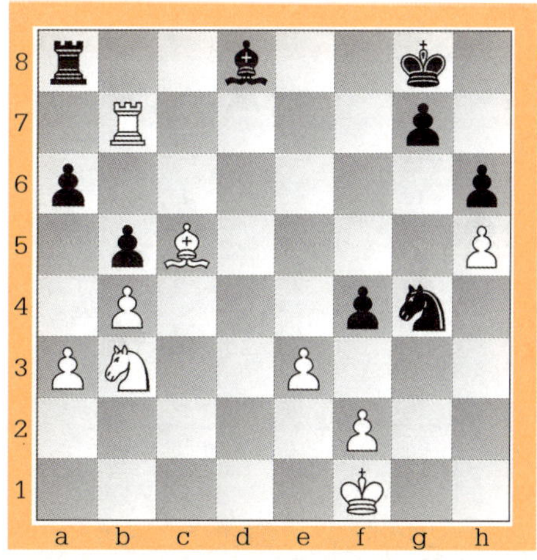

局势越来越紧张，时间也越来越少，

双方难免会出现失误。丁立人试图让局面复杂，走了：

38.e4?

使己方产生了一个通路兵，给对手也留下了一个位置不错的兵。直接的38.e×f4明显会更好，在38...Nf6 39.Nd4 N×h5 40.f5! Bf6 41.Ne6后，白方有明显的局面优势。

38...Bf6?

中村光错过了最后的机会。他走这步棋的目的是想出动车，但是为时已晚。相反，走38...f3! 39.Nd4 Ne5! ⩲，能进行顽强防守，但这取决于一步战术细节，而这个细节并不容易发现，要点在于白方走40.Bd6不起作用，黑方可以走40...Rc8!，反而让白王陷入杀网！

39.Nd4 Re8

体现了中村光的想法：希望通过一步先手激活车。然而，这却遭到了丁立人有力地反驳：

40.Kg2!

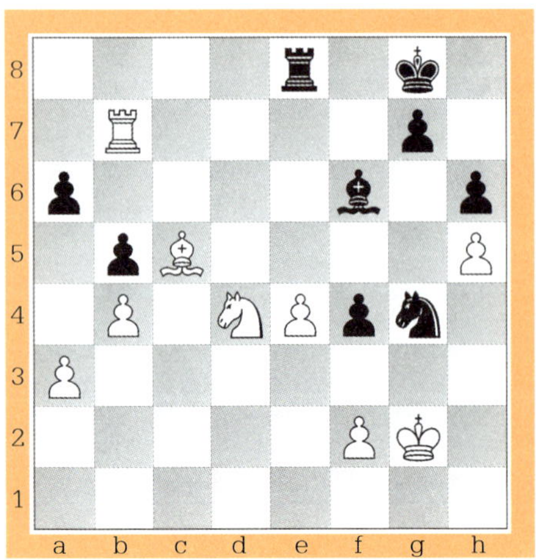

通常情况下，第40回合往往是分水岭。这一次，丁立人就朝着赢棋的方向去了。e兵被间接保护着，黑方不能走40...R×e4，因为白方可以走41.Kf3击双。在到达时限之际，中村光意识到自己的处境艰难。白方拥有绝对的控制权，且黑方有弱点，a6兵、g7兵也不能长久支撑。

40...Ne5

40...B×d4 41.B×d4 Nf6是更具挑战性的防守着法，即使这样，在42.Kf3! Nh5 43.Rb6之后，白方仍有赢棋机会，黑方后翼的兵恐将尽失。

41.Nf5!

一步关键的应着。马在f5格无法被撼动，并且马会对黑方g7、e7以及d6格施加压力。如果没有这步棋，恐怕白方很难将局面优势转为胜势。

41...f3+ 42.Kg3 Nc4 43.Be7!

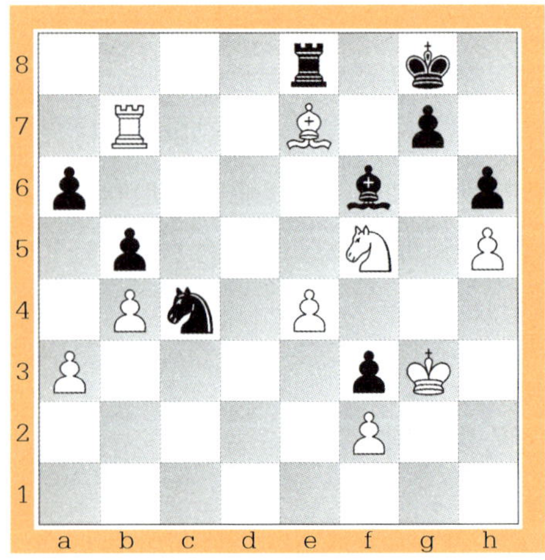

丁立人协调所有子力。丁立人这步强有力的着法封锁了黑车，也决定了中村光的命运。赛后，丁立人指出对手在

走...Ng4–e5–c4 时，可能忽略了这步棋。

43.K×f3?，会遭遇 43...Nd2+。

43...Bb2

中村光转而攻击白方的 a 兵。43...B×e7 不怎么好，因为有 44.N×e7+ Kf8 45.Ng6+，黑王陷入杀网。白方通过逐渐推进中心兵，即可获胜，例如 45...Kg8 46.K×f3 47.e5! Nc2 48.Ke4 N×b4 49.f4 等。

44.K×f3 B×a3 45.Kg3

白方不用操之过急。在转换优势时的一个要点就是不要让对手获得反击机会。白王先退一步，可避免黑马的将军。

45...Ne5

如果走 45...a5，白方可以通过攻击孱弱的 g 兵获胜：46.B×c5! R×e4 47.R×g7+ 等。

46.Bc5 Nf7

退马防守第 7 横线。

47.f3

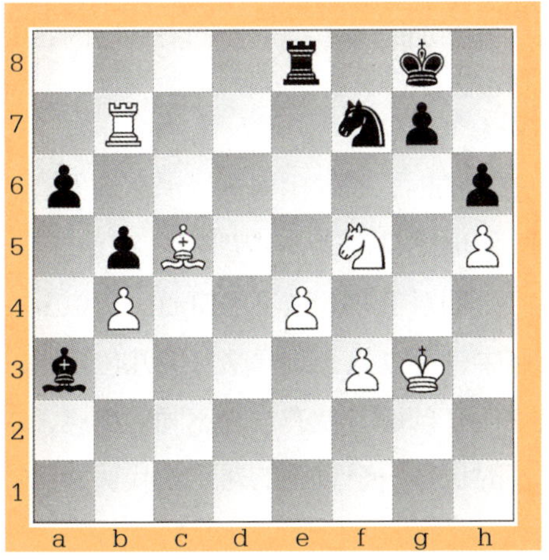

特级大师山姆·尚克兰曾说这步棋“相当残忍”，黑方显然只能进行象征性抵抗。黑方太被动了，既无法保护自己的后翼兵群，也不能阻止白方中心兵的推进。在精英级别的选手中，能够守和这样一个局面无异于天方夜谭。丁立人当然不允许这局棋下成和棋：

47...Bc1 48.Ra7 Bd2 49.R×a6 Be1+ 50.Kg2 Bc3 51.Ra7 Ng5 52.Ne7+ Kh8 53.Ng6+ Kg8 54.Ne7+ Kh8 55.Nd5 Bb2 56.Ra2 Bc1 57.Rc2 Ba3 58.Be3!

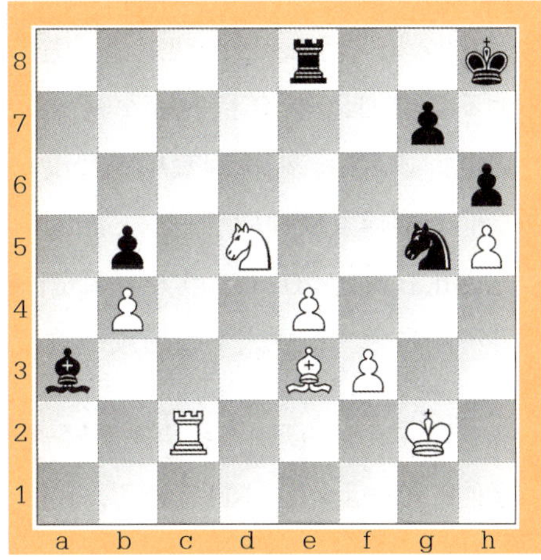

白方将捉死黑象，中村光随即认输。

这是一场艰苦卓绝的生死较量！对局中，丁立人一直在耐心等待机会，直到中村光崩溃的一刻。在2022年的一次采访中，丁立人解释了他的策略："在这盘棋中我力争取胜，就像我对杜达的那盘棋一样。如果我的对手走得好，那么和棋可以接受，至少我努力了。如果对手没走好，我就有赢棋机会。"在这样具有决定性的比赛中，心理素质更为重要。

赛后，丁立人承认"太在意"比赛结果，他说："我无法控制自己。我对整盘棋发生的情况不太满意。"

就这样，丁立人在2022年世界冠军候选人赛中以14轮积8分的成绩位列第二，落后涅波姆尼亚奇1.5分，而领先拉贾波夫和中村光半分。然而悬念依然存在，丁立人能参加世界冠军赛吗？卡尔森承诺将在候选人赛结束后正式公布他的最终决定。

第七幕 尘埃落定

2022年7月20日，迎来了历史性的时刻。在"马格努斯效应"播客中，卡尔森确认他不会参加2023年世界冠军赛。"我和我的团队沟通了，和国际棋联交流了，也跟伊恩进行了沟通。结论很简单：我没有动力再参加世界冠军赛。"卡尔森解释道，并说这是他为国际象棋开启了一扇"新时代"的大门。国际棋联主席阿尔卡迪·德沃尔科维奇之后正式确定2023年世界冠军赛由涅波姆尼亚奇和丁立人参加。在经历了之前一年的种种困难后，丁立人不可思议地成为国际象棋世界冠军的争夺者！

"现在我思绪万千，我要去平复一下情绪。"丁立人面对Chess.com网站的采访时说，这是他的第一反应。"非常激动，我很期待明年参加世界冠军赛。"而对卡尔森的决定，丁立人说道："我知道他有疑虑，但我希望他能参加比赛。同时我也理解，作为世界棋王有很多责任，需要处理很多事情。"当说到自己要参加比赛承担"新的责任"时，丁立人说："我现在必须要提高我的英语水平！"

伊恩·涅波姆尼亚奇在面对Chess.com网站的采访时，表现出对这一消息的失望。虽然卡尔森不参加比赛的决定对他来说并不意外，但他还是说道："老实说，我非常失望。我非常期待与卡尔森再次交手。"谈到新的对手，他对丁立人赞不绝口道："我想说，从整体棋力上来看他可以同卡尔森媲美。过去几年中，丁立人无疑是最好的几位棋手之一。他有100盘慢棋保持不败的纪录，这一点就说明了问题。他有与众不同的棋风，是一个与众不同的人，也是一个与众不同的棋手，同时也是一个真正的对手。我认为比赛将会非常艰苦！"

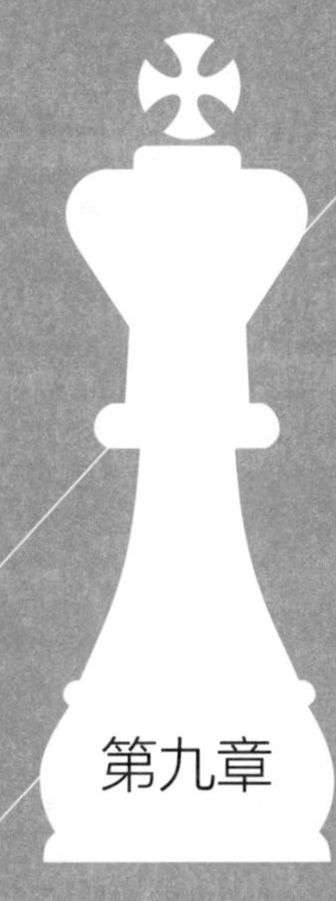

第九章

新一届世界冠军（2023）

马格努斯·卡尔森放弃在 2023 年世界冠军赛（以下简称“冠军赛”）中捍卫他的冠军头衔，其原因之一便是艰苦的备赛过程。为了备战世界冠军赛，棋手们会在比赛前几个月就进入特殊的训练和生活模式，这是对他们精神和心理的一种考验。他们要与自己的助手开展紧张的准备工作，记忆无数的开局变化，努力保持最佳的身体和精神状态，不知道要做多少个人牺牲，最后，他们还要对比赛充满期待。

对于五届世界冠军（卡尔森）来说，不再值得为了多一个冠军头衔而“辛勤劳苦”。为了这场将于 2023 年 4 月在哈萨克斯坦阿斯塔纳举行的冠军赛，丁立人和伊恩·涅波姆尼亚奇在 2022 年 7 月底就开始了他们的准备工作。

快棋方面，两位棋手会通过参加线上和线下的快棋比赛来保持状态，以赛代练。慢棋方面，2022 年丁立人只有在中国下过一些对局，大多数是对阵实力相对较弱的特级大师；涅波姆尼亚奇于 2022 年 9 月在第九届辛格菲尔德杯比赛（即那个因为卡尔森和尼曼的争议而闻名的比赛）中与菲罗贾并列第一，延续了他在世界冠军候选人赛中出色的状态，不过，他在争夺冠军的快棋加赛中输给了菲罗贾。

2023 年

丁立人选择把在荷兰维克安泽举行的 2023 年维克安泽大赛作为备战冠军赛的热身赛。那一年这个锦标赛参赛棋手的平均等级分达到了 2741 分，比赛汇集了“新一代”国际象棋明星们，例如阿卜杜萨托罗夫、马苏德鲁、普拉格纳南达、古克什、凯默尔和埃里加伊斯，以及那些经常参赛的超级特级大师。

丁立人在第 1 轮执黑对战古克什，以一场漂亮的胜利开启了比赛之旅（见第二章的第 11 局），并在第 3 轮与卡尔森轻松战平。丁立人的状态看起来相当不错。然而，失败在第 4 轮发生了，他持白在与印度国际象棋天才普拉格纳南达的比赛中，输给了对手。在那之后，他一盘未胜，反而输了两盘，其中一盘与阿尼什·吉里的对局还是在有利局面下崩盘的，而这位荷兰超级特级大师（阿尼什·吉里）以 13 轮积 8.5 分的成绩夺冠，领先阿卜杜萨托罗夫和马格努斯·卡尔森半分。丁立人最终以 13 轮积 5.5 分（1 胜 9 和 3 负），排在第 11 名，等级分下降 25 分，这是他过去 5 年中最糟糕的一次比赛。此时距离冠军赛开赛不到 3 个月，这可不是一个好兆头。

不过，这场令人失望的比赛还是给丁立人带来一些帮助。在维克安泽，丁立人找到了两位在冠军赛能帮助他的助手。丁立人曾在 *New In Chess* 杂志 2023 年第 4 期的一次采访中解释说，他的同胞及陪练韦奕是陪同他前往阿斯塔纳的第一人选。然而，由于韦奕已经有了别的安排，使得丁立人不得不另找助手。

在荷兰，丁立人联系了来自匈牙利的超级特级大师理查德·拉波尔特以及来自乌兹别克斯坦的特级大师贾洪吉尔·瓦希多夫，希望他们来帮助自己。丁立人与拉波尔特在2022年马德里的世界冠军候选人赛上已经建立了良好的关系，并且自那以后他们进行了很多次线上对局训练。拉波尔特将加入丁立人在阿斯塔纳的小型团队。瓦希多夫是一个强大的开局理论家，他担任丁立人助手一事直到 *New In Chess* 杂志的赛后采访才为人所知，“他在乌兹别克斯坦（给丁立人）发送开局变例”。除了这两位外，根据2023年《新京报》网站的一篇文章报道，丁立人还有两名来自北京大学的助手。

2023年2月，在德国杜塞尔多夫举行的大师赛中，涅波姆尼亚奇迎来了世界冠军赛前的最后一次考验。他与阿罗尼扬和古克什并列第一，但输掉了快棋加赛。冠军奖杯最终被特级大师阿罗尼扬获得。

总体而言，据2022年和2023年的比赛结果显示，涅波姆尼亚奇在传统慢棋中的发挥比丁立人更加稳定。丁立人有时能够下出绝妙的“3000分等级分水准”的对局，但第二天，他可能因为说不清的原因而崩盘。在大多数业内专家眼里，这位俄罗斯超级特级大师在很大程度上已经解决了在他职业生涯早期困扰着他的性格急躁的问题，他似乎更有把握获得14局赛制比赛的胜利，甚至也看好他在比赛中选择的助手：尼基塔·维秋戈夫、马克西姆·马特拉科夫和伊利达尔·哈鲁林，他们都是享有盛誉、棋风稳健的俄罗斯特级大师。

世界冠军马格努斯·卡尔森的助手、冠军赛官方解说员之一、特级大师达尼尔·杜波夫在冠军赛开始的前几周接受了视频采访，他表示：“比赛结果将在很大程度上取决于丁立人的状态。丁立人的水平上限比伊恩更高，但伊恩的水平下限比丁立人要高得多。因此，丁立人如果状态极佳则会获胜，如果不在最佳状态，伊恩就将取得胜利。”

世界冠军赛

2023年4月9日，在哈萨克斯坦首都阿斯塔纳，丁立人和伊恩·涅波姆尼亚奇终于在2023年世界国际象棋冠军赛中对阵。比赛先是14局采用传统慢棋时限的比赛（前40步每方120分钟，接下来的20步每方60分钟，余下部分每方15分钟，从第61回合开始每步加30秒）。如果双方在慢棋赛以7比7打平，将进行4局每方25分钟每步加10秒的快棋加赛。如果双方在快棋加赛以2比2打平，这将是国际象棋历史上首次通过超快棋加赛决出世界冠军。

第 1 局中，通过抽签，这位曾经的世界冠军挑战者抽中白棋（伊恩·涅波姆尼亚奇 2021 年挑战世界冠军卡尔森失败，这是他第二次参加世界冠军赛）。令丁立人意外的是，涅波姆尼亚奇采用了西班牙开局中的一种少见变例，这可能受到了阿尼什·吉里在 2021 年世界冠军候选人赛中战胜丁立人的启发。在这盘对局中，丁立人在实战和心理上都饱受困扰，但最终他守住了平局。在比赛后的新闻发布会上，丁立人坦言自己难以适应新环境："我并不开心，我有点沮丧……在对局的前半段，我无法集中精力思考。我的脑海里充满了关于其他事情的回忆和感受。"

不过，作为黑方来说，在这样的比赛中能守住平局总归是不错的，而丁立人现在有机会在第 2 局执白时给对手施加压力。不幸的是，事情并不如他所预期的那样顺利。

第 53 局

丁立人（2788）— 伊恩·涅波姆尼亚奇（2795）

世界冠军赛第 2 局，阿斯塔纳，2023 年

接受后翼弃兵开局

1.d4 Nf6 2.c4 e6 3.Nf3 d5 4.h3!?

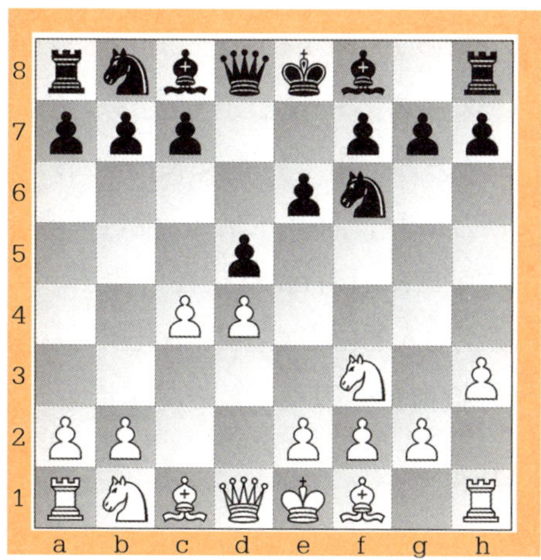

4...d×c4 5.e3 c5 6.B×c4 a6 7.0-0 Nc6 8.Nc3 b5 9.Bd3 Bb7 10.a4 b4 11.Ne4 Na5

我们很快就看到了理查德·拉波尔特“开局实验室”的第一个成果。4.h3!?，丁立人走这个全新的着法，旨在尽早脱离涅波姆尼亚奇的开局准备，并给对手施加压力。在最初的惊讶之后，涅波姆尼亚奇选择了一条安全的路线，将对局引向了接受后翼弃兵开局的主变。丁立人走得很快，而涅波姆尼亚奇走到这个局面花了 40 分钟。有趣的是，曾在 2021 年，丁立人与阿罗尼扬的一盘超快棋对局出现过一个类似的局面，只是那时白方走的是 Re1 而不是 h3，当时丁立人走了 12.N×c5，但这次，他花了 34 分钟，走了：

12.N×f6+?!

12.N×c5 可能是一个更好的选择。也许丁立人不喜欢在 12...B×c5 13.d×c5 之后，黑方有 13...Be4!。在 14.B×e4 Q×d1 15.R×d1 N×e4 之后，黑方有很大的机会获得均势残局，因此丁立人在寻找一些可以给自己更多赢棋机会的着法。

12...g×f6!

丁立人承认，他完全忽略了这个稍微有点反直觉的回击。他可能只是期待12...Q×f6，然后用13.e4打开c1象路并形成一个有趣的中局。关注过2008年世界冠军赛的人或许会记得一种在半斯拉夫防御中类似的思路，在维希·阿南德对阵弗拉基米尔·克拉姆尼克时，这种类似的思路给阿南德带来两场极其重要的胜利。这种打开g线充满活力的进攻方案，也同样符合涅波姆尼亚奇的风格。丁立人甚至没有考虑这种着法，这能看出他在当时的比赛中状态不佳。

13.e4?

丁立人继续执行他的计划，但忽略了对手的进攻可能。此刻至关重要的是通过13.d×c5打开中心，确保黑方不能（像对局中走的那样）进行长易位并随心所欲地发起进攻。

13...c4! 14.Bc2 Qc7 15.Bd2 Rg8 16.Rc1 0-0-0

此刻，涅波姆尼亚奇的局面更好。丁立人接下来的一步让自己的局势变得更糟了：

17.Bd3?

丁立人的计划大概是通过进攻c4兵来为Re1、Bf1的腾挪防守争取时间。然而白方应该走17.Qe1 f5 18.Kh1!，准备Rg1，来加强对脆弱的g2兵的防守。不过对棋手来说，确实很难发现这个计划！

17...Kb8 18.Re1 f5!

这强势的一步给丁立人泼了盆冷水。一方面，由于后续战术的原因，他不能吃f5兵；而另一方面，他也不能把象退回f1，因为e4兵正在被攻击。这使得丁立人的白格象在d3格无所适从。经过20分钟的思考，丁立人决定退象：

19.Bc2

这步实际是承认了自己战略上的失败。19.e×f5会导致一个壮观的弃双车连续进攻：19...R×d4!! 20.N×d4 R×g2+ 21.Kf1 R×f2+! 22.K×f2 Qh2+ 23.Ke3 Bh6#。涅波姆尼亚奇在接下来的对局中展示了他出色的进攻能力，对白方的弱点中心兵发起了猛烈的进攻。面对他信心满满的强力进攻，丁立人无能为力。

19...Nc6 20.Bg5 R×g5! 21.N×g5 N×d4

对黑方来说，d4 马比白方任何一个车都更有价值。丁立人又尝试了一个积极的走法，他走了：

22.Qh5

但涅波姆尼亚奇以闪电般的速度粉碎了丁立人的希望。

22...f6! 23.Nf3

若走 23.N×h7 Bc5 24.N×f6 Qf4!，黑方所有子力都将加入进攻，白方败局将近。

23...N×c2 24.R×c2 B×e4 25.Rd2 Bd6

黑方的双象控制了局面。这是我们经常看到丁立人执黑时会走出的局面。不幸的是，他在这局比赛中处于被动的一方。

26.Kh1 c3 27.b×c3 b×c3 28.Rd4 c2 29.Qh6 e5

白方的车在棋盘中心被捉死。丁立人在还剩不到 1 分钟的时候认输了。这是他过去很长一段时间以来表现最差的一盘棋。

“在第 2 局中，我无法思考如何走棋和进一步计算变化。”丁立人事后说道，他将自己缺乏专注度归因于紧张和持续的情绪困境。幸好他有一个休息日来恢复。在 *New in Chess* 杂志 2023 年第 4 期的采访中，他解释了为什么没有因这次输棋而失眠：“我经常在比赛的第 1 轮或第 2 轮输棋，大多还是执白的时候……但接着，就像在候选人赛中一样，我会反击。因此，我当时并不太担心。因为我有这样的经验。”

走出困境

在第 3 局比赛中，涅波姆尼亚奇再次让丁立人感到意外，这次他不寻常地选择了 1.d4 的开局，再次采取了之前吉里对战丁立人的对局策略，但丁立人在开局阶段就化解了他的着法。在中局阶段，这位中国选手开始寻求胜利，但是找不到突破口，并通过三次重复走子同意和棋。

此时的丁立人变得更加自信、雄心勃勃。在后来接受 Ruchess.ru 网站的采访时，他将自己在第 3 局中的进步表现归功于团队良好的复盘能力以及环境的改变，他说：“是的，进入第 3 局我已经基本恢复了状态。我们非常擅长找到原因。此外，我搬回了主办方的酒店。这是很有必要的，因为我想要争取胜利。我觉得如果我留在新找的酒店，会唤起不好的回忆，进而使我没有动力并影响后面的对局。”

后来在第 4 局比赛中，丁立人以良好的表现反败为胜。

第 54 局

丁立人（2788）— 伊恩·涅波姆尼亚奇（2795）

世界冠军赛第 4 局，阿斯塔纳，2023 年

英国式开局

1.c4

丁立人采用了他最喜欢的英国式开局，伊恩和他的助手们恐怕花费了无数小时来研究这个开局。

1...Nf6

这两人下过许多次英国式开局，最近的一次是在世界冠军候选人赛中，涅波姆尼亚奇最终胜利，着法是 1...e5 2.g3 c6 3.Nf3 e4 4.Nd4 d5 5.c×d5 Q×d5 等（丁立人—涅波姆尼亚奇，马德里，2022 年）。

2.Nc3 e5 3.Nf3 Nc6

形成英国式开局四马变例。这一局面在过去十年里受到顶级棋手们的激烈讨论，因为与尼姆佐印度防御或格林菲尔德防御等开局相比，这一开局理论发展较少。在几种流行的变例中，丁立人选择了：

4.e3

丁立人之前多次这样走过，所以涅波姆尼亚奇也不会感到意外。

但大多数时候，丁立人在这种局面下会采用古典的 4.g3 着法。

4...Bb4 5.Qc2 B×c3 6.b×c3!?

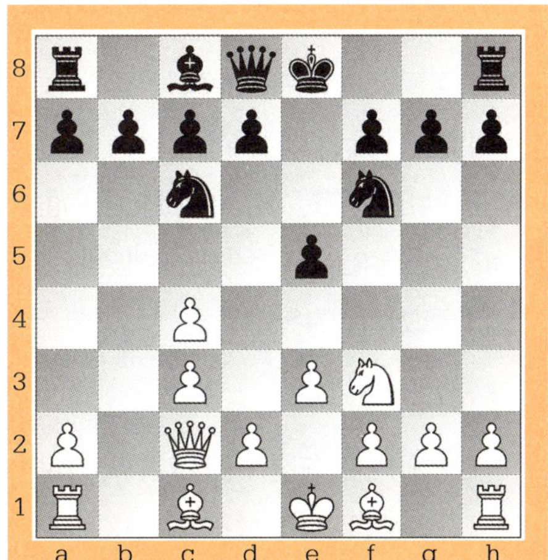

这种“反向罗索里莫”吃回方法的出现可以归功于罗马尼亚特级大师米哈伊·苏巴，在 20 世纪末苏巴以他独创的开局构思而闻名。白方以 c 线出现叠兵为代价加强中心，这是源自尼姆佐印度防御的着法。然而，白方此刻还没走 d2–d4，这使白方的中心兵更加灵活。这通常会导致一些微妙的战略比拼，在这种情况下，利用引擎准备的变例就没什么用处了——也正是在世界冠军赛中执白时所需要的，尽可能发挥白方的优势，尽可能让双方摆脱引擎准备的棋谱。相比之下，6.Q×c3 则是一个理论性更强的选择。

6...d6 7.e4

这是丁立人第一次这么走。在此前的 2019 年国际象棋大师巡回赛中，他对阵阿罗尼扬和卡尔亚金时，选择 7.d3 0–0 8.Be2，推迟了冲兵。

7...0-0 8.Be2 Nh5!?

涅波姆尼亚奇走这两步棋加起来花了大约 10 分钟，这表示他没有完全准备好，可能只是心中有一些大致的想法。他的选择看起来很符合原则，因为白方过早冲起 e4 兵，削弱了 f4 格。黑方有许多其他的选择，比如 8...Ne8，准备冲 ...f5，以及 8...Ne7，先把马走到 g6，然后再采取具体的行动。

9.d4 Nf4

涅波姆尼亚奇这步棋走得就相对比较快了，说明他至少对接下来这种不均等的结构有些了解。或者，黑方可以考虑 9...f5，在 10.0–0 Qe8 11.Re1 f×e4 12.Q×e4 Nf6 13.Qh4 之后，带来稍好的局面，以及国际象棋通讯赛爱好者们喜欢的 9...Qf6!?，准备 ...Nf4 并对 d4 兵施加压力。

10.B×f4 e×f4

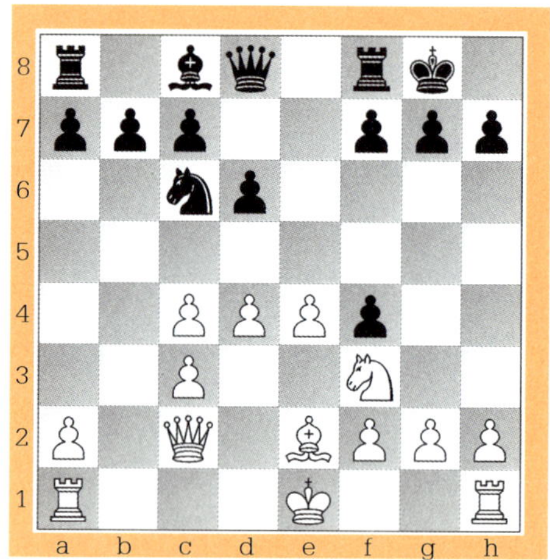

双方都有一对叠兵，我认为丁立人在这样一盘他想要取胜的对局中，并不反对形成这种战略上的不均等。如果比较这两种兵形，可以看出白方紧凑的中心兵会让他稍微好走一些。

11.0-0!

相较于丁立人的助手理查德·拉波尔特在 2013 年德国甲级联赛中对阵扎拉加茨基（1–0，69 回合）时所走的那步尖锐的 11.h4，丁立人这步走得很自然，并有所改进。人们可能会认为两人在此之前已经讨论过这个局面，但在新闻发布会上，丁立人表示他的准备只到 9...Nf4。

11...Qf6 12.Rfe1 Re8

伊恩继续自然地出子，试图向白方中心施加压力。

13.Bd3

一步简单明了的应着，尽管是时候展现出丁立人雄心勃勃的想法了：13.c5!? d×c5 14.e5 Qh6 15.Rad1，由于强大的兵中心，所以尽管少一个兵也有可观的补偿。

13...Bg4 14.Nd2

此刻 14.e5?! 打开中心为时过早，因为黑方有 14...d×e5 15.B×h7+ Kh8 16.Be4 B×f3 17.B×f3 e×d4 ∓。

14...Na5?!

涅波姆尼亚奇的想法是用随后的...c5 封锁中心，在这样微妙的局势中，这个想法符合局面特性但稍显粗糙。丁立人当然不会允许这样的情况发生。

诱人的 14...f3?! 将会受到 15.g3! 的强烈反击，在 Bf1、h3 和 Re3 之后，f3 兵对黑方而言更像是一个负担。与其将马跳到边线，更明智的是走 14...Rad8!? 15.h3 Bc8 ∞ 来使子力集中在中心。在这里，c6 马和 d8 车减弱了 c4–c5 弃兵的威胁，继续调动子力。

15.c5!

这步棋正是此刻白方迫切要走的，是作为对对手上步棋的回应。黑方的子力不太协调，白方以少一个（叠）兵的代价在中心占据了优势。引擎指出 15.Qa4 b6 16.f3 Be6 17.Nb3 N×b3 18.a×b3 ± 是更好的选择，但这不太直观，而且取决于白方在 18...Qd8 之后是否能冲 19.c5!。

15...d×c5 16.e5 Qh6 17.d5 Rad8 18.c4

当对手花了一些时间走这几步时，丁立人迅速下出了这些着法。白方得益于明显的空间优势，局面显然更舒服。不过，如果白方走得太消极的话，黑方或许会破坏这个宏大的中心兵群。

18...b6 19.h3 Bh5

这并不是象的理想位置，但黑方不能允许白方轻易地通过 Nf3、Rad1 或 Re2，再 Rae1 来加强对中心的控制。

20.Be4!?

丁立人通过把自己的象逐步移到 f3

来与对手交换，由于显而易见的 B×h7+ 的攻击，e5 兵是受间接保护的。

20...Re7

涅波姆尼亚奇花了 17 分钟，走了最自然的一步，通过叠车来增加对 e5 兵的压力。局势随着每一步棋变得越来越复杂，双方几乎在每一回合都需要考虑进行 ...c6 和 ...f6 等破坏性的兵突破。

21.Qc3 Rde8 22.Bf3 Nb7 23.Re2

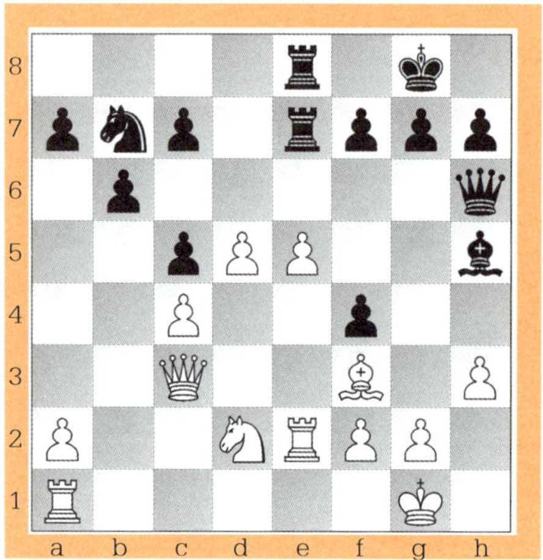

丁立人在前面这一系列走子中也花了不少时间，因此双方都还剩下大约 40 分钟来走完前 40 步棋（没有每步 30 秒的加秒时间）。此刻，涅波姆尼亚奇做出了一个利弊参半的决定，这将会产生长远影响：

23...f6!?

正如涅波姆尼亚奇在新闻发布会上所称，很容易看出这步“非必要”的棋的利弊。迫使白方的兵冲到 e6 的好处是，黑方的坏马终于可以通过 d6 参与到战斗中来。此外，随着中心封闭，黑方可以尝试用 ...c6 来破坏中心，或者通过 ...g5、...h5 等来形成王翼优势。不利之处更加明显：白方会通过 e5–e6 获得更多的空间，而无论怎么看，6 线上有根的兵总是危险的。引擎的评价也认为是均势。事后来看，也许涅波姆尼亚奇会选择不那么强硬的 23...Bg6。

24.e6 Nd6 25.Rae1?!

这自然而然的一步并不是最佳选择。白方本应有机会兑掉象。比起下文 25...Bg6 的变化，在 25.B×h5 Q×h5 26.Ree1! 之后，白方有更多走子选择。如果黑方通过冲 26...c6 来突破中心，那么 27.Qd3 Qf5 28.Qf3! ±，接着 Rad1，白方可以保持中心完整。

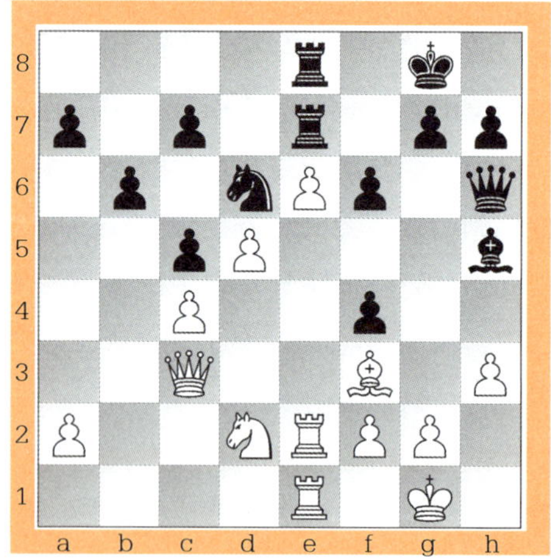

25...Nf5?!

走错方向的第一步。涅波姆尼亚奇试图把马放到 d4 格，但丁立人将会证明这个计划是错误的。相反，在 25...Bg6= 之后，双方会陷入僵局。

26.B×h5 Q×h5 27.Re4!

当涅波姆尼亚奇走出 25...Nf5 时，

他应该是低估了 e4 这个格子对白方子力的重要性。丁立人一如既往，在利用对手的弱点时表现得非常冷静。在这种情况下，黑方的弱点是 f4 兵。

27...Qh6

27...Nd4 行不通。白方用 28.Nb3 N×b3 29.a×b3 交换马，f4 兵很快就会被吃掉。

28.Qf3

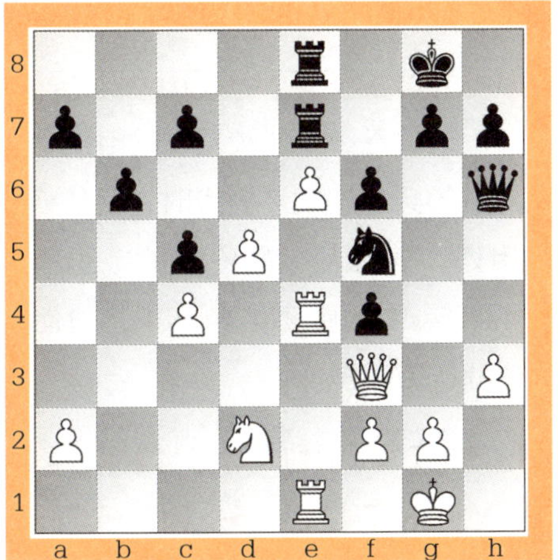

到现在为止，双方在这盘复杂的对局中的应对都相当理智。然而，涅波姆尼亚奇在这时却突然犯了一个可怕的局面错误：

28...Nd4??

如果涅波姆尼亚奇简单地走一步 28...g5 保护兵，对局将仍然保持大致均势。可能的续着是 29.g4!? Nd6 30.R4e2 Rf8，仍是复杂的对局。

29.R×d4!

漂亮的弃半子，虽然并不太难发现。白方只需要确保他的马能进到 d4 格就可以，很明显黑方的车对这个“怪物”无能为力。伊恩赛后承认他完全没有注意到这步棋。

伊恩肯定已经计算过 29.Q×f4?! Q×f4 30.R×f4，此时黑方可以通过 30...c6! 31.Nf3 N×f3+ 32.R×f3 c×d5 33.c×d5 Rd8 34.Rd3 Rd6 等，强制进入一个可以和棋的双车残局。丁立人说他原本想先走 29.Qd3，但后来他找到了让 29.R×d4 奏效的方法。

29...c×d4 30.Nb3

30...g5

直到此时，涅波姆尼亚奇才意识到自己犯了错误。这是他最后一次试图抵挡白马的入侵，但正如丁立人即将证明的那样，这都是徒劳。至关重要的是，黑方无法通过 30...c5 来保护他的 d 兵。由于有中心连兵，白方能够通过 31.d6! R×e6 32.R×e6 R×e6 33.d7，形成不可阻挡的升变，从而取胜。当丁立人发现这一变化时，迅速决定弃半子。

31.N×d4 Qg6

f5 格被守住了，如果黑方能够在王翼展开反击，例如 ...Rg7、...h5 和 ...g4，也许对局还能继续。然而问题是，在强大的对手面前处于劣势时，对手通常不会给你任何机会。

32.g4!

一锤定音。丁立人强行占领了 f5 格，剩下的情况几乎不需要评论了。f5 格的马和第 6 横线上的有根通路兵都对黑方构成了致命威胁。相比之下，32.Nc6?! 毫无意义。黑方可以走 32...Rg7，白马在 c6 格上无所作为。

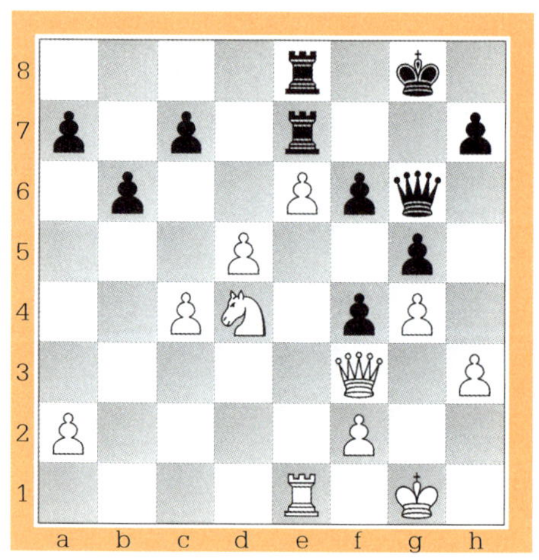

32...f×g3 33.f×g3 h5 34.Nf5 Rh7 35.Qe4 Kh8 36.e7 Qf7 37.d6

最简单的走法。白方“连本带利”收回了弃掉的子。丁立人在他最后几步棋上多花了一点时间，以确保顺利地转化优势。

37...c×d6 38.N×d6 Qg8 39.N×e8 Q×e8 40.Qe6

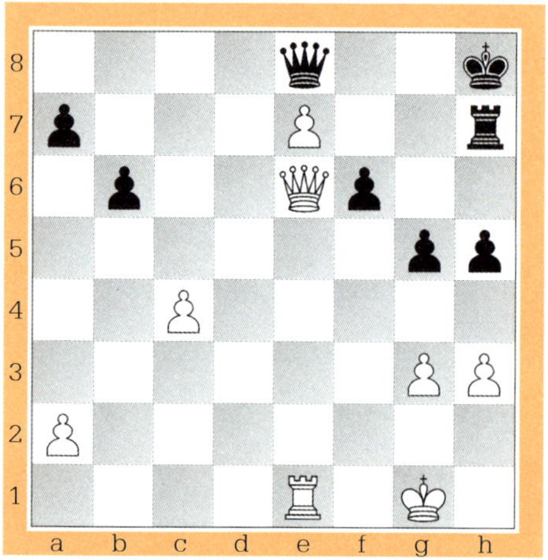

后通常是一个“较差”的阻挡者，当对方的兵冲到第 7 横线时，后几乎毫无用处。丁立人将对 f6 兵的威胁和走 Re1–d1–d8 的威胁结合起来，迫使对手迅速认输：

40...Kg7 41.Rf1 Rh6 42.Rd1 f5 43.Qe5+ Kf7 44.Q×f5+ Rf6 45.Qh7+ Ke6 46.Qg7 Rg6 47.Qf8

黑方认输。

根据 Chess.com 网站在 2023 年的一篇文章报道，这局比赛结束后，丁立人的情绪困扰已成过去，称自己“完全专注”在比赛上，“无论在棋盘边，还是在新闻发布会上都感到更自如”。国际象棋爱好者们终于可以看到一场精彩的比赛了。

你来我往

这位俄罗斯超级特级大师并没有花太长时间就从第 4 局的失败中恢复过来。在第 5 局中，涅波姆尼亚奇走得又快又自信，在他非常熟悉的西班牙开局 6.d3 的这路变化中，他几乎以闪电般的速度走完了前 22 步。与此同时，丁立人发现很难在中局形成一个合适的计划，并让自己陷入了困境。丁立人错失了一些扭转局势的机会之后，涅波姆尼亚奇完全建立了局面优势，并在第 48 步成功转化了这些优势。这是这位 2021 年和 2022 年世界冠军候选人赛蝉联冠军的又一次强势表现。

“这次输棋比之前更痛苦。”丁立人说道。但是他仍然保持乐观，说：“还有许多局比赛，我可以从失败中恢复过来。”

令丁立人的粉丝们欣慰的是，在接下来的一局比赛，丁立人通过令人难忘的表现兑现了自己的承诺。

第 55 局

丁立人（2788）— 伊恩·涅波姆尼亚奇（2795）

世界冠军赛第 6 局，阿斯塔纳，2023 年

伦敦体系

1.d4 Nf6 2.Nf3 d5 3.Bf4

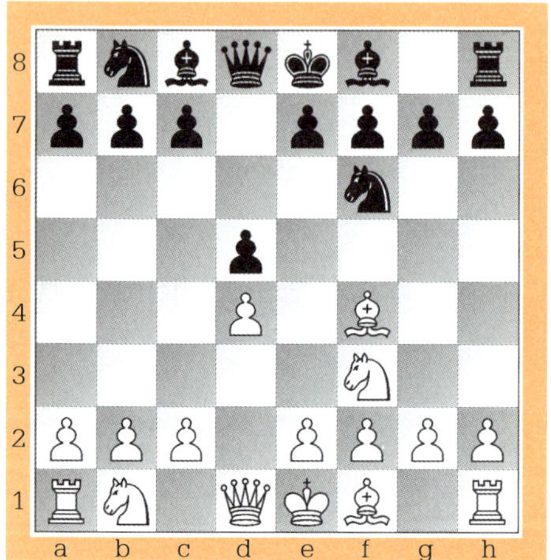

丁立人将作为第一位在世界冠军赛中采用伦敦体系的选手而载入史册。至于他是否将成为最后一个尝试该开局的选手尚有待观察。他解释了选择这个开局的原因：“在昨天惨败之后，我尽力保持冷静，而我认为这个开局非常适合我的风格。”

3...c5 4.e3 Nc6 5.Nbd2

这是这个开局现代变例的标准局面。黑方在这里有许多选择（“毒兵”变例 5...Qb6 6.d×c5 Q×b2 和“古典”变例 5...e6 最为流行），但涅波姆尼亚奇迅速决定了中心结构，他走了：

5...c×d4

这表示涅波姆尼亚奇和他的团队已经为本次比赛准备过这个变例。

6.e×d4 Bf5

象走出中心兵链对黑方开局战略的成功来说至关重要。

7.c3

丁立人将对局引向了静态，其中包含了大量子力调动的反向的卡尔斯巴德结构。他在赛后新闻发布会上解释这一方案说：“强制性没那么强……存在取胜的可能性。”另一种主要的选择 7.Bb5 Qb6 8.c4 将走向更为激烈的局面，例如在 2022 年奥赛中：8...d×c4 9.a4 Bd3 10.Ne5 e6 ∞（卡鲁阿纳—阿卜杜萨托罗夫，金奈，2022 年）。

7...e6 8.Bb5!?

经过一番思考后，丁立人选择了一个支线变化，这是加塔·卡姆斯基的最爱。白方通过攻击 c6 马来争夺 e5 格。

这是一个明智的选择，因为根据走

棋的速度判断，伊恩很可能对主变8.Qb3 Bd6! 9.Q×b7 B×f4 10.Q×c6+ Kf8 准备得非常充分，这样黑方会因弃兵得到很好的补偿。

8...Bd6

涅波姆尼亚奇在这里继续自然地走子。丁立人也是如此。

9.B×d6 Q×d6 10.0-0 0-0 11.Re1

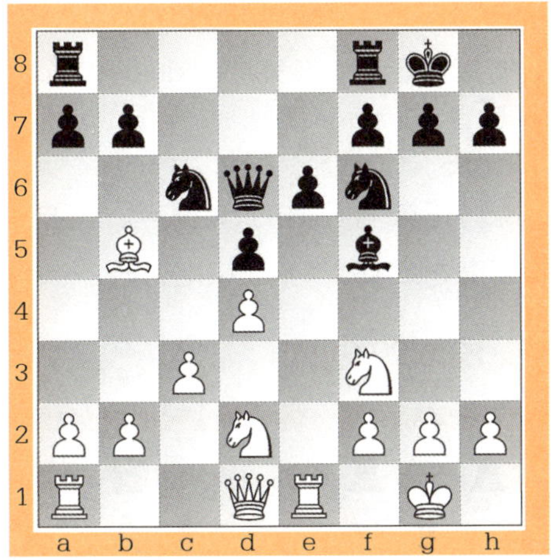

双方棋手都走出了伦敦体系中的标准局面。在这种结构中，更常见的是白方的象位于 d3，黑方的象位于 g4，但两种局面中局的棋形仍然相似。

白方通常希望通过放一个子在 e5 格对王翼施加压力，并准备逐步展开进攻，同时保持后翼局面可控。与此同时，黑方通常会试图交换一些子力，并在后翼发动少兵进攻。

然而，本局却走出了不同的局面。

11...h6

有些抽象的一步棋。我怀疑白方原本并没有计划走 Nh4 来兑死黑象，所以可能在这个时候并不需要这样走。相反，11...Qc7 是黑方在这种局面中与 12.Ne5 抗衡的一种合理方式。后在 c7 格，黑方在 12...N×e5 13.d×e5 Ng4⇄ 之后就不用担心白方捉双了。

有意思的是，大约在比赛前一个月，涅波姆尼亚奇的一位助手曾经与这路开局变例的发明者进行过一局超快棋：11...a6 12.B×c6 Q×c6 13.Ne5 Qc7 14.a4 a5! 15.g4!? ∞（卡姆斯基—马特拉科夫，2023 年，有称号棋手的周二快棋赛，比赛是由 Chess.com 网站组织的一项在线快棋锦标赛，只有具有国际象棋称号的棋手才有资格参赛）。黑方这种走法比涅波姆尼亚奇实战中走的要稍好一些。

12.Ne5 Ne7

黑方回避了 c6 格的交换，并准备推进后翼兵。丁立人的回应体现了他对这种局面的良好理解：

13.a4!

马格努斯・卡尔森曾多次在类似的局面中走过这种预防性的着法，但这并不仅仅是为了阻止少兵进攻，还可以促使白方在后翼走得更凶猛一些。丁立人将在这盘对局中为大家展示科书般的走法。

13...a6

这步棋本身没错，但涅波姆尼亚奇似乎选择了一个错误的计划去驱赶象。13...Qb6!? 可能对白方来说更加棘手一点，白方将选择用哪个棋子来守 b2 兵，这可能会影响他的子力协调。

14.Bf1 Nd7?!

伊恩走得很简洁，错过了一个战略要点。他太急于交换这个强大的马了，这暴露出他缺乏处理局面细节的技巧。马特拉科夫之前对阵卡姆斯基时有过类似的局面，所以伊恩知道 14...a5! 的重要性。黑方不应该允许 a4–a5 的发生。这种结构中双方的一些基本思路，示例如下：15.Nb1!? Nd7 16.Nd3 Nc8! 17.Na3 Qb6 18.Nb5 Nd6，如果黑方兑换一些轻子，局面还是可以接受的。

15.N×d7 Q×d7 16.a5!

丁立人抓住机会，固定了对自己有利的后翼兵形。不知道涅波姆尼亚奇为何低估了这步棋，因为像他这样水平的棋手，本应能立刻意识到这步棋会带来长期危险。b7 兵变得尤其棘手了。

16...Qc7 17.Qf3!

丁立人走得如鱼得水。他非常擅长巩固那些他拥有“古典”局面优势的局面。通过这步棋，他为 c3 兵提供了超保护并支持 b2–b4 的推进。如果白方能够走到这个局面并将马放到 c5 格，黑方的后翼将被完全控制。

17...Rfc8

涅波姆尼亚奇在对抗丁立人的计划，不过大家是否觉得最好是把另一个车走到 c8，把这个车放在 e8。

18.Ra3

丁立人认为，这是“一步有用的等着”。他的对手以同样的方式回应，有可能会让马通过 f5 完成向 d6 的转移。

18...Bg6 19.Nb3

马正奔向舒适的 c5 据点。涅波姆尼亚奇立即采取了措施来阻止。

19...Nc6 20.Qg3!

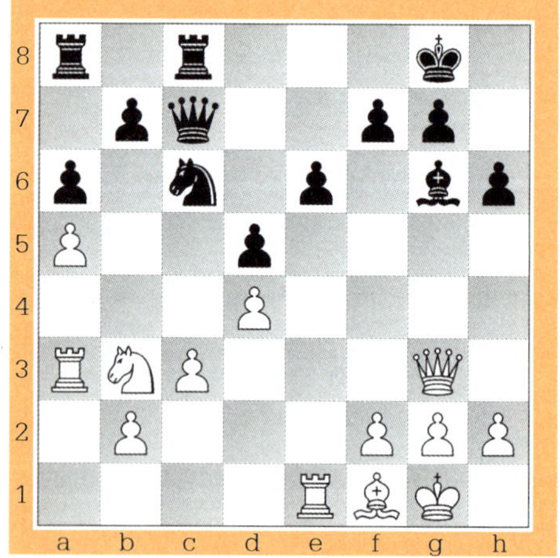

这个恰到好处的邀兑皇后，展示出丁立人对局面子力位置结构的精妙理解。黑方的黑格比较薄弱，而兑掉黑方唯一一个能够防守黑格的棋子，这必然对白方有利。

20...Qe7?!

伊恩飞快地走了这步，他似乎是讨

厌 20...Q×g3 21.h×g3 之后出现的残局。由于白方在后翼施加压力，局面看起来确实是一边倒。不过，引擎显示，在 21...Rc7 22.g4 Re8 23.Nc5 e5 24.b4 f6 等之后，白方仅有微弱的优势。

21.h4!

一步深思熟虑的应着。丁立人再次证明了自己是一位“精妙等着”大师。白方打算走 21.Nc5?!，但现在还为时过早，因为有 21...N×a5! 22.N×e6 Rc6! 23.R×a5 R×e6，黑方大部分问题都得到了解决。

21...Re8

这步棋之后，伊恩毫无疑问将会挺进 ...e6–e5。这是一个冒险的计划，但其他变化更令人沮丧。他的选择是否好呢？引擎建议的黑方最佳着法是 21...Qc7，这事实上已经说明一切了。

22.Nc5 e5

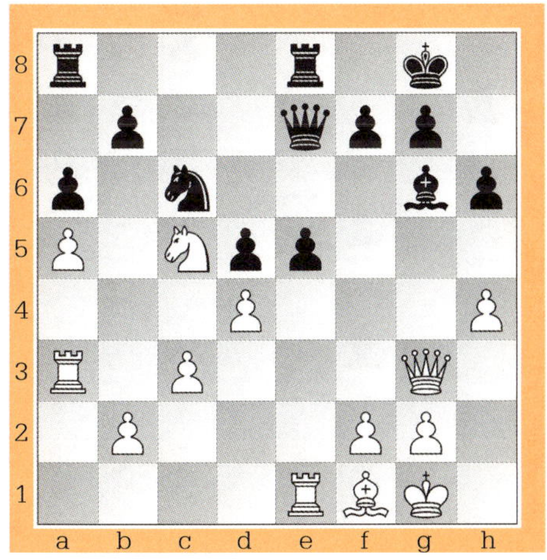

22...N×a5 不行，因为有 23.R×a5 b6 24.h5!（h 兵的推进非常有用）24...B×h5 25.N×e6!，g7 的将杀威胁黑方不能吃车，在 25...f×e6 26.R×d5 Bf7 27.Rde5 等之后，白方获得了一个胜势局面。

23.Rb3!?

丁立人这步棋走得很快，强行兑兵。比赛结束后，他对自己的这个决定表示怀疑：“也许我应该走 23.b4 而不是 Rb3，因为在那之前，局势几乎是一边倒的。我是给予压力的一方，而对手并没有太多的反击机会，但是在 23...N×a5 之后，对手突然有了很多反击机会。”的确，23.b4± 可以让白方安全地加强局面，23...e4 24.f3! 将暴露黑方中心兵存在的弱点。

23...N×a5 24.R×e5 Qf6 25.Ra3

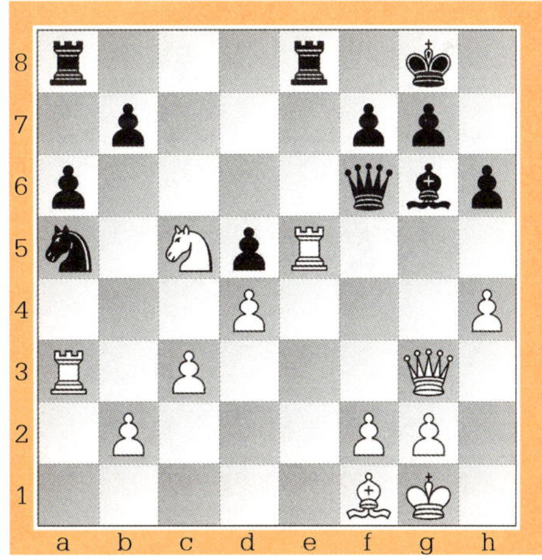

现在局面变得更加白热化。白方仍然掌控着局面，但涅波姆尼亚奇一定会感到些许宽慰，他至少有了一些获取主动权的机会。丁立人在最后一步花了很多时间，显然是在重新评估局势。

25...Nc4

保持积极行动至关重要。如果

25...Nc6?!，白方会走 26.Nd7! Qd8 27.R×e8+ Q×e8 28.Qc7!，黑方将在后翼陷入困境。

26.B×c4 d×c4 27.h5?!

b7 兵是可以吃的，但丁立人觉得吃兵之前先走一步中间着也没什么风险。然而，这步棋被证明是“聪明过头”了。27.N×b7 Qb6 28.Nd6!，与实战中发生的情况类似，但不会让对方有机可乘。

27...Bc2?!

涅波姆尼亚奇在赛后分析时，称后悔走了这步棋，但他并未注意到救命的一步 27...R×e5。这步棋的关键在于在 28.d×e5 之后：

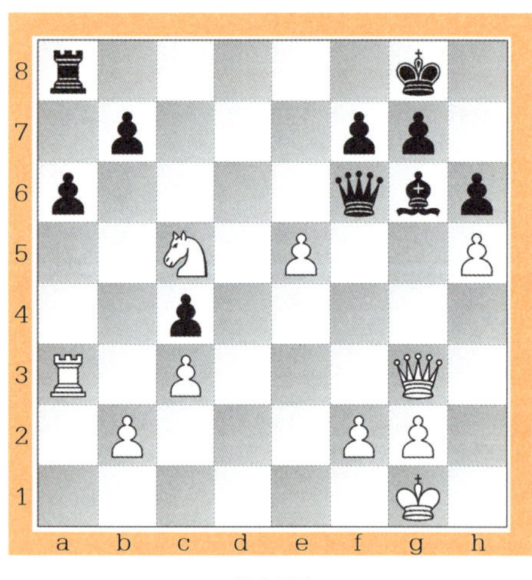

分析图

黑方有一步出人意料的好棋，28...Qd8!! 把后退回来，这步棋很难被发现。但在 29.Qf3（29.h×g6? Qd1+ 30.Kh2 Qh5+ 31.Qh3 Q×e5+，这步棋是关键，下步棋吃掉 c5 马）29...Qd2! 30.h×g6 Qe1+ 31.Kh2 Q×e5+ 32.g3 Q×c5 33.Q×f7+ Kh8 34.Ra4 Rc8 之后，黑方一切顺利，有不错的和棋机会。

涅波姆尼亚奇赛后表示，比起 27...Bc2，27...Bd3 应该是更好的选择，但他低估了 28.b4!。白方在改善了 b2 落后兵的位置之后，已经接近胜势了。

28.N×b7 Qb6 29.Nd6!

这关键的一步，让白方保持住了主动权。由于有闪击战术，白马间接得到了保护。

29...R×e5 30.Q×e5 Q×b2 31.Ra5!

这是丁立人在本局中最有力的一步棋，如果他的对手在走 27...Bc2 时没有注意到这步棋，我也不会感到惊讶。白方的子力达到了完美协调的程度。涅波姆尼亚奇可能计算的是 31.N×c4?! 的逼着，在 31...Qc1+ 32.Kh2 Bd3! 33.Qe3 Qd1 34.Ne5 Q×h5+ 之后，黑方只是略微处于下风。

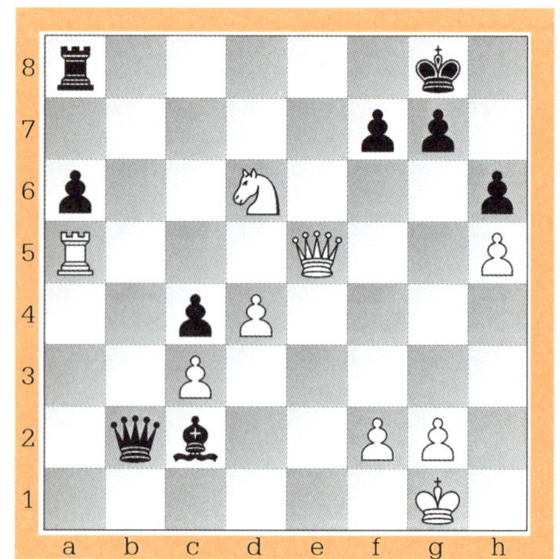

31...Kh7!

在思考了 10 分钟后，黑方走出了最佳着法。他解决了白方的主要威胁，即 Nd6–e8。若 31...Q×c3，会败给 32.Ne8!，黑王陷入杀网：32...R×e8 33.Q×e8+ Kh7 34.Rd5!。

32.Rc5?

丁立人耗费了大量时间和精力走成这个优势局面后，时间只剩下 20 分钟。因此，我们不能责备他为了避免时间压力而迅速走了这步直观的棋。但客观而言，这是一个很大的错误。

涅波姆尼亚奇的想法是：32.Ne8? 不再有用，因为 32...R×e8 33.Q×e8 Qc1+ 34.Kh2 Qf4+ 长将。然而，如果丁立人在这个局面多花点时间，他可能会发现一步精妙的退后 32.Qe1!，将在 32...Bd3 33.N×c4! 之后，净得一兵，因为 33...B×c4 将败于 34.Qe4+ f5 35.Q×a8 Qc1+ 36.Kh2 Qf4+ 37.g3! Q×f2+ 38.Qg2。

32...Qc1+?

涅波姆尼亚奇的钟面上还剩大约 45 分钟，他有时间来找到拯救局面的办法，但他没有充分利用他的机会。这简直不像他的水平。一步冷静的 32...Q×c3! 就可以完全解决问题。白方的王翼进攻看起来很可怕，但黑方可以守住。例如：33.N×f7（或者 33.Rc7 Qd2 34.R×f7 Qc1+! 35.Kh2 Qg5，一切都守住了）33...Bd3 34.Rc7 Qc1+ 35.Kh2 Re8!，黑方的车不能吃，因为有我们熟悉的长将威胁。

33.Kh2 f6

涅波姆尼亚奇倾向于保留他的 f 兵，但即便如此，接下来他的王翼也会同样暴露。

34.Qg3!

丁立人保持了比较理想的子力协调性，一边盯住黑方的主要弱点，即 c4 和 g7 的兵，一边保护自己的兵形弱点。相比之下，涅波姆尼亚奇的子力分散，除了试图用通路兵分散丁立人的注意力外，没有其他的办法。

34...a5

34...Bd3 不行，因为白马可以进行巧妙的调动：35.N×c4 Q×c3 36.Ne5! Q×d4 37.N×d3。

35.N×c4 a4

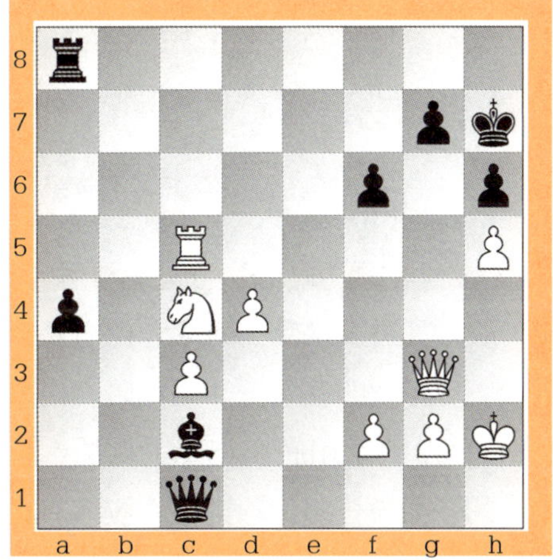

36.Ne3!

攻王成功的关键一步，马封锁了黑后在 c1–h6 斜线上的退路。现在，黑方无法用 ...Qg5 来应对 Rc5–c7，迫使黑方只能用尴尬的 ...Rg8 来防守 g7 将杀的威胁。

36...Bb1 37.Rc7 Rg8 38.Nd5!

又是一步跳马好棋。有 N×f6+ 的

威胁，但 d5 格还可以作为马前往更多具有威胁的格子（如 e7 或 f4）的跳板。

38...Kh8 39.Ra7

丁立人用车跟在黑兵后面，用于防守黑兵，然后再发起最后的进攻。他只剩下不到 10 分钟的时间来走到第 40 步，但幸运的是他的这些着法很容易就能走出来。

39...a3 40.Ne7 Rf8

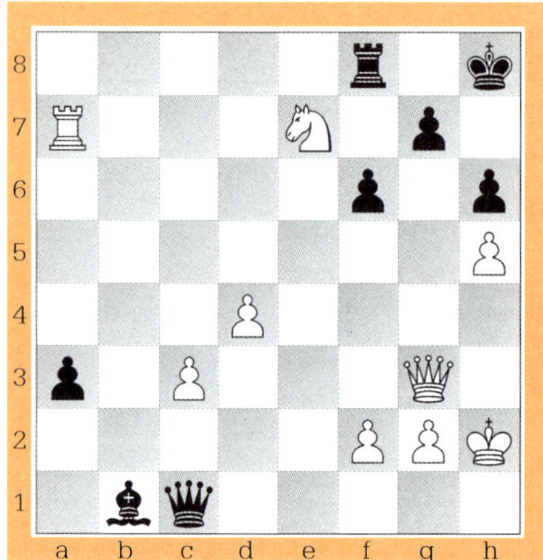

双方都进入了第二时限。白方多一个兵，更重要的是黑王非常危险。白方同时有 g7 将杀和底线将杀的威胁，且黑方的子力被分隔，感觉白方应该有机会获胜。由于有足够的时间，丁立人在这个局面上思考了将近 20 分钟，并出人意料地走了：

41.d5!?

这是白方数种获胜选项中最具创造力的一种。在丁立人思考的时候，一些在线评论员看到了漂亮的将杀：41.Rb7! a2 42.Rb8 a1=Q 43.R×f8+ Kh7 44.Qg6+! B×g6 45.h×g6。白方也可以用更平稳的方式获胜：41.Ng6+ B×g6 42.h×g6 Qb2 43.Qc7 Rg8 44.Qf7!（威胁在 g8 弃后，底线将杀）44...Qb8+ 45.g3。

41...a2 42.Qc7!

丁立人花了几分钟的时间走出了这决定性的一步。他计算了赢棋的着法次序，并仔细检查黑方是否存在最后一刻的反击手段。白方威胁 43.Ng6+ 和 44.Q×g7#，因此黑方不得不走：

42...Kh7

此刻，迎来了大结局：

43.Ng6! Rg8 44.Qf7!

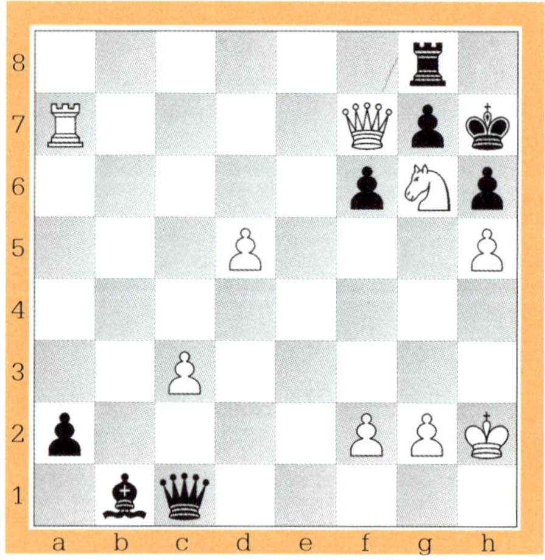

这步棋迫使涅波姆尼亚奇认输，因为他无法阻止这个漂亮的将杀了。例如，44...Q×c3 45.Q×g8+! K×g8 46.Ra8+ Kf7 47.Rf8#。我不知道丁立人在走 41.d5!? 之前是否就看到了这一将杀模式，但是 d 兵最终成为编织这张将杀大网的关键。真是一个美妙的构思！

这盘棋无疑是丁立人在本次冠军赛中下得最出色的一盘慢棋。Chess24.com 网站的一篇文章报道中，丁立人在比赛后透露，阿尼什・吉里已经“在丁立人输掉第 5 局之前就预测到他会卷土重来”，这让他倍感鼓舞。另外，涅波姆尼亚奇对这局的评价也毫不含糊：“这是我下得最糟糕的一局。”

比赛进行了 6 局，我们已经可以很清晰地发现，这是近年来最具戏剧性的世界冠军赛。双方棋手都展示出了他们最好和最差的水平，这使所有的预测都变得毫无意义。有一点更明显的发现：除了第 2 局比赛外，两位选手执白时优势更显著。

但是到了第 7 局，发生了更加离奇的事情。

第 56 局

伊恩·涅波姆尼亚奇（2795）— 丁立人（2788）

世界冠军赛第 7 局，阿斯塔纳，2023 年

法兰西防御

1.e4 e6 2.d4 d5 3.Nd2 c5 4.Ngf3 c×d4 5.N×d4 Nf6 6.e×d5 N×d5 7.N2f3 Be7 8.Bc4 Nc6 9.N×c6 b×c6 10.0-0 0-0 11.Qe2 Bb7 12.Bd3 Qc7 13.Qe4 Nf6 14.Qh4 c5 15.Bf4 Qb6 16.Ne5 Rad8 17.Rae1 g6 18.Bg5 Rd4 19.Qh3 Qc7 20.b3 Nh5 21.f4

这一局的开局丁立人出人意料地选择了法兰西防御，让涅波姆尼亚奇和整个世界都感到惊讶。这个开局在最高水平比赛（世界冠军赛）上被认为是“二流”的开局，最后一次出现是在 1978 年卡尔波夫—科尔奇诺依的比赛中，而丁立人此前（在慢棋中）最后一次采用它是在 2013 年。尽管如此，丁立人还是实现了他的目标，获得了一个复杂的局面，在这个双方互有顾忌的局面中，他准备了一个精彩的弃半子：

21...Bd6! 22.c3 N×f4! 23.B×f4

另一种吃子方式 23.R×f4 也很有趣，对 23...B×e5，以 24.B×g6! 24...h×g6 25.c×d4 来应对，若 25...B×f4??，白方有 26.Bf6 将杀。不过，黑方在 25...c×d4 之后有补偿，类似于实战。

23...R×f4 24.R×f4 B×e5

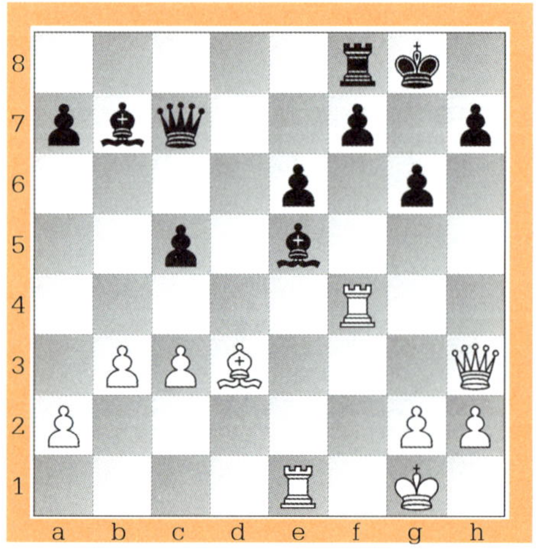

黑方弃半子得一个兵，但至关重要

的是，黑方已经化解了白方在王翼的潜在攻势。黑方的双象、稳固的兵形以及白方略微暴露的王应该能为黑方提供足够的补偿了。

25.Rh4 Rd8!

我为撰写本书在研究丁立人的对局时，注意到他在这里使用的着法，与他在 2009 年大放异彩的中国锦标赛中与特级大师张鹏翔的一盘对局非常相似（在第三章讨论过）。他当时也是在法兰西防御中弃半子破坏白方的中心，后来赢了。

26.Be4

26.R×h7?? 不行，因为黑方有 26...R×d3。

26...B×e4

一个直截了当的方案。不过，26...Ba6!? 保留双象也值得考虑，因为如果 27.R×h7，车的位置会很差，黑方可以利用白方子力缺乏协调性的问题，走 27...Bg7!⇄，准备 ...Qf4/e5。

27.Rh×e4 Rd5

争胜的下法。黑方计划走 ...Bf4 和 ...Rh5 来进攻 h2 兵。

28.Rh4?!

以破坏子力协调性为代价，伊恩重新在 h 线叠起车和后。28.Rf1 将是一个比较稳健的走法，双方大致均势。

28...Qd6!

这步优雅的应着让 Rh4×h7 的计划看起来像是浪费时间。白方不能吃 h7 兵（29.R×h7），因为黑方在 29...Rd1 之后，获得了对白王的致命进攻。

29.Qe3 h5

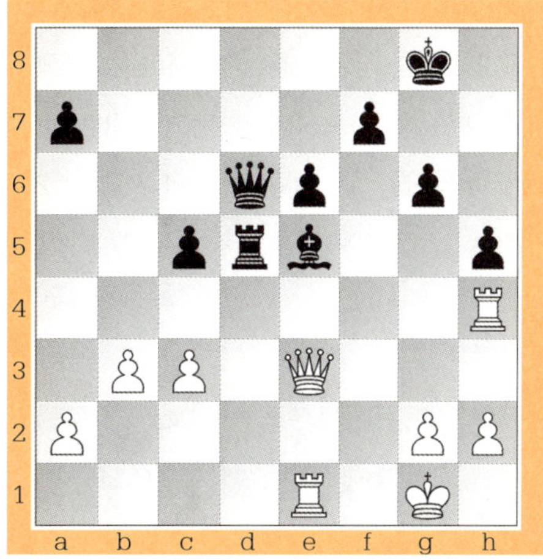

双方离达到第 40 步第一时限都还剩大约 11 分钟。如果有人能取胜的话，应该是黑方，因为他的棋子的位置更好。

30.g3 Bf6 31.Rc4 h4!?

此刻，丁立人有许多合理的选择。这一步展现了他的求胜心，他试图在白方的防线中找出漏洞。唯一的缺点是他花了 4 分钟来下这步棋，使得他在第一时限可用的时间减少到 5 分半。考虑到他接下来的 8 步棋都没有加秒，所以现在必须要加快行棋速度了。

32.g×h4

可能感觉到对手时间紧张，涅波姆尼亚奇利用他的直觉，将每步棋都走得飞快。随着秒针不断地嘀嗒作响，丁立人下一步棋走得犹豫不决。他的剩余时间只剩 4 分钟了，只剩 3 分钟，只剩不到 2 分钟，观众开始猜测发生了什么。

最后，在第一时限还剩不到 1 分钟时，丁立人走出了这一步：

32...Rd2?!

然而，这步棋无法达到给白王制造麻烦的目的。32...Be5! 是同一思路中更精确的下法。黑方需要先调动象，例如 33.Qf2 Rd2 34.Re2 Rd3!∓，这时 c5 兵是不能吃的，因为 35.Q×c5? B×h2+! 36.R×h2 Qg3+ 将杀。

33.Re2

这时，丁立人意识到，对于第一时限剩下的几步棋，他至少有一半的棋要快点下，不然就会超时。

33...Rd3??

不幸的是，这是一步败着。33...Rd5 本来可以保持均势，即便前几步棋有些小的失误，但黑方仍然掌控着局势，因为对手的国王还暴露在外。

34.Q×c5

伊恩花了几分钟来确认这个兵不是“毒兵”。与丁立人不同，他有足够的时间来计算关键的变化。

34...Rd1+ 35.Kg2 Qd3 36.Rf2

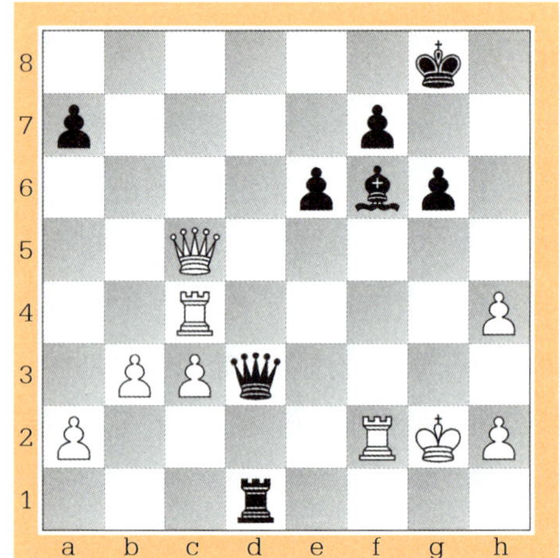

黑方的进攻戛然而止，在白王周围没有可利用的目标，而涅波姆尼亚奇的子力优势变得具有决定性了。

36...Kg7 37.Rcf4 Q×c3

走完这一步后，丁立人认输了，他的时间也只剩下 3 秒钟。他或许还可以在 38.Q×c3 B×c3 39.R×f7+ Kh6 后，再下一步进入第二时限，但是这个残局对他来说是完全绝望的。

全世界的观众都难以理解，一位世界冠军赛的参赛者会因为时间原因让自己输掉如此重要的比赛。丁立人在 2023 年接受媒体采访时给出了一个直率的回答：“这很容易解释。我只是没有意识到我的时间很紧张。”不幸的是，他具有创新性的着法是在“错误”的时刻走出的。他本应该更务实，应该快速地下几步来避免超时。

有夺冠希望的丁立人如今第三次在冠军赛中落后，很难想象他能在第 2 局和第 7 局的崩溃之后再次卷土重来。相比丁立人，涅波姆尼亚奇看起来更能掌控局势。丁立人赛后接受新华社记者采访时描述了比赛中时刻存在的无声的“心理战”，这不限于涅波姆尼亚奇开局时走得飞快。

“我观察到的是他跟我握手的时候表情的变化，”丁立人说，“比如他刚开始比赛或者领先的时候，握手都是面带微笑的。但当他输了一盘棋，他跟我握手时就会板着一张脸，明显感觉他在给我施加压力。当比分被扳平之后，关键时刻他会站起身来，然后就这样双手交叉站在那边，看着这盘棋，能感觉到他在给我施加压力。”然而，丁立人也能感受到涅波姆尼亚奇要输棋时的那种无力感。丁立人说：“他从休息室回来后（在一盘丁立人获胜的对局中），在棋盘前没有办法再抑制自己的情绪了，当时就露出一副绝望的表情，且看起来很难恢复过来。”

还有至少 7 盘棋要下，丁立人还有机会扳平比分，保持冷静和专注至关重要。

Lichess 信息泄露

然而，在第 8 局期间曝出的事件令丁立人的团队几乎无法保持平静。某网站上的一个帖子暗示说，丁立人和他的助手理查德·拉波尔特在 Lichess 实战平台上创建了匿名账号，用来测试为冠军赛准备的开局。其中一些训练对局中，出现了与丁立人在冠军赛中执白时使用的一模一样的开局变化，包括正在进行的第 8 局中的 9.Ra2!? 新着！正如中村光在社交媒体上所说，这绝对是丁立人和拉波尔特的账号，他认为丁立人的团队“太粗心了”。问题是，一旦将这个账号公开，涅波姆尼亚奇的团队只需简单推理，丁立人为冠军赛做的开局准备将被和盘托出。

除了对第 8 局错失一次胜利感到不满之外，丁立人还不得不在赛后新闻发布会上回应媒体询问的关于这令人不快的信息泄露事件。如国际象棋作家、记者、特级大师乔纳森·提斯达尔在社交媒体上所说，丁立人在回答问题时表现出了与以往不同的状态——“回避和装傻”，一直在说：“我不知道你们说的是什么对局。”

无论如何，丁立人的团队不得不面对这个棋盘外的失误，和卡鲁阿纳的 2018 年世界冠军赛的家庭准备泄露相比，这个失误看起来更低级。在第 8 局结束后，涅波姆尼亚奇直截了当地表示，他的团队将“研究那些 Lichess 对局”，这对丁立人的团队而言就是将了一军。此时正如这位中国特级大师在赛后接受俄罗斯国际象棋网站 Ruchess.ru 的采访时，对信息泄露事件的回答：“我们准备的开局计划都被曝光。因此，我们必须准备新的。”

心理战

在戏剧化的第一阶段之后，冠军赛进入了一个平静的阶段，两位棋手在第 9 局、第 10 局和第 11 局中都没有冒太多的风险就和棋了，使得涅波姆尼亚奇以 6 比 5 领先。这种策略从领先者的角度来看是完全可以理解的：越接近比赛的终点，他的对手就越有可能变得紧张和绝望。

丁立人在剩下的 3 局传统慢棋比赛中，有 2 局有执白优势。

在紧张情绪逐渐加强的情况下，第 12 局成为一场终极的心理战，而丁立人在这场战役中脱颖而出！

第 57 局

丁立人（2788）— 伊恩·涅波姆尼亚奇（2795）

世界冠军赛第 12 局，阿斯塔纳，2023 年

科勒体系

1.d4 Nf6 2.Nf3 d5 3.e3 c5 4.Nbd2 c×d4 5.e×d4 Qc7 6.c3 Bd7 7.Bd3 Nc6 8.0-0 Bg4 9.Re1 e6 10.Nf1 Bd6 11.Bg5 0-0 12.B×f6 g×f6 13.Ng3 f5 14.h3 B×f3 15.Q×f3 Ne7 16.Nh5 Kh8 17.g4 Rg8 18.Kh1 Ng6 19.Bc2 Nh4 20.Qe3 Rg6 21.Rg1 f4 22.Qd3 Qe7 23.Rae1 Qg5

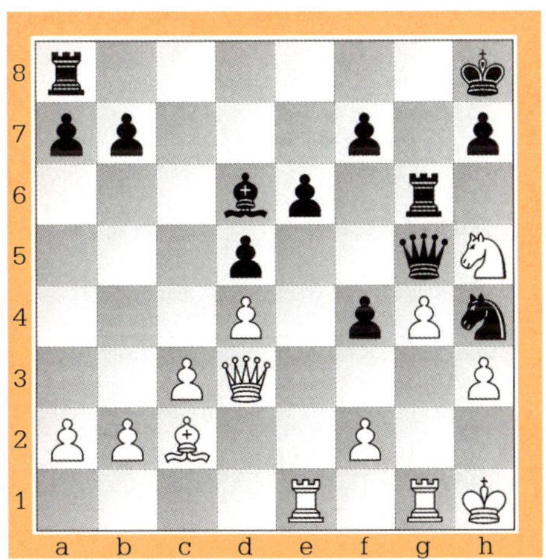

尽管在第 6 局的反向卡尔斯巴德兵形中痛失好局，涅波姆尼亚奇仍然决定用这种静态的兵形来对付丁立人的科勒体系。这个兵形在这场对局中收效甚好。就像在第 2 局中一样，丁立人未能正确评估 ...g × f6 吃兵的后果，但他察觉到自己在这个复杂的中局处于劣势。双方的马被困在 h 线上，但黑方拥有更多的机动性选择并且王更安全。丁立人意识到如果自己不采取行动的话，情况可能会进一步恶化，便做了一个冒险的决定：

24.c4!?

如果走得被动，例如 24.Qe2，那么黑方将通过 24...Rag8 25.f3 Rh6 26.Qf2 b5! ∓，控制局势。

24...d×c4 25.Qc3

25.Q × c4 25...Nf3 丢半子。

25...b5

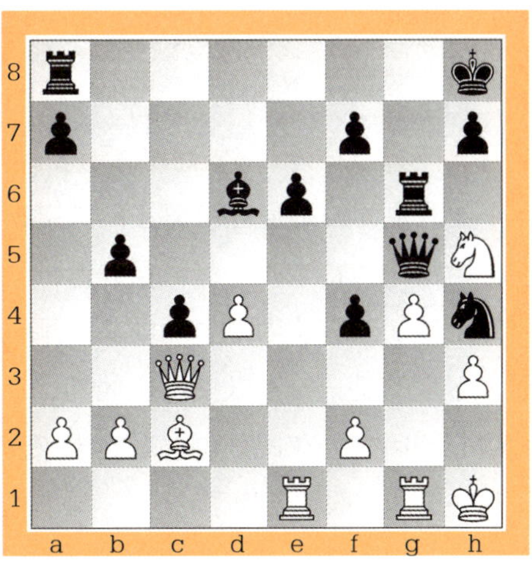

26.a4

白方的下法有孤注一掷的味道，但丁立人觉得让局势变复杂是他唯一的机会。此外，如果他这盘棋再输掉，扳平比分的概率将微乎其微。这就是所谓的高风险高回报。

26...b4!?

一步正确的棋，但它让局面没必要地变得混乱。26...a6 是一步更简单的应着，我觉得马格努斯·卡尔森会毫不犹豫地走出这步棋。黑方保持后翼多一兵，且如果 27.d5，黑方永远都会有 27...e5 回应。丁立人仍然会试图让局势变得复杂，但引擎认为白方已经要输了。

27.Q×c4

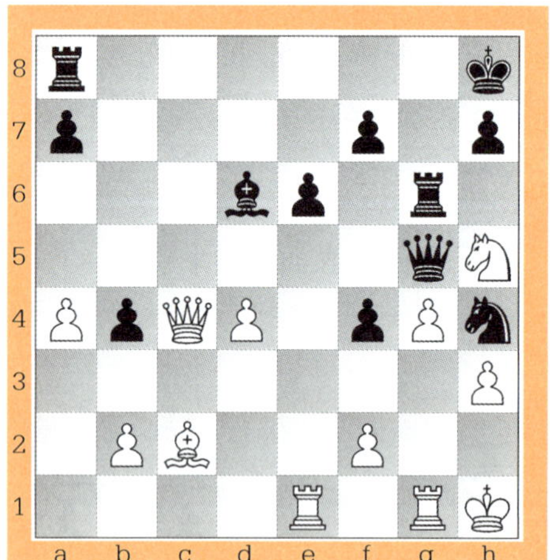

此时是涅波姆尼亚奇真正的关键时刻，尽管在比赛中有一些低谷，但到目前为止他一直被认为是更能成功的那一个。不幸的是，一直以来困扰他的、缺少耐心的问题，在此刻再次暴露出来。他几乎是闪电般地下出了：

27...Rag8?

涅波姆尼亚奇错过了一个直接获胜的机会，应走 27...Nf3!，虽然计算出后续的赢棋着法次序并不容易，但对于像他这样的选手来说并非不可能。在主要的一路变化 28.Qc6 N×e1 29.Q×a8+ Rg8 30.Qe4 N×c2 31.Q×c2 Qh4 32.Qd3 中，黑方唯一的赢棋着法是 32...f5!，然后在 33.Qf3 f×g4 34.R×g4 R×g4 35.Q×g4 Q×g4 36.h×g4 之后，黑方还必须提前看到 36...b3!，白方因为马的位置太偏而无法守住下一步 ...Ba3。

28.Qc6?

终于进入一个可以主动出击的局面时，丁立人走了最显而易见的一步棋，错失了一个绝佳机会。29.Qc6 之前先走 28.B×g6 h×g6 会更好，29...Bb8? 不行，因为有一步强大的中心突破 30.d5!（双方可能都低估了这步棋），30...g×h5 31.d×e6 f×e6 32.g×h5。

28...Bb8??

涅波姆尼亚奇继续草率地走棋。这步棋让他不仅错失了一个必胜局面，而且还给了丁立人一个翻盘的机会。他又一次没有花足够的时间来研究跳马的可能性，这次的好棋是 28...Nf5!。

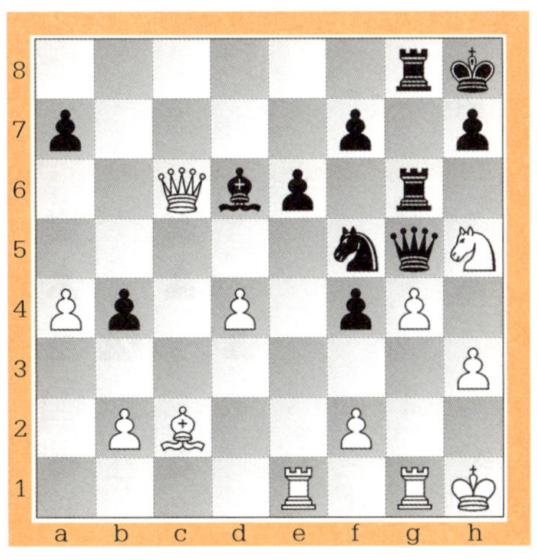

分析图

这步棋的思路与前面讨论过的27...Nf3! 变化相似：黑方腾出 h4 格在白王周围制造将杀威胁。主要的赢棋变化也大致相同：29.B×f5 e×f5 30.Re8 Qh4 31.R×g8+ R×g8 32.Qf3 f×g4 33.R×g4 R×g4 34.Q×g4 Q×g4 35.h×g4 b3!。

29.Qb7??

失误不断上演。双方再次没注意到，在 29.B×g6 h×g6 后，30.d5! 可以摧毁黑方的局面：30...g×h5 31.d×e6+−。

29...Rh6?

法比亚诺·卡鲁阿纳评论道：“这纯粹是紧张到了极点。这已经不是下棋的问题了。”

涅波姆尼亚奇没怎么花时间思考就走了这步棋。最好的走法仍然是29...Nf5! ∓，为危险的 ...Qh4 做准备。白方可能还能抵挡一阵，但很明显黑方将获得主动权。

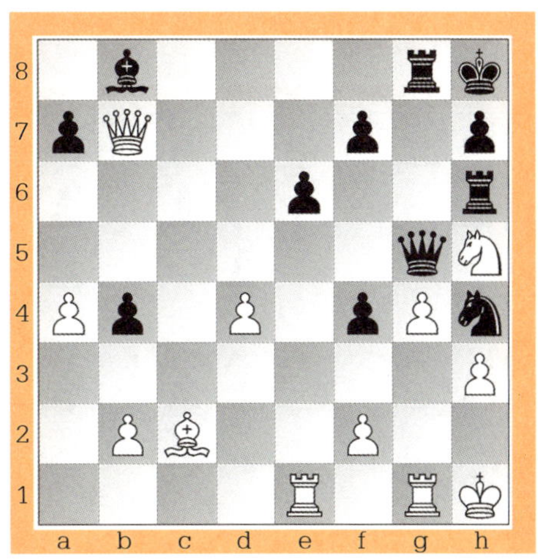

30.Be4!

白方瞬息就稳固了局面。e4 格象非常完美，它守着 f3 格，并为白王提供了目前急需的保护。直到现在涅波姆尼亚奇才意识到他在之前的着法中犯了多大的错误。黑方有两个兵被叫吃，而他进攻的希望已经变得渺茫。

30...Rf8?

这步棋对于伊恩来说过于保守了。这又一次显示出他被之前的失误搅得心烦意乱。赶快把马从 h4 撤走才符合目前中局的局面要求，但等伊恩意识到这一点时为时已晚。他目前仍然可以通过30...f3! 31.Q×f7 Ng2! 来实现这个目标，这样白方可能就不得不 32.Q×f3 N×e1 33.R×e1 弃半子，获得接近均势的局面。

31.Q×b4 Qd8 32.Qc3!

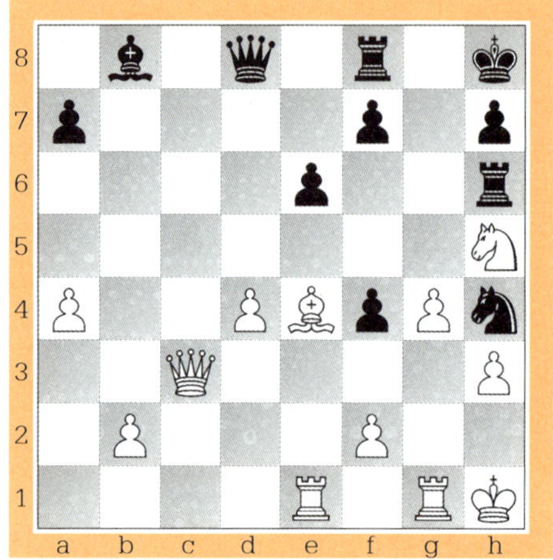

多么大的逆转啊！丁立人从原本少一兵且局面危险的情况下，变为不仅多一兵，甚至还瞄着黑王。他可能也开始感觉到自己有获胜的机会，因为伊恩明显已经失控了。不过，接下来的一步显示出黑方的进攻依然不容小觑。

32...Ng6!

涅波姆尼亚奇终于改善了马的位置，让出 h4 格给后。这一步也对白方 d4–d5 的威胁有所防范。

33.Bg2

丁立人从第 7 局中吸取了教训。在时间压力下，他选择了一步不错的、安全的走法，来帮助自己走得更快。如果走 33.d5+，黑方可以用 33...Be5 垫将，并导致一场本不必要的复杂战斗，例如：34.Qd3 f5 35.Bf3 Qh4 36.Kg2 Rg8!⇄。

33...Qh4?!

很有吸引力的一步续着，但这在白方走完上一步棋之后就失去了意义。33...Bd6 会更好，打算用 34...Qe7 来应对 34.b4。黑方少兵但有充分的补偿。

34.Re2

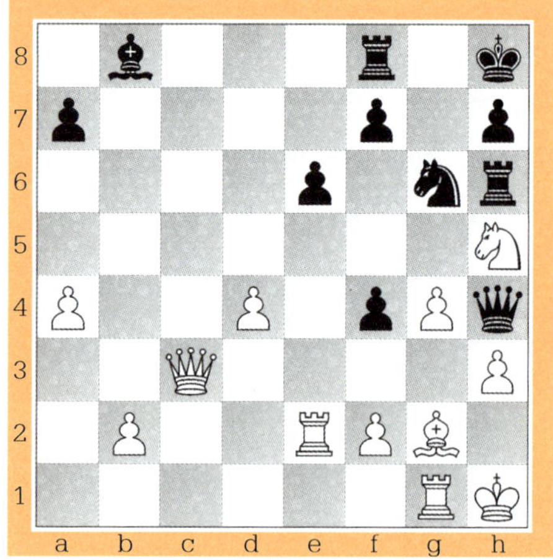

白方已完成了稳固局面的计划，确保王的安全。丁立人可能打算从这里开始慢慢下，先通过 b2–b4–b5 在后翼制造一个通路兵，然后再进行更多的子力调整。然而，涅波姆尼亚奇的着法让这些计划都变得无关紧要：

34...f5??

低级失误。这一次失误甚至比第 4 局更加明显。白方白得一兵，黑方的局面崩溃了。如果走 34...Bd6 35.b4 Qg5 36.b5 ±，对局还能继续。

35.R×e6

意识到自己刚刚做了什么之后，涅波姆尼亚奇肉眼可见地痛苦起来，他几乎用尽剩下的所有时间，试图想出一些办法，但一切都是徒劳。白方推进 d4–d5，在几乎所有的变化中都会有导致将杀的进攻。

35...R×h5

用这种方式，黑方避免被白方冲 d 兵后 Qg7#。然而，黑方的局面已经完全败势了。

36.g×h5 Q×h5 37.d5+ Kg8 38.d6

涅波姆尼亚奇认输了。

在最关键的时刻，丁立人赢了心理战。他的情绪状态相比对手更稳定，注意力也更集中。Chess.com 网站在第 12 局比赛后的一篇文章报道：“在整个对局中，丁立人几乎没有展现出任何情绪，直到离开比赛大厅才露出微笑。”

现在比分是 6 ∶ 6 平，还剩下 2 局慢棋比赛。在第 13 局中，丁立人执黑没能充分利用优势局面；在第 14 局中，涅波姆尼亚奇错失了一次取胜的好机会。在 2 局激动人心的和棋之后，冠军赛的传统慢棋部分以 7 ∶ 7 平结束。世界冠军将在加赛中决出，就像 2006 年、2012 年、2016 年和 2018 年的比赛一样。

快棋加赛

丁立人抽签获得了加赛第 1 局执白先行的机会，不过他后来说：“白方并不总是有利的。”尽管如此，在第 1 局快棋中，他一直保持着舒服的优势局面，直到犯了一个轻微的错误，被涅波姆尼亚奇抓住机会走出了精彩的弃后。然而涅波姆尼亚奇的战术仅能维持局面的均势，对局很快就走向了和棋。

在第 2 局快棋中，涅波姆尼亚奇在开局中取得了相当大的优势，但未能找到办法来阻止丁立人兑掉后翼所有的兵，不可避免地又导致了和棋。回顾在加赛中的机会，涅波姆尼亚奇感慨道：“关键时刻在第 2 局。我本有更多的机会获胜，但没能意识到。”

在第 3 局快棋中，丁立人执白采取了一种稳健的走法，在局面对称的残局中，给对手制造了一些小困难，然而最终没占到太大的便宜。涅波姆尼亚奇只需要守和一个少一兵的异色格象残局，这对他而言并不困难。

快棋加赛的比分仍然保持平局，1.5 分比 1.5 分，再下一局和棋就要进入超快棋加赛了。这次对局的结果变得更关键了，双方的容错空间也越来越小。

丁立人在接受采访时解释了他在最后一局快棋加赛时的心态：“很明显，涅波姆尼亚奇在快棋和超快棋中都是取胜热门人选。如果最后一局快棋像前三局快棋一样以和棋结束，我们就会进入超快棋加赛阶段。因此，我将尽力取胜。”

第 58 局

伊恩·涅波姆尼亚奇（2795）— 丁立人（2788）

世界冠军赛加赛第 4 局，阿斯塔纳，2023 年

西班牙开局

1.e4 e5 2.Nf3 Nc6 3.Bb5 a6 4.Ba4 Nf6 5.0-0 Be7 6.d3 b5 7.Bb3 d6 8.a4

涅波姆尼亚奇重复了在第 2 局快棋加赛中取得开局优势的变化。除了这个走法外，8.a3（再 9.Nc3）和 8.c3（再 Bb3–c2）是常见的后续走法。

8...Bd7 9.h3 0-0 10.Be3!?

涅波姆尼亚奇是西班牙开局 d3 结构的专家。棋手很少在出 b1 马之前出动后翼的象，但他这么下也有特定的原因。

10...Na5 11.Ba2 b×a4

丁立人重复着第 2 局快棋加赛中的原则性走法。涅波姆尼亚奇率先偏离了主变：

12.Nc3!?

第 2 局快棋加赛中出现了 12.Bd2 Nc6?! 13.Nc3 Rb8 14.N×a4 Nd4 15.Bc4 ±。但可以肯定丁立人会在之前的下法上有所改进，采用 12...c5。

12...Rb8 13.Bb1!

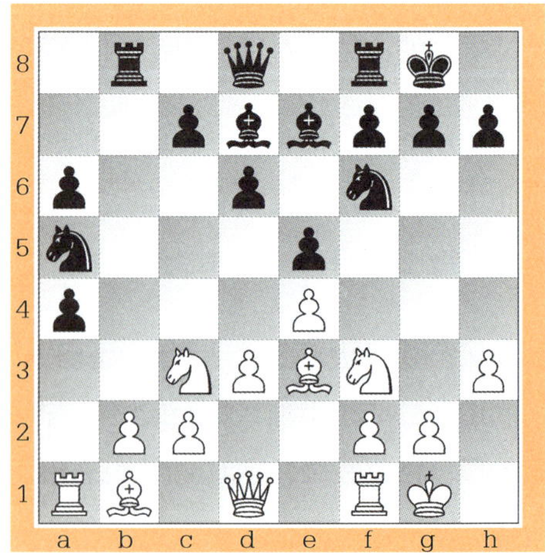

一个非常酷的想法。涅波姆尼亚奇这步棋走得飞快，明显他的团队已经研究过了。白方进攻 a 线兵而不介意放弃 b2 兵。面对对手的准备，丁立人思考了 4 分钟后，做出了聪明的回应：

13...Qe8!

后在 e8 的位置暂时有些尴尬，但丁立人认为更重要的是要诱使对手走 14.b3，这会封住重要的“西班牙象”的 a2–g8 斜线。13.Bb1 背后的主要战术思想是下面这路变化：13...R×b2?! 14.N×a4 Rb8 15.Nc5! ±，黑方 a5 的马出现了问题。

另一路变化是 13...c5 14.N×a4 Qc7 ∞，涅波姆尼亚奇的团队在赛前准备中肯定研究过。

14.b3 c5 15.N×a4

经过一番思考，涅波姆尼亚奇决定通过吃回 a4 来保持对 a 线的压力。15.b×a4 是另一个合理的走法，重新打开斜线并让白方把象走到 a2。在 15...h6 16.Ba2 Be6 之后，黑方的局面也还可以。

15...Nc6

双方都得到了自己想要的局面。可以说白方有更好的兵形，且给对方制造了 a 兵孤兵，然而他的白格象位置不佳。第一时间就考虑让象活跃起来是合理的，但涅波姆尼亚奇当下却没有重视这个问题，飞快地走了：

16.Nc3?!

有人注意到，在这场冠军赛中，有时涅波姆尼亚奇在一些关键的时刻下棋太快，而丁立人在一些比较容易处理的情况下花费了太多时间。16.c3，打开象路并准备 d3–d4 是更符合局面的走法，这位俄罗斯超级特级大师本可以考虑走这着。

16...a5 17.Nd2 Be6 18.Nc4

经过简短的子力调整阶段，双方都准备打开中心：白方准备走 f2–f4，而黑方则准备走 ...d6–d5。丁立人决定率先动手：

18...d5?!

虽然这步棋符合逻辑，但在当前局面中并不是最精准的。更好的走法是先通过 18...Qd7 来改善后的位置，如果 19.f4（19.N×a5?，a5 兵是“毒兵”，19...Ra8 会形成牵制）19...e×f4 20.B×f4 g6!（准备 ...Nh5 和 ...f5），黑方的机会稍微多一些，因为此时白方少一个有效子力（在 b1）。

19.e×d5 N×d5 20.Bd2?

又一个冲动的决定——也是一个错误决定。涅波姆尼亚奇错失了一个将象重新活跃起来的机会，20.N×d5 B×d5 21.c3。如果黑方走 21...f5，22.f3! 可以阻止黑兵前进。在这个奇怪的类似刺猬阵形的局面中，什么事情都有可能发生，黑方后翼兵不太稳固，所以要小心谨慎。

20...N×c3?!

丁立人选择了一个有利的局面转换，走了这步棋。然而，双方似乎都低估了 20...Nf4!，它能避免子力兑换，并使白象一直被困在 b1 格。在 21.Re1（21.B×f4 e×f4，严重暴露了白方的黑格）21...Ng6! 之后，黑方的局面优势变得明显起来。

21.B×c3 B×c4 22.b×c4

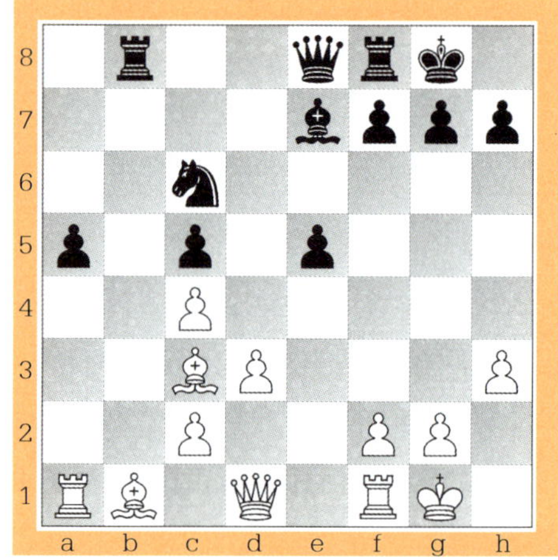

丁立人选择这个局面，主要是由于白方仍然苦于活跃他的白格象。与此同时，黑方将试图在中心和王翼施加压力。

22...Bd8

一步合理的子力调动。黑方希望把象转移到 h2–b8 斜线上，稍微绕道一下来保护 a5 兵。然而，事实证明并不需要这样做。他本可以立刻走 22...Bd6!，因为 23.B×a5 会受到 23...e4! 24.Bc3 e3! 的猛烈进攻，黑方将在王翼多一个子力，并在黑格掌握主动权。双方在慢棋中是可以看到这些着法的，但在快棋中就不太能发现，因为“如果你看到一步好棋，就去寻找更好的走法”的建议在快棋中可能会适得其反。

23.Bd2

涅波姆尼亚奇最终准备通过 c2–c3 来活跃自己的白格象。

23...Bc7 24.c3 f5

这可能是丁立人选择 20...N×c3 时就想到的棋形。白方现在需要在王翼保持谨慎，因为黑方的兵很容易就能推进。

25.Re1

也许把车留在 f1 格会更准确一些，以便随时走 f2–f4。例如，25.Bc2 Qg6 26.f4=。

25...Rd8

在这个阶段，双方都迅速地下出一些自然的着法，但却忽略了一些微小的改善局面的方式。25...Qg6 看起来更准确，意在尽快将后转移到 d6。例如：26.Bc2 Qd6，如果 27.g3，黑方可以通过 27...f4! 进行反击。

26.Ra2 Qg6 27.Qe2 Qd6 28.g3

涅波姆尼亚奇通过封锁 h2–b8 斜线来抵御将杀威胁。尽管他的子力协调性仍然不够好，但感觉他几乎已经稳住了阵势。另外，黑方必须想好子力调整到最佳位置之后的计划。丁立人决定保持主动：

28...Rde8?!

准备冲 ...e5–e4，虽然这不是最佳计划。28...f4!? 是更好的进攻方式，准备沿着 f 线攻击，并通过 ...Nc6–e7–f5 的腾挪来增加对王翼的压力。

29.Qf3 e4 30.d×e4 Ne5

这是弃掉中心兵并清理中心的标准走法，看得出双方对进入这个尖锐的变化都胸有成竹。作为少兵的补偿，丁立人在中心形成攻势。

31.Qg2

这又是一个关键时刻，伊恩决定跟随自己的直觉走，而不是花一两分钟考虑其他可能性。31.Qd1!? 看起来是一个更好的着法，因为在 31...Nd3 32.B×d3 Q×d3 33.Be3! 之后，白方可以强行兑后（得益于 Qd5+），并且可以进入一个至少能和棋的残局。

31...Nd3 32.B×d3 Q×d3

丁立人帮助他的对手解决了白格坏象的问题，但这也带来了白方局面中的另一个问题——白格弱点。这个问题加上白方子力不协调，为黑方少一兵提供了足够补偿。

33.e×f5 R×e1+ 34.B×e1 Q×c4 35.Ra1?!

涅波姆尼亚奇又飞快地下了一步，几乎默认了均势局面，甚至没有试图从局面中获得更多优势。其实，35.Rd2! 会使丁立人面临严峻的考验。正确的走法是 35...h6!，但这很难被发现。最可能走的是 35...R×f5 36.Qc6!，大多数变化都对白方有利，包括 36...B×g3（和 36...Rf7 37.Rd4!）37.Rd8+ Kf7 38.f4!!（准备布下杀网）38...B×f4 39.Qe8+ Kf6 40.Bh4+ 等。

35...R×f5

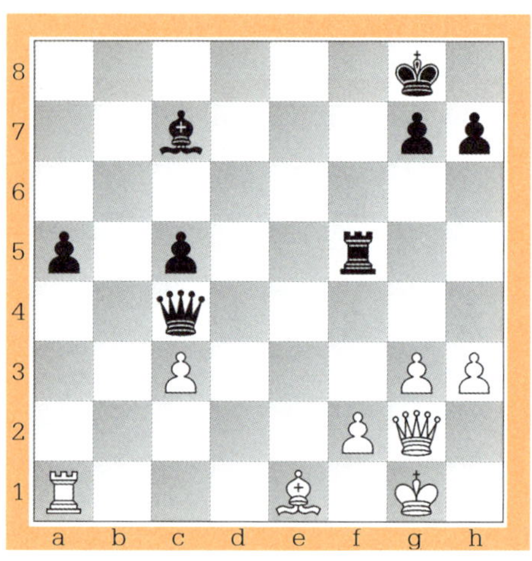

大兑换结束，客观上看局面均势。长远来看黑方稍好，有一个远方通路兵，不过在白方有两个重子的情况下，黑方不太可能取得太大进展。涅波姆尼亚奇的主要优势是时间优势：12 分钟对丁立人的 5 分半钟。

36.Bd2 h6 37.Qc6 Rf7 38.Re1 Kh7!

涅波姆尼亚奇改善了他的子力位置，而丁立人则明智地保护了王。在过去几步棋中，除了丁立人的时间减少到不到 4 分钟，涅波姆尼亚奇的时间减少到不到 10 分钟之外，双方的局势并没

有发生太大变化。

39.Be3

双方都开始进入时间严重不足的阶段，第一个有争议的着法出现了。涅波姆尼亚奇改善了象的位置，不守 c3 兵。这导致的问题是，让黑方能够把闲置的象用起来。更好的走法是保持象的现状，走其他棋子。

39...Be5!

丁立人迅速发现了白方上一步棋所带来的机会。白方希望 39...Q×c3，然后 40.Qe4+、41.Rc1 得回兵。

40.Qe8?!

这是第二个有争议的着法，走得太仓促。有时，在均势局面中判断一方何时越过安全线是很难的。赛后，涅波姆尼亚奇认为白方不会输掉这个局面，但是他过于努力去寻找胜机时，反而给了对手一个走出令他意想不到的着法的机会。相反，40.B×c5 很可能强制和棋，例如：40...Rc7 41.Qe8 R×c5 42.R×e5 Q×c3。

40...B×c3!

这一步棋在只剩 3 分钟的情况下走出来似乎太冒险了，但丁立人精确计算的能力永远不容小觑。

41.Rc1

象被牵制住了，车也被对方的后攻击着。黑方该怎么办呢？丁立人冷静地开展防守：

41...Rf6! 42.Qd7!?

波姆尼亚奇继续争取赢棋。但丁立人在吃 c3 兵之前就已经看到了对付这一步的方法。事后来看，强制和棋可能更明智，比如 42.Bd2 Qd4 43.B×c3 Q×f2+ 44.Kh1，此时黑方除了用皇后长将，别无他法。

42...Qe2!

在这盘能决定世界冠军归属的对局中，丁立人虽行于钢索之上，却表现出了非凡的勇气和精准度。这是唯一一步不会导致输棋的走法。逃离了白车的牵制（因为 43.R×c3 将遇到

43...Qe1+），黑方在后翼拥有了两个通路兵。突然之间局势大变，白方需要小心谨慎，以目前的局面来看，之后双方若走得正确仍然是和棋。

43.Qd5

在现场直播观看这局棋时，我发现43.B×c5 是可以重新夺回兵的，因为43...Be1 44.Qa7!=，但涅波姆尼亚奇选择了另一条路，把后放在中心。

43...Bb4 44.Qe4+ Kg8 45.Qd5+ Kh7 46.Qe4+

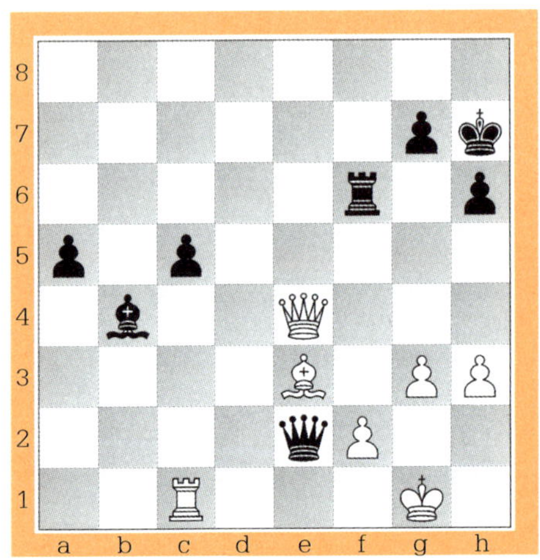

就在评论员们以为丁立人会选择一条重复和棋的安全道路时，他走了：

46...Rg6!

“为了争取优势自愿被牵制”，这是马格努斯·卡尔森对这一大胆决定的评价。此时丁立人只剩下大约1分钟时间了。在如此棘手的局面中大多数人都不会考虑让自己的王和车受到牵制，但是丁立人已经做到了两次（另一次是后和象受到牵制）！事后在接受中国媒体的采访时，他解释了自己继续求胜的这一决定：“我也没有特别危险，因为我看到如果对方 h4 再 Qf5（威胁 h4–h5）想抓死我的车的话，我还能走 Qg4。既然没有输棋的风险，那就继续下吧。”

47.Qf5?

涅波姆尼亚奇又一次做出了冲动的决定，完全忽视了对手的反击。如果他走 47.h4 h5 48.Rc2 Qg4 49.Qd3 的话，白方虽少一兵但仍然可以继续下，黑方在不被长将的情况下想要摆脱牵制并不容易。

47...c4!

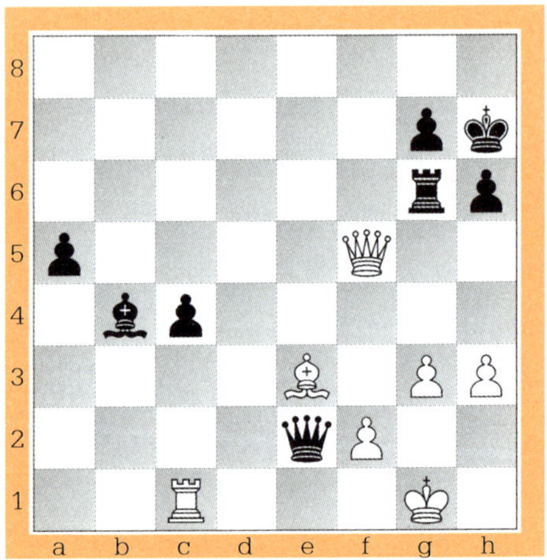

这步棋可能给涅波姆尼亚奇泼了一盆冷水。黑方已经有 48...Qd3 的威胁，这会让黑方摆脱牵制，让白方陷入几乎无望的局面。

48.h4?

这应该是一个致命的错误。唯一能保留一些机会的方法是 48.Qf4! c3 49.Qf5!，不让黑方有机会走...Qd3。然而，这样的子力调动即便在棋手时间充裕时也很难发现，更不用说要在一两分钟内就下出这样的棋了。白方真正的失误出现在第 47 步。

48...Qd3! 49.Qf3 Rf6 50.Qg4 c3

这个残局中，丁立人已经第二次成功从牵制中脱身。丁立人的局面现在完全处于胜势了。不过，作为一位足智多谋的棋手，伊恩找到了一种把局势复杂化的方法。此时，两位选手都只剩下最后 1 分钟了。

51.Rd1 Qg6 52.Qc8!

黑方需要看住自己的底线。

52...Rc6 53.Qa8

53...Rd6?

丁立人在关键时刻决定求稳，给了对手一线生机。应该走 53...c2，但在时间所剩无几的情况下，他没能计算出在 54.Rd8 之后，54...c1=Q+ 则可以获胜。所有变化里 h8 的将军都无法对黑方造成危害：55.B×c1（或 55.Kh2 Qf7! 56.Rh8+ Kg6 57.B×c1 Q×f2+ −+）55...R×c1+ 56.Kh2 Qc6 57.Rh8+ Kg6−+。

54.R×d6 Q×d6?!

又是一个不准确的着法。黑后本应该留在关键的 b1−h7 斜线上，以防止白后在 e4 格将军。54...B×d6 55.Qc6 Qd3!，比实战的走法更好。

55.Qe4+ Qg6 56.Qc4!

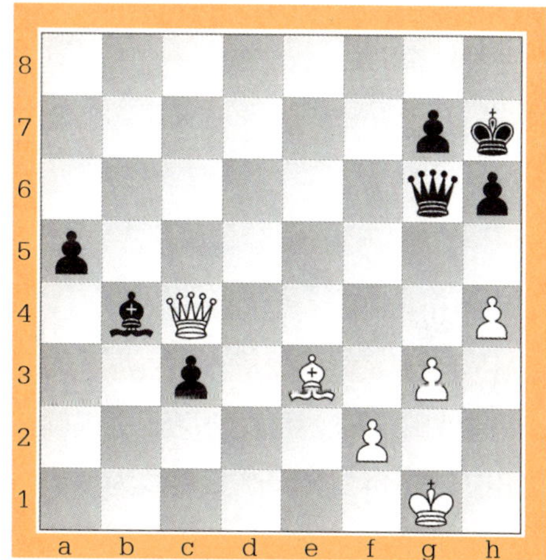

黑方的实战局面突然变得有些棘手。白方活跃的后在 c4 格上盯着黑方的通路兵，表现得非常出色。还剩不到 1 分钟的时间，丁立人找到了让 a 兵往下冲的方法：

56...Qb1+

然而，这个计划被证明是错误的，因为黑王突然暴露出来了。丁立人应该采取一个更缓慢、更能控制局面的方法：56...Qf5 57.Kg2 h5，虽然不能保证立即取胜，但会有不错的赢棋机会。

57.Kh2 a4?

此刻还能把后撤回再组织进攻，走57...Qf5，但通常来说“开弓没有回头箭”，一旦做了某个决定，就必须接着采取相应的后续措施。

58.Bd4! a3

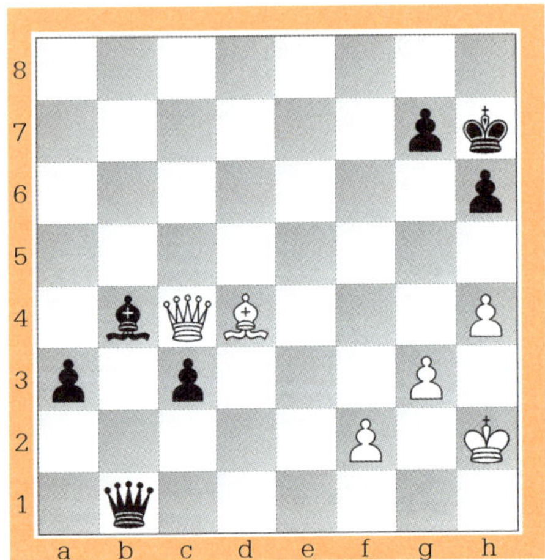

关键的一刻。涅波姆尼亚奇正确判断出在 ...Qb1+ 之后 g7 兵将成为弱点，但现在他必须找到利用这个弱点的方法。只剩下 13 秒的时间，他走了：

59.Qc7?

但这一步并不能制造任何麻烦，因为黑方可以把后撤回 g6。相反，精妙的 59.h5! Bf8（若 59...a2??，在 60.Qf7 之后黑方甚至会输）60.Qf7 Qe4 61.B×c3 或直接的 59.B×g7!? K×g7 60.Qc7+ Kf6 61.Qc6+ Ke5 62.Qb5+ Kd4 63.Qd7+ Kc4 64.Qe6+!，将会确保和棋并进入超快棋加赛。对于涅波姆尼亚奇来说不幸的是，他在整场冠军赛中都很注意保持时间优势，但在他最需要时间的时候却没有时间了。

59...Qg6 60.Qc4

在 60.B×c3 B×c3 61.Q×c3 a2 之后的后兵残局，白方败势，因为有 62...Qb1。

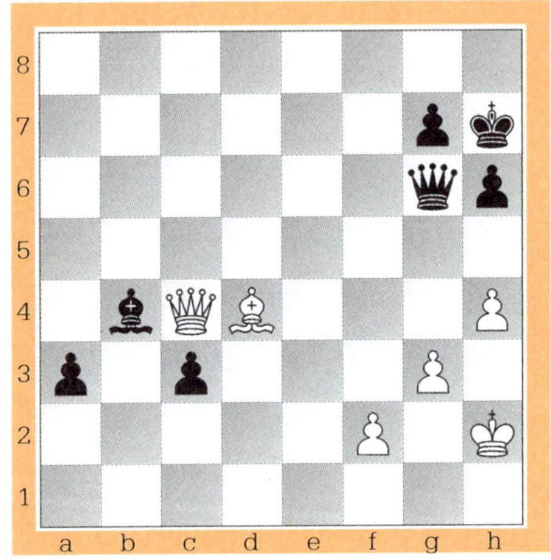

60...c2!

走完这一步之后，很明显涅波姆尼亚奇要想拯救对局除非奇迹出现。黑方的两个兵分别位于第 2 横线和第 3 横线，王也很安全，获胜只是技术问题。

61.Be3 Bd6

丁立人计划把象转移到 a1–h8 斜线上，以支持 a 兵前进。

62.Kg2 h5 63.Kf1 Be5 64.g4

令人绝望。白方别无选择。如果 64.Ke1，最简单的是 64...a2! 65.Q × a2 Qd3−+，绝杀无解。

64...h×g4 65.h5 Qf5

丁立人多两个兵。涅波姆尼亚奇此时的身体语言表现出他正在面对一个无法挽回的败局。

66.Qd5 g3 67.f4 a2 68.Q×a2 B×f4

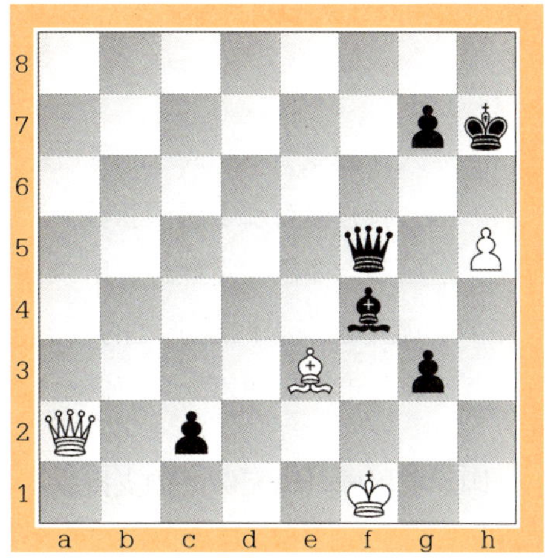

白方认输。丁立人成为新的国际象棋世界冠军！

天选之子

至此，丁立人通往 2023 年国际象棋世界冠军赛的奇迹之路有了一个完美的结局。在这场惊心动魄的比赛中取胜让他获得了不朽荣耀。在国际象棋的历史上，丁立人将以第 17 位无可争议的世界冠军被铭记。在他的祖国，他被誉为“中国国际象棋第一人”。

在最后一局比赛后的新闻发布会上，丁立人很坦诚地解释了取得世界冠军赛胜利对他而言意味着什么：“我从 4 岁开始学习国际象棋，花了 26 年的时间来下棋、复盘，尝试以各种各样的方式提高我的国际象棋水平，用了不同的训练方法，用了很多新的训练方式，这可能不被其他棋手所知，而我认为我已经尽了所有的努力。有时，我觉得自己沉迷于国际象棋，因为没有国际象棋比赛的时光我会感到不快乐。有时，我甚至试图寻找其他的爱好来让自己感到快乐。我受到了许多名言的影响和启发，我要取得成就，要勇攀高峰，要力争上游，要向最优秀的人学习。我觉得这场比赛反映了我灵魂最深处的东西。”

作为“失败者”，伊恩 · 涅波姆尼亚奇表现得很从容，尽管他一定是痛苦和失望的。他冷静地对比赛进行了评估：“我想我一直都有机会……这只是一两步棋走精确的问题。可能，我的对手犯的是倒数第二个错误。就是这样。”尽然如此，在这场比赛中一切都有可能，但丁立人证明了自己是一位出色的战士，展现出令人难以置信的情绪控制力和决心，多次从困境中成功脱困，并如世界冠军维希·阿南德观察到的那样，“将最好的留到最后”。

丁立人在接受 Ruchess.ru 网站采访时，解释了他坚持不懈的动力来源：“在比赛中有一刻，我并没有那么渴望获胜。我告诉自己输掉比赛也没关系。但我明白，如果我输了，之后我会非常非常难过。所以，这意味着我在内心深处渴望获得这场胜利。”当然更多的激励也来自他最亲近的人，他愉快地补充道：“我的朋友告诉我我是天选之子。”这一路走来，他怎么会不信呢?

国际象棋界以毫无保留的支持来欢迎这位新科世界冠军。迈克·克莱因和金加·波拉克在 *Chess Life*（《国际象棋生活》）杂志 2023 年 8 月刊的文章中不吝笔墨地描述了丁立人夺得世界冠军在国际象棋历史上的意义：“马格努斯的‘离开’实际上为一位更加平易近人的（国际象棋）棋王铺平了道路。一位打破了世界冠军就要保持神秘并与世界隔离等惯例的棋王，一位在困境中读米歇尔·福柯和看阿尔贝·加缪的棋王。一位承认自己弱点的棋王，一位会输的棋王，一位需要鼓励的棋王，一位需要朋友的棋王。总之，一位像丁立人这样的棋王。”

展望未来

对于世界冠军丁立人来说，下一步是什么？他在接受媒体采访时透露了他的计划：“我必须组建一个强大的团队，拥有优秀的教练和强大的计算机。总之，我必须变得更加专业。”“我已经准备好迎接所有的挑战，包括如果卡尔森想要夺回冠军头衔的话，我与他的比赛，或者对抗年轻的新星来捍卫冠军。”

截至本书撰写完成时，丁立人在与伊恩·涅波姆尼亚奇的世界冠军赛结束之后，他只参加了一场传统慢棋比赛。他们的这场对决给丁立人带来了精神和情感上的负担，因此，这位世界冠军明智地选择了休息几个月，并以恢复好的状态，带着新的着法，重返国际象棋的战场。

只有未来才能告诉我们接下来会发生什么。在这个或许是国际象棋职业史上竞争最激烈的时代，没有人能保证棋王桂冠能保持多久。然而，对于丁立人来说，有一点是肯定的：他将继续以他温良、谦和和富有创造力的棋风，激励着全世界的国际象棋棋手们!

▲丁立人取得世界冠军

（摄影：伦纳特·奥特斯）

第十章 丁立人赢棋妙着（棋题）

第 1 题 黑先胜

第 4 题 白先胜

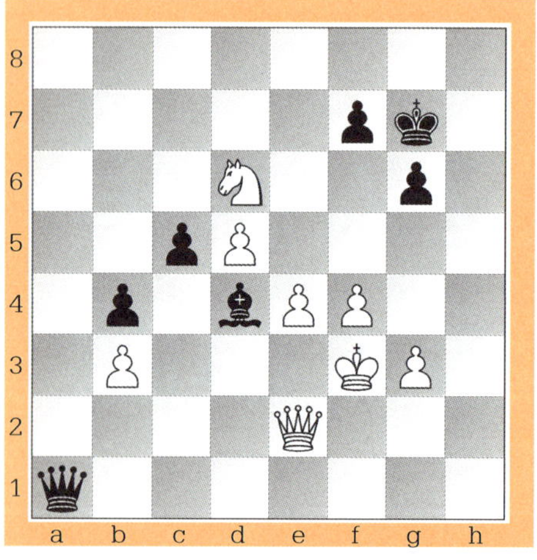

第 2 题 黑先胜

第 5 题 白先胜

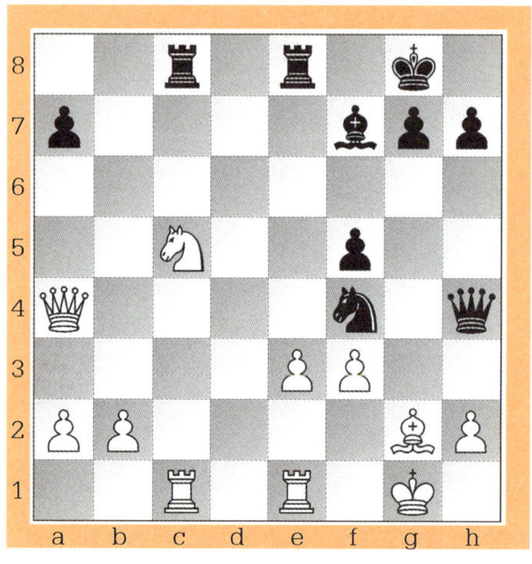

第 3 题 黑先胜

第 6 题 白先胜

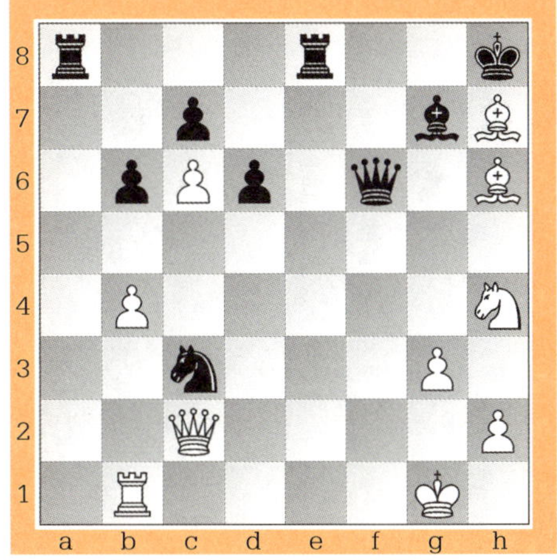

第 7 题　白先胜

第 8 题　黑先胜

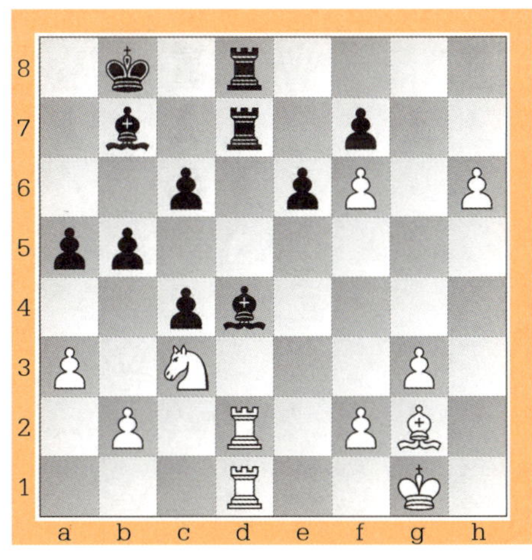

第 9 题　白先胜

第 10 题　白先胜

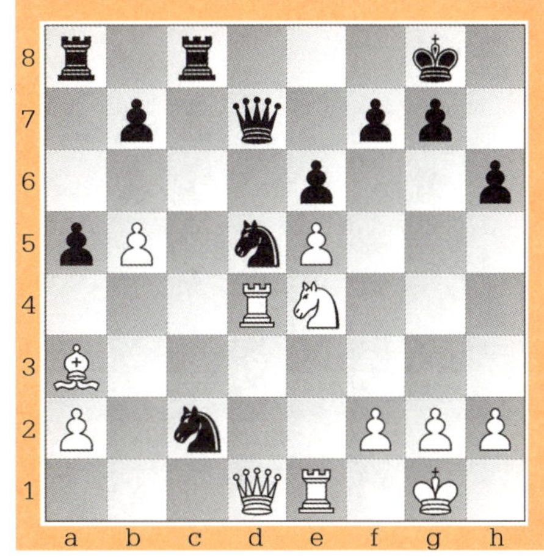

第 11 题　白先胜

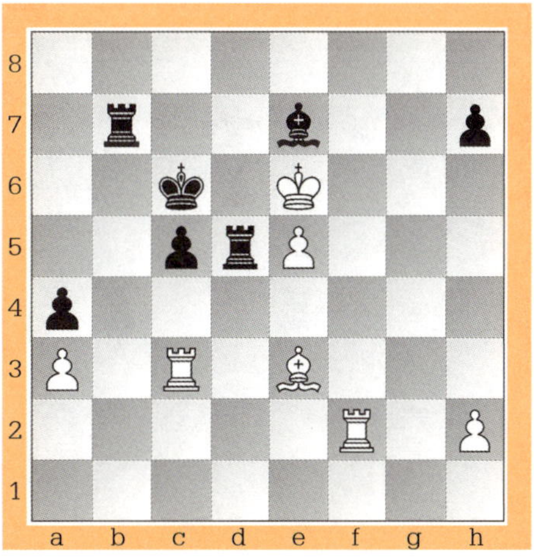

第 12 题　黑先胜

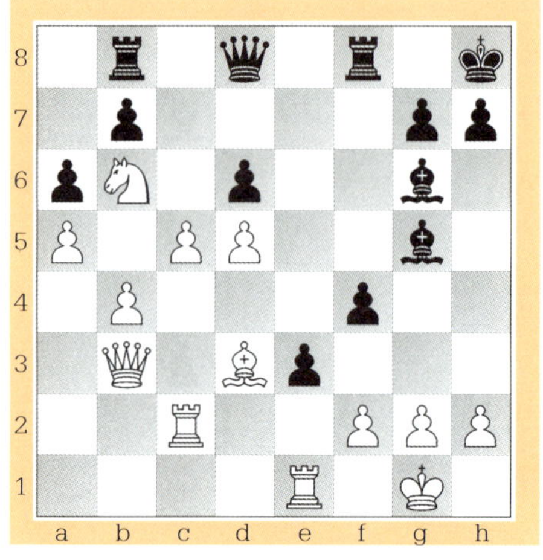

第 13 题 黑先胜

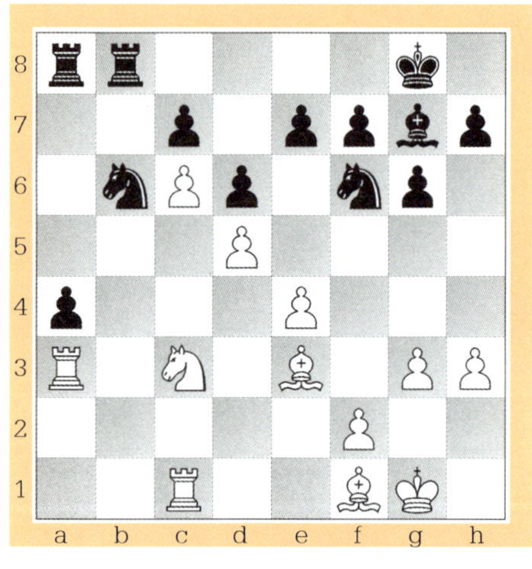

第 14 题 黑先胜

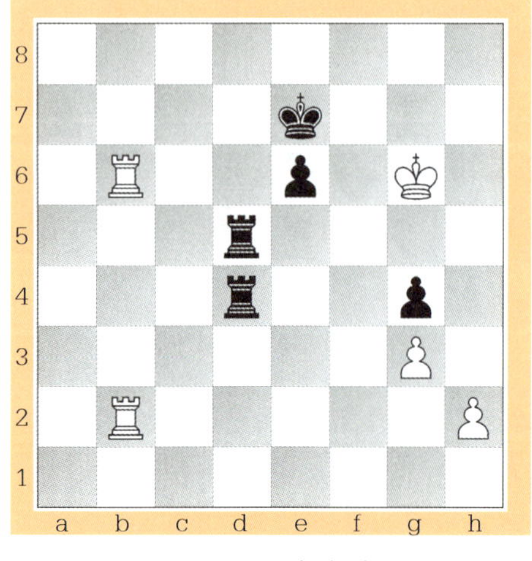

第 15 题 白先胜

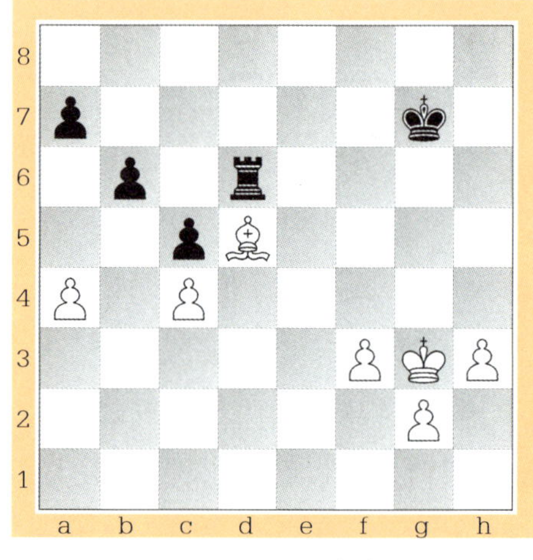

第 16 题 黑先胜

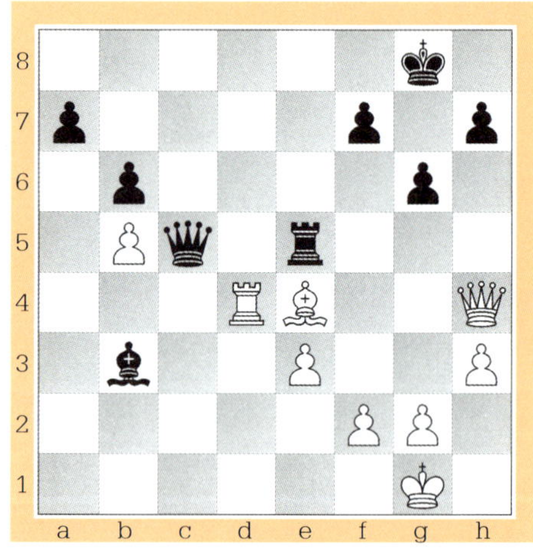

第 17 题 白先胜

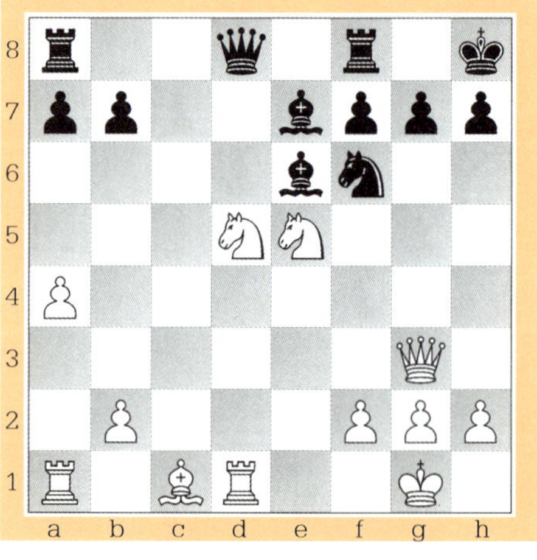

第 18 题 白先胜

棋题解答

第 1 题

□ 卡鲁加姆普提亚 2145

■ 丁立人 2714

亚洲团体锦标赛第 2 轮

大不里士 2014 年

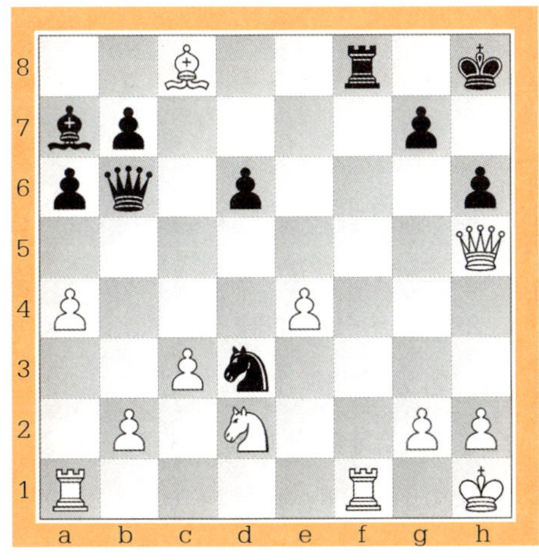

23...Qg1+!

白方认输，因为不能避免被闷杀：24.R×g1 Nf2#。

第 2 题

□ 李师龙 2520

■ 丁立人 2637

中国个人锦标赛第 6 轮

江苏兴化 2011 年

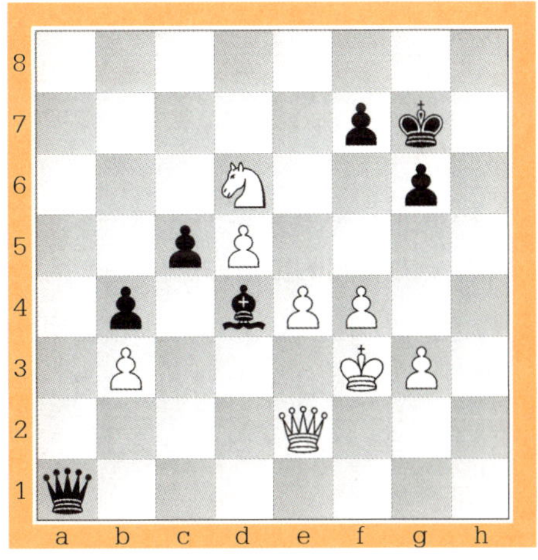

48...Qh1+! 49.Qg2

49.Kg4 Qh5#.

49...Qd1+ 50.Qe2 Q×b3+

丁立人利用通路兵和暴露的白王，在残局中轻松获胜。

第 3 题

□ 赵元赫 2217

■ 丁立人 2755

中国甲级联赛第 19 轮

珠海　2015 年

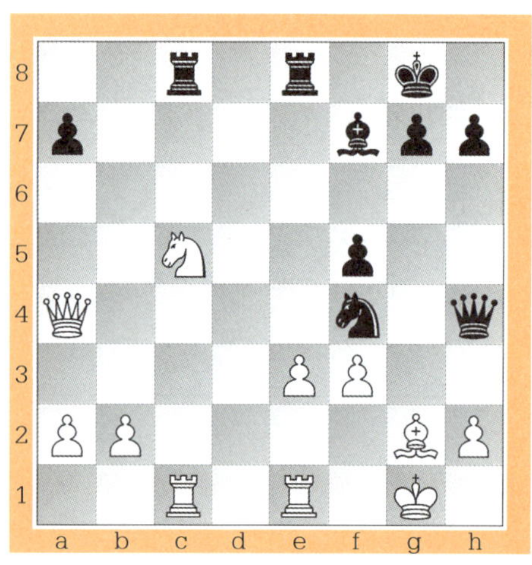

30...Ne2+!

这是黑方最简单的取胜着法，利用了己方子力有利的位置。

改走 30...R×e3! 31.R×e3 Qg5! 也不错。在有趣的 32.Rc2 Nh3+ 33.Kf1 Q×e3 34.B×h3 Q×f3+ −+ 之后，黑方能得回子力。

31.R×e2 Q×a4 32.N×a4 R×c1+

黑方取得了决定性的优势。

第 4 题

□ 丁立人 2811

■ 卜祥志 2698

鄞州杯中国电视快棋赛第 6 轮

2022 年

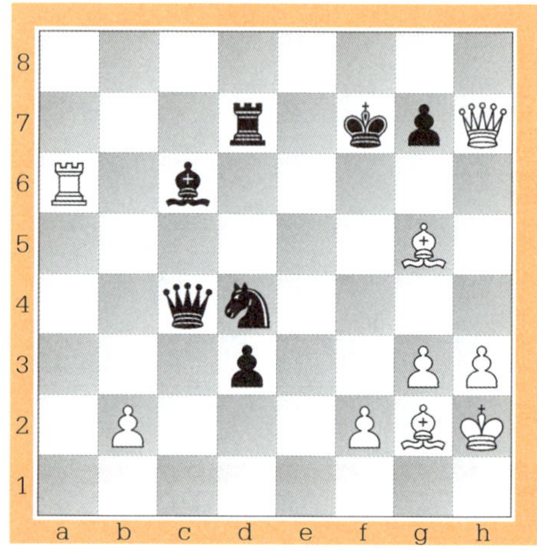

38.R×c6!

这是白方的两个可以强制赢棋着法的其中之一。

38.B×c6 也能取胜，但在 38...Q×a6 之后白方需要非常小心。现在 39.Qh5+! 是必要的过门着法（因为 39.B×d7? 会有 39...Nf3+ 40.Kg2 Ne1+!=）：39...Kf8 40.B×d7+−。

38...N×c6 39.Qf5+! Ke8 40.Qg6+ Kf8 41.B×c6+−

第 5 题

□ 丁立人 2791

■ 马格努斯・卡尔森 2863

卡尔森网络邀请赛半决赛

2020 年

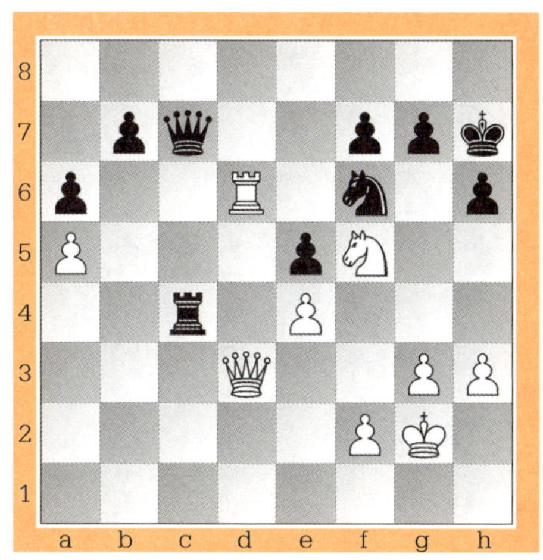

32.R×f6! g×f6 33.Qe3

黑方认输，因为白方的将杀攻击不可阻挡。

第 6 题

□ 丁立人 2778

■ 山姆・尚克兰 2671

中国队 VS 世界联队快棋对抗赛第 2 轮

聊城 2018 年

26.b4! B×b4 27.Bh7+ K×h7 28.R×d4+-

第 7 题

□ 丁立人 2791

■ 马格努斯·卡尔森 2863

卡尔森网络巡回赛总决赛

2020 年

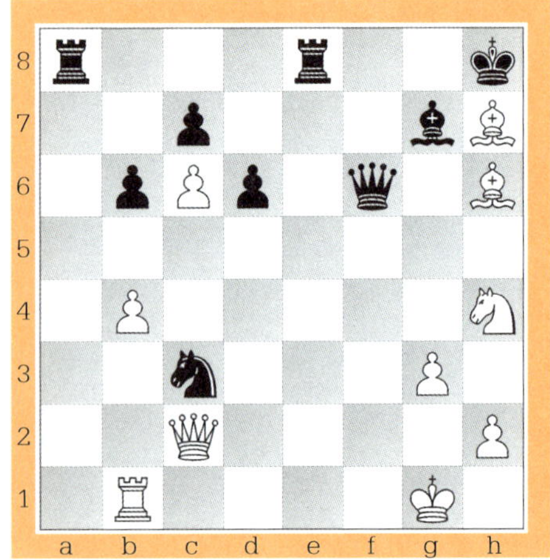

27.Ng6+! K×h7 28.Nf8+ K×h6

卡尔森“慷慨”地让丁立人实施了最后的将杀战术组合。

如果走 28...Kg8，在 29.Qh7+ K×f8 30.B×g7+ Q×g7 31.Rf1+ 之后，黑方同样也要输棋。

29.Qh7+ Kg5 30.Qh4+ Kf5 31.Qf4#

第 8 题

□ 索菲·米莉耶 2407

■ 丁立人 2530

“中法”国际象棋友谊赛

2009 年

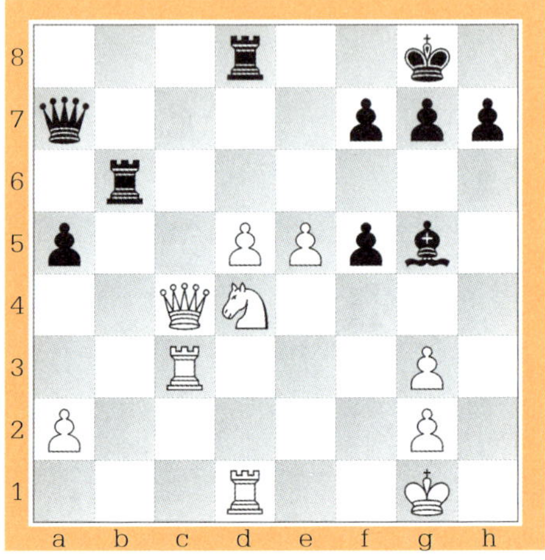

34...Rb4 35.Qc5

如果 35.Qd3，黑方可走 35...R×d5 36.Rc8+ Bd8，得马。

35...Q×c5 36.R×c5 R×d4 37.R×d4 Be3+

黑方得子，之后很快就赢了。

第 9 题

□ 丁立人 2574

■ 安东·菲利波夫 2609

坎波马内斯纪念赛第 5 轮

马尼拉 2010 年

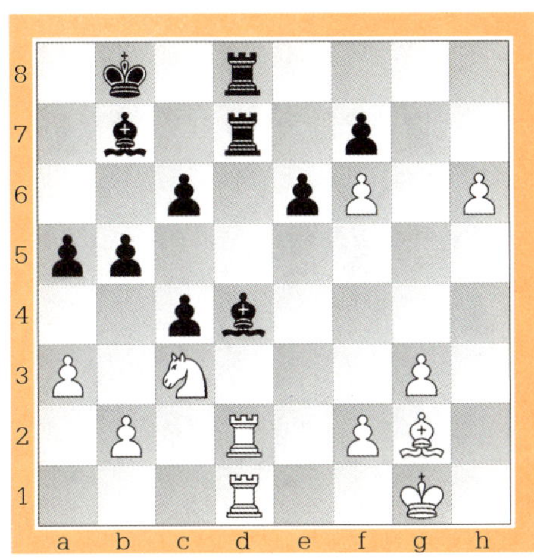

28.R×d4!

28.h7?! e5!，黑方还能抵抗。

28...R×d4 29.R×d4 R×d4 30.Nd5!

经典的堵塞战术，黑方无法阻挡 h 兵升变，只好认输了。

第 10 题

□ 丁立人 2637

■ 王皓 2728

中国甲级联赛第 4 轮

成都 2011 年

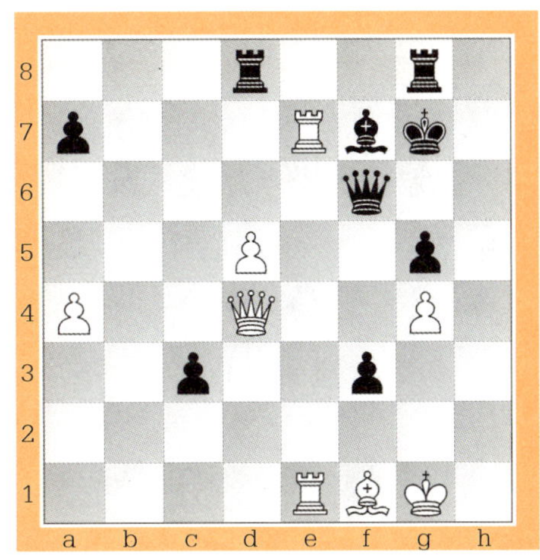

31.R×f7+!

丁立人弃子引出黑王。

31.R1e5? 是错误的攻击方法，因为黑方可以在 31...Qb6! 32.R×g5+ Kf8∓ 之后强行兑后。

31...K×f7 32.Q×a7+ Kf8 33.Re6!

这步关键着法逼迫王皓认输。接下来有 34.Qc5+，对黑王发动决定性攻击，而黑方没有满意的防御手段。

第 11 题

□ 丁立人 2808

■ 徐英伦 2549

中国甲级联赛第 3 轮快棋赛

重庆 2022 年

24.Nf6+! g×f6?

黑方更好的防守着法是 24...N×f6。白方在 25.R×d7 N×d7 26.Rf1! 之后，残局基本上已经赢定。

25.e×f6

白方有三个棋子被叫吃着，但 Qd1–g4–g7 的将杀威胁更有威力。

25...N×f6 26.R×d7 1-0

第 12 题

□ 哈里克里什纳 2753

■ 丁立人 2766

国际智力运动精英赛超快棋赛第 4 轮

淮安 2016 年

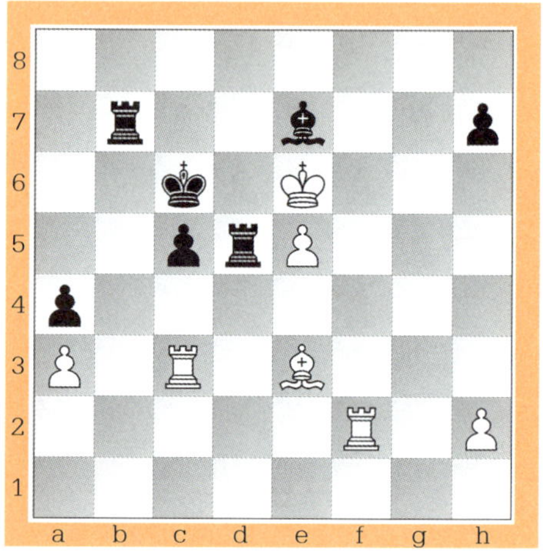

39...Bh4!

制造了决定性的双重威胁：...B×f2 和 ...Re7+。

走 39...Bd8? 去威胁 e 兵的方法就差多了，因为有 40.R×c5+! R×c5 41.B×c5 K×c5 42.Rc2+ Kb6 43.Rb2+，白方在残局少一子的情况下还是能设法取得和棋。

40.Rf7 R×f7 41.K×f7 R×e5

由于白王被完全隔开，丁立人在多一兵的残局中轻松取胜。

第 13 题

□ 雅利安·塔里 2578

■ 丁立人 2772

欧洲俱乐部杯赛第 3 轮

安塔利亚 2017 年

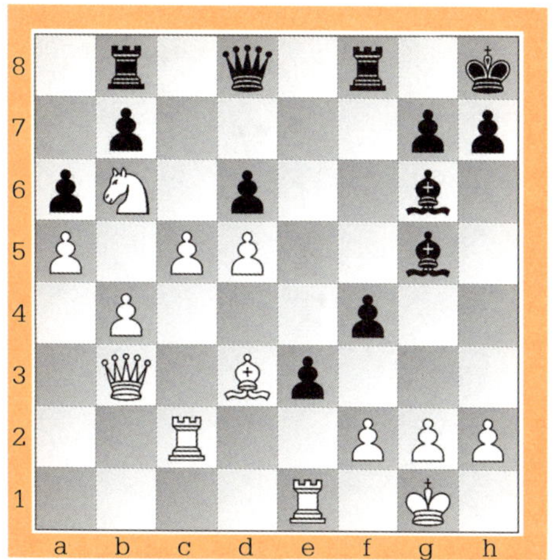

29...Bh4!

丁立人的进攻着法非常精确。

基于同样思路的 29...e×f2+?! 30.R×f2 Bh4 就要比实战着法逊色不少，因为 31.g3! f×g3 32.R×f8+ Q×f8 33.Rf1 g×h2+ 34.Kh1 ∞。

30.B×g6

30.g3 失利于 30...Qg5!，白方无法阻止 g3 格崩溃，这一点很关键。

30...e×f2+ 31.R×f2 B×f2+ 32.K×f2 Qh4+ 33.Kf1

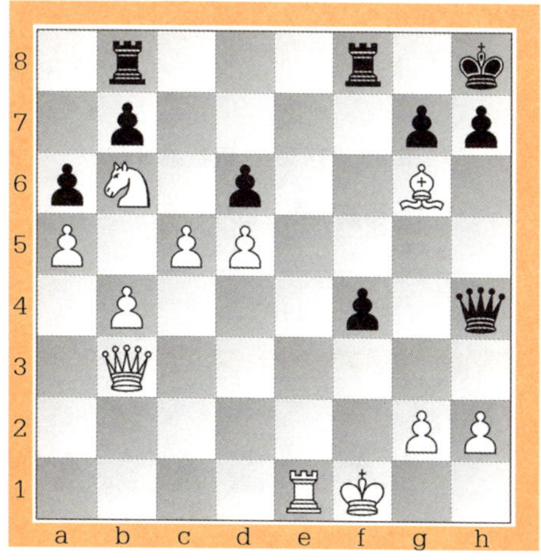

33...f3!

最后的精确着法。走 33...h×g6?，会让白方通过 34.Qh3∓ 转入可以抵抗的残局。

34.g×f3 h×g6−+

第 14 题

□ 马特拉科夫 2668

■ 丁立人 2680

“中俄”对抗赛快棋赛第 9 轮

圣彼得堡 2012 年

23...N×e4! 24.B×b6

24.N × e4 Bb2−+.

24...B×c3 25.B×c7 Rc8 26.Bb6 Bb2

黑方有强有力的 a 线通路兵，残局中黑方胜势。

第 15 题

□ 丁立人 2799

■ 白金石 2593

特级大师邀请赛第 12 轮

杭州 2022 年

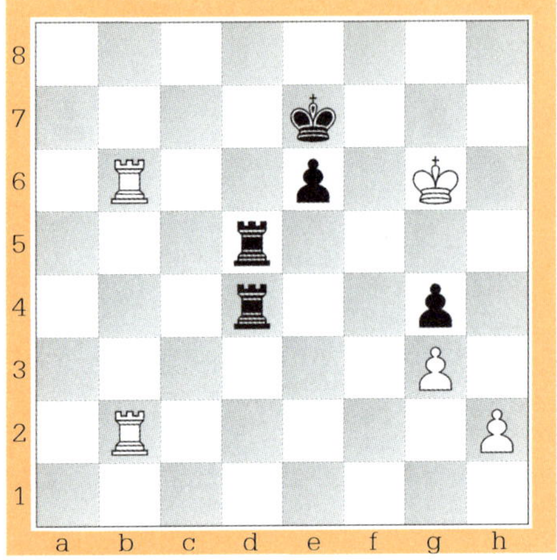

42.Rf2!

尽管子力非常有限，但黑王依然陷入困境。

42.Rb7+ Rd7= 或者 42.Re2 Rd6=。

42...Rd7 43.Rf7+ Kd8 44.R×e6

车残局中白方胜势，在白方吃掉 g4 兵之后，黑王因为离王翼兵太远，所以无法阻止白方的兵升变。

第 16 题

□ 沃伊塔泽克　2744

■ 丁立人　2732

维克安泽大赛第 11 轮

维克安泽　2015 年

61...a5!

这是准备后翼突破的最佳着法。

若走 61...a6，在 62.Kf4 b5 63.a×b5 a×b5 64.Ke5 Rb6 65.c×b5 R×b5，黑方仅仅只能取得和棋。

62.Bb7

如果 62.Kf4 b5! 63.Ke5，之后 63...b×a4!! 是黑方取胜的关键，再 64.K×d6 a3。

62...b5! 63.c×b5 c4 64.Be4 c3 65.Kf4 Rd2!

c 兵势不可当，白方认输。

第 17 题

□ 丁立人 2799

■ 白金石 2593

特级大师邀请赛第 6 轮

杭州 2022 年

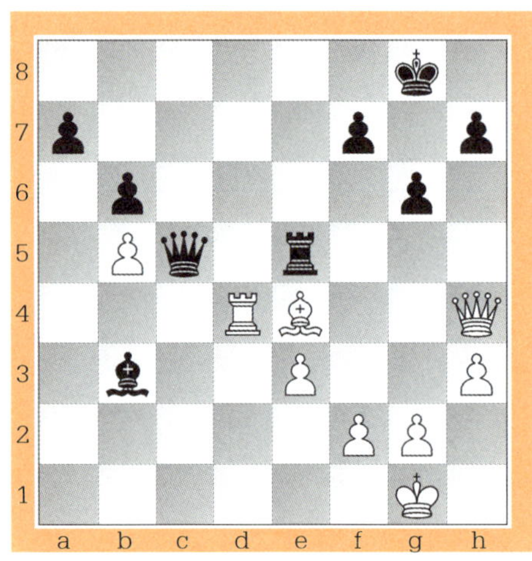

33.B×g6!!

强行打开黑方王城。

33...f×g6

33...h×g6 34.Rd8+ Kg7 35.Qh8#.

34.Rd7 Bf7

34...Rh5 35.Qf6 Qf8 36.Rd8+−.

35.Qf6!

这步巧妙的静着产生很多威胁。黑方已经不可避免损失子力。

35...Qc1+

35...Rf5 36.Rd8+ +−.

36.Kh2 1-0

第 18 题

□ 丁立人 2791

■ 彼得 · 斯维德勒 2723

传奇锦标赛

2020 年

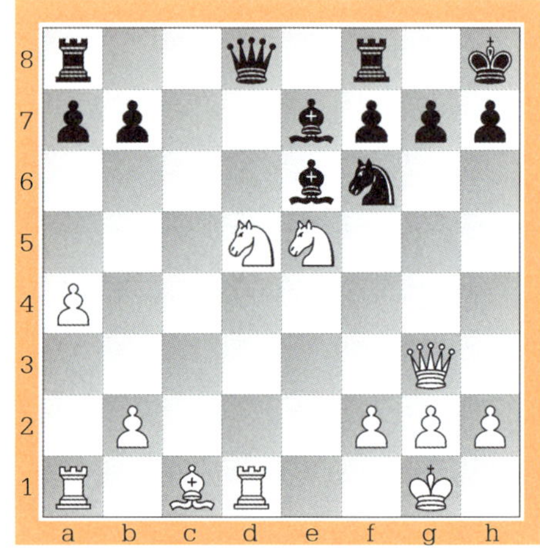

19.Bh6! Nh5

19...g×h6 20.N×f6+−.

20.Qf3 Bg5

斯维德勒指望这步棋能帮他摆脱困境，但忽视了丁立人的应着。

走 20...g×h6 要稍好一些，尽管在 21.Q×h5 之后黑方仍然是劣势。

21.Nf4!!

白方利用闪击战术强行赚得一子。

21...Qf6 22.B×g5 Q×e5

22...Q×g5 23.N×e6 f×e6 24.Nf7+ +−.

23.Q×h5+−